F. SCHLEGEL · DER HISTORIKER
ALS RÜCKWÄRTS GEKEHRTER PROPHET

W0245323

Reclam
Bibliothek

KUNSTWISSENSCHAFTEN

Friedrich Schlegel

DER HISTORIKER
ALS RÜCKWÄRTS
GEKEHRTER PROPHET

Aufsätze und Vorlesungen
zur Literatur

1991

Reclam-Verlag Leipzig

Mit einem Vorwort herausgegeben
von Marion Marquardt

ISBN 3-379-00689-0

© Reclam-Verlag Leipzig 1991 (Auswahl, Vorwort)

Reclam-Bibliothek Band 1394
1. Auflage
Reihengestaltung: Lothar Reher
Printed in Germany
Dresdner Druck- und Verlagshaus GmbH
Gesetzt aus Garamond-Antiqua
LSV 8020
Bestellnummer: 661 574 8

Vorwort

„Wir haben an Friedrich Schlegel viel gutzumachen, denn kein großer Autor unserer Blütezeit ist so mißverstanden, ja so böswillig verleumdet worden, schon zu seinen Lebzeiten, aber merkwürdigerweise auch noch lange darüber hinaus, ja, eigentlich bis auf die unmittelbare Gegenwart. Es ist peinlich und schwer begreiflich, wie zäh sich Vor- und Fehlurteile in unserer deutschen Universitätswissenschaft fortpflanzen: und aus ihrer Studierstubenluft ist Friedrich Schlegel im Grunde immer beurteilt worden."[1]

Mit diesen Worten beschrieb der Romanist Ernst Robert Curtius 1932 die Sicht der Forschung auf Schlegels Leben und Werk, die, vom politischen Parteienstreit bestimmt, bis heute die Schwierigkeiten belegt, die die Deutschen bei der Aufarbeitung ihrer nationalen Romantik hatten und haben. Der entschieden konservative Charakter der deutschen Romantik und ihr bisweilen überschwenglicher Katholizismus machten es für die Nachfolgenden zu einer politischen Bekenntnisfrage, die oft nur ein Für oder Wider, keinesfalls aber historisch angemessene Darstellung und Würdigung zuließ. So bewegt sich die nun mehr als einhundertfünfzig Jahre währende Rezeptionsgeschichte im Pendelschlag zwischen diffamierender Beschimpfung und kritiklosem Mystifizieren.

Bereits Schlegels Tod 1829 löste eine heftig geführte Kontroverse aus, in welcher der Gelehrte und Publizist Joseph Görres die Verteidigung Schlegels übernahm. Gleichwohl setzten sich die Argumente der Kritiker durch, die Leben und Werk Schlegels kurzschlüssig identifizierten und immer wieder den genialen Jüngling gegen den alternden, dem Katholizismus und dem Weine ergebenen Lebemann ausspielten. „Wie jammerschade", heißt es in einem Nekrolog, „daß der einst so edle Geist im Fett erstickt, daß er aus dem Athenäum und Empyräum in die Küche heruntergefallen und an einer Gänseleberpastete umgekommen ist."[2]

Ernst Robert Curtius trug einige der Vorwürfe zusammen, die über Jahrzehnte hinweg von der Forschung gegenüber Schlegel erhoben worden waren und vor allem das Klischee von den liederlichen, gesinnungs- und charakterlosen Romantikern bedient hatten. „Erstens", so schrieb Curtius, „wird ihm vorgeworfen, daß er faul war; zweitens war er frech, denn er hat die Faulheit noch literarisch verteidigt und ein Lob des Müßiggangs geschrieben. Dazu kommt, daß er Schillers *Glocke* komisch fand und das auch sagte und druckte. Weiter: Friedrich Schlegel war unmoralisch. Die Kombination von Faulheit und Frechheit würde das ja allein schon zur Genüge beweisen. Nun hat sich derselbe Verfasser aber auch noch erlaubt, einen Roman zu schreiben, der die Freuden der Liebe feiert. Das haben die Aufsichtsbehörden der deutschen Literatur sehr übel vermerkt. Aber es kommt noch schlimmer. Friedrich Schlegel war überhaupt ein Genießer. Er aß und trank gerne und brachte es dabei zu einer behäbigen Korpulenz ... Daß aber Friedrich Schlegel zur Körperfülle neigte, wird allgemein als ‚Verfettung' verzeichnet, und der ungünstige Beiklang dieses Wortes soll andeuten, daß es sich nicht nur um einen körperlichen, sondern auch einen seelischen Prozeß gehandelt habe. Höchst sonderbarerweise verbinden viele Kritiker mit diesem Vorwurf den anderen, daß Friedrich Schlegel mit vierunddreißig Jahren zusammen mit seiner Frau zum Katholizismus übertrat. Dieselben Leute, denen Schlegel zu unmoralisch und frech ist, sehen es nicht gerne, wenn er ehrfürchtig und fromm wird."[3]

So sind die moralischen Angriffe gegen die Person Friedrich Schlegels und die Kritik an seinen Theorien und Überzeugungen merkwürdig miteinander verwoben und bilden ein Netz, in dem sich bisher noch die meisten Gesamtdarstellungen des Schlegelschen Werkes verstrickten. Es blieb bis heute eine Grundfrage der Schlegel-Forschung, ob Schlegel „nach spannungsreich-genialischer Frühzeit erschlafft und ermüdet, oder nach problematisch-zerrissener, ausweglos suchender Jugend zu Klärung, Festigung und überlegener Reife gelangt"[4] sei. „Solche Fragen", bemerkte der Schlegel-Forscher Wolfdietrich Rasch, „könnte nur eine Gesamtdarstellung seines Werkes und seiner menschlichen und geistigen Entwicklung beantworten. Eine solche Gesamtdarstellung gibt es bisher nicht."[5]

Dem steht vor allem die Textlage entgegen. Schlegel hatte zu Lebzeiten nur wenige Schriften selbst veröffentlicht. Nach seinem Tode wurde der Nachlaß verstreut, zum Teil gar vernichtet. Erst die Kritische Friedrich-Schlegel-Ausgabe, die seit 1958 unter der Leitung von Ernst Behler erscheint, kann einen gesicherten und vollständigen Textüberblick geben. Doch auch diese Ausgabe ist bis heute nicht vollendet. Soll also das geistige Band, das Schlegels Gesamtwerk verbindet, aufgespürt und nicht die skandalumwitterte Persönlichkeit in den Mittelpunkt gestellt werden, bedarf es vor allem intensiver Interpretation der Schriften selbst, denn allein in ihnen dokumentiert sich Schlegels intellektueller Werdegang.

Unsere Auswahl konzentriert sich auf Schlegels Arbeiten zur Literatur, denn besonders auf dem Felde der Literaturkritik, der Literaturtheorie und -geschichte hat Schlegel Bahnbrechendes geleistet. Schlegels Verdienste auf diesen Gebieten sind aber nur im Kontext seiner universalen philosophischen, theologischen, geschichtlichen und philologischen Forschung angemessen zu beschreiben und zu würdigen, so daß sie niemals isoliert, sondern nur im Zusammenhang des Gesamtwerkes betrachtet werden können.

Das Eingewobensein in die philosophische und ästhetische Denkweise jener Generation, in der die „Kunstperiode" ihren Höhe- und Abschlußpunkt erreichte, vermittelte sich für den 1772 geborenen Friedrich Schlegel bereits über seinen Bildungs- und Erziehungsweg. Er war das jüngste von sieben Kindern einer protestantischen Pfarrersfamilie. Schon sein Vater Johann Adolf und dessen Bruder Johann Elias Schlegel, Mitarbeiter an der renommierten Zeitschrift „Bremer Beiträge", hatten sich der Poesie und der Literaturtheorie verschrieben. Doch erst 1793 entschloß sich der junge Schlegel, das in Göttingen und Leipzig begonnene Jurastudium aufzugeben, um sich als freier Schriftsteller uneingeschränkt mit den ihn bewegenden philosophischen, politischen und ästhetischen Fragen beschäftigen und den engen Schranken eines Brotberufs entfliehen zu können. Sicher haben auch die in Leipzig geschlossenen und ihn tief berührenden Freundschaften mit Friedrich von Hardenberg, genannt Novalis, und Caroline Böhmer, der späteren Gattin seines Bruders August Wilhelm, Einfluß auf diese Entscheidung gehabt. Den eigentlichen Abschluß der Bildungsjahre stellte jedoch seine Dresdener Zeit zwischen 1794 und 1796 dar.

Hier beschäftigte er sich vor allem mit dem Studium der griechischen und römischen Literatur, denen seine ersten bedeutenden literaturkritischen und -historischen Arbeiten gewidmet waren. In ihnen zeigte sich eine geradezu emphatische Hochschätzung der Antike, deren ästhetische Ideale zum zeitlosen Maß der Kunst schlechthin erhoben wurden. Friedrich Schlegel schloß darin unmittelbar an Winckelmanns Antikedeutung im Bereich der bildenden Kunst an. Johann Joachim Winckelmann (1717–1768) war in der 1764 erschienenen „Geschichte der Kunst des Altertums" davon ausgegangen, daß die antike Kunst zunächst nur die schöne Natur Griechenlands und die äußere Vollkommenheit seiner Menschen unmittelbar wiedergegeben habe, jedoch im Prozeß eines organisch gedachten Wachstums durch Vergleich und Verallgemeinerung sich zum platonischen Ideal des Kunstschönen, des Klassischen, aufgeschwungen habe, um dann ebenso zwangsläufig in Degeneration zu verfallen. Dieses höchste Ideal jeder Kunstausübung, die sinnliche Anschauung der absoluten Idee des Guten und Wahren in der Schönheit klassischer Kunst, erschien so als historisch Gewordenes, zugleich aber auch als ästhetisches Maß der Kunstbewertung. Schlegel faßte diese Verfahrensweise Winckelmanns bei der Darstellung der griechischen Kunstgeschichte als Methode des wechselseitigen Aufeinanderbeziehens von historischer Ableitung eines Phänomens aus gegebenen Bedingungen und kritischer Wertung am absoluten ästhetischen Maß der Antike auf.

Er übertrug sie zunächst nur auf die historische Darstellung und kritische Würdigung der antiken Dichtung und löste damit Herders Forderung nach einem „Winckelmann der griechischen Poesie" ein. Diese Übernahme des Epochenschemas von Wachstum, Blüte und Verfall vollzog sich bei Schlegel in der Schrift „Von den Schulen der griechischen Poesie" (1794), welches hier als ionische, dorische, athenische und alexandrinische Entwicklungsstufe in der griechischen Literatur interpretiert wurde. Das eigentlich Bahnbrechende an dieser Art der Literaturbetrachtung erwies sich jedoch erst in der 1795, parallel zu Schillers programmatischer Abhandlung „Über naive und sentimentalische Dichtung" entstandenen Schrift „Über das Studium der griechischen Poesie". Hier gewann die Idee des Klassischen als sinnlicher Erscheinung der Humanität vollends den Charakter einer Methode, die Historie und Kritik vereinte. Schlegel durchbrach damit die bis dahin gültige Form der Dichtungstheorie, die Poetik, die nach normativen Gesetzen Poesie von unkünstlerischer Prosa schied und die geschichtliche Wandlung der Dichtungsideale nur als zufällige Ausfüllungen eines ewig gültigen, von der Antike abgezogenen Regelkanons deutete. Historische Betrachtung war aber für Friedrich Schlegel, wollte sie nicht in antiquarischer Faktologie und toter Sammelleidenschaft ersticken, nur durch kritische Wertung am philosophisch begründeten Maßstab möglich. Kritik hingegen würde zur bloßen Beckmesserei verkommen, wenn sie den Bezug des Kunstwerks zur lebendigen Geschichte aus den Augen verlöre. So stellte Schlegel seiner Abhandlung das Programm einer noch zu erreichenden historisch-kritischen Dichtungswissenschaft voraus. „Gesetzt aber auch, es gäbe eine objektive ästhetische Theorie, welches mehr ist, als wir bis jetzt rühmen können. Reine Wissenschaft bestimmt nur die Ordnung der Erfahrung, die Fächer für den Inhalt der Anschauung. Sie allein würde leer sein – wie Erfahrung allein verworren, ohne Sinn und Zweck – und nur in Verbindung mit einer vollkommnen Geschichte würde sie die Natur der Kunst und ihrer Arten vollständig kennen lehren."[6]

Schlegel ging in diesem Aufsatz jedoch noch einen Schritt weiter. Den von der griechischen Literatur abgezogenen kritischen Maßstab historischer Darstellung und Bewertung übertrug er auf den gesamten Komplex der modernen Literaturen. Schlegel unterschied dabei deutlich zwischen dem bloß „Lokalen in der Griechischen Poesie"[7], den Kunstformen und Themen, die an die historische Individualität Griechenlands gebunden waren, und dem „Objektiven", das als kritischer Maßstab an alle Kunstausübung angelegt werden müsse. Schlegel ging es also nicht um sklavische Nachäffung der Antike im Stile des Klassizismus, sondern um die Frage, wie die modernen Nationalliteraturen, die doch so weit vom Idealbild der Humanität im Gewande vollkommener Dichtung entfernt schienen, zu einem eigenständigen Höhepunkt ihrer Literatur, zu einer nationalcharakteristischen Klassik gelangen könnten. Und er orientierte schon in dieser frühen Schrift auf die „Prosa" als der „eigentliche(n) Natur der Modernen"[8]. Die scheinbar so unhistorische Griechenlandverehrung stand hier also im Dienste einer unmittelbar gegenwartsbezogenen kritischen Auseinandersetzung mit dem aktuellen Literaturprozeß, die sich jedoch erst zwischen 1796 und 1804 voll entfaltete.

Schlegels Methode der wechselseitigen Ergänzung von historischer und kritischer Literaturbetrachtung entstand jedoch bereits 1796. Sie erfuhr im weiteren Verlauf eine ständig präzisere theoretische Ausdeutung und wurde auf Literaturen vieler Epochen und Länder angewandt. Sie blieb jedoch bis zu den Vorlesungen zur „Geschichte der alten und neuen Literatur" (1812) in den Grundpositionen im wesentlichen unverändert.

Die Entwicklungsjahre bis 1796 prägten jedoch nicht nur Schlegels Sicht auf ästhetische Probleme. In ihnen vollzog sich ebenso Schlegels philosophische und politische Bewußtseinsbildung. Die Generation der Anfang der siebziger Jahre Geborenen, die Generation, der

Schlegel, Novalis, Hegel, Wackenroder, Tieck und Schelling angehörten, bildete in den neunziger Jahren den Kreis der Frühromantiker. Sie traten zu einem Zeitpunkt in die geschichtliche Entwicklung Europas ein, als die Aufklärungsbewegung, sozial wie politisch radikalisiert im Sturm und Drang und erschüttert durch das Epochenereignis der Französischen Revolution, auf einen entscheidenden Wendepunkt zustrebte. In der Philosophie widerspiegelte sich das in der politischen Aktualisierung der von Kant repräsentierten kritischen und skeptizistischen Methode des Philosophierens. Diese zielte gegen die idealistischen Systeme des 17. Jahrhunderts von Spinoza, Locke oder Leibniz, nicht auf eine systemhafte Deutung des kosmischen Gesamtzusammenhangs, sondern prüfte die Erkenntnisvoraussetzungen solchen Unternehmens. Der autoritätszerstörende Skeptizismus dieser kritischen Methode hatte eine deutlich antifeudale Stoßrichtung, und eben diese nahm Schlegel, beflügelt durch die realgeschichtliche Entwicklung in Frankreich, in seinem unmittelbar an Kants Schrift „Zum ewigen Frieden" (1795) anschließenden „Versuch über den Begriff des Republikanismus" (1796) auf.

Mit Kant verband ihn die Absicht, dem Despotismus die Idee der bürgerlichen Freiheit, die republikanische Staatsverfassung, als notwendig zu erreichendes Ziel des Menschengeschlechts entgegenzustellen. Die entscheidende Differenz lag in Schlegels Begründung der Gesetzhaftigkeit dieser Entwicklung. Kant hatte sie aus der Natur des Menschen abgeleitet, zu der man sich nur durch kritische Zersetzung von Vorurteilen und falschen Autoritäten bekennen müsse, um das politisch vollendete Gemeinwesen begründen zu können. Schlegel sah dies jedoch als einen historischen Prozeß. Die Idee einer absoluten Gleichheit aller sei niemals vollständig zu verwirklichen, da die ihr zugrunde liegende Vorstellung einer prinzipiellen Interessengleichheit aller Individuen mit der Erfahrung nicht zusammenstimme. Der republikanische Staat sei also nur ein die geschichtliche Entwicklung leitendes Ideal, das niemals vollständig zu erreichen wäre. Damit komme der historischen

Forschung, nicht der philosophischen Ableitung aus logischen Setzungen, entscheidende Erkenntnisfunktion zu, denn nur sie leite die politischen Forderungen aus der gesellschaftlichen Praxis ab und beziehe sie auch wieder auf die tatsächlichen historischen Gegebenheiten. „Man erwartet eine Antwort auf die Frage: Ob die innere Entwicklung der Menschheit dahin führe? Die (gedachte) Zweckmäßigkeit der Natur … ist hier völlig gleichgültig: nur die (wirklichen) notwendigen Gesetze der Erfahrung können für einen künftigen Erfolg Gewähr leisten. Die Gesetze der politischen Geschichte und die Prinzipien der politischen Bildung sind die einzigen Data, aus denen sich erweisen läßt, ‚daß der ewige Friede keine leere Idee sei …‘ … Nur aus den historischen Prinzipien der politischen Bildung, aus der Theorie der politischen Geschichte, läßt sich ein befriedigendes Resultat über das Verhältnis der politischen Vernunft und der politischen Erfahrung finden."[9]

An diesem Punkte vereinen sich Schlegels scheinbar so extrem auseinanderliegende Arbeitsfelder in der Mitte der neunziger Jahre: die antike Dichtung und die Bildung politischer Konzeptionen vom Standpunkt radikaler bürgerlicher Umwälzung in der beiden zugrunde liegenden Methode der Vereinigung von Kritik und Historie. Dem lag die Hoffnung zugrunde, daß die wirkliche geschichtliche Bewegung, die in der Französischen Revolution als Erfahrungstatsache präsent war, in der Tat auf das kritisch gesetzte Ideal der bürgerlichen Freiheit zustrebe und daß das Epochenereignis wirklich denjenigen Koinzidenzpunkt darstelle, wo das Humanitätsideal konkretisiert in der politischen Vorstellung eines gerechten und demokratischen Gemeinwesens mit der geschichtlichen Tendenz zusammenfalle.

In den Jahren von 1796/97 bis zu seiner Hinwendung zum Konservatismus zwischen 1801 und 1804 insistierte Schlegel auf dieser Synthese, die jedoch zunehmend in Gegensatz zum realen Verlauf und den wirklichen Ergebnissen der Französischen Revolution geriet. Es macht dies das einigende Band der frühromantischen Bewegung aus, daß sie auf der radikalen Umsetzung ihrer Ideen bestand, die dann jedoch in ihrer Reinheit nur noch im Bereich der Subjektivität, der Phantasie, der Dichtung und Imagination darstellbar waren. Dies führte zu dem Paradoxon, daß die Frühromantik gerade wegen ihres Beharrens auf den Prinzipien der Vernunftphilosophie zwangsläufig auf die Subjektivität verwiesen wurde als das einzig mögliche praktische Bewährungsfeld dieser Ideale.

Wie stark Schlegel auf kritische Sicht und Umgestaltung der Wirklichkeit zielte, belegen auch die drei zentralen literarischen Essays aus seiner frühromantischen Entwicklungsphase: „Georg Forster" (1797), „Über Lessing" (1797) und „Über Goethes Meister" (1798). Schlegel bekannte sich in ihnen zu den herausragenden kritischen Geistern der deutschen Literaturgeschichte. Lessing rühmte er als „revolutionären Geist" der Kritik, Forster betrachtete er gar als einen klassischen Nationalautor. Seiner in den altertumswissenschaftlichen Studien entwickelten Methode zufolge bestimmte er diese Klassizität gerade aus der Verwurzelung Forsters in der Zeitgeschichte und wollte das „zweifelhafte und ominöse Merkmal der Unsterblichkeit am liebsten ganz aus unserm Begriff vom Klassischen entfernt wissen"[10]. In Georg Forsters Darstellung der Französischen Revolution als eines gesetzlichen Prozesses, vergleichbar dem Wirken unausweichlicher Naturgewalten, sah er seine eigene Geschichtssicht bestätigt, die der philosophischen Spekulation den wirklichen Verlauf der Realgeschichte als notwendiges Korrektiv zur Seite stellte. „Und welche Grundbegriffe sind es, an denen Forster so standhaft aushielt? – Die unerschütterliche Notwendigkeit der Gesetze der Natur, und die unvertilgbare Vervollkommnungsfähigkeit des Menschen: die beiden Pole der höhern politischen Kritik! ... In dem Wesentlichsten, dem Gesichtspunkt, sind also diese hingeworfnen ‚Umrisse' ungleich historischer, als manches berühmte und bänderreiche Werk über die Französische Revolution."[11]

Vor allem aber in seiner „Wilhelm Meister"-Rezension bekannte sich Schlegel zum gesellschaftlichen Charakter der Literatur, zu ihrer Aufgabe, nicht nur Ideale als schöne Sinnbilder im Reiche der Phantasie zu postulieren, sondern ebenso nach ihrer Realisierbarkeit zu fragen. Im Gegensatz zu Novalis, der den „Wilhelm Meister" als unpoetisches „Evangelium der Ökonomie" abtat, bewunderte Schlegel gerade die Poetisierung der Alltagswelt. „Wie die Grundfäden dieses Styls im ganzen aus der gebildeten Sprache des gesellschaftlichen Lebens genommen sind, so gefällt er sich auch in seltsamen Gleichnissen, welche eine eigentümliche Merkwürdigkeit aus diesem oder jenem ökonomischen Gewerbe, und was sonst von den öffentlichen Gemeinplätzen der Poesie am entlegensten scheint, dem Höchsten und Zartesten ähnlich zu bilden streben."[12]

In diesen Essays spiegelt sich Schlegels noch immer nicht aufgegebene Hoffnung, daß der geschichtliche Verlauf die Realisierung dessen darstelle, was die Vernunft als Prämisse der Entwicklung des Menschengeschlechts gesetzt habe. So bestimmte Schlegel im „Fragment" (Nr. 90) als „Gegenstand der Historie ... das Wirklichwerden alles dessen, was praktisch notwendig ist"[13] bzw. ihm nach den Gesetzen der Vernunft praktisch notwendig erscheint. Das geschichtsmächtige Prinzip bestand für ihn in der einleuchtenden Gesetzlichkeit der Ideen und Ideale, während der Geschichtsverlauf nur die Auswicklung der im Keime am Beginn der Menschheitsgeschichte schon angelegten Möglichkeiten der Gattung sei. Unter diesem Aspekt erklärt sich Schlegels Abgrenzung der antiken Kunst als in sich geschlossenem Kreislauf der Vollkommenheit von der modernen Bildung als „progressiver Universalpoesie", also einer Poesie, die das verlorene Ideal auf dem Wege des Bewußtseins und der Reflexion in unendlicher Annäherung anstrebe, ohne es je erreichen zu können, wie er in dem berühmten programmatischen „Fragment" (Nr. 116) formulierte. So gesehen, lag die Antike, die sinnliche Anschauung der absoluten Idee aller Kunstausübung, für Schlegel eigentlich außerhalb der Geschichte, die erst mit der Modernität ihren Anfang nahm.

Schlegel war sich freilich auch der Kluft bewußt, die sich zwischen den idealen Vernunftprämissen und der wirklichen Geschichte in seiner unmittelbaren Gegenwart zunehmend auftat. Seine frühromantische Kunsttheorie entstand geradezu aus dem Bewußtsein der Krise dieser seit der Aufklärung vertretenen Vorstellung von der Wirklichkeit als Materialisierung leitender Ideen. Diese Kluft zwischen Ideal und Realität war für Schlegel nur noch durch die reflektierende Anstrengung des Individuums zu bewältigen, die er unter dem Begriff der Ironie faßte. „Sie enthält und erregt ein Gefühl von dem unauflöslichen Widerstreit des Unbedingten und des Bedingten, der Unmöglichkeit und Notwendigkeit einer vollständigen Mitteilung. Sie ist die freieste aller Lizenzen, denn durch sie setzt man sich über sich selbst weg; und doch auch die gesetzlichste, denn sie ist unbedingt notwendig."[14]

Die Selbstreflexion des einzelnen in seiner Zerrissenheit zwischen dem Unbedingten des Lebensanspruchs und den relativen Möglichkeiten seiner Verwirklichung thematisierte Schlegel in seinem Roman „Lucinde" (1799). Im Gegenbild zur bürgerlichen Erwerbssphäre entwickelte er die Stadien der Beziehung zwischen Julius und Lucinde, welche sich jedoch nicht in der Praxis auslebt und ausformt, sondern in der subjektiven Erlebniswelt eine Art Überrealität gewinnt. Schlegel setzte in diesem Roman auch formal seine Forderung an moderne Poesie um, „in jeder ihrer Darstellungen sich selbst mit dar(zu)stellen, und überall zugleich Poesie und Poesie der Poesie (zu) sein"[15], so daß in der bewußt angestrebten kunstvollen Formlosigkeit gerade die ironische Distanz zum dargestellten Gegenstand als auch zur eigenen Darstellungsform gewonnen werden kann.

Die dominierende Form von Schlegels weltanschaulich-ästhetischer Reflexion in seiner frühromantischen Kunsttheorie war jedoch das Fragment, das gleichsam schlaglichtartig in griffiger, oft auch paradoxer Formulierung einen Sachverhalt erleuchtete, eben dadurch, daß er ihn in ein unerwartet neues, durchaus ironisches Licht setzte. Fragment bedeutete im Schlegelschen Sinne nicht, daß es sich um ein unvollendetes Werk handelt. Vielmehr steht es synonym zu Begriff Aphorismus bzw. Epigramm. Seine wirkliche Bedeutung erschließt sich jedoch erst im Rahmen der frühromantischen Kunsttheorie. Schlegel verstand das Fragment als poetische Erscheinungsweise des „Witzes", der die synthetisierende Kraft des Verstandes bezeichnete. Obwohl als Kunstform vollendet, ergab sich die Bezeichnung Fragment aus Schlegels Opposition zum System, der im zeitgenössischen Denken favorisierten rein logischen Form philosophischer Aussagen. Die Fragmentsammlung war demnach für Schlegel ein Medium – darin dem von den Frühromantikern gepflegten Dialog vergleichbar –, das es ermöglichte, ein Thema von wechselnden Standpunkten aus und unter verschiedenen Aspekten zu beleuchten, um damit Erkenntnis nicht über die systemgebundene logische Form der Aussage, sondern durch ein genetisches Verfahren zu erreichen. In diesem Sinne stand das Fragment auch in enger Beziehung zur „Ironie", welche die kritische Distanz zum Gegenstand bezeichnete, die für Schlegel zu einer witzig-synthetisierenden und poetisch vollendeten Form unabdingbar notwendig war. Das Genre Fragment muß aber auch im Kontext von Schlegels Definition der modernen Poesie als romantischer Poesie gesehen werden. Der Begriff „romantisch" wurde dabei von Schlegel sehr vielschichtig verwendet. Zum einen bezeichnete er im historischen Gegensatz zum „Klassischen" die moderne Poesie der europäischen Nationalliteraturen. Zum anderen war er auf das Genre Roman bezogen, und zwar sowohl auf die Inhalte der Romane genannten epischen Dichtungen des Mittelalters, die phantastisch-wunderbare Begebenheiten berichteten, als auch auf die modernen Prosaromane. Romantisch für Schlegel war jede Dichtung, die ihren Gegenstand von einem bewußt subjektiven Standpunkt aus aneignet und in unendlicher Annäherung an ein von der Vernunft gesetztes Ideal ihre eigene Dynamik und Historizität mitreflektiert. Das Fragment wie der Dialog, der Roman oder die Arabeske erscheinen bei Schlegel als Kunstformen, die diesen Anforderungen an romantische Poesie besonders entsprechen.

Der größte Teil von Schlegels Fragmenten wurde, wie

fast alle Schriften der Frühzeit, in der 1798 gegründeten Zeitschrift „Athenäum" veröffentlicht, die in sechs Heften bis 1800 erschien. Sie stellte das publizistische Organ des Frühromantikerkreises dar, in dem die Früchte „symphilosophischer" und „sympoetischer" Geselligkeit zusammengefaßt sind.

Im „Athenäum" erschien 1800 auch Schlegels „Gespräch über die Poesie", das sich auch in der im Reclam-Verlag Leipzig von Gerda Heinrich herausgegebenen Auswahl (RUB Bd. 752) findet. In ihm bilanzierte er die gewonnenen literaturtheoretischen Positionen, zugleich bereitete er aber im Bewußtsein des Scheiterns frühromantischer Welt- und Kunstanschauung und des Zerfalls des frühromantischen Freundeskreises bereits die Plattform für eine neue Etappe in seiner philosophisch-weltanschaulichen Entwicklung.

Dieses Gespräch, verstanden als platonischer Dialog, beleuchtet aus vier Fragerichtungen Schlegels Auffassungen vom Wesen der Poesie: „Die Epochen der Dichtkunst" knüpfen unmittelbar an Schlegels altertumswissenschaftlichen Studien an, nur daß hier der gesamte Komplex der neueren Nationalliteraturen stärker hervortritt. Im Mittelpunkt steht jedoch die „Rede über die Mythologie", in der es um die Neubestimmung der Poesiekonzeption geht. Hatte Schlegel in seiner frühromantischen Periode die Poesie als diejenige Kraft interpretiert, die die kritischen Setzungen der Vernunft im freien Spiel romantischer Ironie bei der Realität einforderte, gewann nun die Kunst eine der Philosophie neben-, sogar übergeordnete Bedeutung. Schlegel diagnostizierte im Bereich der Philosophie eine „große Revolution", die im Übergang vom Kritizismus Kants oder der Wissenschaftslehre Fichtes zur Identitätsphilosophie den Geist der Systemphilosophien des 17. Jahrhunderts erneuere. Spinoza erscheint als Chiffre dieses neuen Philosophierens. Es gehe davon aus, daß die ideelle Kraft des Geistes aus sich heraustrete, um sich in einem „grenzenlosen Realismus" zu materialisieren, der dann als Poesie sich selbst zum Gegenstand intellektueller Anschauung werde. Damit umriß Schlegel die

Grundpositionen des Identitätsstandpunktes, demzufolge ideelle Tätigkeit und Objekt in einem dialektischen Sinne identisch seien. Die Poesie als „Mythologie" stelle so die Vermittlung von Geist und Anschauung dar. Das Kunstgebilde gewann für Schlegel den Charakter eines organischen Ganzen, das keine autonome Größe bilde, sondern es sei „Leben", „lebendiger Zusammenhang" und als solcher auf lebendige Wirkung ausgerichtet. Die ästhetische Struktur, gleich ob sie im Werk ein geschlossenes Ganzes bilde oder im Fragment erst durch die intellektuelle Anstrengung des Lesers zum Ganzen gebildet werde, erwachse aus der Totalität des Lebens und sei erst durch Beziehung zum Leben wieder in lebendige Wirkung übersetzbar. Indem nun Poesie und Philosophie zur Mythologie zusammentreten, stellte Schlegel neben die Antike den Orient als Quelle der Kunstentwicklung. Am Orient, vor allem an Indiens Literatur, schätzte Schlegel die große Tradition erzählender Dichtung, die in ihrer Buntheit und Lebensnähe seinem Ideal des Romantischen sehr nahe stünde. Und so, wie Antike und Orient zu den Naturkeimen aller Dichtungsentwicklung erhoben wurden, sah Schlegel in den mittelalterlichen Literaturdenkmälern den Ursprung und zugleich das in der Reflexion anzustrebende Ziel der Nationalliteraturen. Für Deutschland postulierte er: „Es fehlt nichts, als daß die Deutschen … dem Vorbilde folgen, was Goethe aufgestellt hat, die Formen der Kunst überall bis auf den Ursprung erforschen, um sie neu beleben oder verbinden zu können, und daß sie auf die Quellen ihrer eignen Sprache und Dichtung zurückgehn und die alte Kraft, den hohen Geist wieder frei machen, der noch in den Urkunden der vaterländischen Vorzeit vom Liede der Nibelungen bis zum Flemming und Weckherlin bis jetzt verkannt schlummert …"[16]

Im „Brief über den Roman" thematisierte Schlegel die Konkretisierung dieser allgemeinen Poesieauffassung, wobei mit Roman durchaus mehr als das konkrete Genre gemeint war. Romantisch im Sinne von „romanhaft" betreffe „nicht sowohl eine Gattung … als ein Element der Poesie"[17]. Es beruhe darauf, „daß wahre Geschichte das

Fundament aller romantischen Dichtung" sei, und daß das „Beste in den besten Romanen nichts anders ist als ein mehr oder minder verhülltes Selbstbekenntnis des Verfassers, der Ertrag seiner Erfahrung"[18]. Schlegel sah den Realitätsbezug eines Kunstwerks geradezu als Maßstab für romantische Dichtung. „Alle sogenannten Romane … schätze ich dennoch ganz genau nach der Masse von eigner Anschauung und dargestelltem Leben, die sie enthalten"[19], und vor diesem Maß versagten selbst die so hochgeschätzten Romane der Engländer: „Aber wie sparsam und tropfenweise wird einem in allen diesen Büchern das wenige Reelle zugezählt! Und welche Reisebeschreibung, welche Briefsammlung, welche Selbstgeschichte wäre nicht für den, der sie in einem romantischen Sinne liest, ein besserer Roman als der beste von jenen?"[20]

Schlegel sah die Verwirklichung seines Poesieideals im Roman noch nicht gegeben, aber er erweiterte den Poesiebegriff durch Einbeziehung realitätsnaher Prosa und durch Orientierung auf die poetische Verfassung des Lesers, dessen „romantischer Sinn" erst das als „Arabeske" aufgefaßte romantische Kunstwerk vollende.

Der letzte Teil „Versuch über den verschiedenen Styl in Goethes früheren und späteren Werken" konzentrierte die in den vorangegangenen Teilen erörterten Probleme im Brennspiegel der Universalität und Epochenrepräsentanz des Goetheschen Werkes. Die Ordnung zwischen Goethes Dichtungen der Frühzeit und der idealen Tendenz der „Iphigenie" oder des „Tasso" lasse sich Schlegel zufolge nur durch die „Geschichte seines [Goethes – M. M.] Geistes" ergründen, die sich in gleichsam gesetzlichen Stufen vollzogen habe. Die erste Stufe sei durch den „Götz" und den „Werther" vertreten, die zweite charakterisiere sich durch den „Geist der Reflexion und der Harmonie", durch das „Ideal von harmonischem Leben und harmonischer Bildung"[21]. Die dritte Periode, repräsentiert durch den „Wilhelm Meister", atme „klassischen Geist": „In den Erzeugnissen der ersten Manier ist das Subjektive und das Objektive durchaus vermischt. In den Werken der zweiten Epoche ist die Ausführung im

19

höchsten Grade objektiv. Aber das eigentlich Interessante derselben, der Geist der Harmonie und der Reflexion verrät seine Beziehung auf eine bestimmte Individualität. In der dritten Epoche ist beides rein geschieden ..."[22]

In dieser geschichtlichen Rekonstruktion von Goethes Entwicklung zeigt sich Schlegels Methode der Identität von kritischer Bestimmung und historischer Ableitung an einem modernen Autor. Wirksam wird in dieser nachgezeichneten Entwicklung Goethes jedoch auch ein übergreifendes Epochenmuster, das nicht nur Schlegels genialen Blick auf das eigne Jahrhundert verrät, sondern – vermittelt über die Geistesgeschichte – bis heute die literaturgeschichtliche Sicht auf die klassische Periode deutscher Dichtung bestimmt.

Das „Gespräch über die Poesie" belegt, daß sich bis 1800 bei aller spielerischen Paradoxie der Formulierungen Schlegels Positionen in kontinuierlichem Reifen ausgeformt hatten. In der Folgezeit konkretisierte er ausgehend von der gewonnenen theoretischen Plattform seine Poesiekonzeption am Einzelgegenstand. So beschäftigte er sich 1801 in dem Aufsatz „Nachricht von den poetischen Werken des Johannes Boccaccio" eingehend mit dem Gesamtwerk dieses bedeutenden Novellisten der italienischen Renaissance. Und auch hier erläuterte Schlegel zunächst den methodischen Zugriff zum Gegenstand, bevor er zur Charakteristik der einzelnen Werke und der Werkgeschichte übergeht. Dabei blieb er nicht wie noch im Aufsatz „Über das Studium der griechischen Poesie" bei der allgemeinen Forderung nach einer historisch-kritischen Dichtungswissenschaft stehen, sondern bemühte sich um die genaue Explikation des Vorgangs, in dem sich durch Verknüpfung historischer und kritischer Betrachtung der Sinngehalt des Einzeltextes wie des Gesamtwerks eines Künstlers innerhalb einer Nationalliteratur erschließt. Literaturkritik habe Schlegel zufolge den Künstler selbst und dessen Werk in beider Genesis zum Gegenstand. „Die Kunst bildet, aber sie wird auch gebildet; nicht nur das Gebildete, sondern der Bildende selbst ist ein organisches Ganzes ... und jeder

Künstler hat seine Geschichte, welche zu begreifen, zu erklären und darzulegen das vorzüglichste Geschäft der Wissenschaft ist, die unter dem Namen der Kritik bis jetzt mehr gesucht wurde, als schon vorhanden war."[23] Gleichzeitig stehe jedoch die Individualität des Künstlers und des einzelnen Werkes wieder in einem größeren Ganzen, in der Tradition einer Nationalliteratur, in einem bestimmten historischen Zusammenhang und in einem geprägten Nationalcharakter. „Man kann den Charakter eines Dichters im ganzen nie mit einiger Richtigkeit treffen, bevor man nicht den Kreis der Kunstgeschichte gefunden hat, zu dem er gehört, das größere Ganze, von dem er selbst nur ein Glied ist."[24] Das Kunstwerk selbst könne daher nur im Schnittpunkt von Literaturkritik, die das Kunstwerk als ästhetische Individualität begreift, und Literaturgeschichte, die diese Individualität als Teil eines Ganzen in einen historischen Gesamtzusammenhang stellt, erfaßt werden. Wahre Literaturbetrachtung vollziehe sich in einer Art Zirkelstruktur, nach der die Individualität aus der Geschichte erhelle, deren Wesen wiederum aus der Summe der sie konstituierenden Individualitäten deutlich werde.

Leitlinie der chronologisch vorgehenden Analyse von Boccaccios Werken war der Versuch nachzuweisen, daß Boccaccio sukzessive die allegorische Dichtungsvorstellung, wie er sie z. B. bei Dante vorfand, durchbrochen hat. Die Novelle erschien nun als dasjenige Genre, das der realen Erlebniswelt des modernen Menschen am adäquatesten entsprach. Konsequent schloß Schlegel mit einer allgemeinen Betrachtung über die künstlerischen Leistungsmöglichkeiten des Genres Novelle innerhalb der modernen Kunstauffassung, die er bei Boccaccio im Keime schon angelegt fand. In diesem Zusammenhang gelang Schlegel eine der tiefsinnigsten historisch-kritischen Bestimmungen diesen Genres. Den Kern der modernen Novelle sah er in der Anekdote: „eine noch unbekannte Geschichte ..., die an und für sich schon einzeln interessieren können muß, ohne irgend auf den Zusammenhang der Nationen, oder der Zeiten, oder auch auf die Fortschritte der Menschheit ... zu sehen"[25].

Solche anekdotische Begebenheiten könne der moderne Novellist aufnehmen, um sie als stoffliche Grundlage einer übergeordneten Gestaltungs- und Wirkungsabsicht zu nutzen. Diese bestehe im „Ausdruck einer eignen Ansicht, eines eignen Gefühls", dessen künstlerische Strukturierung sich darin zeige, daß das „objektiv Merkwürdige" des Stoffs hinter seine künstlerische Bearbeitung, der Art und Weise des Erzählens, zurücktrete, welche dann die eigentliche Bedeutungsebene des Textes realisiere. In dieser Definition der „allegorischen Novelle" – „der Gipfel und die eigentliche Blüte der ganzen Gattung" – scheinen selbst solch freie Ausdeutungen des Genres wie Theodor Storms „psychologische" Novellen schon vorausgedacht.

Wie sehr in dem „Gespräch über die Poesie" nicht nur Bilanz gezogen, sondern gleichzeitig ein Arbeitsprogramm formuliert wurde, zeigten die Jahre zwischen 1802 und 1808. Wie bei anderen seiner Generation, etwa bei Joseph Görres oder Heinrich von Kleist, wirkte auch bei Schlegel eine Frankreichreise als Katalysator für die weitere Ausprägung und Ausformung der schon in der Frühromantik angelegten weltanschaulichen Positionen.

Zunächst intensivierte Schlegel seine Forschungen zu den bereits 1800 festgelegten Arbeitsschwerpunkten, zur Kunst und Literatur des christlichen Mittelalters sowie zur persischen und indischen Sprache und Dichtung, die sich in dem Grundlagenwerk der Indoeuropäistik „Über die Sprache und Weisheit der Indier" (1808) niederschlugen. All diese Spezialgebiete führte Schlegel konzeptionell in der von ihm herausgegebenen Zeitschrift „Europa" (1803/05) zusammen, der er als eine Art Programm Skizzen seiner „Reise nach Frankreich" voranstellte.

Hier schilderte Schlegel Frankreich als extreme Ausprägung „der allgemeinen europäischen Verderbtheit unsers Zeitalters"[26], die sich in Egoismus, Korruption der Sitten, Zweckdenken und absoluter Herrschaft des Geldes äußere, in der Zerstörung aller großen Werte des Mittelalters wie Heldentum, nationale Gesinnung, Freiheitsdrang und „gefühlte Rechtlichkeit". Die vom Altertum ausgehende Orientierung auf das Individualitätsbewußtsein habe zu einer unerträglichen Absonderung und Vereinzelung in allen Gebieten des menschlichen Lebens und Erkennens und damit zur unnatürlichen „Trennung des Klassischen und des Romantischen"[27] geführt. Das romantische Element habe der Katholizismus und der Idealismus nur unzureichend in das europäische Bewußtsein zu tragen versucht. Daher müsse nun im Orient, „woher uns bis jetzt noch jede Religion und jede Mythologie gekommen ist", nach dem wahrhaft romantischen Geist gesucht werden, der allein die Erneuerung Europas bewirken könne, ein Prozeß, der „nicht nach Jahrhunderten, sondern nach Jahrtausenden zu zählen habe"[28].

Im „Gespräch über die Poesie" hatte Schlegel noch den Hauptakzent auf die Poesie und den Idealismus der Identitätsphilosophie als diejenigen Kräfte gesetzt, welche in der Lage seien, die durch die Krisenerfahrung der Jahrhundertwende zerrissene Welterfahrung auf einer neuen transzendenten, harmonischen und sinntiefen Wertebene zu synthetisieren. In der „Europa" gewannen nun die indische Philosophie und das christliche Mittelalter diese Bedeutung. Doch schon 1803 deutete sich an, daß keiner dieser Wege Schlegels Suche nach einer leitenden Grundidee zum Ziele führen könne. Die Religion und vor allem der Katholizismus erschienen ihm immer mehr als Möglichkeit positiver Sinnbestimmung individueller und geschichtlicher Existenz. Es waren eher gesellschaftliche Rücksichten, auch auf sein protestantisches Elternhaus, die ihn bestimmten, den Übertritt zum Katholizismus erst 1808 gemeinsam mit Dorothea in Köln zu vollziehen. Schlegels religiöses Bekenntnis erwuchs aus dem auch emotional bestimmten Bedürfnis nach einer bejahenden Welthaltung angesichts der Erfahrung, daß alle Hoffnung auf die geschichtsmächtige Kraft der aufklärerischen Utopien gescheitert war. Es stellte jedoch nicht die Preisgabe des emanzipatorischen Anspruchs dar, sondern war der Versuch, Orientierungspunkte zu finden, die innerhalb gegebener geschichtlicher Grenzen die Errichtung eines wirklich existenzfähigen Gemeinwesens mit einem relativ gerechten Interessenausgleich der Stände begründen könnten. Schlegels Hinwendung zum Katholizismus und die darauf folgende Anstellung am Wiener Hof als Hofsekretär bedeuteten daher keinen Bruch mit den Grundintentionen seines Wirkens, sondern signalisierten, daß Schlegel nach neuen, realgeschichtlich begründeten Wegen zur Umsetzung des Humanitätsgedankens suchte. Platte Apologie des Ancien Régime, wie ihm oft unterstellt wurde, war dabei nicht sein Ziel.

Bereits in den „Vorlesungen über Universalgeschichte" (1805/06) entwickelte er den Entwurf einer künftigen Gesellschaftsordnung, die auf das Gleichgewicht der Stände – nicht etwa auf unhistorische Erneuerung der mittelalterlichen Vormachtstellung des Adels – gegründet war: „Man stelle das Gleichgewicht der Stände, wo es gestört ist, durch indirekte Schwächung wieder her, d. h. durch Erhöhung und Verstärkung anderer Stände … Ist z. B. der Adel überwiegend, wie jetzt in vielen Ländern der Fall, so muß die Geistlichkeit und der Bürgerstand gehoben werden."[29]

In Österreich sah Schlegel in der Folgezeit diejenige politische und militärische Kraft, welche durch Abschüttlung der napoleonischen Vorherrschaft in Europa jenes Gleichgewicht aller Nationen befördern könne. Die katholische Kirche als kosmopolitische und über den egoistischen Interessen stehende Geistesmacht sollte dieses neue Europa als organischen Zusammenhang in einer umfassenden idealen Wertbestimmung konzentrieren. Aus geschichtlicher Forschung heraus, nicht aus der Ableitung von philosophischen Setzungen, sollte nun die Konzeptionsbildung für dieses künftige Europa erfolgen. Die Geschichte erschien Schlegel jetzt als „die universellste, allgemeinste und höchste aller Wissenschaften"[30]. Geschichte verstand Schlegel dabei als genetische Entwicklung von Politik, Philosophie, Kunst und Literatur nach immanenten Gesetzen. Die Prämissen seiner Geschichtsauffassung lassen sich so als direkte Polemik gegen jede Geschichtskonstruktion lesen. „Die neuere Geschichte bedarf aber eigentlich keines eigenen philosophischen Prinzips ... Es ist dieses besser, als wenn man der Geschichte ein bestimmtes Moralprinzip in systematischer Form zugrunde legt, dem Stoff aufzwängt und dadurch die Darstellung bestimmt, wie bei den Kantianern, was viel zu einseitig ist."[31] Und auch die von Jacob Grimm bei der Begründung der Germanistik als deutscher Philologie zugrunde gelegte Konzeption von der Nation als einer Sprachnation findet sich schon bei Schlegel: „Dasjenige Prinzip, wovon die Geschichte anfangen, worauf sie sich allein gründen und wodurch sie die Genealogie der Nationen auffinden kann, ist die Sprache ... Sie ist sozusagen das Absolute der Geschichte."[32]

Schlegels „Vorlesungen über die neuere Geschichte" (1810/11) zeigten nun auch eine neue Einordnung von Poesie und Kunst, die als organische Bestandteile des nationalen Lebens nicht mehr die alleinigen Mittel zur menschlichen Emanzipation darstellten. Erst durch den Bezug zur Geschichte und zur geschichtlichen Praxis erhielten sie ihre Funktion und Bestimmung. Damit sprengte Schlegel die Vorstellung von einer autonomen Kunstsphäre, in der allein allseitige Entwicklung von Individuum und Gesellschaft projektiert werden könne. Er ging den Schritt zu einem neuen Literaturbegriff, der Poesie durch den Bezug zum „Leben" als Poesie legitimierte. Konsequenter Historismus war die methodische Folge dieses Ansatzes: „Vorzüglich indessen ist es das Studium der Geschichte, welches allen diesen Bestrebungen nach höherer Geistesausbildung einen festen Mittelpunkt und Halt ... gibt ... Ohne den Ernst aber, welchen sie [die schönen Künste – M. M.] nur durch die Beziehung auf den Menschen, auf seine Schicksale und seine Geschichte erhalten, müssen sie immer in Gefahr bleiben, ein inhaltsleeres Spiel und eine bloße Schwelgerei der Einbildungskraft zu werden. Der Sinn der vortrefflichsten und höchsten Hervorbringungen der bildenden Kunst und der Poesie wird uns erst dann recht deutlich, wenn wir uns in den Geist der Zeiten zu versetzen wissen, aus denen sie hervorgingen, oder welche sie darstellen."[33]

Diese neue Auffassung von Geschichte und von der Stellung der Dichtung in derselben lag dann auch in den Vorlesungen zur „Geschichte der alten und neuen Literatur" (1812) zugrunde. In ihnen faßte Schlegel Literatur als Ausdruck des nationalen Lebens eines Volkes, als „Inbegriff des intellektuellen Lebens einer Nation"[34] auf, wie es in der Vorrede zur Ausgabe von 1815 heißt. Gezeigt werden sollten keine „biographischen Nachrichten" oder eine „Fülle von wiederholten Zitaten", gesucht war der „Geist der Literatur in jedem Zeitalter, das Ganze derselben, und den Gang ihrer Entwicklung bei den wichtigsten Nationen"[35]. Schlegels Ziel war es dabei, wie er in der Widmung an Metternich formulierte, „der großen Kluft, welche immer noch die literarische Welt und das intellektuelle Leben des Menschen von der praktischen Wirklichkeit trennt, entgegen zu wirken"[36]. In der Darstellung der deutschen Literatургeschichte des 18. Jahrhunderts knüpfte Schlegel an die Periodisierung von Goethes Werken im „Gespräch über die Poesie" an. Unter dem Begriff „Generation" entwickelte er ein übergreifendes Epochenmuster für das 18. Jahrhundert, das bis heute wirksam blieb.

Doch nicht nur als Theoretiker wollte Schlegel tätig sein. Ihn drängte es ebenso nach praktischer politischer Umsetzung seiner Ideen. Als Hofsekretär nahm er 1809 am Feldzug Österreichs gegen Frankreich teil, und nach der Niederlage Napoleons wirkte er 1815 bis 1818 als Legationsrat der Österreichischen Gesandtschaft beim Deutschen Bundestag. Den geeinten deutschen Nationalstaat und das europäische Gleichgewicht der Kräfte, die Schlegel in seiner Konzeptionsbildung zwischen 1805 und 1815 anvisiert hatte, realisierte der Bundestag jedoch nicht. 1817, im Jahr des Wartburgfestes und der Forderung der progressiven Kräfte nach einem demokratischen Deutschland, entwarf Schlegel das Zeitschriftenprojekt „Concordia", das alles vereinen sollte, „was immer in den einzelnen deutschen Staaten, in dem Wirkungskreise des deutschen Bundes, in der katholischen und protestantischen Kirche oder auch sonst für die Geisteskultur Neues und Gedeihliches ans Licht kommt, oder in der Art vorgeht, daß es als eine deutsche Nationalangelegenheit betrachtet werden kann"[37].

Unabhängig von religiösem Bekenntnis und kleinstaatlichem Denken sollte die deutsche Nationalangelegenheit befördert werden, denn Österreich hatte sich offensichtlich nicht als diejenige Kraft erwiesen, die fähig und willens war, die nationalstaatliche Einheit zu realisieren. Das Zeitschriftenprojekt kam daher mit dieser Konzeption nicht zustande. Erst nach der restaurativen Wende in der österreichischen Politik, nach den reaktionären „Karlsbader Beschlüssen", die alle progressiven Kräfte als „Demagogen" der Verfolgung anheimgaben, erschien 1820 das erste Heft.

Der in der „Concordia" veröffentlichte Aufsatz „Signatur des Zeitalters" stellte eine Bilanz Schlegels über seine an Österreich geknüpften Hoffnungen dar, der durch die Französische Revolution ausgelösten Kapitalisierung einen eigenständigen Gesellschaftsentwurf entgegenzustellen, der die Interessengegensätze sozialer Gruppen in der ideellen Einheit der Religion und der politischen Einheit des nationalen Ständestaates ausgleichen könne. In aller Vorsicht der Formulierung, die natürlich der Zensur unterworfen war, kritisierte er den „Wiener Kongreß" als eine vertane Chance, die „nicht alle rege gewordnen Wünsche befriedig(en)" konnte, „ja selbst auf manche wohlbegründete Ansprüche und gerechte Hoffnungen"[38] nicht einging. Schlegel sah daher weitere revolutionäre Umbrüche voraus, die die alten, nicht mehr aus sich heraus zur Reformierung und Neuordnung Europas fähigen Monarchien hinwegfegen würden, denn es sei ein „Hauptirrtum des Zeitalters, daß die Revolution schon abgeschlossen und beendigt sei"[39].

Damit beendete dieser zentrale Aufsatz Schlegels unmittelbare politische Tätigkeit und leitete zugleich vor dem Hintergrund apokalyptischer Visionen vom Untergang des alten Europas eine letzte Schaffensphase Schlegels ein, in der er die verschiedenen Wirkungsfelder seines Lebens in Vorlesungsreihen noch einmal zusammenfaßte und der methodischen Selbstreflexion unterzog. Es waren dies die Vorlesungsreihen zur „Philosophie des Lebens" (1827), zur „Philosophie der Geschichte" (1828) und zur „Philosophie der Sprache und des Wortes" (1828/29).

In der philosophischen und geschichtlichen Selbstreflexion sah Schlegel für sich den einzigen Weg, der heraufdämmernden Katastrophe des Untergangs der alten Welt begegnen zu können. Seine „Philosophie des Lebens" umriß die Grundzüge einer solchen Theorie, die auch in der Folgezeit des 19. und 20. Jahrhunderts immer dann entstand und sich auf Schlegel berufen konnte, wenn die herrschenden Kräfte bei der Meisterung historischer Umbruchssituationen versagten und dann durch eine die Extreme vermittelnde, auf Reform zielende Konzeptionsbildung der Fortbestand des tradierten Kräfteverhältnisses gesichert werden sollte. Nur in diesem Sinne handelt es sich bei Schlegel um einen konservativen Denker. Seine Überlegungen zielten aber nicht auf die bloße Wiederherstellung des Alten, sondern auf eine Neuformierung des Überkommenen, das eben dadurch angesichts neuer gesellschaftlicher Entwicklungstendenzen mit dem Leben Schritt halten sollte. Für Schlegel war diese Theorie in der „Philosophie des Lebens" realisiert, einer praxisorientierten Philosophie, die keine „metaphysischen Luftgebäude oder dialektischen Hirngespinste" errichte, sondern „aus dem Leben selbst geschöpfte, einfache Theorie des geistigen Lebens, und das bloße Verstehen desselben"[40] sei. Er definierte sie als eine „geistige Erfahrungs-Wissenschaft, die nur von Tatsachen ausgeht und überall auf Tatsachen beruht". Wissen sei daher keine Spekulation, sondern „lebendiges Denken eines Wirklichen". „Immer aber bleibt das Wirkliche, das Erste, die Grundlage und der Anfang, von welchem alles Wissen ausgeht, und auf welches also auch das Denken zunächst gerichtet sein und woran es sich immer fest anschließen muß."[41]

Der antispekulative Zug zeigte sich auch in Schlegels „Philosophie der Geschichte", die in Umrissen den Historismus des 19. Jahrhunderts schon vorwegnahm. „Die Geschichte kann gar nicht getrennt werden von den Tatsachen, und beruht durchaus nur auf der Wirklichkeit;

und so muß auch die Philosophie der Geschichte, als der Geist oder die Idee derselben, ebenfalls aus den wirklichen historischen Begebenheiten ... selbst hervorgehen, als das reine Resultat derselben.“[42] Eine solche Philosophie, eine solche Geschichts- und Sprachtheorie orientierte die Erkenntnis wie das politische Handeln auf die Praxis, auf die Bemeisterung der Realität als Aufgabe der herrschenden Kräfte, die bei Strafe deren historischen Untergangs gelöst werden müßte.

Mit den großen Vorlesungsreihen des Spätwerks schließt sich der Bogen, der von Schlegels Anfängen im Geiste der Kantischen Kritik am blinden Autoritätsglauben über die Hoffnung auf Versöhnung der Gegensätze in einer neuen Mythologie, über den Versuch, die österreichische Monarchie und unter ihrer Führung ganz Deutschland zu einem national gesinnten und religiös begründeten gerechten Ständestaat umzubilden bis hin zu den theoretischen Gesamtentwürfen der Philosophie des Lebens, der Geschichte und der Sprache reicht. Als Zeitgenosse bedeutender geschichtlicher Ereignisse und als vielseitig gebildeter und immens fleißiger Gelehrter suchte er unter ständig wechselnden realgeschichtlichen Konstellationen nach immer neuen Wegen, Humanität nicht nur als ideale Projektion des Möglichen zu behaupten, sondern als lebbare Wirklichkeit für den einzelnen zu gestalten. Dieses Bestreben, nach geschichtlich begründeten und in der Wirklichkeit aufweisbaren Freiräumen für wahre Humanität zu suchen, ist bereits in Schlegels Frühwerk spürbar. Es führte ihn zwangsläufig zur Besinnung auf die Geschichte als den Ort, wo sich die Vervollkommnungsfähigkeit des Menschengeschlechts erweisen muß. Seine geschichtlich bedingte Grenze liegt in der alleinigen Orientierung auf den katholischen Ständestaat als das ihm einzig vor Augen stehende Gesellschaftsmodell, das für Schlegel seine Existenzfähigkeit über Jahrhunderte hinweg erwiesen hatte. Die gesellschaftliche Entwicklung des 19. und 20. Jahrhunderts hat dieses Modell jedoch zu einem Anachronismus werden lassen.

So steht das Schlegelsche Werk im Zeichen des Widerspruchs zwischen der ahistorischen Apologie des Ständestaates und seiner historisch-kritischen Methode, die nicht zuletzt auf dem Gebiet der Literaturwissenschaft bis heute durch viele seiner Arbeiten wirksam blieb.

Leipzig, im Mai 1990 *Marion Marquardt*

1 Ernst Robert Curtius, Friedrich Schlegel und Frankreich, in: Ernst Robert Curtius, Kritische Essays zur europäischen Literatur, 2., erweiterte Aufl., Bern 1954, S. 86.
2 Joseph Freiherr von Hormayr, Correspondenz, Inland, Nr. 31, München, 10. Februar 1829, zitiert nach: Adam Müllers Lebenszeugnisse, hg. von Jakob Baxa, Bd. 2, München, Paderborn, Wien 1966, S. 984.
3 Ernst Robert Curtius, Friedrich Schlegel und Frankreich, a. a. O., S. 86 f.
4 Wolfdietrich Rasch, Nachwort, in: Friedrich Schlegel, Schriften zur Literatur, hg. von Wolfdietrich Rasch, München² 1985, S. 364.
5 Ebenda.
6 Friedrich Schlegel, Über das Studium der griechischen Poesie, in: Kritische Friedrich-Schlegel-Ausgabe (im folgenden KFSA), hg. von Ernst Behler u. a., 1. Abteilung, 1. Band, Paderborn, München, Wien, Zürich 1979, S. 273. In diesem Band: S. 81.
7 Ebenda, S. 331. In diesem Band: S. 128.
8 Ebenda, S. 257. In diesem Band: S. 66.
9 Friedrich Schlegel, Versuch über den Begriff des Republikanismus, in: KFSA, 1. Abteilung, 7. Band, Paderborn, München, Wien, Zürich 1966, S. 23 f.
10 Friedrich Schlegel, Georg Forster, in: KFSA, 1. Abteilung, 2. Band, Paderborn, München, Wien, Zürich 1967, S. 93.
11 Ebenda, S. 87 f.
12 Friedrich Schlegel, Über Goethes Meister, in: KFSA, 1. Abteilung, 2. Band, a. a. O., S. 133.
13 Friedrich Schlegel, Fragmente (Nr. 90), in: KFSA, 1. Abteilung, 2. Band, a. a. O., S. 178. In diesem Band: S. 161.
14 Friedrich Schlegel, Kritische Fragmente (Nr. 108), in: KFSA, 1. Abteilung, 2. Band, a. a. O., S. 160. In diesem Band: S. 158.
15 Friedrich Schlegel, Fragmente (Nr. 238), in: KFSA, 1. Abteilung, 2. Band, a. a. O., S. 204. In diesem Band: S. 165.

16 Friedrich Schlegel, Gespräch über die Poesie, in: KFSA, 1. Abteilung, 2. Band, a. a. O., S. 303.
17 Ebenda, S. 335.
18 Ebenda, S. 337.
19 Ebenda.
20 Ebenda, S. 338.
21 Ebenda, S. 342.
22 Ebenda, S. 345.
23 Friedrich Schlegel, Nachricht von den poetischen Werken des Johannes Boccaccio, in: KFSA, 1. Abteilung, 2. Band, a. a. O., S. 373. In diesem Band: S. 232.
24 Ebenda, S. 391. In diesem Band: S. 251.
25 Ebenda, S. 394. In diesem Band: S. 254.
26 Friedrich Schlegel, Reise nach Frankreich, in: KFSA, 1. Abteilung, 7. Band, a. a. O., S. 71.
27 Ebenda, S. 74.
28 Ebenda, S. 77/79.
29 Friedrich Schlegel, Vorlesungen über Universalgeschichte, in: KFSA, 2. Abteilung, 14. Band, Paderborn, München, Wien, Zürich 1960, S. 241.
30 Ebenda, S. 3.
31 Ebenda, S. 6.
32 Ebenda.
33 Friedrich Schlegel, Über die neuere Geschichte, in: KFSA, 1. Abteilung, 7. Band, a. a. O., S. 127.
34 Friedrich Schlegel, Geschichte der alten und neuen Literatur, in: KFSA, 1. Abteilung, 6. Band, Paderborn, München, Wien, Zürich 1961, S. 7. In diesem Band: S. 292.
35 Ebenda. In diesem Band: S. 292.
36 Ebenda, S. 4. In diesem Band: S. 289.
37 Friedrich Schlegel, Ankündigung der „Concordia", Wien vom 1. September 1817, zitiert nach: KFSA, Ursula Behler, Einleitung, 2. Abteilung, 22. Band, Paderborn, München, Wien, Zürich 1979, S. X.
38 Friedrich Schlegel, Signatur des Zeitalters, in: KFSA, 1. Abteilung, 7. Band, a. a. O., S. 484.
39 Ebenda, S. 488.
40 Friedrich Schlegel, Philosophie des Lebens, in: KFSA, 1. Abteilung, 10. Band, Paderborn, München, Wien, Zürich 1969, S. 4 und S. 21.
41 Friedrich Schlegel, Philosophie der Geschichte, in: KFSA, 1. Abteilung, 9. Band, Paderborn, München, Wien, Zürich 1971, S. 357, S. 530 und S. 531.
42 Ebenda, S. 7.

Über das Studium der griechischen Poesie

Der Aufsatz entstand 1795/96, wurde jedoch erst 1798 im Rahmen einer größeren Studie „Die Griechen und Römer. Historische und kritische Versuche über das klassische Altertum" erstmals gedruckt.
1795/96 erschien Schillers Abhandlung „Über naive und sentimentalische Dichtung" in den „Horen". Schlegels Bezugnahme auf Schillers Arbeit in der Vorrede zur Ausgabe von 1798 gab Anlaß zu der Vermutung, Schlegel habe Gedanken Schillers lediglich kopiert. Dies läßt sich jedoch allein schon durch die Entstehungsgeschichte des Schlegel-Aufsatzes widerlegen. Es existierten insgesamt drei Versionen. Verlorengegangen ist das Manuskript „Über das Studium der Griechen und Harmonie desselben mit modernem Studium" (1794/95). Eine zweite Version trägt den Titel „Vom Wert des Studiums der Griechen und Römer" (1795). Die dritte Fassung „Über das Studium der griechischen Poesie" wurde für unsere Ausgabe ausgewählt.

Es springt in die Augen, daß *die moderne Poesie das Ziel, nach welchem sie strebt,* entweder *noch nicht erreicht hat*; oder daß ihr Streben überhaupt kein festes Ziel, ihre Bildung keine bestimmte Richtung, die Masse ihrer Geschichte keinen gesetzmäßigen Zusammenhang, das Ganze keine Einheit hat. Sie ist zwar nicht arm an Werken, in deren unerschöpflichem Gehalt die forschende Bewunderung sich verliert, vor deren Riesenhöhe das erstaunte Auge zurücksinkt; an Werken deren übermächtige Gewalt alle Herzen hinreißt und besiegt. Aber die stärkste Erschütterung, die reichhaltigste Tätigkeit sind oft am wenigsten *befriedigend*. Eben die trefflichsten Gedichte der Modernen, deren hohe Kraft und Kunst Ehrfurcht fordert, vereinigen nicht selten das Gemüt nur um es schmerzlicher wieder zu zerreißen. Sie lassen einen verwundenden Stachel in der Seele zurück, und nehmen mehr als sie geben. *Befriedigung* findet sich nur in dem vollständigen Genuß, wo jede erregte Erwartung erfüllt, auch die kleinste Unruhe aufgelös't wird; wo alle Sehnsucht schweigt. Dies ist es, was der Poesie unsres Zeitalters fehlt! Nicht eine Fülle einzelner, trefflicher Schönheiten, aber *Übereinstimmung* und *Vollendung*, und die Ruhe und Befriedigung, welche nur aus diesen entspringen können; eine *vollständige Schönheit*, die *ganz* und *beharrlich* wäre; eine Juno, welche nicht im Augenblick der feurigsten Umarmung zur Wolke würde. Die Kunst ist nicht deshalb verloren, weil der große Haufe aller derer, die nicht sowohl roh als verkehrt, die mehr mißgebildet als ungebildet sind, ihre Einbildungskraft mit allem, was nur seltsam, oder neu ist, willig anfüllen lassen, um nur die unendliche Leerheit ihres Gemüts mit irgend etwas anzufüllen; um der unleidlichen Länge ihres Daseins doch einige Augenblicke zu entfliehn. Der Name der Kunst wird entweiht, wenn man das Poesie nennt: mit abenteuerlichen oder kindischen Bildern spielen, um schlaffe Begierden zu stacheln, stumpfe Sinne zu kitzeln, und rohen Lüsten zu schmeicheln. Aber überall, wo echte Bildung nicht die ganze Volksmasse durchdringt, wird es eine *gemeinere* Kunst geben, die keine andere Reize kennt, als niedrige Üppigkeit und widerliche Heftigkeit. Bei stetem Wechsel des Stoffs bleibt ihr Geist immer derselbe: verworrne Dürftigkeit. Bei uns hingegen gibt es auch eine *bessere* Kunst, deren Werke unter denen der gemeinen, wie hohe Felsen aus der unbestimmten Nebelmasse einer entfernten Gegend hervortreten. Wir treffen in der neuen Kunstgeschichte hie und da auf Dichter, welche in der Mitte eines versunknen Zeitalters Fremdlinge aus einer höhern Welt zu sein scheinen. Mit der ganzen Kraft ihres Gemüts wollen sie das *Ewige*, und wenn sie in ihren Werken Übereinstimmung und Befriedigung noch nicht völlig erreichen: so streben sie doch so mächtig nach denselben, daß sie die gerechteste Hoffnung erregen, das Ziel der Poesie werde nicht ewig unerreichbar bleiben, wenn es anders durch Kraft und Kunst, durch Bildung und Wissenschaft erreicht werden kann. Allein in dieser bessern Kunst selbst offenbaren sich die Mängel der modernen Poesie am sichtbarsten. Eben hier, wenn das Gefühl den hohen Wert eines Gedichts anerkannt, und das Urteil den Ausspruch des Gefühls geprüft und bestätigt hat, gerät der Verstand in nicht geringe Verlegenheit. In den meisten Fällen scheint das, worauf die Kunst am ersten stolz sein dürfte, gar nicht ihr Eigentum zu sein. Es ist ein schönes Verdienst der modernen Poesie, daß so vieles Gute und Große, was in den Verfassungen, der Gesellschaft, der Schulweisheit verkannt, verdrängt und verscheucht worden war, bei ihr bald Schutz und Zuflucht, bald Pflege und eine Heimat fand. Hier, gleichsam an die einzige reine Stätte in dem unheiligen Jahrhundert legten die wenigen Edlern die Blüte ihres höhern Lebens, das Beste von allem, was sie taten, dachten, genossen und strebten, wie auf einen Altar der Menschheit nieder. Aber ist nicht eben so oft und öfter Wahrheit und Sittlichkeit der Zweck dieser Dichter als Schönheit? Analysiert die Absicht des Künstlers, er mag sie nun deutlich zu erkennen geben, oder ohne klares Bewußtsein seinem Triebe folgen; analysiert die Urteile der Kenner und die Entscheidungen des Publikums! Beinahe überall werdet Ihr eher jedes andre Prinzip als höchstes Ziel und erstes Gesetz der Kunst, als letzten Maßstab für den Wert ihrer Werke stillschweigend vorausgesetzt oder ausdrücklich aufgestellt finden; nur nicht das *Schöne.* Dies ist so wenig das herrschende Prinzip der modernen Poesie, daß viele ihrer trefflichsten Werke ganz offenbar Darstellungen des *Häßlichen* sind, und man wird es wohl endlich, wenngleich ungern, eingestehen müssen, daß es eine Darstellung der Verwirrung in höchster Fülle, der Verzweiflung im Überfluß aller Kräfte gibt, welche eine gleiche wo nicht eine höhere Schöpferkraft und künstlerische Weisheit erfordert, wie die Darstellung der Fülle und Kraft in vollständiger Übereinstimmung. Die gepriesensten modernen Gedichte scheinen mehr dem Grade als der Art nach von dieser Gattung verschieden zu sein, und findet sich ja eine leise Ahndung vollkommner Schönheit, so ist es nicht sowohl im ruhigen Genuß, als in *unbefriedigter Sehnsucht.* Ja nicht selten entfernte man sich von dem Schönen um so weiter, je heftiger man nach demselben strebe. So verwirrt sind *die Gränzen* der Wissenschaft und der Kunst, des Wahren und des Schönen, daß sogar die Überzeugung von der Unwandelbarkeit jener ewigen Grenzen fast allgemein wankend geworden ist. Die Philosophie poetisiert und die Poesie philosophiert: die Geschichte wird als Dichtung, diese aber als Geschichte behandelt. Selbst die Dichtarten verwechseln gegenseitig ihre Bestimmung; eine lyrische Stimmung wird der Gegenstand eines Drama, und ein dramatischer Stoff wird in lyrische Form gezwängt. Diese *Anarchie* bleibt nicht an den äußern Gränzen stehn, sondern erstreckt sich über das ganze Gebiet des Geschmacks und der Kunst. Die hervorbringende Kraft ist rastlos und unstät; die einzelne wie die öffentliche Empfänglichkeit ist immer gleich unersättlich und gleich unbefriedigt. Die Theorie selbst scheint an einem *festen Punkt* in dem endlosen Wechsel völlig zu verzweifeln. Der öffentliche Geschmack – doch wie wäre da ein öffentlicher Geschmack möglich, wo es keine öffentliche Sitten gibt? – die Karikatur des öffentlichen Geschmacks, die *Mode*, huldigt mit jedem Augenblicke einem andern Abgotte. Jede neue glänzende Erscheinung erregt den zuversichtlichen Glauben, jetzt sei das Ziel, das höchste Schöne, erreicht, das Grundgesetz des Geschmacks, der äußerste Maßstab alles Kunstwertes sei gefunden. Nur daß der nächste Augenblick den Taumel endigt; daß dann die Nüchterngewordenen das Bildnis des sterblichen Abgottes zerschlagen, und in neuem erkünstelten Rausch einen andern an seiner Stelle einweihen, dessen Gottheit wiederum nicht länger dauern wird, als die Laune seiner Anbeter! – Dieser Künstler strebt allein nach den üppigen Reizen eines wollüstigen Stoffs, dem blühenden Schmuck, dem schmeichelnden Wohllaut einer bezaubernden Sprache, wenn auch seine abenteuerliche Dichtung Wahrheit und Schicklichkeit beleidigt und die Seele leer läßt. Jener täuscht sich wegen einer gewissen Rundung und Feinheit in der Anordnung und Ausführung mit dem voreiligen Wahne der Vollendung. Ein andrer, um Reiz und Rundung unbekümmert, hält ergreifende Treue der Darstellung, das tiefste Auffassen der verborgensten Eigentümlichkeit für das höchste Ziel der Kunst. Diese Einseitigkeit des Italiänischen, Französischen und Engländischen Geschmacks findet sich in ihrer schneidenden Härte in Deutschland beisammen wieder. – Die metaphysischen Untersuchungen einiger wenigen Denker über das Schöne hatten nicht den mindesten Einfluß auf die Bildung des Geschmacks und der Kunst. Die praktische Theorie der Poesie aber war bis auf wenige Ausnahmen bis jetzt nicht viel mehr als der *Sinn* dessen, was man verkehrt genug ausübte; gleichsam der abgezogne Begriff des falschen Geschmacks, der Geist der unglücklichen Geschichte. Sie folgte daher natürlicher Weise jenen drei Hauptrichtungen, und suchte den Zweck der Kunst bald im *Reiz*, bald in der *Korrektheit*, bald in der *Wahrheit*. Hier empfahl sie durch den Stempel ihrer Auktorität, sanktionierte Werke als ewige *Muster der Nachahmung*: dort stellte sie *absolute Originalität* als den höchsten Maßstab alles Kunstwerts auf, und bedeckte den entferntesten Verdacht der Nachahmung mit unendlicher Schmach. Strenge forderte sie in scholastischer Rüstung unbedingte Unterwerfung auch unter ihre willkürlichsten offenbar törichten Gesetze; oder sie vergötterte in mystischen Orakelsprüchen das Genie, machte eine künstliche Gesetzlosigkeit zum ersten Grundsatz, und verehrte mit stolzem Aberglauben Offenbarungen, die nicht selten sehr zweideutig waren. Die Hoffnung, durch Grundsätze lebendige Werke zu erfinden, nach Begriffen schöne Spiele auszuarbeiten, wurde so oft getäuscht, daß an die Stelle des Glaubens endlich eine äußerste Gleichgültigkeit trat. Die Theorie mag es sich selbst zuschreiben, wenn sie bei dem genievollen Künstler wie bei dem Publikum allen Kredit verloren hat! Wie kann sie Achtung für ihre Aussprüche erwarten, Gehorsam gegen ihre Gesetze fordern, da es ihr noch nicht einmal gelungen ist, eine richtige Erklärung von der Natur der Dichtkunst, und eine befriedigende Einteilung ihrer Arten zu geben? Da sie sogar über die Bestimmung der Kunst überhaupt mit sich noch nicht hat einig werden können? Ja wenn es auch irgendeine Behauptung gibt, in welcher die Anhänger der verschiedenen ästhetischen Systeme einigermaßen miteinander übereinzustimmen scheinen, so ist es allein die: daß es kein allgemeingültiges Gesetz der Kunst, kein beharrliches Ziel des Geschmacks gebe, oder daß es, falls es ein solches gebe, doch nicht anwendbar sei; daß die Richtigkeit des Geschmacks und die Schönheit der Kunst allein vom Zufall abhänge. Und wirklich scheint der *Zufall* hier allein sein Spiel zu treiben, und als unumschränkter Despot in diesem seltsamen Reiche der Verwirrung zu herrschen. Die Anarchie, welche in der ästhetischen Theorie, wie in der Praxis der Künstler so sichtbar ist, erstreckt sich sogar auf die *Geschichte* der modernen Poesie. Kaum läßt sich in ihrer Masse beim ersten Blick etwas Gemeinsames entdecken; geschweige denn in ihrem Fortgange Gesetzmäßigkeit, in ihrer Bildung bestimmte Stufen, zwischen ihren Teilen entschiedne Gränzen, und in ihrem Ganzen eine befriedigende Einheit. In einer aufeinanderfolgenden Reihe von Dichtern findet sich keine beharrliche Eigentümlichkeit, und in dem Geiste gleichzeitiger Werke gibt es keine gemeinschaftlichen Verhältnisse. Bei den Modernen ist es nur ein frommer Wunsch, daß der Geist eines großen Meisters, eines glücklichen Zeitalters, seine wohltätigen Wirkungen weit um sich her verbreiten möchte, ohne daß deshalb der Gemeingeist die Eigentümlichkeit des Einzelnen verwische, seine Rechte kränke, oder seine Erfindungskraft lähme. Jedem großen Originalkünstler pflegt hier, so lange ihn noch die Flut der Mode emporträgt, ein zahlloser Schwarm der armseligsten Kopisten zu folgen, bis durch ihre ewigen Wiederholungen und Entstellungen das große Urbild selbst so alltäglich und ekelhaft geworden ist, daß nun an die Stelle der Vergötterung Abscheu oder ewige Vergessenheit tritt. *Charakterlosigkeit* scheint der einzige Charakter der modernen Poesie, *Verwirrung* das Gemeinsame ihrer Masse, *Gesetzlosigkeit* der Geist ihrer Geschichte, und *Skeptizismus* das Resultat ihrer Theorie. Nicht einmal die Eigentümlichkeit hat bestimmte und feste Gränzen. Die Französische und Engländische, die Italiänische und Spanische Poesie scheint häufig, wie auf einer Maskerade, ihren Nationalcharakter gegenseitig zu vertauschen. Die Deutsche Poesie aber stellt ein beinahe vollständiges geographisches Naturalienkabinett aller Nationalcharaktere jedes Zeitalters und jeder Weltgegend dar: nur der Deutsche, sagt man, fehle. Im Grunde völlig gleichgültig gegen alle Form, und nur voll unersättlichen Durstes nach *Stoff*, verlangt auch das feinere Publikum von dem Künstler nichts als *interessante Individualität*. Wenn nur *gewirkt* wird, wenn die Wirkung nur *stark* und *neu* ist, so ist die Art, wie, und der Stoff, worin es geschieht, dem Publikum so gleichgültig, als die Übereinstimmung der einzelnen Wirkungen zu einem vollendeten Ganzen. Die Kunst tut das ihrige, um diesem Verlangen ein Genüge zu leisten. Wie in einem ästhetischen Kramladen steht hier Volkspoesie und Bontonpoesie beisammen, und selbst der Metaphysiker sucht sein eignes Sortiment nicht vergebens; Nordische oder Christliche Epopöen für die Freunde des Nordens und des Christentums; Geistergeschichten für die Liebhaber mystischer Gräßlichkeiten, und Irokesische oder Kannibalische Oden für die Liebhaber der Menschenfresserei; Griechisches Kostüm für antike Seelen, und Rittergedichte für heroische Zungen; ja sogar Nationalpoesie für die Dilettanten der Deutschheit! Aber umsonst führt ihr aus allen Zonen den reichsten Überfluß interessanter Individualität zusammen! Das Faß der Danaiden bleibt ewig leer. Durch jeden Genuß werden die Begierden nur heftiger; mit jeder Gewährung steigen die Forderungen immer höher, und die Hoffnung einer endlichen Befriedigung entfernt sich immer weiter. Das Neue wird alt, das Seltene gemein, und die Stachel des Reizenden werden stumpf. Bei schwächerer Selbstkraft und bei geringerm Kunsttriebe sinkt die schlaffe Empfänglichkeit in eine empörende Ohnmacht; der geschwächte Geschmack will endlich keine andre Speise mehr annehmen als ekelhafte Kruditäten, bis er ganz abstirbt und mit einer entschiednen Nullität endigt. Wenn aber auch die Kraft nicht unterliegt, so bringt es wenig Gewinn. Wie ein Mann von großem Gemüte, dem es aber an Übereinstimmung fehlt, bei dem Dichter von sich selbst sagt:

„So tauml' ich von Begierde zu Genuß,
Und im Genuß verschmacht' ich nach Begierde";

so strebt und schmachtet die kraftvollere ästhetische Anlage rastlos in unbefriedigter Sehnsucht, und die Pein der vergeblichen Anstrengung steigt nicht selten bis zu einer trostlosen Verzweiflung.

Wenn man diese Zwecklosigkeit und Gesetzlosigkeit des Ganzen der modernen Poesie, und die hohe Trefflichkeit der einzelnen Teile gleich aufmerksam beobachtet: so erscheint ihre Masse wie ein Meer streitender Kräfte, wo die Teilchen der aufgelösten Schönheit, die Bruchstücke der zerschmetterten Kunst, in trüber Mischung sich verworren durcheinander regen. Man könnte sie ein *Chaos* alles Erhabnen, Schönen und Reizenden nennen, welches gleich dem alten Chaos, aus dem sich, wie die Sage lehrt, die Welt ordnete, eine *Liebe* und einen *Haß* erwartet, um die verschiedenartigen Bestandteile zu scheiden, die gleichartigen aber zu vereinigen.

Sollte sich nicht ein *Leitfaden* entdecken lassen, um diese rätselhafte Verwirrung zu lösen, den Ausweg aus diesem Labyrinthe zu finden? Der Ursprung, Zusammenhang und Grund so vieler seltsamen Eigenheiten der modernen Poesie muß doch auf irgendeine Weise erklärbar sein. Vielleicht gelingt es uns, aus dem Geist ihrer bisherigen Geschichte zugleich auch den *Sinn* ihres jetzigen Strebens, die *Richtung* ihrer fernern Laufbahn, und ihr künftiges Ziel aufzufinden. Wären wir erst über das *Prinzipium ihrer Bildung* aufs Reine, so würde es vielleicht nicht schwer sein, daraus die *vollständige Aufgabe* derselben zu entwickeln. – Schon oft erzeugte ein dringendes Bedürfnis seinen Gegenstand; aus der Verzweiflung ging eine neue Ruhe hervor, und die Anarchie ward die Mutter einer wohltätigen *Revolution*. Sollte die ästhetische Anarchie unsres Zeitalters nicht eine ähnliche *glückliche Katastrophe* erwarten dürfen? Vielleicht ist der *entscheidende Augenblick* gekommen, wo dem Geschmack entweder eine gänzliche Verbesserung bevorsteht, nach welcher er nie wieder zurücksinken kann, sondern notwendig fortschreiten muß; oder die Kunst wird auf immer fallen, und unser Zeitalter muß allen Hoffnungen auf Schönheit und Wiederherstellung echter Kunst ganz entsagen. Wenn wir also zuvor den *Charakter* der modernen Poesie bestimmter gefaßt, das Prinzipium ihrer Bildung aufgefunden, und die *originellsten Züge* ihrer Individualität *erklärt* haben werden, so werden sich uns folgende Fragen aufdringen:

> *Welches ist die Aufgabe der modernen Poesie? –*
> *Kann sie erreicht werden? –*
> *Welches sind die Mittel dazu? –*

* * *

Es ist einleuchtend, daß es in strengster und buchstäblicher Bedeutung keine Charakterlosigkeit geben kann. Was man so zu nennen pflegt, wird entweder ein sehr verwischter, gleichsam unleserlich gewordner, oder ein äußerst zusammengesetzter, verwickelter und rätselhafter Charakter sein. Schon jene durchgängige Anarchie in der Masse der modernen Poesie ist doch etwas *Gemeinsames*; ein *charakteristischer Zug*, der nicht ohne *gemeinschaftlichen innern Grund* sein kann. – Wir sind gewohnt, mehr nach einem dunkeln Gefühl als nach deutlich entwickelten Gründen, die moderne Poesie als ein zusammenhängendes Ganzes zu betrachten. Aber mit welchem Recht dürfen wir dies stillschweigend voraussetzen? – Es ist wahr, bei aller Eigentümlichkeit und Verschiedenheit der einzelnen Nationen verrät das Europäische Völkersystem dennoch durch einen auffallend ähnlichen Geist der Sprache, der Verfassungen, Gebräuche und Einrichtungen, in vielen übrig gebliebenen Spuren der frühern Zeit, den gleichartigen und gemeinschaftlichen Ursprung ihrer Kultur. Dazu kommt noch eine gemeinschaftliche von allen übrigen sehr abweichende Religion. Außerdem ist die Bildung dieser äußerst merkwürdigen Völkermasse so innig verknüpft, so durchgängig zusammenhängend, so beständig in gegenseitigem Einflusse aller einzelnen Teile; sie hat bei aller Verschiedenheit so viele gemeinschaftliche Eigenschaften, strebt so sichtbar nach einem gemeinschaftlichen Ziele, daß sie nicht wohl anders als wie ein *Ganzes* betrachtet werden kann. Was vom Ganzen wahr ist, gilt auch vom einzelnen Teil: wie die moderne Bildung überhaupt, so ist auch die moderne Poesie ein zusammenhängendes Ganzes. So einleuchtend und entschieden jene Bemerkung aber auch für viele sein mag, so fehlt es doch gewiß nicht an Zweiflern, die diesen Zusammenhang teils leugnen, teils aus zufälligen Umständen und nicht aus einem gemeinschaftlichen Prinzip erklären. Es ist hier nicht der Ort dies auszumitteln. Genug, es verlohnt sich doch wohl der Mühe, dieser Spur zu folgen, und den Versuch zu wagen, ob jene allgemeine Voraussetzung die Prüfung bestehe! – Schon der durchgängige *gegenseitige Einfluß* der modernen Poesie deutet auf innern Zusammenhang. Seit der Wiederherstellung der Wissenschaften fand unter den verschiedenen Nationalpoesien der größten und kultiviertesten Europäischen Völker eine stete *Wechselnachahmung* statt. Sowohl die Italiänische als die Französische und Englische Manier hatte ihre goldne Zeit, wo sie den Geschmack des ganzen übrigen gebildeten Europa despotisch beherrschte. Nur Deutschland hat bis jetzt den vielseitigsten fremden Einfluß ohne Rückwirkung erfahren. Durch diese Gemeinschaft wird die grelle Härte des ursprünglichen Nationalcharakters immer mehr verwischt, und endlich fast gar vertilgt. An seine Stelle tritt ein allgemeiner Europäischer Charakter, und die Geschichte jeder nationellen Poesie der Modernen enthält nichts andres, als den allmählichen Übergang von ihrem ursprünglichen Charakter zu dem spätern Charakter künstlicher Bildung. Aber schon in den frühesten Zeiten haben die verschiedenen ursprünglichen Eigentümlichkeiten so viel *Gemeinsames*, daß sie als Zweige eines Stamms erscheinen. Ähnlichkeit der Sprachen, der Versarten, ganz eigentümlicher Dichtarten! So lange die Fabel der Ritterzeit und die christliche Legende die Mythologie der Romantischen Poesie waren, ist die Ähnlichkeit des Stoffes und des Geistes der Darstellungen so groß, daß die nationelle Verschiedenheit sich beinahe in die Gleichheit der ganzen Masse verliert. Der Charakter jener Zeit selbst war einfacher und einförmiger. Aber auch nachdem durch eine totale Revolution die Form der Europäischen Welt ganz verändert ward, und mit dem Emporkommen des dritten Standes die verschiedenen Nationalcharaktere mannigfaltiger wurden, und weiter auseinander wichen, blieb dennoch ungemein viel Ähnlichkeit übrig. Diese äußerte ihren Einfluß auch auf die Poesie; nicht nur in dem Charakter derjenigen Dichtarten, deren Stoff das bürgerliche Leben ist, und in dem Geiste aller Darstellungen, sondern sogar in *gemeinschaftlichen Sonderbarkeiten.*

Doch diese Züge würden sich allenfalls aus der gemeinschaftlichen Abstammung und der äußren Berührung, kurz aus der Lage erklären lassen. Es gibt aber noch andre merkwürdige Züge der modernen Poesie, wodurch sie sich von allen übrigen Poesien, welche uns die Geschichte kennen lehrt, aufs bestimmteste unterscheidet, deren Grund und Zweck nur aus einem gemeinschaftlichen *innern Prinzip* befriedigend deduziert werden kann. Dahin gehört die äußerst charakteristische Standhaftigkeit, mit der alle Europäische Nationen bei der *Nachahmung der alten Kunst* geblieben, und durch kein Mißlingen ganz abgeschreckt, oft auf neue Weise zu ihr zurückgekehrt sind. Jenes sonderbare *Verhältnis der Theorie zur Praxis*, da der Geschmack selbst in der Person des Künstlers, wie des Publikums von der Wissenschaft nicht bloß Erklärung seiner Aussprüche, Erläuterung seiner Gesetze, sondern *Zurechtweisung* verlangte, von ihr Ziel, Richtung und Gesetz der Kunst bestimmt haben wollte. In sich selbst uneins und ohne innern Widerhalt nimmt, so scheint es, der kranke Geschmack zu den Rezepten eines Arztes oder eines Quacksalbers seine Zuflucht, wenn dieser nur durch diktatorische Anmaßung die leichtgläubige Treuherzigkeit zu täuschen weiß. Ferner der *schneidende Kontrast der höhern und niedern Kunst.* Ganz dicht nebeneinander existieren besonders jetzt zwei verschiedene Poesien nebeneinander, deren jede ihr eignes Publikum hat, und unbekümmert um die andre ihren Gang für sich geht. Sie nehmen nicht die geringste Notiz voneinander, außer, wenn sie zufällig aufeinander treffen, durch gegenseitige Verachtung und Spott; oft nicht ohne heimlichen Neid über die Popularität der einen oder die Vornehmigkeit der andern. Das Publikum, welches sich mit der gröbern Kost begnügt, ist naiv genug, jede Poesie, welche höhere Ansprüche macht, als für Gelehrte allein bestimmt, nur außerordentlichen Individuen oder doch nur seltnen festlichen Augenblicken angemessen, von der Hand zu weisen. Ferner das *totale Übergewicht des Charakteristischen, Individuellen und Interessanten* in der ganzen Masse der modernen Poesie, vorzüglich aber in den spätern Zeitaltern. Endlich das *rastlose unersättliche Streben nach dem Neuen, Piquanten und Frappanten*, bei dem dennoch die Sehnsucht unbefriedigt bleibt.

Wenn die nationellen Teile der modernen Poesie, aus ihrem Zusammenhang gerissen, und als einzelne für sich bestehende Ganze betrachtet werden, so sind sie unerklärlich. Sie bekommen erst durcheinander Haltung und Bedeutung. Je aufmerksamer man aber die ganze Masse der modernen Poesie selbst betrachtet, je mehr erscheint auch sie als das bloße *Stück eines Ganzen*. Die *Einheit*, welche so viele gemeinsame Eigenschaften zu einem Ganzen verknüpft, ist in der Masse ihrer Geschichte nicht sogleich sichtbar. Wir müssen ihre Einheit also sogar jenseits ihrer Gränzen aufsuchen, und sie selbst gibt uns einen Wink, wohin wir unsern Weg richten sollen. Die gemeinsamen Züge, welche Spuren innern Zusammenhanges zu sein schienen, sind seltner Eigenschaften, als Bestrebungen und Verhältnisse. Die Gleichheit einiger vermehrt sich, je mehr wir uns von dem jetzigen Zeitalter rückwärts entfernen; die einiger andern, je mehr wir uns demselben nähern. Wir müssen also nach einer *doppelten* Richtung nach ihrer Einheit forschen; rückwärts nach dem ersten *Ursprunge* ihrer Entstehung und Entwicklung; vorwärts nach dem letzten *Ziele* ihrer Fortschreitung. Vielleicht gelingt es uns auf diesem Wege, ihre Geschichte vollständig zu erklären und nicht nur den *Grund*, sondern auch den *Zweck* ihres Charakters befriedigend zu deduzieren.

* * *

Nichts widerspricht dem Charakter und selbst dem Begriffe des Menschen so sehr, als die Idee einer völlig isolierten Kraft, welche durch sich und in sich allein wirken könnte. Niemand wird wohl leugnen, daß derjenige Mensch wenigstens, den wir kennen, nur in einer Welt existieren könne. Schon der unbestimmte Begriff, welchen der gewöhnliche Sprachgebrauch mit den Worten „Kultur, Entwicklung, Bildung" verbindet, setzt *zwei verschiedene Naturen* voraus; eine, welche gebildet wird, und eine andre, welche durch Umstände und äußre Lage die Bildung veranlaßt und modifiziert, befördert und hemmt. Der Mensch kann nicht tätig sein, ohne sich zu bilden. Bildung ist der eigentliche Inhalt jedes menschlichen Lebens, und der wahre Gegenstand der höhern Geschichte, welche in dem Veränderlichen das Notwendige aufsucht. So wie der Mensch ins Dasein tritt, wird er mit dem Schicksal gleichsam handgemein, und sein ganzes Leben ist ein steter *Kampf* auf Leben und Tod mit der furchtbaren Macht, deren Armen er nie entfliehen kann. Innig umschließt sie ihn von allen Seiten und läßt keinen Augenblick von ihm ab. Man könnte die Geschichte der Menschheit, welche die notwendige Genesis und Progression der menschlichen Bildung charakterisiert, mit militärischen Annalen vergleichen. Sie ist der treue Bericht von dem Kriege der Menschheit und des Schicksals. Der Mensch bedarf aber nicht nur einer Welt außer sich, welche bald Veranlassung, bald Element, bald Organ seiner Tätigkeit werde; sondern sogar im Mittelpunkte seines eignen Wesens hat sein Feind – die ihm entgegengesetzte Natur – noch Wurzel gefaßt. Es ist schon oft bemerkt worden: die Menschheit sei eine zwitterhafte Spielart, eine zweideutige Mischung der Gottheit und der Tierheit. Man hat es richtig gefühlt,

daß es ihr ewiger, notwendiger Charakter sei, die unauflöslichen Widersprüche, die unbegreiflichen Rätsel in
sich zu vereinigen, welche aus der Zusammensetzung
des unendlich Entgegengesetzten entspringen. Der
Mensch ist eine aus seinem reinen Selbst und einem
fremdartigen Wesen gemischte Natur. Er kann mit dem
Schicksal nie reine Abrechnung halten, und bestimmt sagen: jenes ist dein, dies ist mein. Nur das Gemüt, welches von dem Schicksal hinlänglich durchgearbeitet worden ist, erreicht das seltne Glück, selbständig sein zu
können. Die Grundlage seiner stolzesten Werke ist oft
ein bloßes Geschenk der Natur, und auch seine besten
Taten sind nicht selten kaum zur Hälfte sein. Ohne alle
Freiheit wäre es keine Tat: ohne alle fremde Hülfe keine
menschliche. Die zu bildende Kraft aber muß notwendig
das Vermögen haben, sich die Gabe der bildenden zuzueignen, das Vermögen, auf die Veranlassung jener sich
selbst zu bestimmen. Sie muß *frei* sein. *Bildung* oder Entwicklung der Freiheit ist die notwendige Folge alles
menschlichen Tuns und Leidens, das endliche Resultat
jeder Wechselwirkung der Freiheit und der Natur. In
dem gegenseitigen Einfluß, der steten Wechselbestim-
mung, welche zwischen beiden stattfindet, muß nun
notwendiger Weise eine von den beiden Kräften die wirkende, die andre die rückwirkende sein. Entweder die
Freiheit oder die Natur muß der menschlichen Bildung
den ersten bestimmenden Anstoß geben, und dadurch
die Richtung des Weges, das Gesetz der Progression, und
das endliche Ziel der ganzen Laufbahn determinieren;
es mag nun von der Entwicklung der gesamten Menschheit oder eines einzelnen wesentlichen Bestandteils derselben die Rede sein. Im ersten Fall kann die Bildung
eine *natürliche*, im letztern eine *künstliche* heißen. In jener
ist der erste ursprüngliche Quell der Tätigkeit ein unbestimmtes Verlangen; in dieser ein bestimmter Zweck.
Dort ist der Verstand auch bei der größten Ausbildung
höchstens nur der Handlanger und Dolmetscher der
Neigung; der gesamte zusammengesetzte Trieb aber der
unumschränkte Gesetzgeber und Führer der Bildung.
Hier ist die bewegende, ausübende Macht zwar auch der

Trieb; die lenkende, *gesetzgebende Macht* hingegen der Verstand: gleichsam ein oberstes *lenkendes Prinzipium*, welches die blinde Kraft leitet und führt, ihre Richtung determiniert, die Anordnung der ganzen Masse bestimmt und nach Willkür die einzelnen Teile trennt und verknüpft.

Die Erfahrung belehrt uns, daß unter allen Zonen, in jedem Zeitalter, bei allen Nationen, und in jedem Teile der menschlichen Bildung, die Praxis der Theorie voranging, daß ihre Bildung von Natur den Anfang nahm. Und auch schon vor aller Erfahrung kann die Vernunft sicher im voraus bestimmen, daß die Veranlassung dem Veranlaßten, die Wirkung der Rückwirkung, der Anstoß der Natur der Selbstbestimmung des Menschen vorangehn müsse. – Nur auf Natur kann Kunst, nur auf eine natürliche Bildung kann die künstliche folgen. Und zwar auf eine *verunglückte* natürliche Bildung: denn wenn der Mensch auf dem leichten Wege der Natur ohne Hindernis immer weiter zum Ziele fortschreiten könnte, so wäre ja die Hülfe der Kunst ganz überflüssig, und es ließe sich in der Tat gar nicht einsehen, was ihn bewegen sollte, einen neuen Weg einzuschlagen. Die bewegende Kraft wird sich in der einmal genommenen Richtung fortbewegen, wenn sie sich selbst überlassen bleibt, und ein Umschwung von außen ihr nicht eine neue Direktion erteilt. Die Natur wird das lenkende Prinzipium der Bildung bleiben, bis sie dies Recht *verloren* hat, und wahrscheinlich wird nur ein unglücklicher Mißbrauch ihrer Macht den Menschen dahin vermögen, sie *ihres Amtes zu entsetzen*. Daß der Versuch der natürlichen Bildung mißglücken könne, ist aber gar keine unwahrscheinliche Voraussetzung: der Trieb ist zwar ein mächtiger Beweger, aber ein blinder Führer. Überdem ist hier in die Gesetzgebung selbst etwas Fremdartiges aufgenommen: denn der gesamte Trieb ist ja nicht rein, sondern aus Menschheit und Tierheit zusammengesetzt. Die künstliche Bildung hingegen *kann* wenigstens zu einer richtigen Gesetzgebung, dauerhafter Vervollkommnung, und endlichen, vollständigen Befriedigung führen: weil dieselbe Kraft, welche das Ziel des Ganzen bestimmt, hier zugleich auch die Richtung der Laufbahn bestimmt, die einzelnen Teile lenkt und ordnet.

Schon in den frühesten Zeitaltern der Europäischen Bildung finden sich unverkennbare Spuren des *künstlichen Ursprungs* der modernen Poesie. Die Kraft, der Stoff war zwar durch Natur gegeben: das lenkende Prinzip der ästhetischen Bildung war aber nicht der Trieb, sondern gewisse *dirigierende Begriffe*.[1] Selbst der individuelle Charakter dieser Begriffe war durch Umstände veranlaßt, und durch die äußre Lage notwendig bestimmt. Daß aber der Mensch nach diesen Begriffen sich selbst bestimmte, den gegebnen Stoff ordnete, und die Richtung seiner Kraft determinierte; das war ein freier Aktus des Gemüts. Dieser Aktus ist aber eben der ursprüngliche Quell, der erste bestimmende Anstoß der künstlichen Bildung, welcher also mit vollem Recht der Freiheit zugeschrieben wird. Die *Phantasterei* der Romantischen Poesie, hat nicht etwa wie Orientalischer Bombast eine abweichende Naturanlage zum Grunde. Es sind vielmehr abenteuerliche Begriffe, durch welche eine an sich glückliche, dem Schönen nicht ungünstige Phantasie eine verkehrte Richtung genommen hatte. Sie stand also unter der Herrschaft von Begriffen; und so dürftig und dunkel diese auch sein mochten, so war doch der Verstand das lenkende Prinzip der ästhetischen Bildung. – Das kolossalische Werk des *Dante*, dieses erhabne Phä-

---

[1] Mögen diese herrschenden Begriffe noch so dunkel und verworren sein, so können und dürfen sie doch mit dem Triebe, als dirigierendem Prinzip der Bildung, nicht verwechselt werden. Beide sind nicht durch Grade, sondern der Art nach voneinander unterschieden. Zwar veranlassen herrschende Begriffe ähnliche Neigungen, und umgekehrt. Dennoch ist die dirigierende Kraft unverkennbar, weil beider Richtung ganz entgegengesetzt ist. Die Tendenz des gesamten Triebes geht auf ein unbestimmtes Ziel; die Tendenz des isolierenden Verstandes geht auf einen bestimmten Zweck. Der entscheidende Punkt ist, ob die Anordnung der ganzen Masse, die Richtung aller Kräfte durch das Streben des gesamten noch ungetrennten Bestrebungs- und Gefühlsvermögen, oder durch einen einzelnen Begriff und Absicht bestimmt ist.

nomen in der trüben Nacht jenes eisernen Zeitalters, ist ein neues Dokument für den künstlichen Charakter der ältesten modernen Poesie. Im einzelnen wird niemand die großen überall verbreiteten Züge verkennen, die nur aus jener ursprünglichen Kraft gequollen sein können, welche weder gelehrt noch gelernt werden kann. Die eigensinnige Anordnung der Masse aber, den höchst seltsamen Gliederbau des ganzen Riesenwerks, verdanken wir weder dem göttlichen Barden, noch dem weisen Künstler, sondern den gotischen Begriffen des Barbaren. – Der *Reim* selbst scheint ein Kennzeichen dieser ursprünglichen Künstlichkeit unsrer ästhetischen Bildung. Zwar kann vielleicht das Vergnügen an der gesetzmäßigen Wiederkehr eines ähnlichen Geräusches in der Natur des menschlichen Gefühlsvermögens selbst gegründet sein. Jeder Laut eines lebenden Wesens hat seinen eigentümlichen Sinn, und auch die Gleichartigkeit mehrerer Laute ist nicht bedeutungslos. Wie der einzelne Laut den vorübergehenden Zustand, so bezeichnet sie die beharrliche Eigentümlichkeit. Sie ist die tönende Charakteristik, das musikalische Portrait einer individuellen Organisation. So wiederholen viele Tierarten stets dasselbe Geräusch, gleichsam um der Welt ihre Identität bekannt zu machen – sie reimen. Es ließe sich auch wohl denken, daß bei einer ungünstigen oder sehr abweichenden Naturanlage ein Volk auch ohne Künstelei an der Ähnlichkeit des Geräusches ein ganz unmäßiges Wohlgefallen fände. Aber nur wo verkehrte Begriffe die Direktion der poetischen Bildung bestimmten, konnte man eine fremde gotische Zierrat zum notwendigen Gesetz, und das kindische Behagen an einer eigensinnigen Spielerei beinahe zum letzten Zweck der Kunst erheben. Eben wegen dieser ursprünglichen Barbarei des Reims ist seine weise Behandlung eine so äußerst seltne und schwere Kunst, daß die bewundernswürdige Geschicklichkeit der größten Meister kaum hinreicht, ihn nur unschädlich zu machen. In der schönen Kunst wird der Reim immer eine fremdartige Störung bleiben. Sie verlangt Rhythmus und Melodie: denn nur die gesetzmäßige Gleichartigkeit in der zwiefachen Quantität auf-

einander folgender Töne kann das Allgemeine ausdrük-
ken. Die regelmäßige Ähnlichkeit in der physischen
Qualität mehrerer Klänge kann nur das *Einzelne* ausdrük-
ken. Unstreitig kann sie in der Hand eines großen Meisters ungemein viel Sinn bekommen und ein wichtiges
Organ der *charakteristischen* Poesie werden. Auch von dieser Seite bestätigt sich also das Resultat, daß der Reim
(nebst der Herrschaft des Charakteristischen selbst) in
der künstlichen Bildung der Poesie seine eigentliche
Stelle findet.

Es darf uns nicht irre machen, daß dieser Spuren der
Künstlichkeit im Anfange der modernen Poesie, im Vergleich gegen die spätere Zeit doch nur wenige sind. Das
große barbarische Intermezzo, welches den Zwischen-
raum zwischen der antiken und der modernen Bildung
anfüllt, mußte erst beendigt sein, ehe der Charakter der
letztern recht laut werden konnte. Es blieben zwar Fragmente der alten Eigentümlichkeit genug übrig; aber
durch die nationale Individualität der Nordischen Sieger
wurde dennoch gleichsam ein frischer Zweig auf den
schadhaften Stamm gepfropft. Nun mußte freilich die
neue Natur erst Zeit haben, zu werden, zu wachsen, und
sich zu entwickeln, ehe die Kunst sie nach Willkür lenken und ihre Unerfahrenheit an ihr versuchen konnte.
Der *Keim* der künstlichen Bildung war schon lange vorhanden: in einer künstlichen universellen Religion, in
dem unaussprechlichen Elende selbst, welches das endliche Resultat der notwendigen Entartung der natürlichen
Bildung war; in den vielen Fertigkeiten, Erfindungen
und Kenntnissen, welche nicht verloren gingen. Was
von der Ernte der ganzen Vorwelt noch vorhanden war,
ward den barbarischen Ankömmlingen zu Teil. Eine
große und reiche Erbschaft, welche sie aber dadurch
teuer genug erkaufen, daß ihnen die äußerste Unsittlichkeit der in sich selbst versunknen Natur zugleich mit
überliefert ward! Das Erdreich mußte erst urbar gemacht
werden und kultiviert sein, ehe dieser Keim sich allmählich entwickeln, und aus dem Schoße der Barbarei die
neue Form langsam ans Licht treten konnte. Überdem
hatte der moderne Geist mit den notwendigen Bedürf-

nissen der Religion und Politik so viel zu schaffen, daß er erst spät an den Luxus des Schönen denken konnte. Daher blieb auch die Europäische Poesie so geraume Zeit beinahe ganz national. Es sind neben ihrem Naturcharakter nur einige, zwar unverkennbare, aber doch wenige Spuren des künstlichen Charakters sichtbar.

Zwar äußern dirigierende Begriffe ihren Einfluß auf die ästhetische Praxis: diese sind aber selbst so dürftig, daß sie höchstens für frühe Spuren der künftigen Theorie gelten können. Es existiert noch gar keine eigentliche Theorie, welche von der Praxis abgesondert, und notdürftig zusammenhängend wäre. Späterhin tritt aber die *Theorie* mit ihrem zahlreichen Gefolge desto herrschsüchtiger hervor, greift immer weiter um sich, kündigt sich selbst als gesetzgebendes Prinzip der modernen Poesie an, und wird als solches auch vom Publikum, wie vom Künstler und Kenner anerkannt. Es wäre eigentlich ihre große Bestimmung, dem verderbten Geschmack seine verlorne Gesetzmäßigkeit, und der verirrten Kunst ihre echte Richtung wiederzugeben. Aber nur wenn sie allgemeingültig wäre, könnte sie allgemeingeltend werden, und von einer kraftlosen Anmaßung sich zum Range einer wirklichen öffentlichen Macht erheben. Wie wenig sie aber bis jetzt gewesen sei, was sie sein sollte, ist schon daraus offenbar, daß sie nie mit sich selbst einig werden konnte. Bis dahin müssen die Gränzen des Verstandes und des Gefühls im Gebiete der Kunst von beiden Seiten beständig überschritten werden. Die einseitige Theorie wird sich leicht noch größere Rechte anmaßen, als selbst der allgemeingültigen zukommen würden. Der entartete Geschmack hingegen wird der Wissenschaft seine eigne verkehrte Richtung mitteilen, statt daß er von ihr eine bessere empfangen sollte. Stumpfe oder niedrige Gefühle, verworrne oder schiefe Urteile, lückenhafte oder gemeine Anschauungen werden nicht nur eine Menge einzelner unrichtiger Begriffe und Grundsätze erzeugen, sondern auch grundschiefe Richtungen der Untersuchung, ganz verkehrte Grundgesetze veranlassen. Daher der zwiefache Charakter der modernen Theorie, welcher das unläugbare Resultat ihrer ganzen Geschichte ist. Sie ist nämlich teils ein treuer Abdruck des modernen Geschmacks, der abgezogene Begriff der verkehrten Praxis, die Regel der Barbarei; teils das verdienstvolle stete Streben nach einer allgemeingültigen Wissenschaft.

Aus dieser Herrschaft des Verstandes, aus dieser Künstlichkeit unsrer ästhetischen Bildung erklären sich alle, auch die seltsamsten Eigenheiten der modernen Poesie völlig.

Während der Periode der Kindheit des dirigierenden Verstandes, wenn der theoretisierende Instinkt ein selbständiges Produkt aus sich zu erzeugen noch nicht im Stande ist; pflegt er sich gern an eine *gegebne Anschauung* anzuschließen, wo er Allgemeingültigkeit – das Objekt seines ganzen Strebens – ahndet. Daher die auffallende *Nachahmung des Antiken*, auf welche alle Europäische Nationen schon so frühe fielen, bei welcher sie mit der standhaftesten Ausdauer beharrten, und zu der sie immer nach einer kurzen Pause nur auf neue Weise zurückkehrten. Denn der theoretisierende Instinkt hoffte vorzüglich hier sein Streben zu befriedigen, die gesuchte Objektivität zu finden. Der kindische Verstand erhebt das einzelne Beispiel zur allgemeinen Regel, adelt das Herkommen, und sanktioniert das Vorurteil. Die *Auktorität der Alten* (so schlecht man sie verstand, so verkehrt man sie auch nachahmte) ist das erste Grundgesetz in der Konstitution des ältesten ästhetischen Dogmatismus, welcher nur die Vorübung der eigentlich philosophischen Theorie der Poesie war.

Die Willkür der lenkenden Bildungskunst ist unumschränkt; die gefährlichen Werkzeuge der unerfahrnen sind *Scheidung* und *Mischung* aller gegebnen Stoffe und vorhandnen Kräfte. Ohne auch nur zu ahnen, was sie tut, eröffnet sie ihre Laufbahn mit einer zerstörenden Ungerechtigkeit; ihr erster Versuch ist ein Fehler, welcher zahllose andre nach sich zieht, welchen die Anstrengung vieler Jahrhunderte kaum wieder gut machen kann. Der widersinnige Zwang ihrer törichten Gesetze, ihrer gewaltsamen Trennungen und Verknüpfungen hemmt, verwirrt, verwischt, und vernichtet endlich die

Natur. Den Werken, welche sie produziert, fehlt es an einem innern Lebensprinzip; es sind nur einzelne durch äußre Gewalt aneinander gefesselte Stücke, ohne eigentlichen Zusammenhang, ohne ein Ganzes. Nach vielfältigen Anstrengungen ist die endliche Frucht ihres langen Fleißes oft keine andre als eine durchgängige Anarchie, eine vollendete Charakterlosigkeit. Die allgemeine Vermischung der Nationalcharaktere, die stete Wechselnachahmung im ganzen Gebiete der modernen Poesie würde zwar schon durch den politischen und religiösen Zusammenhang eines Völkersystems, welches sich durch seine äußre Lage vielfach berührt und aus einem gemeinschaftlichen Stamm entsprungen ist, begreiflich werden können: gleichwohl bekommt sie durch die Künstlichkeit der Bildung einen ganz eigentümlichen Anstrich. Bei einer natürlichen Bildung würden wenigstens gewisse Gränzen der Absonderung, wie der Vereinigung entschieden und bestimmt sein. Die Willkür der Absicht allein konnte eine so gränzenlose Verwirrung erzeugen, und endlich jede Spur von Gesetzmäßigkeit vertilgen! Zwar gibt es noch immer so viele Hauptmassen der Eigentümlichkeit, als große kultivierte Nationen. Doch sind die wenigen gemeinsamen Züge sehr schwankend, und eigentlich existiert jeder Künstler für sich, ein *isolierter Egoist* in der Mitte seines Zeitalters und seines Volks. Es gibt so viele individuelle Manieren als originelle Künstler. Zu manierierter Einseitigkeit gesellt sich die reichste Vielseitigkeit, von der Zeit an, da die rege gewordne Kraft der Natur anfing ihrer Fülle unter dem Druck des künstlichen Zwanges Luft zu machen. Denn je weiter man von der reinen Wahrheit entfernt ist, je mehr einseitige Ansichten derselben gibt es. Je größer die schon vorhandene Masse des Originellen ist, desto seltner wird neue echte Originalität. Daher die zahllose Legion der nachahmenden Echokünstler; daher genialische Originalität das höchste Ziel des Künstlers, der oberste Maßstab des Kenners.

Der Verstand kann durch zahllose Irrtümer doch endlich eine späte bessere Einsicht teuer erkaufen und sich dann sicher einer dauernden Vervollkommnung nähern. Es ist alsdann unstreitig möglich, daß er den ursprünglichen Nationalcharakter auch rechtmäßig und zu einem höhern Zweck verändern, verwischen und selbst vertilgen könne. Weit unglücklicher noch sind aber diese seine chymischen Versuche in der willkürlichen Scheidung und Mischung der ursprünglichen Künste und reinen Kunstarten. Unvermeidlich wird sein unglücklicher Scharfsinn die Natur gewaltsam zerrütten, ihre Einfachheit verfälschen, und ihre schöne Organisation gleichsam in elementarische Masse auflösen und zerstören. Ob sich aber durch diese künstliche Zusammensetzungen wirkliche neue Verbindungen und Arten entdecken lassen, ist wenigstens äußerst ungewiß. Wie werden nicht die Gränzen der einzelnen Künste in der Vereinigung mehrerer verwirrt? In einem und demselben Kunstwerke ist die Poesie oft zugleich Despotin und Sklavin der Musik. Der Dichter will darstellen, was nur der Schauspieler vermag; und er läßt Lücken für jenen, die nur er selbst ausfüllen könnte. Die dramatische Gattung allein könnte uns eine reiche Beispielsammlung von unnatürlichen Vermischungen der reinen Dichtarten darbieten. Ich wähle nur ein einziges aber ein glänzendes Beispiel: durch die Trefflichkeit der Ausführung wird die Monstrosität der Gattung selbst nur desto sichtbarer. Es gibt eine Art moderner Dramen, welche man *lyrische* nennen könnte. Nicht wegen einzelner lyrischer Teile: denn jedes schöne dramatische Ganze ist aus lauter lyrischen Elementen zusammengesetzt; sondern ein Gedicht in dramatischer Form, dessen Einheit aber eine musikalische Stimmung oder lyrische Gleichartigkeit ist – die dramatische Äußerung einer lyrischen Begeistrung. Keine Gattung wird von schlechten Kennern so häufig und so sehr verkannt als diese: weil die Einheit der Stimmung nicht durch den Verstand eingesehen, sondern nur durch ein zarteres Gefühl wahrgenommen werden kann. Eins der trefflichsten Gedichte dieser Art, der ROMEO des Shakespeare ist gleichsam nur ein romantischer Seufzer über die flüchtige Kürze der jugendlichen Freude; ein schöner Klagegesang, daß diese frischesten Blüten im Frühling des Lebens unter dem

lieblosen Hauch des rauhen Schicksals so schnell dahin-
welken. Es ist eine hinreißende *Elegie*, wo die süße Pein,
der schmerzliche Genuß der zartesten Liebe unauflös-
lich verwebt ist. Diese bezaubernde Mischung unauflös-
lich verwebter Anmut und Schmerzen ist aber eben der
eigentliche Charakter der Elegie.

Nichts kann die Künstlichkeit der modernen ästhetischen Bildung besser erläutern und bestätigen, als das
große *Übergewicht des Individuellen, Charakteristischen und
Philosophischen* in der ganzen Masse der modernen Poesie. Die vielen und trefflichen Kunstwerke, deren Zweck
ein philosophisches Interesse ist, bilden nicht etwa bloß
eine unbedeutende Nebenart der schönen Poesie, sondern eine ganz eigne große Hauptgattung, welche sich
wieder in zwei Unterarten spaltet. Es gibt eine selbsttä-
tige Darstellung einzelner und allgemeiner, bedingter
und unbedingter Erkenntnisse, welche von schöner
Kunst ebenso verschieden ist, als von Wissenschaft und
Geschichte. Das Häßliche ist ihr oft in ihrer Vollendung
unentbehrlich, und auch das Schöne gebraucht sie eigentlich nur als Mittel zu ihrem bestimmten philosophischen Zweck. Überhaupt hat man bisher das Gebiet der
darstellenden Kunst zu eng beschränkt, das der schönen
Kunst hingegen zu weit ausgedehnt. Der *spezifische Charakter* der schönen Kunst ist freies Spiel ohne bestimmten Zweck; der der darstellenden Kunst überhaupt die
Idealität der Darstellung. *Idealisch* aber ist eine Darstellung (mag ihr Organ nun Bezeichnung oder Nachahmung sein) in welcher der dargestellte Stoff nach den
Gesetzen des darstellenden Geistes gewählt und geordnet, wo möglich auch gebildet wird. Wenn es vergönnt
ist, alle diejenigen *Künstler* zu nennen, deren Medium
idealische Darstellung, deren Ziel aber unbedingt ist: so
gibt es drei spezifisch verschiedene Klassen von Künstlern, je nachdem ihr Ziel das Gute, das Schöne, oder das
Wahre ist. Es gibt Erkenntnisse, welche durch historische Nachahmung wie durch intellektuelle Bezeichnung
durchaus nicht mitgeteilt, welche nur dargestellt werden
können; individuelle idealische Anschauungen, als Beispiele und Belege zu Begriffen und Ideen. Auf der an-

dern Seite gibt es auch Kunstwerke, idealische Darstellungen, welche offenbar keinen andern Zweck haben, als Erkenntnis. Ich nenne die idealische Poesie, deren Ziel das philosophisch Interessante ist, *didaktische Poesie*. Werke, deren Stoff didaktisch, deren Zweck aber ästhetisch, oder Werke, deren Stoff und Zweck didaktisch, deren äußre Form aber poetisch ist, sollte man durchaus nicht so benennen: denn nie kann die individuelle Beschaffenheit des Stoffs ein hinreichendes Prinzip zu einer gültigen ästhetischen Klassifikation sein.[2] Die Ten-

---

[2] Man redet auch wohl von der *angenehmen Kunst* als von einer Nebenart der schönen, von der sie doch durch eine unendliche Kluft geschieden ist. Angenehme Redekunst ist mit der schönen Poesie nicht näher verwandt als jede andre sinnliche Geschicklichkeit, welche Plato Kunst zu nennen verbietet und mit der Kochkunst in eine Klasse ordnet. Im allgemeinsten Sinne ist *Kunst* jede ursprüngliche oder erworbne Geschicklichkeit, irgendeinen Zweck des Menschen in der Natur wirklich auszuführen; die Fertigkeit irgendeine Theorie praktisch zu machen. Die Zwecke des Menschen sind teils unendlich und notwendig, teils beschränkt und zufällig. Die Kunst ist daher entweder eine *freie Ideenkunst* oder eine *mechanische Kunst* des Bedürfnisses, deren Arten die *nützliche* und die *angenehme* Kunst sind. – Der Stoff, in welchem das Gesetz des Gemüts ausgeprägt wird, ist entweder die Welt im Menschen selbst, oder die Welt außer ihm, die unmittelbar oder die mittelbar mit ihm verknüpfte Natur. Die freie Ideenkunst zerfällt daher in die *Lebenskunst* (deren Arten die *Sittenkunst* und die *Staatskunst* sind) und in die *darstellende Kunst*, deren Definition schon oben gegeben ist. Die wissenschaftliche Darstellung – ihr Werkzeug mag nun willkürliche Bezeichnung oder bildliche Nachahmung sein – unterscheidet sich dadurch von der Darstellung der Kunst, daß sie den Stoff, wiewohl sie das Gegebne gleichfalls nach den Gesetzen des darstellenden Geistes ordnet, selten wählt, nie bildet, und erfindet. Sie ist mit einem Worte nicht idealisch. Die darstellende Kunst teilt sich in *drei Klassen*, je nachdem ihr Ziel das Wahre, das Schöne oder das Gute ist. Von den beiden ersten Klassen wird im Text geredet. Mir scheint aber auch die Existenz und spezifische Verschiedenheit der dritten Klasse unläugbar. Es gibt, dünkt mich, idealische Darstellungen in der Poesie, deren Ziel und Tendenz weder ästhetisch noch philosophisch, sondern *moralisch* ist. Es wäre nicht unbegreiflich, daß

denz der meisten, trefflichsten und berühmtesten modernen Gedichte ist philosophisch. Ja die moderne Poesie scheint hier eine gewisse Vollendung, ein Höchstes in ihrer Art erreicht zu haben. Die didaktische Klasse ist ihr Stolz und ihre Zierde; sie ist ihr originellstes Produkt, weder aus verkehrter Nachahmung noch aus irriger Lehre erkünstelt; sondern aus den verborgnen Tiefen ihrer ursprünglichen Kraft erzeugt.

Der große Umfang des Charakteristischen in der ganzen ästhetischen Bildung der Modernen offenbart sich auch in andern Künsten. Gibt es nicht eine charakteristische *Malerei*, deren Interesse weder ästhetisch, noch historisch, sondern rein *physiognomisch*, also philosophisch; deren Behandlung aber nicht historisch, sondern idealisch ist? Sie übertrifft sogar an Bestimmtheit der Individualität die Poesie so unendlich weit, wie sie ihr an Umfang,

die Mitteilung sittlicher Güte – ehedem ein integranter Teil der Sokratischen Philosophie – von der Scholastik verscheucht, ihre Zuflucht zur Poesie genommen hätte. Das Medium, durch welches bei den Griechen die Tugend verbreitet, und durch innige Wechselberührung erhöht und vervielfältigt ward, – die Freundschaft oder männliche Liebe ist so gut als nicht mehr vorhanden. Der sittliche Künstler findet nur noch die idealische Darstellung vor, um den angebornen, jedem großen Meister eignen, Künstlertrieb, seine Gabe mitzuteilen, seinen Geist im Gemüt seiner Schüler fortzupflanzen, befriedigen zu können. – In einzelnen Fällen sind die Gränzen oft sehr schwer zu bestimmen. Der entscheidende Punkt ist die *Anordnung des Ganzen*. Der bestimmte Gliederbau eines didaktischen Werks läßt sich am wenigsten verkennen. Ist es die gesetzlich freie Ordnung eines schönen Spiels, so ist das Werk ästhetisch. Der freie Erguß des sittlichen Gefühls, ohne gefällige Rundung und ohne Streben nach gesetzmäßiger Einheit würde in der *moralischen Poesie* stattfinden, zu welcher ich einige berühmte Deutsche Werke lieber zählen möchte, als zur philosophischen Klasse. Hemsterhuys redet von einer Philosophie, die dem *Dithyrambus* ähnlich sei. Was versteht er darunter wohl andres, als den freiesten Erguß des sittlichen Gefühls, eine Mitteilung großer und guter Gesinnungen? Den *Simon* dieses Philosophen möchte ich eine *Sokratische Poesie* nennen. Mir wenigstens scheint die Anordnung des Ganzen weder didaktisch, noch dramatisch, sondern *dithyrambisch* zu sein.

Zusammenhang und Vollständigkeit nachsteht. Selbst in der *Musik* hat die Charakteristik individueller Objekte ganz wider die Natur dieser Kunst überhand genommen. Auch in der *Schauspielkunst* herrscht das Charakteristische unumschränkt. Ein mimischer Virtuose muß an Organisation und Geist gleichsam ein physischer und intellektueller Proteus sein, um sich selbst in jede Manier und jeden Charakter, bis auf die individuellsten Züge metamorphosieren zu können. Darüber wird die Schönheit vernachlässigt, der Anstand oft beleidigt, und der mimische Rhythmus vollends ganz vergessen.

Was war natürlicher, als daß das lenkende Prinzipium auch das gesetzgebende? daß das philosophisch Interessante letzter Zweck der Poesie ward? Der isolierende Verstand fängt damit an, daß er das Ganze der Natur trennt und vereinzelt. Unter seiner Leitung geht daher die durchgängige Richtung der Kunst auf treue Nachahmung des Einzelnen. Bei höherer intellektueller Bildung wurde also natürlich das Ziel der modernen Poesie *originelle und interessante Individualität*. Die nackte Nachahmung des Einzelnen ist aber eine bloße Kopistengeschicklichkeit, und keine freie Kunst. Nur durch eine *idealische Stellung* wird die Charakteristik eines Individuums zum philosophischen Kunstwerk. Durch diese Anordnung muß das Gesetz des Ganzen aus der Masse klar hervortreten, und sich dem Auge leicht darbieten; der Sinn, Geist, innre Zusammenhang des dargestellten Wesens muß aus ihm selbst hervorleuchten. Auch die charakteristische Poesie kann und soll daher im Einzelnen das Allgemeine darstellen; nur ist dieses Allgemeine (das Ziel des Ganzen und das Prinzip der Anordnung der Masse) nicht ästhetisch, sondern didaktisch. Aber selbst die reichhaltigste philosophische Charakteristik ist doch nur eine einzelne Merkwürdigkeit für den Verstand, eine bedingte Erkenntnis, das Stück eines Ganzen, welches die strebende Vernunft nicht befriedigt. Der Instinkt der Vernunft strebt stets nach in sich selbst vollendeter Vollständigkeit, und schreitet unaufhörlich vom Bedingten zum Unbedingten fort. Das Bedürfnis des Unbedingten und der Vollständigkeit ist der Ursprung und Grund der zweiten Art der didaktischen Gattung. Dies ist die eigentliche *philosophische Poesie*, welche nicht nur den Verstand, sondern auch die Vernunft interessiert. Ihre eigne natürliche Entwicklung und Fortschreitung führt die charakteristische Poesie zur *philosophischen Tragödie*, dem vollkommnen Gegensatze der ästhetischen Tragödie. Diese ist die Vollendung der schönen Poesie, besteht aus lauter lyrischen Elementen, und ihr endliches Resultat ist die höchste Harmonie. Jene ist das höchste Kunstwerk der didaktischen Poesie, besteht aus lauter charakteristischen Elementen, und ihr endliches Resultat ist die höchste Disharmonie. Ihre Katastrophe ist tragisch; nicht so ihre ganze Masse: denn die durchgängige Reinheit des Tragischen (eine notwendige Bedingung der ästhetischen Tragödie) würde der Wahrheit der charakteristischen und philosophischen Kunst Abbruch tun.

Es ist hier nicht der Ort, die noch völlig unbekannte Theorie der philosophischen Tragödie umständlich zu entwickeln. Doch sei es vergönnt, den aufgestellten Begriff dieser Dichtart, welche an sich ein so interessantes Phänomen, und außerdem eins der wichtigsten Dokumente für die Charakteristik der modernen Poesie ist, durch ein einziges Beispiel zu erläutern, welches an Gehalt und vollendetem Zusammenhang des Ganzen bis jetzt das trefflichste seiner Art ist. – Man verkennt den Hamlet oft so sehr, daß man ihn stückweise lobt. Eine ziemlich inkonsequente Toleranz, wenn das Ganze wirklich so unzusammenhängend, so sinnlos ist, als man stillschweigend voraussetzt! Überhaupt ist in Shakespeares Dramen der Zusammenhang selbst zwar so einfach und klar, daß er offnen und unbefangenen Sinnen sichtbar und von selbst einleuchtet. Der Grund des Zusammenhanges aber liegt oft so tief verborgen, die unsichtbaren Bande, die Beziehungen sind so fein, daß auch die scharfsinnigste kritische Analyse mißglücken muß, wenn es an Takt fehlt, wenn man falsche Erwartungen mitbringt, oder von irrigen Grundsätzen ausgeht. Im Hamlet entwickeln sich alle einzelnen Teile notwendig aus einem gemeinschaftlichen Mittelpunkt, und wirken wiederum auf ihn zurück. Nichts ist fremd, überflüssig, oder zufällig in diesem Meisterstück künstlerischer Weisheit.[3] Der Mittelpunkt des Ganzen liegt im Charakter des Helden. Durch eine wunderbare Situation wird alle Stärke seiner edeln Natur in den Verstand zusammengedrängt, die tätige Kraft aber ganz vernichtet. Sein Gemüt trennt sich, wie auf der Folterbank nach entgegengesetzten Richtungen auseinander gerissen; es zerfällt und geht unter im Überfluß von müßigem Verstand, der ihn selbst noch peinlicher drückt, als alle die ihm nahen. Es gibt vielleicht keine vollkommnere Darstellung der unauflöslichen Disharmonie, welche der eigentliche Gegenstand der philosophischen Tragödie[4] ist, als ein so gränzenloses Mißverhältnis der denkenden und der tätigen Kraft, wie in Hamlets Charakter. Der Totaleindruck dieser Tragödie ist ein *Maximum der Verzweiflung*. Alle Eindrücke, welche einzeln groß und wichtig schienen, verschwinden als trivial vor dem, was hier als das letzte,

---

[3] Es war mir eine angenehme Überraschung, diesen vollkommnen Zusammenhang durch das Urteil eines großen Dichters anerkannt zu sehn. Äußerst treffend scheint mir alles, was Wilhelm in Goethens MEISTER darüber und über den Charakter der Ophelia sagt, wahrhaft göttlich seine Erklärung, wie Hamlet *wurde*. Nur vergesse man auch nicht, was er *war*.

[4] Der Gegenstand des Drama überhaupt ist eine aus Menschheit und Schicksal gemischte Erscheinung, welche den größten Gehalt mit der größten Einheit verbindet. Der Zusammenhang des Einzelnen kann auf eine doppelte Weise zu einem unbedingten Ganzen vollendet werden. Entweder wird die Menschheit und das Schicksal in vollkommner Eintracht oder *in vollkommnem Streit* dargestellt. Das letzte ist der Fall in der philosophischen Tragödie. *Begebenheit* heißt jene gemischte Erscheinung, wenn das Schicksal überwiegt. Das *Objekt der philosophischen Tragödie* ist daher eine tragische Begebenheit, deren Masse und äußre Form ästhetisch, deren Inhalt und Geist aber philosophisch interessant ist. Das Bewußtsein jenes Streites erregt das Gefühl der *Verzweiflung*. Man sollte diesen sittlichen Schmerz über unendlichen Mangel, und unauflöslichen Streit nie mit *tierischer Angst* verwechseln: wiewohl die letztre im Menschen, wo das Geistige mit dem Sinnlichen so innigst verwebt ist, sich oft zu jener gesellt.

einzige Resultat alles Seins und Denkens erscheint; vor der ewigen *Kolossalen Dissonanz*, welche die Menschheit und das Schicksal unendlich trennt.

Im ganzen Gebiete der modernen Poesie ist dieses Drama für den ästhetischen Geschichtsforscher eins der wichtigsten Dokumente. In ihm ist der Geist seines Urhebers am sichtbarsten; hier ist, was über die andern Werke des Dichters nur einzeln zerstreut ist, gleichsam ganz beisammen. *Shakespeare* aber ist unter allen Künstlern derjenige, welcher den Geist der modernen Poesie überhaupt am vollständigsten und am treffendsten charakterisiert. In ihm vereinigen sich die reizendsten Blüten der Romantischen Phantasie, die gigantische Größe der gotischen Heldenzeit, mit den feinsten Zügen moderner Geselligkeit, mit der tiefsten und reichhaltigsten poetischen Philosophie. In den beiden letzten Rücksichten könnte es zu Zeiten scheinen, er hätte die Bildung unsers Zeitalters antizipiert. Wer übertraf ihn je an unerschöpflicher Fülle des Interessanten? An Energie aller Leidenschaften? An unnachahmlicher Wahrheit des Charakteristischen? An einziger Originalität? Er umfaßt die eigentümlichsten, ästhetischen Vorzüge der Modernen jeder Art im weitesten Umfange, höchster Trefflichkeit und in ihrer ganzen Eigentümlichkeit, sogar bis auf die exzentrischen Sonderbarkeiten und Fehler, welche sie mit sich führen. Man darf ihn ohne Übertreibung den *Gipfel der modernen Poesie* nennen. Wie reich ist er an einzelnen Schönheiten jeder Art! Wie oft berührt er ganz nahe das höchste Erreichbare! In der ganzen Masse der modernen Poesie entspricht vielleicht nichts dem vollkommenen Schönen so sehr als die liebenswürdige Größe, die bis zur Anmut vollendete Tugend des *Brutus* im CÄSAR.

Dennoch wußten viele gelehrte und scharfsinnige Denker nie recht, was sie mit Shakespeare machen sollten. Der inkorrekte Mensch wollte ihren konventionellen Theorien gar nicht recht zusagen. Eine unwiderstehliche Sympathie befreundet nämlich den Kenner ohne Takt und treffenden Blick mit den ordentlichen Dichtern, die zu schwach sind, um ausschweifen zu können. Es ist daher wenig mehr als die Mittelmäßigkeit derjenigen Künstler, die weder warm noch kalt sind, welche unter dem Namen der *Korrektheit* gestempelt und geheiligt worden ist. Das gewöhnliche Urteil, Shakespeares Inkorrektheit sündige wider die Regeln der Kunst, ist, um wenig zu sagen, sehr voreilig, so lange noch gar keine objektive Theorie existiert. Überdem hat ja noch kaum irgendein Theoretiker auch nur versucht, die Gesetze der charakteristischen Poesie und der philosophischen Kunst überhaupt etwas vollständiger zu entwickeln. Es ist wahr, Shakespeare hat, ungeachtet der beständigen Protestationen der Regelmäßigkeit, die Menge immer unwiderstehlich gefesselt. Dennoch zweifle ich, daß sein philosophischer Geist der Menge eigentlich faßlich sein könne. Durch seine sinnliche Stärke fortgerissen, von seiner täuschenden Wahrheit ergriffen, und höchstens durch seine unerschöpfliche Fülle bezaubert, war es vielleicht nur seine *körperliche Masse*, bei der sie stehenblieben.

Man hat, so scheint es, den richtigen Gesichtspunkt ganz verfehlt. Wer seine Poesie als *schöne* Kunst beurteilt, der gerät nur in tiefere Widersprüche, je mehr Scharfsinn er besitzt, je besser er den Dichter kennt. Wie die Natur Schönes und Häßliches durcheinander mit gleich üppigem Reichtum erzeugt, so auch Shakespeare. Keins seiner Dramen ist *in Masse* schön; nie bestimmt Schönheit die Anordnung des Ganzen. Auch die einzelnen Schönheiten sind wie in der Natur nur selten von *häßlichen Zusätzen* rein, und sie sind nur *Mittel* eines andern Zwecks; sie dienen dem charakteristischen oder philosophischen Interesse. Er ist oft auch da eckig und ungeschliffen, wo die feinere Rundung am nächsten lag; nämlich um dieses höhern Interesse willen. Nicht selten ist seine Fülle eine unauflösliche Verwirrung und das Resultat des Ganzen ein unendlicher Streit. Selbst mitten unter den heitern Gestalten unbefangner Kindheit oder fröhlicher Jugend verwundet uns eine bittere Erinnerung an die völlige Zwecklosigkeit des Lebens, an die vollkommne Leerheit alles Daseins. Nichts ist so widerlich, bitter, empörend, ekelhaft, platt und gräßlich, dem seine Darstellung sich entzöge, sobald es ihr Zweck dessen bedarf. Nicht selten *entfleischt* er seine Gegenstände, und wühlt wie mit anatomischem Messer in der ekelhaften Verwesung moralischer Kadaver. „Daß er den Menschen mit seinem Schicksale auf die freundlichste Weise bekannt mache"; ist daher wohl eine zu weit getriebne Milderung. Ja eigentlich kann man nicht einmal sagen, daß er uns zu der *reinen* Wahrheit führe. Er gibt uns nur eine *einseitige* Ansicht derselben, wenngleich die reichhaltigste und umfassendste. Seine Darstellung ist nie objektiv, sondern durchgängig *manieriert*: wiewohl ich der erste bin, der eingesteht, daß seine Manier die größte, seine Individualität die interessanteste sei, welche wir bis jetzt kennen. Man hat es schon oft bemerkt, daß das originelle Gepräge seiner individuellen Manier unverkennbar und unnachahmlich sei. Vielleicht kann überhaupt das Individuelle nur individuell aufgefaßt und dargestellt werden. Wenigstens scheinen charakteristische Kunst und Manier unzertrennnliche Gefährten, notwendige Korrelaten. Unter Manier verstehe ich in der Kunst eine individuelle Richtung des Geistes und eine individuelle Stimmung der Sinnlichkeit, welche sich in Darstellungen, die idealisch sein sollen, äußern.

Aus diesem Mangel der Allgemeingültigkeit, aus dieser Herrschaft des Manierierten, Charakteristischen und Individuellen, erklärt sich von selbst die durchgängige Richtung der Poesie, ja der ganzen ästhetischen Bildung der Modernen aufs Interessante.[5] *Interessant* nämlich ist jedes originelle Individuum, welches ein größeres Quantum von intellektuellem Gehalt oder ästhetischer Ener-

[5] Auch wo das Schöne am lautesten genannt wird, findet man bei genauer Analyse im Hintergrunde gemeiniglich nur das Interessante. So lange man den Künstler nicht nach dem Ideale der Schönheit, sondern nach dem Begriff der *Virtuosität* würdigt, sind *Kraft* und *Kunst* nur zwei verschiedene Ansichten eines und desselben Prinzips der ästhetischen Würdigung, und die Anhänger der *Korrektheit* und der *genialischen Originalität* sind nicht durch das Prinzip, sondern nur durch die Direktion ihrer Kritik aufs Positive oder aufs Negative verschieden.

gie enthält. Ich sagte mit Bedacht: ein *größeres*. Ein größeres nämlich als das empfangende Individuum bereits besitzt: denn das Interessante verlangt eine individuelle Empfänglichkeit, ja nicht selten eine momentane Stimmung derselben. Da alle Größen ins Unendliche vermehrt werden können, so ist klar, warum auf diesem Wege nie eine vollständige Befriedigung erreicht werden kann; warum es kein *höchstes Interessantes* gibt. Unter den verschiedensten Formen und Richtungen, in allen Graden der Kraft äußert sich in der ganzen Masse der modernen Poesie durchgängig dasselbe *Bedürfnis nach einer vollständigen Befriedigung,* ein gleiches Streben nach einem *absoluten Maximum der Kunst.* – Was die Theorie versprach, was man in der Natur suchte, in jedem einzelnen Idol zu finden hoffte; was war es anders als ein *ästhetisches Höchstes?* Je öfter das in der menschlichen Natur gegründete Verlangen nach vollständiger Befriedigung durch das Einzelne und Veränderliche (auf deren Darstellung die Kunst bisher ausschließend gerichtet war) getäuscht wurde, je heftiger und rastloser ward es. Nur das Allgemeingültige, Beharrliche und Notwendige – das *Objektive* kann diese große Lücke ausfüllen; nur das Schöne kann diese heiße Sehnsucht stillen. Das *Schöne* (ich stelle dessen Begriff hier nur problematisch auf, und lasse dessen wirkliche Gültigkeit und Anwendbarkeit für jetzt unentschieden) ist der allgemeingültige Gegenstand eines uninteressierten Wohlgefallens, welches von dem Zwange des Bedürfnisses und des Gesetzes gleich unabhängig, frei und dennoch notwendig, ganz zwecklos und dennoch unbedingt zweckmäßig ist. Das Übermaß des Individuellen führt also von selbst zum Objektiven, das Interessante ist die Vorbereitung des Schönen, und das letzte Ziel der modernen Poesie kann kein andres sein als das *höchste Schöne*, ein Maximum von objektiver ästhetischer Vollkommenheit.

In diesem zweiten Berührungspunkte treffen von neuem die verschiedenen Ströme, in die sich die moderne Poesie seit ihrem Ursprunge spaltete, alle zusammen. Die Künstlichkeit ihrer Bildung enthielt den Grund ihrer Eigenschaften, und wenn die Richtung und das Ziel ihrer

Laufbahn den *Zweck ihrer Bestrebungen* begreiflich macht, so wird der Sinn ihrer ganzen Masse vollständig erklärt, und unsre Frage beantwortet sein.

Die Herrschaft des Interessanten ist durchaus nur eine *vorübergehende Krise* des Geschmacks: denn sie muß sich endlich selbst vernichten. Doch sind die zwei Katastrophen, unter denen sie zu wählen hat, von sehr verschiedner Art. Geht die Richtung mehr auf ästhetische Energie, so wird der Geschmack, der alten Reize je mehr und mehr gewohnt, nur immer heftigere und schärfere begehren. Er wird schnell genug zum Piquanten und Frappanten übergehn. Das *Piquante* ist, was eine stumpfgewordne Empfindung krampfhaft reizt; das *Frappante* ist ein ähnlicher Stachel für die Einbildungskraft. Dies sind die Vorboten des nahen Todes. Das *Fade* ist die dünne Nahrung des ohnmächtigen, und das *Choquante*, sei es abenteuerlich, ekelhaft oder gräßlich, die letzte Konvulsion des sterbenden Geschmacks.[6] – Wenn hingegen philosophischer Gehalt in der Tendenz des Geschmacks das Übergewicht hat, und die Natur stark genug ist, auch den heftigsten Erschütterungen nicht zu unterliegen: so wird die strebende Kraft, nachdem sie sich in Erzeugung einer übermäßigen Fülle des Interessanten erschöpft hat, sich gewaltsam ermannen, und zu Versuchen des Objektiven übergehn. Daher ist der echte Geschmack in unserm Zeitalter weder ein Geschenk der Natur noch eine Frucht der Bildung allein, sondern nur unter der Bedingung großer sittlicher Kraft und fester Selbständigkeit möglich.

* * *

Die erhabne Bestimmung der modernen Poesie ist also nichts geringeres als das höchste Ziel jeder möglichen Poesie, das Größte was von der Kunst gefordert werden,

---

[6] Das Choquante hat drei Unterarten: was die Einbildungskraft revoltiert – das *Abenteuerliche*; was die Sinne empört – das *Ekelhafte*; und was das Gefühl peinigt und martert – das *Gräßliche*.

und wonach sie streben kann. Das unbedingt *Höchste* kann aber nie ganz erreicht werden. Das äußerste, was die strebende Kraft vermag, ist: sich diesem unerreichbaren Ziele immer mehr und mehr zu nähern. Und auch diese *endlose Annäherung* scheint nicht ohne innere Widersprüche zu sein, die ihre Möglichkeit zweifelhaft machen. Die Rückkehr von entarteter Kunst zur echten, vom verderbten Geschmack zum richtigen scheint nur ein *plötzlicher Sprung* sein zu können, der sich mit dem *steten Fortschreiten*, durch welches sich jede Fertigkeit zu entwickeln pflegt, nicht wohl vereinigen läßt. Denn das Objektive ist unveränderlich und beharrlich: sollte also die Kunst und der Geschmack je Objektivität erreichen, so müßte die ästhetische Bildung gleichsam *fixiert* werden. Ein *absoluter Stillstand* der ästhetischen Bildung läßt sich gar nicht denken. Die moderne Poesie wird sich also immer verändern. Kann sie sich aber nicht ebensowohl wiederum *rückwärts* von dem Ziele entfernen? Kann sie dies nicht auch dann noch, wenn sie schon eine bessere Richtung genommen hatte? Sind also nicht alle menschlichen Bemühungen fruchtlos? – Schon im Einzelnen ist das Schöne eine Gunst der Natur. Wie viel mehr wird es in der Masse immer von einem einzigen Zusammenfluß seltner Umstände abhängen, welchen der Mensch nicht einmal zu lenken, geschweige denn hervorzubringen vermag? Überhaupt können die Ansprüche an die Selbsttätigkeit der Masse, so scheint es, nie mäßig genug sein. Ihre Bildung, ihre Fortschritte und ihr endliches Gelingen bleiben – trauriges Los! – dem *Zufall* überlassen.

Alle bessere Menschen hassen den Zufall und sein Gefolge in jeder Gestalt. Jene große Aufgabe des Schicksals muß gleichsam ein mächtiges Aufgebot der Aufmerksamkeit und Tätigkeit für alle die sein, welche die Poesie interessiert. Mag die Hoffnung noch so gering, die Auflösung noch so schwer sein: *der Versuch ist notwendig!* Wer

Diese natürliche Entwicklung des Interessanten erklärt sehr befriedigend den verschiedenen Gang der bessern und gemeinen Kunst.

hier gleichgültig und faul bleibt, dem liegt nichts an der Würde der Kunst und der Menschheit. Was hilft die Höhe der Bildung ohne eine feste Grundlage? Was Kraft ohne eine sichre Richtung, ohne Ebenmaß und Gleichgewicht? Was ein Chaos einzelner schöner Elemente ohne eine vollständige, reine Schönheit? Nur die gewisse Aussicht auf eine günstige Katastrophe der Zukunft könnte uns über den jetzigen Zustand der ästhetischen Bildung befriedigen und beruhigen.

Wahr ists, der Gang der modernen Bildung, der Geist unsres Zeitalters und der Deutsche Nationalcharakter insbesondre scheinen der Poesie nicht sehr günstig! – „Wie geschmacklos sind doch, könnte vielleicht mancher denken, alle Einrichtungen und Verfassungen; wie unpoetisch alle Gebräuche, die ganze Lebensart der Modernen! Überall herrscht schwerfällige Formalität ohne Leben und Geist, leidenschaftliche Verwirrung und häßlicher Streit. Umsonst sucht mein Blick hier eine freie Fülle, eine leichte Einheit. – Heißt es, die edle Kraft der Deutschen Vorväter verkennen, wenn man Zweifel hegt, ob die Goten geborne Dichter waren? Oder war auch das barbarische Christentum der Mönche eine schöne Religion? Tausend Beweise rufen euch einstimmig zu: *Prosa* ist die eigentliche Natur der Modernen. Früherhin ist in der modernen Poesie doch wenigstens gigantische Kraft und phantastisches Leben. Bald aber wurde die Kunst das gelehrte Spielwerk eitler Virtuosen. Die Lebenskraft jener heroischen Zeit war nun verloschen, der Geist entflohn; nur der Nachhall des ehemaligen Sinns blieb zurück. Was ist die Poesie der spätern Zeit, als ein Chaos aus dürftigen Fragmenten der Romantischen Poesie, ohnmächtigen Versuchen höchster Vollkommenheit, welche sich mit wächsernen Flügeln in grader Richtung gen Himmel schwingen, und aus verunglückten Nachahmungen mißverstandner Muster? So flickten Barbaren aus schönen Fragmenten einer bessern Welt Gotische Gebäude zusammen. So fertigt der Nordische Schüler mit eisernem Fleiß mühsam nach der Antike steinerne Gemälde! – Die Menschheit blühte nur einmal und nicht wieder. Diese Blüte war die schöne Kunst. Im herben Winter läßt sich ja kein künstlicher Frühling erzwingen. Der allgemeine Geist des Zeitalters ist überdem aufgelöste Erschlaffung und Sittenlosigkeit. Ihr seid schlecht, und wollt schön scheinen? Euer Innres ist wurmstichig und euer Äußres soll rein sein? Widersinniges Beginnen! Wo der Charakter entmannt ist, wo es keine eigentliche sittliche Bildung gibt, da sinkt die Kunst natürlich zu einem niedrigen Kitzel zerflossener Üppigkeit herab. – Am hoffnungslosesten ist das Los der Deutschen Poesie! Unter den Engländern und Franzosen haben doch wenigstens die Darstellungen des geselligen Lebens ursprüngliche Wahrheit, eigne Bestandheit, lebendigen Sinn und echte Bedeutung. Der Deutsche hingegen kann nicht darstellen, was er gar nicht hat; wenn er es versucht, fällt er in überspannte Träumereien oder in Frost. Zwar entfernt auch den Engländer die eckige Ungeschliffenheit, der stumpfe Trübsinn, die eiserne Hartnäckigkeit; den Franzosen die flache Heftigkeit, der seichte Ungestüm, die abgeschliffne Leerheit ihres einseitigen Nationalcharakters weit genug vom vollkommnen Schönen. Den charakterlosen Deutschen macht aber die kleinliche Umständlichkeit, die verworrne Schwerfälligkeit, die uralte bedächtliche Langsamkeit seines Geistes zu den leichten Spielen der freien Kunst vollends ganz unfähig. Einzelne Ausnahmen beweisen nichts fürs Ganze. Gibt es auch in Deutschland hie und da Geschmack, so gab es auch noch unter dem Nero Römer."

In solchen und noch schwärzern historischen Rembrandts schildert man mit Farben der Hölle – zwar nicht ohne feierliches Pathos im Vortrag, aber eigentlich leichtsinnig genug – den Geist großer Völker, eines merkwürdigen Zeitalters. Jeder einzelne Zug dieser Darstellung kann wahr sein, oder doch etwas Wahres enthalten, wenn aber die Züge nicht vollständig sind, wenn der Zusammenhang fehlt, so ist das Ganze dennoch falsch. – So ist die höchste ästhetische Erschlaffung in dem Zusammenhange unsres Zeitalters ein offenbar *günstiges Symptom* der vorübergehenden wohltätigen Krise des Interessanten, welcher nur die schwache Natur unterliegt. Diese Erschlaffung entspringt aus dem gewaltsamsten oft überspannten Streben; daher steht so oft die größte Kraft dicht neben ihr. Der Fall ist natürlich der Höhe, die Erschlaffung der Anspannung gleich. Die Sittenlosigkeit mag von der Masse wahr sein, doch würde sie die Fortschritte des Geschmacks schwerlich hemmen, welche der sittlichen Bildung leicht zuvoreilen könnten. Der Geschmack ist ungleich freier von äußrer Gewalt und von verderblicher Ansteckung. Die sittliche Bildung auch der Einzelnen wird durch die verführerische Gewalt der Masse viel leichter fortgerissen, durch allgemeinherrschende Vorurteile erstickt, durch äußre Einrichtungen jeder Art gefesselt. Es kann auch nicht von einem glücklichen Nationalcharakter allein abhängen, ob die Poesie der Modernen ihre hohe Bestimmung erreichen werde oder nicht: denn ihre Bildung ist künstlich. Der bessre Geschmack der Modernen soll nicht ein Geschenk der Natur, sondern das selbständige Werk ihrer Freiheit sein. Wenn nur Kraft da ist, so wird es der Kunst endlich gelingen können, die Einseitigkeit derselben zu berichtigen und die höchste Gunst der Natur zu ersetzen. An *ästhetischer Kraft* fehlt es aber den Modernen nicht, wenn ihr gleich noch eine weise Führung fehlt. Gewiß ihre poetische Anlage ließe sich wohl in Schutz nehmen. Oder ist die Natur auch gegen die Italiäner karg gewesen? Es sind bei den Deutschen noch Erinnerungen übrig, daß der Deutsche Geschmack später gebildet wurde. So weit sie die andern kultivierten Nationen Europas im Einzelnen übertreffen, so weit stehn sie in Masse zurück. Anspruchslose Erfindsamkeit und bescheidne Kraft aber sind ursprüngliche charakteristische Züge dieser Nation, die sich oft selbst verkennt. Die berüchtigte Deutsche *Nachahmungssucht* mag hie und da wirklich den Spott verdienen, mit dem man sie zu brandmarken pflegt. Im Ganzen aber ist Vielseitigkeit ein echter Fortschritt der ästhetischen Bildung, und ein naher Vorbote der Allgemeingültigkeit. Die sogenannte Charakterlosigkeit der Deutschen ist also dem manierierten Charakter andrer Nationen weit vorzuziehen, und erst, wenn die nationale Einseitigkeit ihrer äs-

thetischen Bildung mehr verwischt, und berichtigt sein
wird, können sie sich zu der höhern Stufe jener Vielseitigkeit erheben.

Der Charakter der ästhetischen Bildung unsres Zeitalters
und unsrer Nation verrät sich selbst durch ein merkwürdiges und großes Symptom. *Goethens* Poesie ist die Morgenröte echter Kunst und reiner Schönheit. – Die sinnliche Stärke, welche ein Zeitalter, ein Volk mit sich
fortreißt, war der kleinste Vorzug, mit dem schon der
Jüngling auftrat. Der philosophische Gehalt, die charakteristische Wahrheit seiner spätern Werke durfte mit
dem unerschöpflichen Reichtum des Shakespeare verglichen werden. Ja wenn der FAUST vollendet wäre, so
würde er wahrscheinlich den HAMLET, das Meisterstück
des Engländers, mit welchem er gleichen Zweck zu haben scheint, weit übertreffen. Was dort nur Schicksal,
Begebenheit – Schwäche ist, das ist hier Gemüt, Handlung – Kraft. Hamlets Stimmung und Richtung nämlich
ist ein Resultat seiner äußern Lage; Fausts ähnliche
Richtung ist ursprünglicher Charakter. – Die Vielseitigkeit des darstellenden Vermögens dieses Dichters ist so
gränzenlos, daß man ihn den *Proteus* unter den Künstlern
nennen, und diesem Meergotte gleichstellen könnte,
von dem es heißt:

> „Erstlich ward er ein Leu mit fürchterlich
>   wallender Mähne.
> Floß dann als Wasser dahin, und rauscht' als
>   Baum in den Wolken";

Man kann daher den mystischen Ausdruck der richtigen
Wahrnehmung allenfalls verzeihen, wenn einige Liebhaber ihm eine gewisse *poetische Allmacht* beilegen, welcher
nichts unmöglich sei; und sich in scharfsinnigen Ab-
handlungen über seine *Einzigkeit* erschöpfen.

Mir scheint es, daß dieser raffinierte Mystizismus den
richtigen Gesichtspunkt verfehle; daß man Goethen sehr
Unrecht tue, wenn man ihn auf diese Weise in einen
Deutschen Shakespeare metamorphosiert. In der charakteristischen Poesie würde der manierierte Engländer
vielleicht doch den Vorzug behaupten. Das Ziel des
Deutschen ist aber das Objektive. Das Schöne ist der

wahre Maßstab, seine liebenswürdige Dichtung zu würdigen. – Was kann reizender sein als die leichte Fröhlichkeit, die ruhige Heiterkeit seiner Stimmung? Die reine Bestimmtheit, die zarte Weichheit seiner Umrisse? Hier ist nicht bloß Kraft, sondern auch Ebenmaß und Gleichgewicht! Die Grazien selbst verrieten ihrem Lieblinge das Geheimnis einer *schönen Stellung.* Durch einen wohltätigen Wechsel von Ruhe und Bewegung weiß er das reizendste Leben über das Ganze gleichmäßig zu verbreiten, und in einfachen Massen ordnet sich die freie Fülle von selbst zu einer leichten Einheit.

Er steht in der Mitte zwischen dem Interessanten und dem Schönen, zwischen dem Manierierten und dem Objektiven. Es darf uns daher nicht befremden, daß in einigen wenigen Werken seine eigne Individualität noch zu laut wird, daß er in vielen andern sich nach Laune metamorphosiert, und fremde Manier annimmt. Dies sind gleichsam übriggebliebene Erinnerungen an die Epoche des Charakteristischen und Individuellen. Und doch weiß er, so weit dies möglich ist, selbst in die Manier eine Art von Objektivität zu bringen. So gefällt er sich auch zu Zeiten in geringfügigem Stoff, der hie und da so dünne und gleichgültig wird, als ginge er ernstlich damit um – wie es ein leeres Denken ohne Inhalt gibt – ganz reine Gedichte ohne allen Stoff hervorzubringen. In diesen Werken ist der Trieb des Schönen gleichsam müßig; sie sind ein reines Produkt des Darstellungstriebes allein. Fast könnte es scheinen, als sei die Objektivität seiner Kunst nicht angeborne Gabe allein, sondern auch Frucht der Bildung; die Schönheit seiner Werke hingegen eine unwillkürliche Zugabe seiner ursprünglichen Natur. Er ist im Fröhlichen wie im Rührenden immer reizend; so oft er will, schön; seltner erhaben. Seine rührende Kraft streift hie und da, aus ungestümer Heftigkeit ans Bittre und Empörende, oder aus mildernder Schwächung ans Matte. Gewöhnlich aber ist hinreißende Kraft mit weiser Schonung aufs glücklichste vereinigt. – Wo er ganz frei von Manier ist, da ist seine Darstellung wie die ruhige und heitere Ansicht eines höhern Geistes, der keine Schwäche teilt, und durch kein Leiden gestört wird, sondern die reine Kraft allein ergreift und für die Ewigkeit hinstellt. Wo er ganz er selbst ist, da ist der Geist seiner reizenden Dichtung *liebliche Fülle* und *hinreißende Anmut*.

Dieser große Künstler eröffnet die Aussicht auf eine ganz *neue Stufe der ästhetischen Bildung*. Seine Werke sind eine unwiderlegliche Beglaubigung, daß das Objektive möglich, und die Hoffnung des Schönen kein leerer Wahn der Vernunft sei. Das *Objektive* ist hier wirklich schon erreicht, und da die notwendige Gewalt des Instinkts jede stärkere ästhetische Kraft (die sich nicht selbst aufreibt) aus der Krise des Interessanten dahin führen muß: so wird das Objektive auch bald allgemeiner, es wird öffentlich anerkannt, und *durchgängig herrschend* werden. Dann hat die ästhetische Bildung den *entscheidenden Punkt erreicht*, wo sie sich selbst überlassen nicht mehr sinken, sondern nur durch äußre Gewalt in ihren Fortschritten aufgehalten, oder (etwa durch eine physische Revolution) völlig zerstört werden kann. Ich meine die große, moralische Revolution, durch welche die Freiheit in ihrem Kampfe mit dem Schicksal (in der Bildung) endlich ein entschiedenes Übergewicht über die Natur bekommt. Dies geschieht in dem wichtigen Moment, wenn auch im bewegenden Prinzip, in der Kraft der Masse die Selbsttätigkeit herrschend wird; denn das lenkende Prinzip der künstlichen Bildung ist ohnehin selbsttätig. Nach jener Revolution wird nicht nur der Gang der Bildung, die Richtung der ästhetischen Kraft, die Anordnung der ganzen Masse des gemeinschaftlichen Produkts nach dem Zweck und Gesetz der Menschheit sich bestimmen; sondern auch in der vorhandnen Kraft und Masse der Bildung selbst wird das Menschliche das Übergewicht haben. Wenn die Natur nicht etwa *Verstärkung* bekommt, wie durch eine physische Revolution, die freilich alle Kultur mit einem Streich vernichten könnte: so kann die Menschheit in ihrer Entwicklung ungestört fortschreiten. Die künstliche Bildung kann dann wenigstens nicht wie die natürliche *in sich selbst* zurücksinken. – Es ist auch kein Wunder, daß die Freiheit in jenem harten Kampf endlich den Sieg davonträgt, wenngleich die Überlegenheit der Natur im Anfange der Bildung noch so groß sein mag. Denn die Kraft des Menschen wächst mit verdoppelter Progression, indem jeder Fortschritt nicht nur größere Kräfte gewährt, sondern auch neue Mittel zu fernern Fortschritten an die Hand gibt. Der lenkende Verstand mag sich, so lange er unerfahren ist, noch so oft selbst schaden: es muß eine Zeit kommen, wo er alle seine Fehler reichlich ersetzen wird. Die blinde Übermacht muß endlich dem verständigen Gegner unterliegen. – Nichts ist überhaupt so einleuchtend als die Theorie der Perfektibilität. Der reine Satz der Vernunft von der notwendigen unendlichen Vervollkommnung der Menschheit ist ohne alle Schwierigkeit. Nur die Anwendung auf die Geschichte kann die schlimmsten Mißverständnisse veranlassen, wenn der *Blick* fehlt, den eigentlichen Punkt zu treffen, den rechten Moment wahrzunehmen, das Ganze zu übersehn. Es ist immer schwer, oft unmöglich, das verworrne Gewebe der Erfahrung in seine einfachen Fäden aufzulösen, die gegenwärtige Stufe der Bildung richtig zu würdigen, die nächstkommende glücklich zu erraten.

Den Gang und die Richtung der modernen Bildung bestimmen *herrschende Begriffe*. Ihr Einfluß ist also unendlich wichtig, ja entscheidend. Wie es in der modernen Masse nur wenige Bruchstücke echter sittlicher Bildung gibt, moralische Vorurteile aber statt großer und guter Gesinnungen allgemein herrschen: so gibt es auch *ästhetische Vorurteile*, welche weit tiefer gewurzelt, allgemeiner verbreitet, und ungleich schädlicher sind, als es dem ersten flüchtigen Blick scheinen möchte. Der allmähliche und langsame Stufengang der Entwicklung des Verstandes führt notwendigerweise einseitige Meinungen mit sich. Diese enthalten zwar einzelne Züge der Wahrheit; aber die Züge sind unvollständig und aus ihrem eigentlichen Zusammenhang gerissen, und dadurch der Gesichtspunkt verrückt, das Ganze zerstört. Solche Vorurteile sind zuweilen zu ihrer Zeit gewissermaßen nützlich, und haben eine lokale Zweckmäßigkeit. So wurde durch den orthodoxen Glauben, daß es eine Wissenschaft gebe, die allein zureichend sei, schöne Werke zu verfertigen, doch das Streben nach dem Objektiven aufrecht, und standhaft erhalten; und das System der ästhetischen Anarchie diente wenigstens dazu, den Despotismus der einseitigen Theorie zu desorganisieren. Gefährlicher und schlechthin verwerflich sind aber andre ästhetische Vorurteile, welche die fernere Entwicklung selbst hemmen. Es ist die heiligste Pflicht aller Freunde der Kunst, solche Irrtümer, welche der natürlichen Freiheit schmeicheln, und die Selbstkraft lähmen, indem sie die Hoffnungen der Kunst als unmöglich, die Bestrebungen derselben als fruchtlos darstellen, ohne Schonung zu bekämpfen, ja wo möglich ganz zu vertilgen.

So denken viele: „Schöne Kunst sei gar nicht Eigentum der ganzen Menschheit; am wenigsten eine Frucht künstlicher Bildung. Sie sei die unwillkürliche Ergießung einer günstigen Natur; die *lokale* Frucht des glücklichsten Klima; eine *momentane Epoche*, eine vorübergehende Blüte, gleichsam der kurze Frühling der Menschheit. Da sei schon die Wirklichkeit selbst edel, schön und reizend, und die gemeinste Volkssage ohne alle künstliche Zubereitung bezaubernde Poesie. Jene frische Blüte der jugendlichen Phantasie, jene mächtige und schnelle Elastizität, jene höhere Gesundheit des Gefühls könne nicht erkünstelt, und einmal zerrüttet nie wieder geheilt werden. Am wenigsten unter der Nordischen Härte eines trüben Himmels, der Barbarei gotischer Verfassungen, dem Herzensfrost gelehrter Vielwisserei."

Vielleicht kann dies unter manchen Einschränkungen, wenigstens für einen Teil der bildenden Kunst gelten. Es scheint in der Tat daß für schöne Plastik der Mangel einer glücklichen Organisation, und eines günstigen Klimas weder durch einen gewaltsamen Schwung der Freiheit, noch durch die höchste Bildung ersetzt werden könne. Mit Unrecht und wider alle Erfahrung dehnt man dies aber auch auf die Poesie aus. Wie viel große Barden und glückliche Dichter gab es nicht unter allen Zonen, deren ursprüngliche Feuerkraft durch die ausgesuchteste Unterdrückung nicht erstickt werden konnte? Die Poesie ist eine *universelle* Kunst: denn ihr Organ, die *Phantasie* ist schon ungleich näher mit der Freiheit verwandt, und unabhängiger von äußerm Einfluß. Poesie und poetischer Geschmack ist daher weit korruptibler, wie der plastische, aber auch *unendlich perfektibler*. Allerdings ist die frische Blüte der jugendlichen Phantasie ein köstliches Geschenk der Natur und zugleich das flüchtigste. Schon durch einen einzigen giftigen Hauch entfärbt sich das Kolorit der Unschuld, und welkend senkt die schöne Blume ihr Haupt. Aber auch dann, wenn die Phantasie schon lange durch Vielwisserei erdrückt und abgestumpft, durch Wollust erschlafft und zerrüttet worden ist, kann sie sich durch einen Schwung der Freiheit und durch echte Bildung von neuem emporschwingen, und allmählich vervollkommnen.[7] Stärke, Feuer, Elastizität kann sie völlig wieder erreichen; nur das frische Kolorit, der romantische Duft jenes Frühlings kehrt im Herbst nicht leicht zurück.

Sehr allgemein verbreitet ist ein andres Vorurteil, welches der schönen Kunst sogar alle selbständige Existenz, alle eigentümliche Bestandheit völlig abspricht; ihre spezifische Verschiedenheit ganz leugnet. Ich fürchte, wenn gewisse Leute laut dächten, es würden sich viele Stimmen erheben: „Die Poesie sei nichts andres als die sinnbildliche Kindersprache der jugendlichen Menschheit: nur *Vorübung der Wissenschaft, Hülle der Erkenntnis*, eine überflüssige Zugabe des wesentlich Guten und Nützlichen. Je höher die Kultur steige, desto unermeßlicher verbreite sich das Gebiet der deutlichen Erkenntnis; das eigentliche Gebiet der Darstellung – die *Dämmerung* schrumpfe vor dem einbrechenden Licht immer enger zusammen. Der helle Mittag der Aufklärung sei nun da. Poesie – diese artige Kinderei sei für das letzte Jahrzehnt unsres philosophischen Jahrhunderts nicht

---

[7] Überhaupt ist die *moralische Heilkraft* der menschlichen Natur wunderbar stark, und dem sonderbaren organischen Vermögen einiger Tierarten nicht ganz unähnlich, deren zähe Lebenskraft auch entrißne Glieder wieder ersetzt und nachtreibt.

mehr anständig. Es sei endlich einmal Zeit, damit aufzuhören."

So hat man einen einzelnen Bestandteil der schönen Kunst, einen vorübergehenden Zustand derselben in einer frühern Stufe der Bildung mit ihrem Wesen selbst verwechselt. So lange die menschliche Natur existiert, wird der Trieb zur Darstellung sich regen, und die Forderung des Schönen bestehen. Die notwendige Anlage des Menschen, welche, sobald sie sich frei entwickeln darf, schöne Kunst erzeugen muß, ist *ewig*. Die Kunst ist eine ganz eigentümliche Tätigkeit des menschlichen Gemüts, welche durch *ewige Gränzen* von jeder andern geschieden ist. – Alles menschliche Tun und Leiden ist ein gemeinschaftliches Wechselwirken des Gemüts und der Natur. Nun muß entweder die Natur oder das Gemüt den letzten Grund des Daseins eines gemeinschaftlichen einzelnen Produkts enthalten, oder den ersten bestimmenden Stoß zu dessen Hervorbringung geben. Im ersten Fall ist das Resultat *Erkenntnis*. Der Charakter des rohen Stoffs bestimmt den Charakter der aufgefaßten Mannigfaltigkeit, und veranlaßt das Gemüt, diese Mannigfaltigkeit zu einer bestimmten Einheit zu verknüpfen, und in einer bestimmten Richtung die Verknüpfung fortzusetzen, und zur Vollständigkeit zu ergänzen. Erkenntnis ist eine Wirkung der Natur im Gemüt. – Im zweiten Fall hingegen muß das freie Vermögen sich selbst eine bestimmte Richtung geben, und der Charakter der gewählten Einheit bestimmt den Charakter der zu wählenden Mannigfaltigkeit, die jenem Zwecke gemäß gewählt, geordnet und womöglich gebildet wird. Das Produkt ist ein *Kunstwerk* und eine Wirkung des Gemüts in der Natur. Zur *darstellenden* Kunst gehört jede Ausführung eines ewigen menschlichen Zwecks im Stoff der äußern mit dem Menschen nur mittelbar verbundnen Natur. Es ist nicht zu besorgen, daß dieser Stoff je ausgehn, oder daß die ewigen Zwecke je aufhören werden, Zwecke des Menschen zu sein. – Nicht weniger ist die Schönheit durch ewige Gränzen von allen übrigen Teilen der menschlichen Bestimmung geschieden. Die reine Menschheit (ich verstehe darunter hier die vollständige Bestimmung der menschlichen Gattung) ist nur eine und dieselbe, ohne alle Teile. In ihrer Anwendung auf die Wirklichkeit aber teilt sie sich nach der ewigen Verschiedenheit der ursprünglichen Vermögen und Zustände, und nach den besondern Organen, welche diese erfordern, in mehrere Richtungen. Wenn ich hier voraussetzen darf, daß das *Gefühlsvermögen* vom Vorstellungsvermögen und Begehrungsvermögen spezifisch verschieden sei; daß ein mittlerer Zustand zwischen dem Zwang des Gesetzes und des Bedürfnisses, ein Zustand des *freien Spiels*, und der bestimmungslosen Bestimmbarkeit in der menschlichen Natur ebenso notwendig sei, wie der Zustand gehorsamer Arbeit, und beschränkter Bestimmtheit: so ist auch die Schönheit eine dieser Richtungen und von ihrer Gattung – der ganzen Menschheit, wie von ihren Nebenarten – den übrigen ursprünglichen Bestandteilen der menschlichen Aufgabe, *spezifisch verschieden*.

Aber nicht bloß die Anlage zur Kunst und das Gebot der Schönheit sind physisch und moralisch notwendig; auch die *Organe* der schönen Kunst versprechen Dauer. Es muß doch wohl nicht erst erwiesen werden, daß der *Schein* ein unzertrennlicher Gefährte des Menschen sei? Den Schein der Schwäche, des Irrtums, des Bedürfnisses mag das Licht der Aufklärung immerhin zerstören: der *freie* Schein der spielenden Einbildungskraft kann darunter nicht leiden. Nur muß man der generellen Forderung der Darstellung und Erscheinung nicht eine spezielle Art der *Bildlichkeit* unterschieben; oder die gewaltsamen Ausbrüche der furchtbaren Leidenschaften wilder Naturmenschen mit dem Wesen der Poesie verwechseln. Allerdings ist es sehr natürlich und begreiflich, daß auf einer gewissen *mittlern Höhe* der künstlichen Bildung Grübelei und Vielwisserei, jene leichten Spiele der Einbildungskraft, lähme und erdrücke, Verfeinerung und Verzärtelung das Gefühl abschleife und schwäche. Durch den Zwang unvollkommner Kunst wird die Kraft des Triebes abgestumpft, seine Regsamkeit gefesselt, seine einfache Bewegung zerstreut und verwirrt. Die Sinnlichkeit und Geistigkeit ist aber im Menschen so innig verwebt, daß ihre Entwicklung zwar wohl in vorübergehenden Stufen, aber auch nur in diesen divergieren kann. *In Masse* werden sie gleichen Schritt halten, und der vernachlässigte Teil wird über kurz oder lang das versäumte nachholen. Es hat in der Tat den größten Anschein, daß der Mensch mit der wachsenden Höhe wahrer Geistesbildung auch an Stärke und Reizbarkeit des Gefühls, also an *echter ästhetischer Lebenskraft* (Leidenschaft und Reiz) eher gewinne als verliere.

Unbegreiflich scheint es, wie man sich habe überreden können, die Italiänische und Französische Poesie, und wohl gar auch die Engländische und Deutsche habe ihr *goldnes Zeitalter* schon gehabt. Man mißbrauchte diesen Namen so sehr, daß eine fürstliche Protektion, eine Zahl berühmter Namen, ein gewisser Eifer des Publikums, und allenfalls ein höchster Gipfel in einer Nebensache hinlängliche Ansprüche dazu schienen. Nur war dabei schlimm, daß für das unglückliche silberne, eiserne, und bleierne Jahrhundert nichts übrig blieb, als das traurige Los, jenen ewigen Mustern aus allen Kräften vergeblich nachzustreben. Wie kann vom *vollkommnen Stil* da auch nur die Frage sein, wo es eigentlich *gar keinen Stil*, sondern nur Manier gibt? Im strengsten Sinne des Worts hat auch nicht ein einziges modernes Kunstwerk, geschweige denn ein ganzes Zeitalter der Poesie den Gipfel ästhetischer *Vollendung* erreicht. Die stillschweigende Voraussetzung, welche dabei zum Grunde lag: daß es die Bestimmung der ästhetischen Bildung sei, wie eine Pflanze oder ein Tier zu entstehen, allmählich sich zu entwickeln, dann zu reifen, wieder zu sinken, und endlich unterzugehen, – im ewigen Kreislauf immer endlich dahin zurückzukehren, von wo ihr Weg zuerst ausging; diese Voraussetzung beruht auf einem bloßen Mißverständnisse, auf dessen tiefliegenden Quell wir in der Folge stoßen werden.

Bei der Entwicklung einer so kolossalischen und künstlich organisierten Masse, wie das Europäische Völkersystem, darf ein partialer Stillstand, oder hie und da ein scheinbarer Rückgang der Bildung nicht außerordentlich scheinen. Doch ist wahrscheinlich auch da, wo man gewiß glaubt, die Katastrophe sei vorüber, und die ästhetische Kraft auf immer erloschen, das Drama bei weitem noch nicht geendigt. Vielmehr scheint die Kraft da wie ein Feuer unter der Asche zu glimmen, und nur den günstigen Augenblick zu erwarten, um in eine helle Flamme aufzulodern. Es ist wahrhaft wunderbar, wie in unserm Zeitalter das Bedürfnis des Objektiven sich allenthalben regt; wie auch der Glaube an das Schöne wieder erwacht, und unzweideutige Symptome den herannahenden bessern Geschmack verkündigen. Der Augenblick scheint in der Tat für eine *ästhetische Revolution* reif zu sein, durch welche das Objektive in der ästhetischen Bildung der Modernen herrschend werden könnte. Nur geschieht freilich nichts Großes von selbst, ohne Kraft und Entschluß! Es würde ein sich selbst bestrafender Irrtum sein, wenn wir die Hände in den Schoß legen und uns überreden wollten, der Geschmack des Zeitalters bedürfe gar keiner durchgängigen Verbesserung mehr. So lange das Objektive nicht allgemein herrschend ist, leuchtet dies Bedürfnis von selbst ein. Die Herrschaft des Interessanten, Charakteristischen und Manierierten ist eine wahre *ästhetische Heteronomie* in der schönen Poesie. So wie in der chaotischen Anarchie der Masse der modernen Poesie alle Elemente der schönen Kunst vorhanden sind, so finden sich in ihr auch alle selbst die entgegengesetzten Arten des ästhetischen Verderbens, Rohigkeit neben Künstelei, kraftlose Dürftigkeit neben gesetzlosem Frevel. Ich habe mich schon wider die Behauptung eines gänzlichen Unvermögens, einer rettungslosen Entartung ausdrücklich erklärt, und die Höhe der ästhetischen Bildung, die Stärke der ästhetischen Kraft unsers Zeitalters anerkannt. Nur die echte Richtung, die richtige Stimmung fehlt; und nur durch sie und mit ihnen wird jede einzelne Trefflichkeit, welche außer ihrem wahren Zusammenhange sehr leicht äußerst schädlich werden kann, ihren vollen Wert, und gleichsam ihre eigentliche Bedeutung erhalten. Dazu bedarf es einer völligen Umgestaltung, eines totalen Umschwunges einer Revolution.

Die ästhetische Bildung nämlich ist von einer doppelten

Art. Entweder die *progressive Entwicklung einer Fertigkeit*. Diese erweitert, schärft, verfeinert; ja sie belebt, stärkt und erhöht sogar die ursprüngliche Anlage. Oder sie ist eine *absolute Gesetzgebung*, welche die Kraft ordnet. Sie hebt den Streit einzelner Schönheiten, und fordert Übereinstimmung aller nach dem Bedürfnis des Ganzen; sie gebietet strenge Richtigkeit, Ebenmaß und Vollständigkeit; sie verbietet die Verwirrung der ursprünglichen ästhetischen Gränzen, und verbannt das Manierierte, wie jede ästhetische Hetermonomie. Mit einem Worte: ihr Werk ist die *Objektivität*.

Die ästhetische Revolution setzt zwei notwendige Postulate als vorläufige Bedingungen ihrer Möglichkeit voraus. Das erste derselben ist *ästhetische Kraft*. Nicht das Genie des Künstlers allein, oder die originelle Kraft idealischer Darstellung und ästhetischer Energie läßt sich weder erwerben noch ersetzen. Es gibt auch eine ursprüngliche Naturgabe des echten *Kenners*, welche zwar, wenn sie schon vorhanden ist, vielfach gebildet werden, wenn sie aber mangelt, durch keine Bildung ersetzt werden kann. Der treffende Blick, der sichre Takt; jene höhere Reizbarkeit des Gefühls, jede höhere Empfänglichkeit der Einbildungskraft lassen sich weder lernen noch lehren. Aber auch die glücklichste Anlage ist weder zu einem großen Künstler noch zu einem großen Kenner zureichend. Ohne Stärke und Umfang des sittlichen Vermögens, ohne Harmonie des ganzen Gemüts, oder wenigstens eine durchgängige Tendenz zu derselben, wird niemand in das Allerheiligste des Musentempels gelangen können. Daher ist das zweite notwendige Postulat für den einzelnen Künstler und Kenner wie für die Masse des Publikums – *Moralität*. Der richtige Geschmack, könnte man sagen, ist das gebildete Gefühl eines sittlich guten Gemüts. Unmöglich kann hingegen der Geschmack eines schlechten Menschen richtig und mit sich selbst einig sein. Die Stoiker hatten in dieser Rücksicht nicht Unrecht zu behaupten, daß nur der Weise ein vollkommner Dichter und Kenner sein könne. Gewiß hat der Mensch das Vermögen, durch bloße Freiheit die mannigfaltigen Kräfte seines Gemüts zu lenken und zu ordnen. Er wird also auch seiner ästhetischen Kraft eine bessere Richtung und richtige Stimmung erteilen können. Nur muß er es *wollen*; und die Kraft, es zu wollen, die Selbständigkeit bei dem Entschluß zu beharren, kann ihm niemand mitteilen, wenn er sie nicht in sich selbst findet.

Freilich ist aber der bloße gute Wille nicht zureichend, so wenig wie die nackte Grundlage zur vollständigen Ausführung eines Gebäudes. Eine entartete und mit sich selbst uneinige Kraft bedarf einer Kritik, einer Zensur, und diese setzt eine *Gesetzgebung* voraus. Eine vollkommne ästhetische Gesetzgebung würde das erste *Organ* der ästhetischen Revolution sein. Ihre Bestimmung wäre es, die blinde Kraft zu lenken, das Streitende in Gleichgewicht zu setzen, das Gesetzlose zur Harmonie zu ordnen; der ästhetischen Bildung eine feste Grundlage, eine sichre Richtung und eine gesetzmäßige Stimmung zu erteilen. Die *gesetzgebende Macht* der ästhetischen Bildung der Modernen dürfen wir aber nicht erst lange suchen. Sie ist schon konstituiert. Es ist die Theorie: denn der Verstand war ja von Anfang an das lenkende Prinzip dieser Bildung. – *Verkehrte* Begriffe haben lange die Kunst beherrscht, und sie auf Abwege verleitet; *richtige* Begriffe müssen sie auch wieder auf die rechte Bahn zurückführen. Von jeher haben auch sowohl die Künstler als das Publikum der Modernen von der Theorie *Zurechtweisung* und befriedigende Gesetze erwartet und gefordert. Eine *vollendete* ästhetische Theorie würde aber nicht nur ein zuverlässiger Wegweiser der Bildung sein, sondern auch durch die Vertilgung schädlicher Vorurteile die Kraft von manchen Fesseln befreien, und ihren Weg von Dornen reinigen. Die Gesetze der ästhetischen Theorie haben aber nur insofern wahre *Auktorität*, als sie von der Majorität der öffentlichen Meinung anerkannt und sanktioniert worden sind. Wenn das Bedürfnis allgemeingültiger Wahrheit Charakter des Zeitalters ist, so ist ein durch rhetorische Künste erschlichnes Ansehn von kurzer Dauer; einseitige Unwahrheiten zerstören sich gegenseitig, und verjährte Vorurteile zerfallen von selbst. Dann kann die Theorie nur durch vollkommne und freie Übereinstimmung mit sich selbst ihren Gesetzen das vollgültigste Ansehn verschaffen, und sich zu einer wirklichen *öffentlichen Macht* erheben. Nur durch *Objektivität* kann sie ihrer Bestimmung entsprechen.

Gesetzt aber auch, es gäbe eine objektive ästhetische Theorie, welches mehr ist, als wir bis jetzt rühmen können. *Reine* Wissenschaft bestimmt nur die Ordnung der Erfahrung, die Fächer für den Inhalt der Anschauung. Sie allein würde *leer* sein – wie Erfahrung allein verworren, ohne Sinn und Zweck – und nur in Verbindung mit einer *vollkommnen Geschichte* würde sie die Natur der Kunst und ihrer Arten vollständig kennen lehren. Die Wissenschaft bedarf also der Erfahrung von einer Kunst, welche ein durchaus vollkommnes Beispiel ihrer Art, die *Kunst kat'exochän*, deren besondre Geschichte die *allgemeine Naturgeschichte der Kunst* wäre. Überdem kommt der Denker nicht frisch und unversehrt zur wissenschaftlichen Untersuchung. Er ist durch die Einflüsse einer verkehrten Erfahrung angesteckt; er bringt Vorurteile mit, welche seiner Untersuchung auch im Gebiete der reinen Abstraktion eine durchaus falsche Richtung erteilen können. Auch bei dem aufrichtigsten Eifer steht es gar nicht in seiner Gewalt, diesen mächtigen Vorurteilen mit einemmale zu entsagen: denn er müßte die reine Wahrheit schon ergriffen haben, um den Ungrund des Irrtums einzusehen, und inne zu werden, wie falsch der Gang seiner Methode sei.[8] Er bedarf daher aus einem doppelten Grunde einer *vollkommnen Anschauung*. Teils als Beispiel und Beleg zu seinem Begriff; teils als Tatsache und Urkunde seiner Untersuchung.

Aber auch die Lücke zwischen Theorie und Praxis, zwischen dem Gesetz und der einzelnen Tat ist unendlich groß. Es wäre wohlfeil, wenn der Künstler durch den bloßen Begriff vom richtigen Geschmack und vollkommnen Stil das höchste Schöne in seinen Werken wirklich hervorzubringen vermöchte. Das Gesetz muß *Neigung*

---

[8] „Verum est index sui et falsi"; sagt Spinosa. [Das Wahre ist der Ausweis seiner selbst und des Falschen.]

werden. Leben kommt nur von Leben; Kraft erregt Kraft. Das reine Gesetz ist leer. Damit es *ausgefüllt*, und seine wirkliche Anwendung möglich werde, bedarf es einer Anschauung, in welcher es in gleichmäßiger Vollständigkeit gleichsam sichtbar erscheine – eines höchsten *ästhetischen Urbildes*.

Schon der Name der „Nachahmung" ist schimpflich und gebrandmarkt bei allen denen, die sich Originalgenies zu sein dünken. Man versteht darunter nämlich die Gewalttätigkeit, welche die starke und große Natur an dem Ohnmächtigen ausübt. Doch weiß ich kein andres Wort als *Nachahmung* für die Handlung desjenigen – sei er Künstler oder Kenner – der sich die Gesetzmäßigkeit jenes Urbildes zueignet, ohne sich durch die Eigentümlichkeit, welche die äußre Gestalt, die Hülle des allgemeingültigen Geistes, immer noch mit sich führen mag, beschränken zu lassen. Es versteht sich von selbst, daß diese Nachahmung ohne die höchste Selbständigkeit durchaus unmöglich ist. Ich rede von jener *Mitteilung des Schönen*, durch welche der Kenner den Künstler, der Künstler die Gottheit berührt, wie der Magnet das Eisen nicht bloß anzieht, sondern durch seine Berührung ihm auch die magnetische Kraft mitteilt.

Wandelt die Gottheit auch in irdischer Gestalt? Kann das Beschränkte je vollständig, das Endliche vollendet, das Einzelne allgemeingültig sein? Gibt es unter Menschen eine Kunst, welche die Kunst schlechthin genannt zu werden verdiente? Gibt es sterbliche Werke, in denen das Gesetz der Ewigkeit sichtbar wird?

Mit richterlicher Majestät überschaut die Muse das Buch der Zeiten, die Versammlung der Völker. Überall findet ihr strenger Blick nur Rohigkeit und Künstelei, Dürftigkeit und Ausschweifung in stetem Wechsel. Kaum erheitert dann und wann ein schonendes Lächeln über die liebenswürdigen Spiele der kindlichen Unschuld ihren unwilligen Ernst.

Nur bei einem Volke entsprach die schöne Kunst der hohen Würde ihrer Bestimmung.

Bei den *Griechen* allein war die Kunst von dem Zwange des Bedürfnisses und der Herrschaft des Verstandes immer gleich frei; und vom ersten Anfange Griechischer Bildung bis zum letzten Augenblick, wo noch ein Hauch von echtem Griechensinn lebte, waren den Griechen schöne Spiele heilig.

Diese *Heiligkeit schöner Spiele* und diese *Freiheit der darstellenden Kunst* sind die eigentlichen *Kennzeichen echter Griechheit. Allen Barbaren* hingegen ist *die Schönheit an sich selbst nicht gut genug.* Ohne Sinn für die unbedingte Zweckmäßigkeit ihres zwecklosen Spiels bedarf sie bei ihnen einer fremden Hülfe, einer äußern Empfehlung. Bei rohen wie bei verfeinerten Nichtgriechen ist die Kunst nur eine Sklavin der Sinnlichkeit oder der Vernunft. Nur durch merkwürdigen, reichen, neuen und sonderbaren Inhalt; nur durch wollüstigen Stoff kann eine Darstellung ihnen wichtig und interessant werden.

Schon auf der ersten Stufe der Bildung und noch unter der Vormundschaft der Natur umfaßte die *Griechische Poesie* in gleichmäßiger Vollständigkeit, im glücklichsten Gleichgewicht und ohne einseitige Richtung oder übertriebne Abweichung das Ganze der menschlichen Natur. Ihr kräftiges Wachstum entwickelte sich bald zur Selbständigkeit, und erreichte die Stufe, wo das Gemüt in seinem Kampfe mit der Natur ein entschiedenes Übergewicht erlangt; und ihr goldnes Zeitalter erreichte den höchsten Gipfel der Idealität (vollständiger Selbstbestimmung der Kunst) und der Schönheit, welcher in irgendeiner natürlichen Bildung möglich ist. Ihre Eigentümlichkeit ist der kräftigste, reinste, bestimmteste, einfachste und vollständigste Abdruck der allgemeinen Menschennatur. Die Geschichte der Griechischen Dichtkunst ist eine allgemeine Naturgeschichte der Dichtkunst; eine vollkommne und gesetzgebende Anschauung.

In Griechenland wuchs die Schönheit ohne künstliche Pflege und gleichsam *wild.* Unter diesem glücklichen Himmel war die darstellende Kunst nicht erlernte Fertigkeit, sondern *ursprüngliche Natur.* Ihre Bildung war keine andre als *die freieste Entwicklung der glücklichsten Anlage.* Die Griechische Poesie nahm von der rohesten Einfalt ihren Anfang: aber dieser geringe Ursprung schändet sie nicht. Ihr ältester Charakter ist einfach und prunklos, aber unverdorben. Hier findet ihr weder abgeschmackte Fantasterei, noch verkehrte Nachahmung eines fremden Nationalcharakters noch ekzentrische und unübersteiglich fixierte Einseitigkeit. Hier konnte die Willkür verkehrter Begriffe den freien Wuchs der Natur nicht fesseln, ihre Eintracht zerreißen und zerstören, ihre Einfalt verfälschen, den Gang und die Richtung der Bildung verschrauben. Schon frühe unterscheidet sich die Griechische Poesie durch ein gewisses Etwas von allen übrigen Nationalpoesien auf einer ähnlichen Stufe der kindlichen Kultur. Gleich weit entfernt von Orientalischem Schwulst und von Nordischen Trübsinn, voll Kraft aber ohne Härte, und voll Anmut aber ohne Weichlichkeit ist sie eben dadurch abweichend, daß sie mehr als jede andre reinmenschlich und dem allgemeinen Gesetze aus eigner freier Neigung getreu ist. Schon in der Kindheit meldet sich ihr hoher Beruf, nicht das Zufällige sondern das Wesentliche und Notwendige darzustellen, nicht nach dem Einzelnen sondern nach dem Allgemeinen zu streben. Auch sie hatte ihren *mythischen Ursprung*, wie jede freie Entwicklung des Dichtungsvermögens. Während des ersten Zeitalters ihrer Entwicklung schwankte die Griechische Poesie zwischen schöner Kunst und Sage. Sie war eine unbestimmte Mischung von Überlieferung und Erfindung, von bildlicher Lehre, Geschichte und freiem Spiel. Aber welch' eine Sage? Nie gab es geistreichere oder sittlichere. Der *Griechische Mythus* ist – wie der treuste Abdruck im hellsten Spiegel – die bestimmteste und zarteste Bildersprache für alle ewigen Wünsche des menschlichen Gemüts mit allen seinen so wunderbaren als notwendigen Widersprüchen; eine kleine vollendete Welt der schönsten Ahndungen der kindlich dichtenden Vernunft. Dichtung, Gesang, Tanz und Geselligkeit – *festliche Freude* war das holde Band der Gemeinschaft, welches Menschen und Götter verknüpfte. Und in der Tat war auch der Sinn ihrer Sage, Gebräuche und besonders ihrer Feste, der Gegenstand ihrer Verehrung das echte Göttliche: die *reinste Menschheit*. In lieblichen Bildern haben die Griechen freie Fülle, selbständige Kraft, und gesetzmäßige Eintracht angebetet.

Durch einen in seiner Art einzigen Zusammenfluß der glücklichsten Umstände hatte die Natur in ihrer Begünstigung für diese Lieblingskinder gleichsam ein *Äußerstes* getan. Oft wird die menschliche Bildung gleich nach ihrer ersten Veranlassung, während sie noch zu schwach ist, um den harten Kampf mit dem Schicksal glücklich zu bestehen, ohne fernere gütige Pflege wiederum ihrer eignen Schwäche und jedem ungünstigen Zufalle Preis gegeben. Ja ein Volk hat noch von Glück zu sagen, wenn es nur durch die Gunst seiner Lage mit Mühe zu einer bedeutenden Höhe einer *einseitigen* Bildung gelangen kann. Bei den Griechen vereinigte und umfaßte schon die erste Stufe der Bildung dasjenige vollständig, was sonst auch auf der höchsten Stufe nur getrennt und einzeln vorhanden zu sein pflegt. Wie im Gemüte des Homerischen Diomedes alle Kräfte gleichmäßig und in der schönsten Eintracht zu einem vollendeten Gleichgewicht zusammenstimmen: so entwickelte sich hier die ganze Menschheit gleichmäßig und vollständig. Schon im heroischen Zeitalter der mythischen Kunst vereinigt die griechische Naturpoesie die schönsten Blüten der edelsten Nordischen und der zartesten Südlichen Naturpoesie, und ist die vollkommenste ihrer Art.

Vielen gefällt *Homerus*, von wenigen aber wird seine Schönheit eigentlich ganz gefaßt. So wie viele Reisende in weiter Ferne suchen, was sie in ihrer Heimat ebenso gut und näher finden könnten: so bewundert man nicht selten im Homer allein das, worin der erste der beste Nordische oder Südliche Barbar, wofern er nur ein großer Dichter ist, ihm gleich kommt. Worin er einzig ist, das wird selten bemerkt, gewöhnlich ganz aus der Acht gelassen. Die treue Wahrheit, die ursprüngliche Kraft, die einfache Anmut, die reizende Natürlichkeit sind Vorzüge, welche der Griechische Barde vielleicht mit einem oder dem andern seiner Indischen oder Keltischen Brüder teilt. Es gibt aber andre charakteristische Züge der Homerischen Poesie, welche dem *Griechen* allein eigen sind.

Ein solcher Griechischer Zug ist die *Vollständigkeit* seiner Ansicht der ganzen menschlichen Natur, welche im glücklichsten *Ebenmaß*, im vollkommnen *Gleichgewicht* von der einseitigen Beschränkung einer abweichenden Anlage, und von der Verkehrtheit künstlicher Mißbildung so weit entfernt ist. – Der *Umfang* seiner Dichtung ist so unbeschränkt, wie der Umfang der ganzen menschlichen Natur selbst. Die äußersten Enden der verschiedensten Richtungen, deren ursprüngliche Keime schon in der allgemeinen Menschennatur verborgen liegen, gesellen sich hier freundlich zueinander, wie im unbefangnen, kindlichen Spiel. Seine heitre und reine Darstellung vereinigt hinreißende Gewalt mit inniger Ruhe, die schärfste Bestimmtheit mit der weichsten Zartheit der Umrisse.

In den Sitten seiner Helden sind Kraft und Anmut im Gleichgewicht. Sie sind stark aber nicht roh, milde, ohne schlaff zu sein, und geistreich ohne Kälte. *Achilles*, obgleich im Zorn furchtbarer wie ein kämpfender Löwe, kennt dennoch die Tränen des zärtlichen Schmerzens am treuen Busen einer liebenden Mutter; er zerstreut seine Einsamkeit durch die milde Lust süßer Gesänge. Mit einem rührenden Seufzer blickt er auf seinen eignen Fehler zurück, auf das ungeheure Unheil, welches die starrsinnige Anmaßung eines stolzen Königs und der rasche Zorn eines jungen Helden veranlaßt haben. Mit hinreißender Wehmut weiht er die Locke an dem Grabe des geliebten Freundes. Im Arm eines ehrwürdigen Alten, des durch ihn unglücklichen Vaters seines verhaßten Feindes, kann er in Tränen der Rührung zerfließen. Der allgemeine Umriß eines Charakters, wie Achilles hätte vielleicht auch in der Fantasie eines Nord- oder Süd-Homerus entstehen können: diese feineren Züge der Ausbildung waren nur dem Griechen möglich. Nur der Grieche konnte diese brennbare Reizbarkeit, diese furchtbare Schnellkraft wie eines jungen Löwen mit so viel Geist, Sitten, Gemüt vereinigen und verschmelzen. Selbst in der Schlacht, in dem Augenblicke, wo ihn der Zorn so sehr fortreißt, daß er ungerührt durch das Flehen des Jünglings, dem überwundnen Feinde die Brust durchbohrt bleibt er menschlich, ja sogar liebenswürdig und versöhnt uns durch eine entzückend rührende Betrachtung.[9] Der Charakter des *Diomedes* ist aber schon in seiner ursprünglichen Zusammensetzung ganz Griechisch. In seiner stillen Größe, seiner bescheidnen Vollendung, spiegelt sich der ruhige Geist des Dichters selbst am hellsten und am reinsten.

Die Homerischen Helden, wie den Dichter selbst unterscheidet eine *freiere Menschlichkeit* von allen nicht-Griechischen Heroen und Barden. In jeder bestimmten Lage, jeder einzelnen Gemütsart strebt der Dichter, so viel nur der Zusammenhang verstattet, nach derjenigen *sittlichen Schönheit*, deren das kindliche Zeitalter unverdorbener Sinnlichkeit fähig ist. Sittliche Kraft und Fülle haben in Homers Dichtung das Übergewicht; sittliche Einheit und Beharrlichkeit sind, wo sie sich finden, kein selbständiges Werk des Gemüts, sondern nur ein glückliches Erzeugnis der bildenden Natur. Aber nicht gewaltige Stärke und sinnlicher Genuß allein weckte und fesselte sein Gemüt. Der bescheidne Reiz stiller *Häuslichkeit* vorzüglich in der ODYSSEE; die Anfänge des *Bürgersinns*, und die ersten Regungen *schöner Geselligkeit* sind nicht die kleinsten Vorzüge des Griechen.

Vergleicht damit die geistlose Monotonie der barbarischen Chevalerie! Im modernen Ritter der Romantischen Poesie ist der Heroismus durch die abenteuerlichsten Begriffe in die seltsamsten Gestalten und Bewegungen so sehr verrenkt, daß selbst von dem ursprünglichen Zauber des freien Heldenlebens nur wenige Spuren übrig geblieben sind. Statt Sitten und Empfindungen findet ihr hier dürre Begriffe und stumpfe Vorurteile; statt freier Fülle verworrne Dürftigkeit, statt reger Kraft tote Masse. Vergleicht sie mit jenen Darstellungen, in denen auch der kleinste Atom von *höherm Leben* glüht, mit den Homerischen Helden, deren Bildung so *echt menschlich* ist, wie eine heroische Bildung nur sein kann. In ihrem Gemüte ist die rege Masse nicht getrennt, sondern durchgängig zusammenhängend: Vor-

---

[9] Ilias, XXI. 99 seqq.

stellungen und Bestrebungen sind hier innigst ineinander verschmolzen; alle Teile stimmen im vollkommensten Einklang zusammen, und die reiche Fülle ursprünglicher Kraft ordnet sich mit leichter Ordnung zu einem befriedigenden Ganzen.

Man nennt das oft „Schonung", die Sinne verzärteln, und die Würde der Menschheit dadurch entweihen, daß man keine andere Bestimmung der Kunst anerkennt, als die, der Tierheit zu schmeicheln. Es gibt aber eine andre Eigenschaft gleiches Namens, welche sich scheut, das Gemüt zu verletzen: *sittliche Schonung*. In nicht-Griechischen Poesien wird auch da, wo die zartesten Blüten der feinsten Sinnlichkeit am frischesten duften; auch da, wo die Verfeinerung des Geistes aufs höchste gestiegen ist, dennoch unser Gefühl nicht selten durch ein gewisses Etwas sehr beleidigt. Ja es ist eigentlich wohl kein barbarisches Werk ganz rein von allem, was einen echten Griechischen Sinn empören würde. Diese Menschen scheinen gar nicht zu ahnden, daß mit dem *Unwillen* der Genuß des Schönen sogleich zerstört wird; daß *unnütze Schlechtheit* der größte Fehler sei, dessen ein Dichter sich schuldig machen kann. Den Musiker, der ohne Grund mit einer unaufgelösten Dissonanz endigte, würde man tadeln, und dem Dichter, welcher ohne Gefühl für den Einklang des Ganzen das zarte Ohr des Gemüts durch die schreiendsten Mißtöne verletzt; verzeiht man, oder bewundert ihn wohl gar. Im Homer hingegen wird jeder Übelstand *vorbereitet* und *aufgelöst*. Durch einen Augenblick von jugendlichem Übermut versöhnt uns Patroklus mit seinem Tode, und was sonst bittrer Unwillen gewesen sein würde, wird nun sanfte Rührung. Der Übermut des Hektors ist eine Vorbereitung seines Falles. Hätte ausschweifender Zorn des Achilles nicht bis zu Augenblicken von Wildheit und Ungerechtigkeit verlockt, so würde seine Kränkung, der Verlust seines Freundes, sein Schmerz, die unwandelbar bestimmte Kürze seines herrlichen Lebens unser Gemüt tief verwunden und mit Bitterkeit anfüllen. Der ruhigen Kraft, der weisen Gleichmütigkeit des Diomedes entspricht die ungemischte und nie getrübte Reinheit seines Glücks und seines unbeneideten Ruhms. Wie der Vater der Götter das Schicksal der Kämpfer auf der entscheidenden Waagschale gedankenvoll abmißt, so läßt Homerus mit künstlerischer Weisheit seine Helden sinken und steigen, nicht nach Laune und Zufall, sondern nach den heiligen Entscheidungen der reinsten Menschlichkeit.

Nur hüte man sich zu denken, das Nachahmungswürdige in der griechischen Poesie sei das Privilegium weniger auserwählter Genies, wie jede trefflichere Originalität bei den Modernen. Das bloß Individuelle würde dann weder nachahmungswürdig, noch dessen völlige Zueignung möglich sein: denn nur das *Allgemeine* ist Gesetz und Urbild für alle Zeiten und Völker. Die Griechische Schönheit war ein Gemeingut des öffentlichen Geschmacks, *der Geist der ganzen Masse.* Auch solche Gedichte, welche wenig künstlerische Weisheit und geringe Erfindungskraft verraten, sind in demselben Geiste gedacht, entworfen und ausgeführt, dessen Züge wir im Homer und andern Dichtern vom ersten Range nur bestimmter und klarer lesen. Sie unterscheiden sich durch dieselben Eigenheiten, wie die besten, von allen nicht-Griechischen Gedichten.

Die Griechische Poesie hat ihre Sonderbarkeiten, welche oft ekzentrisch genug sind: denn obgleich die Griechische Bildung reinmenschlich ist, so kann dennoch die äußre Form sehr abweichend sein; es vielleicht eben darum sein, weil der Geist dem allgemeingültigen Gesetz so getreu ist. Die meisten dieser *ästhetischen Paradoxien* sind nur scheinbar und enthalten einen großen Sinn. So das Satyrische Drama, der Dithyrambus, der lyrische Chor der Dorier, und der dramatische Chor der Athener. Nur aus völliger Unkunde mit der eigentlichen Natur der Kunst und ihrer Arten hat man solche Eigenheiten für bloß individuell gehalten, und sich mit einer historischen Genesis derselben begnügt. Überdem waren die Tatsachen lückenhaft, und solange man die notwendigen Bildungsgesetze der Kunst nicht kennt, wird man in der Geschichte der Kunst im dunkeln tappen, und keinen Leitfaden haben, vom Bekannten aufs Unbekannte zu schließen. Man analysiere nur den Charakter dieser Anomalien nach Anleitung sichrer Grundsätze und Begriffe vollständig, und man wird durch das Resultat einer *philosophischen Deduktion* überrascht, die durchgängige Objektivität der Griechischen Poesie auch hier wiederfinden. Selbst in dem Zeitalter, wo ihre ganze Masse sich in mehrere genau bestimmte Richtungen – gleichsam ebenso viele Äste eines gemeinschaftlichen Stammes – spaltete, und ihr Umfang dadurch so sehr beschränkt als ihre Kraft erhöht ward: selbst in der lyrischen Gattung, deren eigentlicher Gegenstand *schöne Eigentümlichkeit* ist, bewährt sie dennoch ihre beständige Tendenz zum Objektiven durch die Art und den Geist der Darstellung, welche soweit es die besondern Schranken ihrer eigentümlichen Richtung und ihres Stoffes nur immer erlauben, sich dem rein Menschlichen nähert, das Einzelne selbst zum Allgemeinen erhebt, und im Eigentümlichen eigentlich nur das Allgemeingültige darstellt.

Die Griechische Poesie ist gesunken, tief, sehr tief gesunken, und endlich völlig entartet. Aber *auch im äußersten Verfall* blieben ihr noch Spuren jener Allgemeingültigkeit, bis sie überhaupt aufhörte einen bestimmten Charakter zu haben. So sehr ist die *Griechheit* nichts andres als eine höhere, reinere Menschheit! Im Zeitalter der gelehrten Dichtkunst gab es weder öffentliche Sitten, noch öffentlichen Geschmack. Die Gedichte der *Alexandriner* sind ohne eigentliche Sitten, ohne Geist und Leben; kalt, tot, arm und schwerfällig. Statt einer vollkommnen Organisation und lebendiger Einheit des Ganzen sind diese Machwerke nur aus abgerißnen Bruchstücken zusammengeflickt. Sie enthalten nur einzelne schöne Züge, keine vollständige und ganze Schönheit. Aber dennoch enthält ihre fleißige Darstellung in ihrer durchgearbeiteten feinen Bestimmtheit, in ihrer völligen Freiheit von den unreinen Zusätzen der Subjektivität, von den technischen Fehlern monströser Mischung, und poetischer Unwahrheit eine *höchste Naturvollkommenheit in ihrer* wenngleich an sich tadelhaften *Art*, ein *gewisses klassisches Etwas*, welches demjenigen nicht unähnlich ist, was Kenner der Griechischen Plastik an Überbleibseln der bildenden Kunst auch aus der schlechtesten Zeit, oder von der Hand des mittelmäßigsten Künstlers wahrnehmen. Der schwülstige, überladne Schmuck gehört dem allgemeinen schlechten Geschmack des Zeitalters an. Die Fehler der Ausführung kommen auf die Rechnung des Stümpers. Allein der *Geist* in welchem das Werk gedacht, entworfen und ausgebildet wurde, enthält wenigstens Spuren von dem vollkommnen Ideal, welches für alle Zeiten und Völker ein gültiges Gesetz und allgemeines Urbild ist. So findet ihr im *Apollonius* sehr oft wahrhaft klassische Details, und hie und da trefft ihr auf Erinnerungen an die ehemalige Göttlichkeit der Griechischen Dichtkunst. Solche Züge sind die Bescheidenheit des heroischen Jason und seine nachsinnende Stille bei der großen Ausfahrt der Heldenschar, und bei dem Verlust des Herkules; die feine Charakteristik des Telamon, Herkules, Idas und Idmon; das liebliche Spiel des Amor und Ganymedes; die Anmut, welche über die ganze Episode von der Hypsipyle und Medea verbreitet ist. Die schärfere Bestimmtheit, die feinere Zartheit, das noch mehr Durchgearbeitete seines fleißigen Werks; Eigenschaften, welche er vor dem gelehrtesten aller Römischen Dichter voraus hat, sind so viele übrig gebliebene Spuren echt Griechischer Bildung.

Das Schicksal bildete den Griechen nicht nur zu dem Höchsten, was der Sohn der Natur sein kann; sondern es entzog ihm auch seine mütterliche Pflege nicht eher, als bis die Griechische Bildung selbständig und mündig geworden, fremder Hülfe und Führung nicht weiter bedurfte. Mit diesem entscheidenden Schritt, durch den die Freiheit das Übergewicht über die Natur bekam, trat der Mensch in eine ganz neue Ordnung der Dinge; es begann eine neue Stufe der Entwicklung. Er bestimmt, lenkt und ordnet nun seine Kräfte selbst, bildet seine Anlagen nach den innern Gesetzen seines Gemüts. Die Schönheit der Kunst ist nun nicht mehr Geschenk einer gütigen Natur, sondern sein eignes Werk, Eigentum seines Gemüts. Das Geistige bekommt das Übergewicht über das Sinnliche, selbständig bestimmt er die Richtung seines Geschmacks, und ordnet die Darstellung. Er eignet sich nicht mehr bloß das Gegebne zu, sondern er bringt das Schöne selbsttätig hervor. Und wenn der erste Gebrauch der Mündigkeit, den Umfang der Kunst durch eine genau bestimmte Richtung beschränkt, so wird dieser Verlust durch die innre Stärke und Hoheit der zusammengedrängten Kraft wieder ersetzt. Das epische Zeitalter der Griechischen Poesie läßt sich noch mit andern Nationalpoesien vergleichen. Im lyrischen Zeitalter steht sie allein. Nur sie hat *in Masse* die Bildungsstufe der *Selbständigkeit* erreicht; nur in ihr ist das idealische Schöne *öffentlich* gewesen. So häufig und so glänzend auch in der modernen Poesie die Beispiele sein mögen, so sind es doch nur einzelne Ausnahmen, und die Masse ist weit hinter jener Stufe zurückgeblieben, und verfälscht sogar jene Ausnahmen. Bei dem herrschenden Unglauben an göttlichere Schönheit, verliert die Verkannte ihre unbefangne Zuversicht, und der Kampf, welcher sie geltend machen soll, entweiht sie nicht weniger, wie der menschenfeindliche Stolz, der den Genuß der Mitteilung ersetzen muß. – Von jeher haben viele Völker die Griechen an Fertigkeiten übertroffen, und desfalls die Griechische Höhe der eigentlichen Bildung nicht eingesehen. Aber Fertigkeiten sind nur notwendige Zugaben der Bildung, Werkzeuge der Freiheit. Nur Entwicklung der reinen Menschheit ist *wahre Bildung*. Wo hat freie Menschheit in der Masse des Volks ein so durchgängiges Übergewicht erhalten als bei den Griechen? Wo war die Bildung so echt, und echte Bildung so öffentlich? – In der Tat kaum gibt es im ganzen Lauf der Menschengeschichte ein erhabneres Schauspiel, als der große Augenblick darbietet, da mit einemmale und gleichsam von selbst, durch bloße Entwicklung der innern Lebenskraft, in den Griechischen Verfassungen Republikanismus, in den Sitten Enthusiasmus und Weisheit, in den Wissenschaften, statt der mythischen Anordnung der Fantasie logischer und systematisierender Zusammenhang, und in den Griechischen Künsten das *Ideal* hervortrat.

Wenn die Freiheit einmal das Übergewicht über die Natur hat, so muß die freie, sich selbst überlaßne Bildung sich in der einmal genommenen Richtung fortbewegen, und immer höher steigen, bis ihr Lauf durch äußre Gewalt gehemmt wird, oder bis sich durch bloße innre Entwicklung das Verhältnis der Freiheit und der Natur von neuem ändert. Wenn der *gesamte* zusammengesetzte menschliche *Trieb* nicht allein das bewegende sondern auch *lenkende Prinzip der Bildung,* wenn die Bildung *natürlich* und nicht künstlich, wenn die ursprüngliche Anlage die glücklichste, und die äußre Begünstigung vollendet ist: so entwickeln, wachsen, und vollenden sich alle Bestandteile der strebenden Kraft, der sich bildenden Menschheit *gleichmäßig,* bis die Fortschreitung den Augenblick erreicht hat, wo die Fülle nicht mehr steigen kann, ohne die *Harmonie des Ganzen* zu trennen und zu zerstören.

Trifft nun die höchste Stufe der Bildung der vollkommensten Gattung der trefflichsten Kunst mit dem günstigsten Augenblick im Strome des öffentlichen Geschmacks glücklich zusammen; verdient ein großer Künstler die Gunst des Schicksals, und weiß die unbestimmten Umrisse, welche die Notwendigkeit vorzeichnete, würdig auszufüllen; so wird das äußerste Ziel schöner Kunst erreicht, welches durch die freieste Entwicklung der glücklichsten Anlage erreichbar ist.

Diese *letzte Gränze der natürlichen Bildung* der Kunst und des Geschmacks, *diesen höchsten Gipfel freier Schönheit* hat die Griechische Poesie wirklich erreicht. *Vollendung* heißt der Zustand der Bildung, wenn die innre strebende Kraft sich völlig ausgewickelt hat, wenn die Absicht ganz erreicht ist, und in gleichmäßiger Vollständigkeit des Ganzen keine Erwartung unbefriedigt bleibt. *Goldnes Zeitalter* heißt dieser Zustand, wenn er einer ganzen gleichzeitigen Masse zukommt. Der Genuß, welchen die Werke des goldnen Zeitalters der Griechischen Kunst gewähren, ist zwar eines Zusatzes fähig, aber dennoch ohne Störung und Bedürfnis – *vollständig* und *selbstgenugsam.* Ich weiß für diese Höhe keinen schicklicheren Namen als das *höchste Schöne.* Nicht etwa ein Schönes, über welches sich nichts schöneres denken ließe; sondern das vollständige Beispiel der unerreichbaren Idee, die hier gleichsam ganz sichtbar wird: *das Urbild der Kunst und des Geschmacks.*

Der einzige Maßstab, nach dem wir den höchsten Gipfel des Griechischen Poesie würdigen können, sind die *Schranken aller Kunst.* „Aber wie, wird man fragen, ist die Kunst nicht einer schlechthin unendlichen Vervollkommnung fähig? Gibt es Gränzen ihrer fortschreitenden Bildung?"

Die Kunst ist unendlich perfektibel und ein absolutes Maximum ist in ihrer steten Entwicklung nicht möglich: aber doch ein bedingtes *relatives Maximum*, ein unübersteigliches *fixes Proximum.* Die Aufgabe der Kunst besteht nämlich aus zweierlei ganz verschiedenartigen Bestandteilen: teils aus bestimmten *Gesetzen*, welche nur ganz erfüllt oder ganz übertreten werden können, und teils aus unersättlichen, unbestimmten *Forderungen*, wo auch die höchste Gewährung noch einen Zusatz leidet. Jede wirklich gegebne *Kraft* ist einer Vergrößerung und jede endliche reale Vollkommenheit eines unendlichen Zuwachses fähig. In *Verhältnissen* aber findet kein Mehr oder Weniger statt; die *Gesetzmäßigkeit* eines Gegenstandes kann weder vermehrt noch vermindert werden. So sind auch alle wirklichen Bestandteile der schönen Kunst einzeln eines unendlichen Zuwachses fähig, aber in der Zusammensetzung dieser verschiedenen Bestandteile gibt es unbedingte Gesetze für die gegenseitigen Verhältnisse.

Das *Schöne im weitesten Sinne* (in welchem es das Erhabne, das Schöne im engern Sinne, und das Reizende umfaßt) ist die *angenehme Erscheinung des Guten.* – Es scheint zwar für jede einzelne Reizbarkeit eine feste Gränze bestimmt zu sein, welche weder der Schmerz noch die Freude überschreiten darf, wenn nicht alle Besonnenheit aufhören, und mit dieser selbst der Zweck der Leidenschaft und der Lust verloren gehn soll. Im allgemeinen aber, und ohne besondre Rücksicht läßt sich über jedes gegebne Maß von Energie ein höheres denken. Unter *Energie* verstehe ich alles, was den gemischten Trieb sinnlich weckt und erregt, um ihm dann den Genuß des reinen Geistigen zu gewähren; die bewegende Triebfeder mag nun Schmerz oder Freude sein. Die Energie ist aber nur Mittel und Organ der idealischen Kunst, gleichsam die *physische Lebenskraft* der reinen Schönheit, welche die sinnliche Erscheinung des Geistigen veranlaßt und trägt, so wie das freie Gemüt nur im Element einer tierischen Organisation empirisch existieren kann. – Auf gleiche Weise gibt es für jede besondre Empfänglichkeit eine *bestimmte Sphäre der Sichtbarkeit*, wenn ich so sagen darf, in der Mitte zwischen zu großer Nähe und zu weiter Entfernung. An und für sich aber kann die Erscheinung des Geistigen immer lebhafter, bestimmter und klarer werden. So lange sie Erscheinung bleibt, ist sie einer endlosen Vervollkommnung fähig, ohne je ihr Ziel ganz erreichen zu können: denn sonst müßte das Allgemeine, welches im Einzelnen erscheinen soll, sich in das Einzelne selbst verwandeln. Dies ist unmöglich, weil beide durch eine unendliche Kluft getrennt sind. Auf der andern Seite kann aber auch die Nachahmung des Wirklichen an Vollkommenheit unendlich zunehmen: denn die Fülle jedes Einzelnen ist unerschöpflich, und kein Abbild kann jemals ganz in sein Urbild übergehen. – Daß das *Gute* oder dasjenige, was schlechthin sein soll, der reine Gegenstand des freien Triebes, das reine Ich nicht als theoretisches Vermögen, sondern als praktisches Gebot; die Gattung, deren Arten Erkenntnis, Sittlichkeit und Schönheit ist; das Ganze, dessen Bestandteile Vielheit, Einheit und Allheit sind[10]; in der Wirklichkeit nur beschränkt vorhanden sein kann, darf ich als evident voraussetzen: denn der zusammengesetzte Mensch kann im gemischten Leben sich seiner reinen Natur nur ins Unendliche nähern, ohne sie je völlig zu erreichen.

Alle diese Bestandteile des Schönen – der Reiz, der Schein, das Gute – sind also einer gränzenlosen Vervoll-

---

[10] Ich muß um die Erlaubnis bitten, diese und einige andre Grundsätze und Begriffe um des Zusammenhanges willen, hier nur problematisch voranschicken zu dürfen, deren Beweis ich in der Folge nicht schuldig bleiben werde.

kommnung fähig. Für die gegenseitigen Verhältnisse dieser Bestandteile aber gibt es unwandelbare Gesetze. Das Sinnliche soll nur Mittel des Schönen nicht Zweck der Kunst sein. Hat aber unverdorbne Sinnlichkeit in einer frühen Stufe der Bildung das Übergewicht, so wird *Fülle* der Zweck des Dichters sein. Es darf der Selbsttätigkeit eigentlich nicht zum Vorwurf gereichen, daß sie sich allmählich entwickeln muß, und nur unter der Vormundschaft der Natur die Stufe selbständiger Selbstbestimmung erreichen kann. Durch die Sinnlichkeit eines Homerus wird das Gesetz nicht übertreten, sondern das Gesetz ist eigentlich noch gar nicht vorhanden. Ist die Kunst aber schon gesetzmäßig gewesen, und hört auf es ferner zu sein, so herrscht dann auch wieder die Fülle, aber auf eine ganz andre Weise. Es ist nicht mehr unverdorbne Sinnlichkeit, sondern üppige Ausschweifung, *gesetzlose Schwelgerei.* – Jene drei Bestandteile der Schönheit – Mannigfaltigkeit, Einheit und Allheit – sind nichts andres, als ebenso viele Arten, wie der reine Mensch in der Welt zum wirklichen Dasein gelangen kann, verschiedene Berührungspunkte des Gemüts und der Natur. Einzeln betrachtet, haben sie alle drei gleichen Wert; eine wie die andre nämlich hat unbedingten, unendlichen Wert. *Auch die Fülle ist heilig,* und darf in der Vereinigung aller Bestandteile dem Gesetz der Ordnung nicht anders als *frei* gehorchen: denn die *Mannigfaltigkeit* ist schon die erste Form des Lebens, nicht roher Stoff, mit dem sie oft verwechselt wird. Die *Gesetzesgleichheit* soll durch die Ordnung nicht aufgehoben werden, aber doch ist das *Gesetz des Verhältnisses der vereinigten Bestandteile der Schönheit* unwandelbar bestimmt, und nicht die Mannigfaltigkeit, sondern die *Allheit* soll der erste bestimmende Grund und das letzte Ziel jeder vollkommnen Schönheit sein. Das Gemüt soll den Stoff und die Leidenschaft, der Geist soll den Reiz überwiegen, und nicht umgekehrt der Geist *gebraucht* werden, um das Leben zu wecken und den Sinn zu kitzeln. Ein Zweck, den man wohlfeiler erreichen könnte! – *Stil* bedeutet beharrliche Verhältnisse der ursprünglichen und wesentlichen Bestandteile der Schönheit oder des Geschmacks. *Voll-*

kommnen Stil wird man also demjenigen Kunstwerke und demjenigen Zeitalter beilegen können, welches in diesen Verhältnissen das notwendige Gesetz auf freier Neigung ganz erfüllt.

Außer diesem absoluten ästhetischen Gesetz für jeden Geschmack, gibt es auch zwei absolute *technische* Gesetze für alle darstellende Kunst. – Die Bestandteile der darstellenden Kunst, welche das Mögliche mit dem Wirklichen vermischt, sind Versinnlichung des Allgemeinen und Nachahmung des Einzelnen. Für die Vervollkommnung beider Bestandteile ist, wie schon oben erinnert wurde, keine Gränze abgemessen: für ihr Verhältnis aber ist ein unwandelbares Gesetz notwendig bestimmt. Das Ziel der freien darstellenden Kunst ist das Unbedingte; das Einzelne darf nicht selbst Zweck sein (Subjektivität). Widrigenfalls sinkt die freie Kunst zu einer nachahmenden Geschicklichkeit herunter, welche einem physischen Bedürfnisse oder einem individuellen Zweck des Verstandes dient. Doch ist das Mittel durchaus notwendig, und es muß wenigstens scheinen, frei zu dienen. *Objektivität* ist der angemessenste Ausdruck für dies gesetzmäßige Verhältnis des Allgemeinen und des Einzelnen in der freien Darstellung. – Überdem ist jedes einzelne Kunstwerk zwar keineswegs an die Gesetze der Wirklichkeit gefesselt, aber allerdings durch *Gesetze innrer Möglichkeit* beschränkt. Es darf sich selbst nicht widersprechen, muß durchgängig mit sich übereinstimmen. Diese *technische Richtigkeit* – so würde ich sie lieber nennen als „Wahrheit",[11] weil dieses Wort zu sehr an die Gesetze der Wirklichkeit erinnert, und so oft von der Kopistentreue sklavischer Künstler gemißbraucht wird, welche nur das Einzelne nachahmen – darf im Kollisionsfalle selbst die Schönheit zwar nicht beherrschen, aber doch beschränken: denn sie ist die erste Bedingung eines Kunstwerks. Ohne innre Übereinstimmung würde

[11] In einzelnen Kunstarten kann die technische Richtigkeit selbst eine idealische Abweichung von dem was in der Wirklichkeit wahr und wahrscheinlich ist, erfordern, wie in der reinen Tragödie oder der reinen Komödie.

eine Darstellung sich selbst aufheben, und also auch ihren Zweck (die Schönheit) gar nicht erreichen können. Nur wenn das Ganze der vollständigen Schönheit schon getrennt und aufgelöst ist, und ausschweifende Fülle den Geschmack beherrscht, wird die Regelmäßigkeit der Proportion, und die Symmetrie dieser Fülle aufgeopfert.

Der Schwäche kostet es keine große Entsagung, nicht auszuschweifen, und wo es an Kraft fehlt, da ist Gesetzmäßigkeit kein sonderliches Verdienst. Ein Gedicht im vollkommnen Stil und von tadelloser Richtigkeit, aber ohne Geist und Leben würde nur eine Armseligkeit ohne allen Wert sein. Aber wenn ein Gedicht mit jener vollkommnen Gesetzmäßigkeit auch die höchste Kraft vereinigte, welche man nur immer von einem menschlichen Künstler erwarten kann, so darf es doch nicht hoffen, daß äußerste Ziel erreicht zu haben, wenn der Umfang desselben nicht vollständig, sondern durch die genau bestimmte Richtung einer gewissen zwar schönen aber doch einseitigen Eigentümlichkeit beschränkt ist, wie die Dorische Lyrik. Der Dichter darf keine Ansprüche auf Vollendung machen, so lange er wie Äschylus selbst mehr Erwartungen erregt, als er befriedigt. Nur dasjenige *Kunstwerk, welches in der vollkommensten Gattung, und mit höchster Kraft und Weisheit die bestimmten ästhetischen und technischen Gesetze ganz erfüllt, den unbegränzten Forderungen aber gleichmäßig entspricht,* kann ein unübertreffliches Beispiel sein, in welchem die vollständige Aufgabe der schönen Kunst so sichtbar wird, als sie in einem wirklichen Kunstwerke werden kann.

Nur da ist das höchste Schöne möglich, wo alle Bestandteile der Kunst und des Geschmacks sich gleichmäßig entwickeln, ausbilden, und vollenden; in der *natürlichen* Bildung. In der künstlichen Bildung geht diese *Gleichmäßigkeit* durch die willkürlichen Scheidungen und Mischungen des lenkenden Verstandes unwiderbringlich verloren. An einzelnen Vollkommenheiten und Schönheiten kann sie vielleicht die freie Entwicklung sehr weit übertreffen: aber jenes höchste Schöne ist ein gewordnes *organisch gebildetes Ganzes*, welches durch die

kleinste Trennung zerrissen, durch das geringste Übergewicht zerstört wird. Der künstliche Mechanismus des
lenkenden Verstandes kann sich die Gesetzmäßigkeit
des goldnen Zeitalters der Kunst der bildenden Natur
zueignen, aber seine Gleichmäßigkeit kann er nie völlig
wiederherstellen; die einmal aufgelöste elementarische
Masse organisiert sich nie wieder. Der *Gipfel der natürlichen Bildung der schönen Kunst* bleibt daher für alle Zeiten
das *hohe Urbild der künstlichen Fortschreitung*. –
Wir sind gewohnt, ich weiß nicht aus welchen Gründen,
uns die *Schranken der Poesie* viel zu eng zu denken. Wenn
die Darstellung nicht bezeichnet, wie die Dichtkunst,
sondern wirklich nachahmt oder sich natürlich äußert,
wie die sinnlichen Künste, so ist ihre Freiheit durch die
Schranken des gegebnen Werkzeuges und des bestimmten Stoffs schon enger begränzt. Sollten in einer gewissen Kunstart die Schranken des Stoffs sehr eng, das
Werkzeug sehr einfach sein, so läßt es sich wohl denken,
daß ein begünstigtes Volk eine Höhe in derselben erreicht habe, welche nie übertroffen werden könnte. Vielleicht haben die Griechen in der Plastik diese Höhe
wirklich erreicht. Die Malerei und die Musik haben
schon freieres Feld; das Werkzeug ist zusammengesetzter, mannigfaltiger und umfassender. Es würde sehr ge-
wagt sein, für sie eine äußerste Gränze der Vervollkommnung festsetzen zu wollen. Wie viel weniger läßt
sich eine solche für die Poesie bestimmen, die durch keinen besondren Stoff weder im Umfang noch in der Kraft
beschränkt ist? deren Werkzeug, die willkürliche Zei-
chensprache, Menschenwerk und also unendlich perfektibel und korruptibel ist? – *Unbeschränkter Umfang* ist der
eine große Vorzug der Poesie, dessen sie vielleicht sehr
notwendig bedarf, um die durchgängige Bestimmtheit
des Beharrlichen, welche die Plastik, und die durchgängige Lebendigkeit des Wechselnden, welche die Musik
vor ihr voraus hat, zu ersetzen. Beide geben der Sinnlichkeit unmittelbar Anschauungen und Empfindungen;
zu dem Gemüte reden sie nur durch Umwege eine oft
dunkle Sprache. Sie können Gedanken und Sitten nur
mittelbar darstellen. Die Dichtkunst redet durch die Ein-

bildungskraft unmittelbar zu Geist und Herz in einer oft matten und vieldeutig unbestimmten aber allumfassenden Sprache. Der Vorzug jener sinnlichen Künste, unendliche Bestimmtheit und unendliche Lebendigkeit – *Einzelnheit* ist nicht sowohl Verdienst der Kunst als entlehntes Eigentum der Natur. Sie sind Mischungen, welche zwischen reiner Natur und reiner Kunst in der Mitte stehen. Die einzige eigentliche *reine Kunst* ohne erborgte Kraft, und fremde Hülfe, ist Poesie.

Wenn man verschiedene Kunstarten miteinander vergleicht, so kann nicht von dem größern oder geringern Werte des Zwecks die Rede sein. Sonst wäre die ganze Untersuchung so widersinnig als etwa die Frage: „Ob Sokrates oder Timoleon tugendhafter gewesen sei?" Denn das Unendliche leidet gar keine Vergleichung, und der Genuß des Schönen hat unbedingten Wert. Aber in der Vollkommenheit der verschiedenen Mittel, denselben Zweck zu erreichen, finden Stufen, findet ein Mehr oder Weniger statt. Keine Kunst kann in einem Werke einen so großen Umfang umspannen, wie die Poesie. Aber keine hat auch solche Mittel, *Vieles zu Einem zu verknüpfen, und die Verknüpfung zu einem unbedingt vollständigen Ganzen zu vollenden.* Die Plastik, die Musik, und die Lyrik stehn in Rücksicht der Einheit eigentlich auf einer Stufe. Sie setzen ein gewisses höchst gleichartiges Mannigfaltiges neben oder nacheinander, und streben, aus diesem Gesetzten das übrige Mannigfaltige organisch zu entwickkeln. – Der *Charakter*, oder das Beharrliche in Vorstellungen und Bestrebungen könnte allein in Gott schlechthin einfach, durch sich selbst bestimmt, und in sich vollendet sein. Im Gebiete der Erscheinung ist seine Einheit nur bedingt; er muß noch ein Mannigfaltiges enthalten, welches nicht durch ihn selbst bestimmt sein kann. Eine wirkliche einzelne Erscheinung wird durch den *Zusammenhang der ganzen Welt,* zu der sie gehört, vollständig bestimmt und erklärt. Nicht anders verhält es sich mit dem Bruchstück einer bloß möglichen Welt. Der dramatische Charakter wird durch seine Stelle im Ganzen, seinen Anteil an der Handlung vollständig bestimmt. Eine Handlung wird nur in der Zeit vollendet;

daher kann der bildende Künstler keine vollständige Handlung darstellen. Wenngleich der plastische Charakter noch so bestimmt ist, so setzt er doch notwendig die *Welt*, in welcher er eigentlich zu Hause ist, und welche nicht mit dargestellt werden konnte, als schon bekannt voraus. Sollte diese Welt auch die Olympische, und die Deutung die leichteste sein: die vollkommenste Statue ist doch nur ein abgerißnes unvollständiges Bruchstück, kein in sich vollendetes Ganzes, und das höchste, was der Bildner erreichen kann ist ein *Analogon von Einheit*. Die Einheit des Lyrikers und Musikers besteht in der *Gleichartigkeit* einiger aus der ganzen Reihe der zusammenhängenden Zustände herausgehobnen, die übrigen beherrschenden, und in der vollkommnen *Unterordnung* dieser übrigen unter jene herrschenden. Die notwendige Mannigfaltigkeit und Freiheit setzen der Vollkommenheit dieses Zusammenhanges enge Gränzen, und an Vollständigkeit der Verknüpfung ist hier gar nicht zu denken. *Vollständigkeit der Verknüpfung* ist der zweite große Vorzug der Poesie. Nur der Tragiker, dessen eigentliches Ziel es ist, den größten Umfang und die stärkste Kraft mit der höchsten Einheit zu verbinden, kann seinem Werke eine *vollkommne Organisation* geben, dessen schöner Gliederbau auch nicht durch den kleinsten Mangel, den geringsten Überfluß gestört wird. Er allein kann eine *vollständige Handlung*, das einzige unbedingte Ganze im Gebiete der Erscheinung, darstellen. Eine ganz vollbrachte Tat, ein völlig ausgeführter Zweck gewähren die vollste Befriedigung. Eine vollendete poetische Handlung ist ein in sich abgeschloßnes Ganzes, eine *technische Welt*.

Die frühern Griechischen Dichtarten sind teils an sich unvollkommne Versuche einer noch unreifen Bildung, wie das Epos des mythischen Zeitalters; teils einseitig beschränkte Richtungen, welche die vollständige Schönheit zerspalten und unter sich gleichsam teilen, wie die verschiedenen Schulen des lyrischen Zeitalters. Die trefflichste unter den Griechischen Dichtarten, ist die *Attische Tragödie*. Alle einzelnen Vollkommenheiten der frühern Arten, Zeitalter und Schulen bestimmt, läutert, erhöht, vereinigt und ordnet sie zu einem neuen Ganzen.

Mit echter Schöpferkraft hatte Äschylus die Tragödie erfunden, ihre Umrisse entworfen, ihre Gränzen, ihre Richtung und ihr Ziel bestimmt. Was der Kühne entwarf führte *Sophokles* aus. Er bildete seine Erfindungen, milderte seine Härten, ergänzte seine Lücken, vollendete die tragische Kunst, und erreichte das äußerste Ziel der Griechischen Poesie. Glücklicherweise traf er mit dem höchsten Augenblick des öffentlichen Attischen Geschmacks zusammen. Er wußte aber auch die Gunst des Schicksals zu verdienen. Den Vorzug eines vollendeten Geschmacks, eines vollkommnen Stils teilt er mit seinem Zeitalter: die Art aber, wie er seine Stelle ausfüllte, seinem Beruf entsprach, ist ganz sein eigen. An genialischer Kraft weicht er weder dem Äschylus noch dem Aristophanes, an Vollendung und Ruhe kommt er dem Homerus und dem Pindarus gleich, und an Anmut übertrifft er alle seine Vorgänger und Nachfolger.

Die *technische Richtigkeit* seiner Darstellung ist vollkommen, und die *Eurythmie*, die regelmäßige Verknüpfung seiner bestimmt und reich gegliederten Werke ist so *kanonisch*, wie etwa die Proportion des berühmten Doryphorus vom Polyklet. Die reife und ausgewachsne Organisation eines jeden Ganzen ist bis zu einer *Vollständigkeit* vollendet, welche auch nicht durch die geringste Lücke, nicht durch einen überflüssigen Hauch gestört wird. *Notwendig* entwickelt sich alles aus Einem, und auch der kleinste Teil gehorcht unbedingt dem *großen Gesetz des Ganzen.*

Die Enthaltsamkeit, mit welcher er auch dem schönsten Auswuchs entsagt, auch der lockendsten Verführung, das Gleichgewicht des Ganzen zu verletzen, widerstanden haben würde, ist bei *diesem* Dichter ein Beweis seines Reichtums. Denn seine Gesetzmäßigkeit ist *frei*, seine Richtigkeit ist *leicht*, und die *reichste Fülle* ordnet sich gleichsam von selbst zu einer vollkommnen aber gefälligen Übereinstimmung. Die Einheit seiner Dramen ist nicht mechanisch erzwungen, sondern *organisch entstanden.* Auch der kleinste Nebenzweig genießt eignes

Leben, und scheint nur aus freier Neigung sich an seiner Stelle in den gesetzmäßigen Zusammenhang der ganzen Bildung zu fügen. Mit Lust und ohne Anstoß folgen wir dem hinreißenden Strome, verbreiten uns über die bezaubernde Fläche seiner Dichtung: denn die *Schönheit* der richtigen aber einfachen und freien *Stellung* gibt ihr einen unaussprechlichen Reiz. Das größere Ganze, wie das Kleinere ist in die reichsten und einfachsten Massen bestimmt geschieden, und angenehm gruppiert. Und wie in der ganzen Handlung Kampf und Ruhe, Tat und Betrachtung, Menschheit und Schicksal gefällig wechseln, und sich frei vereinigen, wenn bald die einzelne Kraft ihren kühnen Lauf ungehemmt ergießt, bald zwei Kräfte in raschem Wechsel sich kämpfend umschlingen, bald alles Einzelne vor der majestätischen Masse des Chors schweigt: so ist auch noch in dem kleinsten Teil der Rede das Mannigfaltige in leichtem Wechsel, und freier Vereinigung.

Hier ist auch nicht die leiseste Erinnrung an Arbeit, Kunst und Bedürfnis. Wir werden das Medium nicht mehr gewahr, die Hülle schwindet, und unmittelbar genießen wir die reine Schönheit. Diese anspruchslose Vollkommenheit scheint ohne bei ihrer eignen Hoheit zu verweilen, oder für den äußern Eindruck zu sorgen, nur um ihrer selbst willen da zu sein. Diese Bildungen scheinen nicht gemacht oder geworden, sondern ewig vorhanden gewesen, oder von selbst entstanden zu sein, wie die Göttin der Liebe leicht und plötzlich vollendet aus dem Meere emporstieg.

Im Gemüte des Sophokles war die göttliche Trunkenheit des Dionysos, die tiefe Erfindsamkeit der Athene, und die leise Besonnenheit des Apollo gleichmäßig verschmolzen. Mit Zaubermacht entrückt seine Dichtung die Geister ihren Sitzen und versetzt sie in eine höhere Welt; mit süßer Gewalt lockt er die Herzen, und reißt sie unwiderstehlich fort. Aber ein großer Meister in der seltnen Kunst des *Schicklichen* weiß er auch durch den glücklichsten Gebrauch der größten tragischen Kraft die *höchste Schonung* zu erreichen; gewaltig im Rührenden, wie im Schrecklichen ist er dennoch nie bitter oder gräß-

lich. – In stetem Schrecken würden wir bis zur Bewußt-
losigkeit erstarren; in steter Rührung zerschmelzen. Sophokles hingegen weiß Schrecken und Rührung im
vollkommensten Gleichgewicht wohltätig zu mischen,
an treffenden Stellen durch entzückende Freude und frische Anmut köstlich zu würzen, und dieses schöne Leben in gleichmäßiger Spannung über das Ganze zu verbreiten.

Wunderbar groß ist seine Überlegenheit über den *Stoff*,
seine glückliche Auswahl desselben, seine weise Benutzung der gegebenen Umrisse. Unter so vielen vielleicht
zahllosen möglichen Auflösungen immer sicher die beste zu treffen, nie von der zarten Gränze zu verirren und
selbst unter den verwickeltsten Schranken, mit geschick-
ter Fügung in das Notwendige, seine völlige Freiheit behaupten; das ist das Meisterstück der künstlerischen
Weisheit. Auch wenn ein Vorgänger ihm die nächste
und beste Auflösung vorweggenommen hatte, wußte er
den entrissenen Stoff sich von neuem zuzueignen. Er
vermochte nach dem Äschylus in der ELEKTRA neu zu
sein, ohne unnatürlich zu werden. Auch den an einzelnen großen Umrissen und glücklichen Veranlassungen
reichen, im Ganzen aber ungünstigen und lückenhaften
Stoff des PHILOKLETES wußte er zu einer vollständigen
Handlung zu bilden, zu runden, und zu ergänzen, welcher es weder an einer leichten Einheit noch an einer
völligen Befriedigung fehlt.

Der *Attische Zauber seiner Sprache* vereinigt die rege Fülle
des Homerus, und die sanfte Pracht des Pindarus mit
durchgearbeiteter Bestimmtheit. Die kühnen und großen aber harten, eckichten und schneidenden Umrisse
des Äschylus sind in der Diktion des Sophokles bis zu
einer scharfen Richtigkeit, bis zu einer weichen Vollendung verfeinert, gemildert und ausgebildet. – Nur da,
wo Erfindsamkeit, Geselligkeit, Beredsamkeit und Schonung gleichsam eingeboren waren; wo die vollständige
Bildung die einseitigen Vorzüge der Dorischen und Jo-
nischen Bildung umfaßte; wo bei der unbeschränktesten
Freiheit und Gesetzesgleichheit alles Innre in kecker
Gestalt ans Licht treten durfte, und durch den lebhafte-

sten Kampf, die vielseitigste Friktion von außen gewetzt, gereinigt, gerundet und geordnet wurde: nur in *Athen* war die *Vollendung* der Griechischen Sprache möglich.

Der *Rhythmus* des Sophokles vereinigt den starken Fluß, die gedrängte Kraft und die männliche Würde des Dorischen Stils, mit der reichen Fülle, der raschen Weichheit und der zarten Leichtigkeit Jonischer oder Aeolischer Rhythmen.

Das *Ideal der Schönheit,* welches in allen Werken des Sophokles, und deren einzelnen Teilen durchaus herrscht, ist ganz vollendet. Die Kraft der einzelnen wesentlichen Bestandteile der Schönheit ist gleichmäßig, und die Ordnung der vereinigten völlig gesetzmäßig. *Sein Stil ist vollkommen.* In jeder einzelnen Tragödie, und in jedem einzelnen Fall ist der Grad der Schönheit durch die Schranken des Stoffs, den Zusammenhang des Ganzen, und die Beschaffenheit der besondren Stelle näher bestimmt.

Die *sittliche* Schönheit aller einzelnen *Handelnden* ist so groß, als diese Bedingungen jedesmal nur immer verstatten. Alle Taten und Leidenschaften entspringen so weit als möglich aus *Sitten* oder Charakter, und die besondren Charaktere, die bestimmten Sitten nähern sich so sehr als möglich der reinen Menschheit. Unnütze Schlechtheit findet sich hier so wenig wie müßiger Schmerz und auch die leiseste Anwandlung des bittern Unwillens ist aufs strengste vermieden.[12]

Der Begebenheiten, im Gegensatz der Handlungen, sind so wenig als möglich, und diese werden alle aus *Schicksal* hergeleitet. Der unaufhörliche notwendige Streit des Schicksals und der Menschheit aber wird durch eine

[12] Die Modernen tappen über die unbedingte Notwendigkeit, eigentliche Natur, und die bestimmten Gränzen der sittlichen Schönheit in Gedichten so sehr im dunkeln, daß sie lange über den Sinn der einfachen Vorschrift des Aristoteles: „Die Sitten im Gedichte sollen gut, d. h. schön sein"; gestritten haben. In der ganzen Masse der modernen Poesie ist der Charakter des Brutus im CÄSAR des Shakespeare vielleicht das einzige Beispiel einer sittlichen Schönheit, welche des Sophokles nicht ganz unwürdig sein würde.

andre Art von sittlicher Schönheit immer wieder in Eintracht aufgelöst, bis endlich die Menschheit, so weit es die Gesetze der technischen Richtigkeit verstatten, den vollständigsten Sieg davon trägt. Die *Betrachtung*, dieser notwendige innre Nachklang jeder großen äußern Tat oder Begebenheit *trägt* und erhält das Gleichgewicht des Ganzen. Die ruhige Würde einer schönen Gesinnung schlichtet den furchtbaren Kampf, und lenkt die kühne Übermacht, welche jeden Damm der Ordnung heftig durchbrach, wieder in das milde Gleis des ewig ruhigen Gesetzes. Der Schluß des ganzen Werks gewährt endlich jederzeit die *vollste Befriedigung*: denn wenngleich der äußern Ansicht nach die Menschheit zu sinken scheint, so siegt sie dennoch durch innre Gesinnung. Die tapfre Gegenwehr des Helden kann der blinden Wut des Schicksals zuletzt unterliegen: aber das selbständige Gemüt hält dennoch in allen Qualen standhaft zusammen, und schwingt sich endlich frei empor, wie der sterbende Herkules in den Trachinerinnen.

Alle diese skizzierten Vollkommenheiten der Sophokleischen Dichtung sind nicht getrennte und für sich bestehende Eigenschaften, sondern nur verschiedene Ansichten und Teile eines streng verknüpften und innigst verschmolznen Ganzen. So lange das Gleichgewicht der Kraft und Gesetzmäßigkeit in der Bildung noch nicht verloren, so lange das Ganze der Schönheit noch nicht zerrissen ist, kann das Einzelne gar nicht auf Unkosten des Ganzen vollkommner sein. Alle einzelne Trefflichkeiten leihen sich gegenseitig in durchgängiger Wechselwirkung einen höhern Wert. Aus der Vereinigung aller dieser Eigenschaften, in denen ich nur die allgemeinsten Umrisse gleichsam die äußersten Gränzen seines unerschöpflich reichen Wesens entworfen habe, entspringt die *selbstgenugsame Vollendung*, die eigne *Süßigkeit*, welche den Griechen selbst vorzüglich charakteristische Züge dieses Dichters zu sein schienen.

In praktischer Rücksicht sind die Vorzüge der verschiedenen Zeitalter, Dichtarten und Richtungen sehr ungleich, und wiewohl das Nachahmungswürdige in der Griechischen Poesie überall verbreitet ist, so vereinigt es sich doch gleichsam in dem Mittelpunkte des goldnen Zeitalters. In *theoretischer* Rücksicht hingegen ist die *ganze Masse* ohngefähr gleich merkwürdig.

Sehr auffallend kontrastiert die *einfache Gleichartigkeit* der ganzen Masse der Griechischen Poesie mit dem bunten Kolorit, und der heterogenen Mischung der modernen Poesie.

Die Griechische Bildung überhaupt war durchaus originell und national, ein in sich vollendetes Ganzes, welches durch bloße innre Entwicklung einen höchsten Gipfel erreichte, und in einem völligen Kreislauf auch wieder in sich selbst zurücksank. Ebenso originell war auch die Griechische Poesie. Die Griechen bewahrten ihre Eigentümlichkeit rein und ihre Poesie war nicht nur im ersten Anfange, sondern auch im ganzen Fortgange beständig *national.* Sie war nicht nur in ihrem Ursprunge, sondern auch in ihrer ganzen Masse *mythisch:* denn im Zeitalter kindlicher Bildung, so lange die Freiheit nur durch Natur veranlaßt und nicht selbständig ist, sind die verschiedenen Zwecke der Menschheit nicht bestimmt, und ihre Teile vermischt. Die Sage oder der Mythus ist ja aber eben jene Mischung, wo sich Überlieferung und Dichtung gatten, wo die Ahndung der kindischen Vernunft und die Morgenröte der schönen Kunst ineinander verschmelzen. Die natürliche Bildung ist nur die stete Enwicklung eines und desselben Keims; die Grundzüge ihrer Kindheit werden sich daher über das Ganze verbreiten und durch überlieferte Gebräuche und geheiligte Einrichtungen befestigt bis auf die späteste Zeit erhalten werden. Die Griechische Poesie ist von ihrem Ursprunge an, während ihres Fortganges, und in ihrer ganzen Masse *musikalisch*, *rhythmisch* und *mimisch*. Nur die Willkür des künstelnden Verstandes kann gewaltsam scheiden, was durch die Natur ewig vereinigt ist. Ein wahrhaft menschlicher Zustand besteht nicht aus Vorstellungen oder aus Bestrebungen allein, sondern aus der Mischung beider. Er ergießt sich ganz, durch alle vorhandnen Öffnungen, nach allen möglichen Richtungen. Er äußert sich in willkürlichen und natürlichen Zeichen, in Rede, Stimme und Gebärde zugleich. In der natürlichen Bildung der Künste, ehe der Verstand seine Rechte verkennt, und durch gewaltsame Eingriffe die Gränzen der Natur verwirrt, ihre schöne Organisation zerstört, sind Poesie, Musik und Mimik (welche dann auch rhythmisch ist) fast immer unzertrennliche Schwestern.

Diese Gleichartigkeit nehmen wir nicht nur in der ganzen Masse, sondern auch in den größern und kleinern, koexistenten oder sukzessiven Klassen, in welche das Ganze sich spaltet, wahr. Bei der größten Verschiedenheit der ursprünglichen Dichterkraft, und der weisen Anwendung derselben, ja sogar des individuellen Nationalcharakters der verschiedenen Stämme, und der herrschenden Stimmung des Künstlers, sind dennoch in jeder größern Epoche der ästhetischen Bildung die allgemeinen Verhältnisse des Gemüts und der Natur unabänderlich und ohne Ausnahme bestimmt. In derjenigen dieser Epochen, wo der öffentliche Geschmack auf der höchsten Stufe der Bildung stand, und bei der größten Vollkommenheit alle Organe der Kunst sich zugleich am vollständigsten und am freiesten äußern konnten, waren die allgemeinen Verhältnisse der ursprünglichen Bestandteile der Schönheit durch den Geist des Zeitalters entschieden determiniert, und weder der höchste noch der geringste Grad des originellen Genies, oder die eigentümliche Bildung und Stimmung des Dichters konnte eine einzige Ausnahme von dieser Notwendigkeit möglich machen. Wahrend diese koexistenten Verhältnisse schnell wechselten, verbreitete der Geist eines großen Meisters seine wohltätigen Wirkungen durch viele Zeitalter, ohne daß dadurch die Erfindung gelähmt, oder die Originalität gefesselt worden wäre. Mit merkwürdiger Gleichheit erhielt sich oft durch eine lange Reihe von Künstlern eine vorzügliche eigentümlich bestimmte Richtung. Dennoch aber ging die durchgängige Tendenz des Individuellen auf das Objektive, so daß das erste den Spielraum des letzten wohl hie und da beschränkte, nie aber seiner gesetzmäßigen Herrschaft sich entzog.

Die verschiednen Stufen der sukzessiven Entwicklung, sondern sich zwar in Masse deutlich und entschieden voneinander ab, aber in dem stetigen Fluß der Geschichte verschmelzen die äußersten Gränzen, wie Wellen des Stromes, ineinander. Desto unvermischter sind die Gränzen der koexistenten Richtungen des Geschmacks und Arten der Kunst. Ihre Zusammensetzung ist durchaus gleichartig, rein und einfach, wie der Organismus der plastischen Natur, nicht wie der Mechanismus des technischen Verstandes. Nach einem ewigen und einfachen Gesetz der Anziehung und der Rückstoßung koalisieren sich die homogenen Elemente, entledigen sich alles Fremdartigen, je mehr sie sich entwickeln, und bilden sich organisch.

Die ganze Masse der modernen Poesie ist ein unvollendeter Anfang, dessen Zusammenhang nur in Gedanken zur Vollständigkeit ergänzt werden kann. Die Einheit dieses teils wahrgenommenen, teils gedachten Ganzen ist der künstliche Mechanismus eines durch menschlichen Fleiß hervorgebrachten Produkts. Die gleichartige Masse der Griechischen Poesie hingegen ist ein selbständiges, in sich vollendetes, vollkommnes Ganzes, und die einfache Verknüpfung ihres durchgängigen Zusammenhanges ist die Einheit einer *schönen Organisation*, wo auch der kleinste Teil durch die Gesetze und den Zweck des Ganzen notwendig bestimmt, und doch für sich bestehend und frei ist. – *Die sichtbare Regelmäßigkeit ihrer progressiven Entwicklung* verrät mehr als Zufall. Der größte wie der kleinste Fortschritt entwickelt sich wie von selbst aus der vorhergehenden, und enthält den vollständigen Keim der folgenden Stufe. Die sonst auch in der Menschengeschichte oft so tief verhüllten *innern Prinzipien der lebendigen Bildung* liegen hier offenbar am Tage, und sind selbst der äußern Gestalt mit bestimmter und einfacher Schrift eingeprägt. Wie in der ganzen Masse die homogenen Elemente durch innre Stärke der strebenden Kraft zu einer gesunden Organisation sich freundlich koalisierten; wie der organische Keim durch stete Evolutionen des Bildungstriebes seinen Kreislauf vollendete, glücklich wuchs, üppig blühte, schnell reifte und plötzlich welkte: so auch jede Dichtart, jedes Zeitalter, jede Schule der Poesie.

Die Analogie erlaubt und nötigt uns vorauszusetzen, daß in der Griechischen Poesie gar nichts zufällig und bloß durch äußre Einwirkung gewalttätig bestimmt sei. Es scheint vielmehr auch das Geringste, Seltsamste und der ersten Ansicht nach Zufälligste sich aus innern Gründen notwendig entwickelt zu haben. – Der Punkt, von dem die Griechische Bildung ausging, war eine absolute Rohigkeit, und ihre kosmische Lage ein Maximum von Begünstigung in Anlagen und Veranlassungen welches in der ästhetischen Bildung wenigstens nie durch schädliche äußre Einflüsse gestört ward. Diese veranlassenden Ursachen erklären die Herkunft, die eigentümliche Beschaffenheit, und die äußern Schicksale der Griechischen Poesie. Die allgemeinen Verhältnisse ihrer Teile aber, die Umrisse ihres Ganzen, die bestimmten Gränzen ihrer Stufen und Arten, die notwendigen Gesetze ihrer Fortschreitung erklären sich nur aus innern Gründen, aus der *Natürlichkeit ihrer Bildung.* Diese Bildung war keine andre als die freieste Entwicklung der glücklichsten Anlage, deren allgemeiner und notwendiger Keim in der menschlichen Natur selbst gegründet ist. – Nie ist die ästhetische Bildung der Griechen weder zu Athen noch zu Alexandrien in dem Sinne künstlich gewesen, daß der Verstand die ganze Masse geordnet, alle Kräfte gelenkt, das Ziel und die Richtung ihres Ganges bestimmt hätte. Im Gegenteil war die Griechische Theorie eigentlich ohne die mindeste Gemeinschaft mit der Praxis des Künstlers und höchstens späterhin die Handlangerin derselben. Der *gesamte Trieb* war nicht nur das bewegende, sondern auch das *lenkende Prinzip* der Griechischen Bildung.

Die Griechische Poesie in Masse ist ein *Maximum und Kanon* der *natürlichen Poesie*, und auch jedes einzelne Erzeugnis derselben ist das vollkommenste in seiner Art. Mit kühner Bestimmtheit sind die Umrisse einfach entworfen, mit üppiger Kraft ausgefüllt und vollendet; jede Bildung ist die *vollständige Anschauung eines echten Begriffs.* Die Griechische Poesie enthält für alle ursprünglichen Geschmacks- und Kunstbegriffe eine vollständige Sammlung von Beispielen, welche so überraschend zweckmäßig für das theoretische System sind, als hätte sich die bildende Natur gleichsam herabgelassen, den Wünschen des nach Erkenntnis strebenden Verstandes zuvorzukommen. In ihr ist der *ganze Kreislauf der organischen Entwicklung der Kunst* abgeschlossen und vollendet, und das höchste Zeitalter der Kunst, wo das Vermögen des Schönen sich am freiesten und vollständigsten äußern konnte, enthält den *vollständigen Stufengang des Geschmacks.* Alle reinen Arten der verschiedenen möglichen Zusammensetzungen der Bestandteile der Schönheit sind erschöpft, und selbst die Ordnung der Aufeinanderfolge und die Beschaffenheit der Übergänge ist durch innre Gesetze notwendig bestimmt. Die *Gränzen ihrer Dichtarten* sind nicht durch willkürliche Scheidungen und Mischungen erkünstelt, sondern durch die bildende Natur selbst erzeugt und bestimmt. Das System aller möglichen reinen Dichtarten ist sogar bis auf die Spielarten, die unreifen Arten der unentwickelten Kindheit, und die einfachsten Bastardarten, welche sich im versunknen Zeitalter der Nachahmung aus dem Zusammenfluß aller echten vorhandnen erzeugten, vollständig erschöpft. Sie ist eine *ewige Naturgeschichte des Geschmacks und der Kunst.*

Sie enthält eigentlich die *reinen und einfachen Elemente,* in welche man die gemischten Produkte der modernen Poesie erst analysieren muß, um ihr labyrinthisches Chaos völlig zu enträtseln. Hier sind alle Verhältnisse so echt, ursprünglich und notwendig bestimmt, daß der Charakter auch jedes einzelnen Griechischen Dichters gleichsam eine reine und einfache *ästhetische Elementaranschauung* ist. Man kann zum Beispiel *Goethens Stil* nicht bestimmter, anschaulicher und kürzer erklären, als wenn man sagt, er sei aus dem Stil des Homerus, des Euripides und des Aristophanes gemischt.

***

„Aber die griechische Poesie beleidigt ja unsre Delikatesse so oft und so empfindlich! Weit entfernt von der höhern Sittlichkeit unsers verfeinerten Jahrhunderts bleibt sie selbst in ihrer höchsten Vollendung hinter der alten Romanze an Edelmut, Anstand, Scham und Zartheit weit zurück. Wie arm und uninteressant ist nicht die gerühmte Simplizität ihrer ernsthaften Produkte! Der Stoff ist dürftig, die Ausführung monoton, die Gedanken trivial, die Gefühle und Leidenschaften ohne Energie, und selbst die Form nach den strengen Forderungen unsrer höhern Theorie nicht selten inkorrekt. Die Griechische Poesie sollte unser Muster sein? Sie, welche den höchsten Gegenstand schöner Kunst – eine edle geistige Liebe – gar nicht kennt?" So werden viele Moderne denken. „Sehr viele lyrische Gedichte besingen die unnatürlichste Ausschweifung und fast in allen atmet der Geist zügelloser Wollust, aufgelöster Üppigkeit, zerflossener Unmännlichkeit. In der plumpen Possenreißerei der pöbelhaften alten Komödie scheint alles zusammengeflossen zu sein, was nur gute Sitten und gute Gesellschaft empören kann. In dieser Schule aller Laster, wo selbst Sokrates komödiert ward, wird alles Heilige verlacht, und alles Große mutwillig verspottet. Nicht nur die frevelhafteste Ausschweifung, sondern sogar weibische Feigheit und besonnene Niederträchtigkeit[13] werden hier mit fröhlichen Farben und in einem täuschend reizenden Lichte leichtsinnig dargestellt. Die Immoralität der neuen Komödie scheint nur weniger schlimm, weil sie schwächer und feiner ist. Allein die Gaunereien lügenhafter Sklaven und intriganter Buhlerinnen, die Ausschweifungen törichter Jünglinge sind bei häufig wechselnden Mischungen die bleibenden und immer wiederkehrenden Grundzüge der ganzen Handlung. Auch im Homer stimmt der unedle Eigennutz seiner Helden, die nackte Art, wie der Dichter ungerechte Klugheit, und unsittliche Stärke gleichsam preisend, oder doch gleichgültig darstellt, mit der hohen Würde der vollkommenen Epopöe so schlecht überein, als die nicht ganz seltne Gemeinheit des Stoffs und des Ausdrucks, und der rhapsodische Zusammenhang des Gan-

---

[13] Wie die Charaktere des Dionysos und des Demos in den FRÖSCHEN und RITTERN des Aristophanes.

zen. Der wütenden Tragödie ist nicht nur jedes gräßlich-
ste Verbrechen das willkommenste, sondern in den
Sophismen der Leidenschaft wird das Laster auch nach
Grundsätzen gelehrt. Wessen Herz empört sich nicht,
den Muttermord der Elektra im Sophokles mehr glänzend und verschönernd, als verabscheuend dargestellt
zu sehen? Um endlich der bessern Seele jeden innern
Widerhalt zu rauben, so schließt gewöhnlich das
schreckliche Gemälde im dunkeln Hintergrunde mit der
niederdrückenden Ansicht eines allmächtigen und un-
verständigen, wohl gar neidischen und menschenfeindli-
chen Schicksals."

Ehe ich diese interessante Komposition moderner Anmaßung raffinierter Mißverständnisse und barbarischer
Vorurteile in ihre ursprünglichen Elemente analysiere,
muß ich einige Worte über die einzigen gültigen *objektiven Prinzipien des ästhetischen Tadels* voranschicken. Dann
wird es nicht schwer sein, den subjektiven Ursprung der
konventionellen Prinzipien dieser pathetischen Satire zu
deduzieren.

Jede lobende oder tadelnde Würdigung kann nur unter
zwei Bedingungen gültig sein. Der Maßstab, nach welchem geurteilt und geschätzt wird, muß allgemeingültig,
und die Anwendung auf den kritisierten Gegenstand
muß so gewissenhaft treu, die Wahrnehmung so vollkommen richtig sein, daß sie jede Prüfung bestehn können. Außerdem ist das Urteil ein bloßer Machtspruch.
Wie unvollständig und lückenhaft unsre Philosophie des
Geschmacks und der Kunst noch sei, kann man schon
daraus abnehmen, daß es noch nicht einmal einen nam-
haften Versuch einer *Theorie des Häßlichen* gibt. Und doch
sind das Schöne und das Häßliche unzertrennliche Korrelaten.

Wie das Schöne die angenehme Erscheinung des Guten,
so ist das *Häßliche* die unangenehme Erscheinung des
Schlechten. Wie das Schöne durch eine süße Lockung
der Sinnlichkeit das Gemüt anregt, sich dem geistigen
Genusse hinzugeben: so ist hier ein feindseliger Angriff
auf die Sinnlichkeit Veranlassung und Element des sittlichen Schmerzes. Dort erwärmt und erquickt uns reizen-

113

des Leben, und selbst Schrecken und Leiden ist mit Anmut verschmolzen; hier erfüllt uns das *Ekelhafte*, das *Quälende*, das *Gräßliche* mit Widerwillen und Abscheu. Statt freier Leichtigkeit drückt uns *schwerfällige Peinlichkeit*, statt reger Kraft *tote Masse*. Statt einer gleichmäßigen Spannung in einem wohltätigen Wechsel von Bewegung und Ruhe wird die Teilnahme durch ein *schmerzliches Zerren* in widersprechenden Richtungen hin und her gerissen. Wo das Gemüt sich nach Ruhe sehnt, wird es durch *zerrüttende Wut* gefoltert, wo es Bewegung verlangt, durch *schleppende Mattigkeit* ermüdet.

Der tierische Schmerz ist in der Darstellung des Häßlichen nur Element und Organ des *sittlich Schlechten*. Dem absoluten Guten ist aber gar nichts Positives, kein absolutes Schlechtes entgegengesetzt, sondern nur eine bloße *Negation* der reinen Menschheit der Allheit, Einheit und Vielheit. Das Häßliche ist also eigentlich ein leerer Schein im Element eines reellen physischen Übels, aber ohne moralische Realität. Nur in der Sphäre der Tierheit gibt es ein positives Übel – den *Schmerz*. In der reinen Geistigkeit würde nur Genuß und Beschränkung ohne Schmerz, und in der reinen Tierheit nur Schmerz und Stillung des *Bedürfnisses ohne Genuß* stattfinden.[14] In der gemischten Natur des Menschen sind die negative Beschränkung des Geistes und der positive Schmerz des Tiers innigst ineinander verschmolzen.

[14] Auch das *tierische Spiel*, in welchem wir freieren Genuß menschlich ahnden, ist vielleicht nur Stillung eines Bedürfnisses – Entledigung der überflüssigen Kraft. – Nur das *Vorgefühl des ihm Entgegengesetzten* kann dem Lebensvermögen den ersten Anstoß der Bewegung geben, seine Kraft zu regen und zu bestimmen, gleichartigen Lebensstoff zu lieben, und das Fremdartige zu hassen. Ohne Ahndung eines Feindes könnte ein Wesen gar nicht zum Bewußtsein, (welches Mannigfaltigkeit und also Verschiedenheit voraussetzt, bei vollkommner Gleichheit aber nicht möglich sein würde) gelangen, viel weniger begehren; es würde in träger Ruhe ewig beharren. Furcht vor der Vernichtung ist der eigentliche Quell des tierischen Daseins. Die tierische Furcht ist nur anders modifiziert, wie die menschliche: der *Hoffnung* hingegen ist offenbar nur der Mensch allein fähig.

Der Gegensatz reicher Fülle ist *Leerheit*; Monotonie, Einförmigkeit, Geistlosigkeit. Der Harmonie steht Mißverhältnis und *Streit* gegenüber. *Dürftige Verwirrung* ist also dem eigentlichen Schönen im engern Sinne entgegengesetzt. Das *Schöne* im *engern Sinne* ist die Erscheinung einer endlichen Mannigfaltigkeit in einer bedingten Einheit. Das *Erhabne* hingegen ist die Erscheinung des Unendlichen; unendlicher Fülle oder unendlicher Harmonie. Es hat also einen doppelten Gegensatz: *unendlichen Mangel* und *unendliche Disharmonie*.

Die Stufe der Schlechtheit nämlich wird allein durch *den Grad der Negation* bestimmt. Die Stufe der Häßlichkeit hingegen hängt zugleich von der *intensiven Quantität des Triebes,* welchem widersprochen wird, ab. Die notwendige Bedingung des Häßlichen ist eine getäuschte Erwartung, ein erregtes und dann beleidigtes Verlangen. Das Gefühl der Leerheit und des Streits kann von bloßer Unbehaglichkeit bis zur wütendsten Verzweiflung wachsen, wenngleich der Grad der Negation derselbe bleibt, und die intensive Kraft des Triebes allein steigt.

Erhabne Schönheit gewährt einen vollständigen Genuß. Das Resultat *erhabner Häßlichkeit* (einer Täuschung, welche durch jene Spannung des Triebes möglich ist) hingegen ist *Verzweiflung*, gleichsam ein absoluter, vollständiger Schmerz. Ferner *Unwillen*, (eine Empfindung, welche im Reiche des Häßlichen eine sehr große Rolle spielt) oder der Schmerz, welcher die Wahrnehmung einzelner sittlicher Mißverhältnisse begleitet; denn alle sittlichen Mißverhältnisse veranlassen die Einbildungskraft, den gegebnen Stoff zur Vorstellung einer unbedingten Disharmonie zu ergänzen.

In strengstem Sinne des Worts ist ein *höchstes Häßliches* offenbar so wenig möglich wie ein höchstes Schönes. Ein unbedingtes *Maximum der Negation,* oder das *absolute Nichts* kann so wenig wie ein unbedingtes Maximum der Position in irgendeiner Vorstellung gegeben werden; und in der höchsten Stufe der Häßlichkeit ist noch etwas Schönes enthalten. Ja sogar um das häßlich Erhabne darzustellen, und den Schein unendlicher Leerheit und unendlicher Disharmonie zu erregen, wird das größte Maß von Fülle und Kraft erfordert. Die Bestandteile des Häßlichen streiten also untereinander selbst, und es kann in demselben nicht einmal wie im Schönen, durch eine gleichmäßige, wenngleich beschränkte Kraft der einzelnen Bestandteile, und durch vollkommne Gesetzmäßigkeit der vollständig vereinigten ein bedingtes Maximum (ein objektives unübertreffliches Proximum) erreicht werden, sondern nur ein *subjektives*: denn es gibt für jede individuelle Empfänglichkeit eine bestimmte Gränze des Ekels, der Pein, der Verzweiflung, jenseits welcher die Besonnenheit aufhören würde.

Der schöne Künstler aber soll nicht nur den Gesetzen der Schönheit, sondern auch den Regeln der Kunst gehorchen, nicht nur das Häßliche, sondern auch *technische Fehler* vermeiden. Jedes darstellende Werk freier Kunst kann auf vierfache Weise Tadel verdienen. Entweder fehlt es der Darstellung an darstellender Vollkommenheit; oder sie sündigt wider die Idealität und die Objektivität; oder auch wider die Bedingungen ihrer innern Möglichkeit.

Dem *Unvermögen* fehlt es an Werkzeugen und an Stoff, welche dem Zweck entsprechen würden. Die *Ungeschicklichkeit* weiß die vorhandene Kraft und den gegebnen Stoff nicht glücklich zu benutzen. Die Darstellung ist dann stumpf, dunkel, verworren und lückenhaft. Die *Verkehrtheit* wird die ewigen Granzen der Natur verwirren, und durch *monströse Mischungen der echten Dichtarten* ihren eignen Zweck selbst vernichten. Eine zwar *gesunde aber noch kindliche Bildung* wird in *echten aber unvollkommnen Dichtarten* ihre richtige Absicht nur anlegen und skizzieren, ohne sie vollständig auszuführen.

Die Darstellung kann im Einzelnen sehr trefflich sein, und doch im Ganzen durch *innre Widersprüche* sich selbst aufheben, die Bedingungen ihrer innern Möglichkeit vernichten, und die Gesetze der *technischen Richtigkeit* verletzen. *Unzusammenhang* könnte man es nennen, wenn es der unbestimmten Masse eines angeblichen Kunstwerks an eigner Bestandheit und Gesetzen innrer Möglichkeit überhaupt fehlte; wenn das Werk gleichsam gränzenlos, und von der übrigen Natur gar nicht, oder nicht gehörig abgesondert wäre, da es doch eigentlich eine kleine abgeschlossene Welt, ein in sich vollendetes Ganzes sein sollte.

Wider die *Idealität* der Kunst wird verstoßen, wenn der Künstler sein Werkzeug vergöttert, die Darstellung, welche nur Mittel sein sollte, an die Stelle des unbedingten Ziels unterschiebt, und nur nach *Virtuosität* strebt; durch *Künstelei.*

Wider die *Objektivität* der Kunst, wenn sich bei dem Geschäft allgemeingültiger Darstellung die Eigentümlichkeit ins Spiel mischt, sich leise einschleicht, oder offenbar empört; durch *Subjektivität.*

Dieser allgemeine Umriß der reinen Arten aller möglichen technischen Fehler enthält die ersten *Grundlinien einer Theorie der Inkorrektheit,* welche mit der Theorie des Häßlichen zusammengenommen den vollständigen *ästhetischen Kriminalkodex* ausmacht, den ich bei der folgenden skizzierten *Apologie der Griechischen Poesie* zum Grunde legen werde.

Die Griechische Poesie bedarf keiner rhetorischen Lobpreisungen; der Kunstgriff, ihre wirklichen Fehler zu beschönigen oder zu leugnen, ist ihrer ganz unwürdig. Sie verlangt strenge Gerechtigkeit: denn selbst harter Tadel wird ihrer Ehre weniger nachteilig sein, als blinder Enthusiasmus oder tolerante Gleichgültigkeit.

Jeder Verständige wird die Unvollkommenheit der ältesten, die Unechtheit der spätesten Griechischen Dichtarten; die kindliche Sinnlichkeit des epischen Zeitalters, die üppige Ausschweifung gegen das Ende des lyrischen und besonders in der dritten Stufe des dramatischen Zeitalters, die nicht selten bittre und gräßliche Härte der ältern Tragödie willig eingestehen. Auf die Schwelgerei, die das sinnlich Angenehme, welches nur Anregung und Element des geistigen Genusses sein sollte, zum letzten Zweck erhob, folgte bald kraftlose Gärung, dann ruhige Mattigkeit, und endlich im Zeitalter der Künstelei und gelehrter Nachahmung die schwerfällige Trockenheit einer toten und aus einzelnen Stücken zusammengeflickten Masse.

Die durchgängige Richtung der gesamten strebenden

Kraft ging zwar auf Schönheit von dem Augenblick an, da die Darstellung von der rohen Äußerung eines Bedürfnisses sich zum freien Spiel erhob. Aber *die natürliche Entwicklung konnte* keine notwendigen Stufen der Bildung überspringen, und *nur allmählig fortschreiten.* Auch das war *natürlich, ja notwendig,* daß die Griechische Poesie von dem höchsten Gipfel der Vollendung *in die tiefste Entartung versank.* Der Trieb nämlich, welcher die Griechische Bildung lenkte, ist ein mächtiger Beweger, aber ein blinder Führer. Setzt eine Mannigfaltigkeit blinder bewegender Kräfte in freie Gemeinschaft, ohne sie durch ein vollkommnes Gesetz zu vereinigen: sie werden sich endlich selbst zerstören. So auch freie Bildung: denn hier ist in die Gesetzgebung selbst etwas Fremdartiges aufgenommen, weil der zusammengesetzte Trieb eine Mischung der Menschheit und der Tierheit ist. Da die letztere eher zum Dasein gelangt, und die Entwicklung der ersten selbst erst veranlaßt, so hat sie in den frühern Stufen der Bildung das Übergewicht. Sie behielt dieses in Griechenland auch bei der größern Masse der ganz ungebildeten Bürger oder Bürgerinnen gebildeter Völker, und der rohgebliebenen Völkerschaften; und zwar eine Masse, aber nur die kleinere herrschende in der größern beherrschten wurde mündig und selbständig. Diese größere Masse äußerte beständig eine starke anziehende Kraft, die bessere zu sich herabzuziehn, welche durch den ansteckenden Einfluß durchmischter Sklaven und umgebender Barbaren noch ungemein verstärkt ward. Ohne äußre Gewalt, und sich selbst überlassen, kann die strebende Kraft nie stillstehen. Wenn sie daher in ihrer allmählichen Entwicklung das Zeitalter einer gleichmäßigen, an Kraft beschränkten, aber im Umfang vollständigen und gesetzmäßigen Befriedigung erreicht, so wird sie notwendig größeren Gehalt selbst auf Unkosten der Übereinstimmung begehren. Die Bildung wird rettungslos in sich selbst versinken, und der Gipfel der höchsten Vollendung wird ganz dicht an entschiedene Entartung gränzen. Die lenkende Kunst eines durch vielfache Erfahrung gereiften Verstandes allein hätte dem Gange der Bildung eine glücklichere Richtung geben können. Der Mangel eines *weisen lenkenden Prinzips,* um das höchste Schöne zu fixieren, und der Bildung eine stete Progression zum Bessern zu sichern, ist aber nicht das Vergehn eines einzelnen Zeitalters. Wenn über das, was notwendig, und eigentlich *Schuld der Menschheit selbst* ist, ein Tadel stattfinden kann, so trifft er die Masse der Griechischen Bildung.

Aber dieses allmähliche Entstehen, und dieses Versinken in sich selbst, der ganzen Griechischen Bildung, wie der Griechischen Poesie, steht gar nicht im Widerspruch mit der Behauptung, daß die Griechische Poesie die *gesuchte Anschauung* sei, durch welche eine objektive Philosophie der Kunst sowohl in praktischer, als in theoretischer Rücksicht erst anwendbar und pragmatisch werden könnte. Denn eine vollständige Naturgeschichte der Kunst und des Geschmacks umfaßt im vollendeten Kreislaufe der allmählichen Entwicklung auch die Unvollkommenheit der frühern, und die Entartung der spätern Stufen, in deren steten und notwendigen Kette kein Glied übersprungen werden kann. Der Charakter der Masse ist dennoch Objektivität, und auch diejenigen Werke, deren Stil tadelhaft ist, sind durch die einfache Echtheit der Anlagen und Gränzen, durch die dreiste Bestimmtheit der reinen Umrisse, und die kräftige Vollendung der bildenden Natur *einzige,* für alle Zeitalter gültige, und *gesetzgebende Anschauungen.* Die kindliche Sinnlichkeit der frühern Griechischen Poesie hat mehr gleichmäßigen Umfang und schönes Ebenmaß, als die kunstlichste Verfeinerung mißbildeter Barbaren, und selbst die Griechische Künstelei hat ihre klassische Objektivität.

Es gibt eine gewisse Art der Ungenügsamkeit, welche ein sichres Kennzeichen der Barbarei ist. So diejenigen, welche nicht zufrieden damit, daß die Griechische Poesie schön sei, ihr einen ganz fremdartigen Maßstab der Würdigung aufdringen, in ihren verworrnen Prätensionen alles Objektive und Subjektive durcheinander mischen, und fordern, daß sie *interessanter* sein sollte. Allerdings könnte auch das Interessanteste noch interessanter sein, und die Griechische Poesie macht von diesem allgemeinen Naturgesetz keine Ausnahme. Alle Quanta sind unendlich progressiv, und es wäre wunderbar, wenn unsere Poesie durch die Fortschritte aller vorigen Zeitalter bereichert an Gehalt die Griechische nicht überträfe.

Vielleicht ist das Verhältnis des männlichen und des weiblichen Geschlechts im Ganzen bei den Modernen wenigstens etwas glücklicher, die weibliche Erziehung ein klein wenig besser, wie bei den Griechen. Die *Liebe* war bei den Modernen lange Zeit, zum Teil noch jetzt der einzige Ausweg für jeden freieren Schwung höheren Gefühls, der sonst der Tugend und dem Vaterlande geweiht war. Auch die Dichtkunst der Modernen verdankt dieser günstigen Veranlassung sehr viel. Freilich aber wurde nur zu oft Fantasterei und Bombast der echten Empfindung untergeschoben, und durch häßliche falsche Scham die Einfalt der Natur entweiht. Gewiß ist die sublimierte Mystik und die ordentlich scholastische Pedanterei in der Metaphysik der Liebe vieler moderner Dichter von echter Grazie sehr weit entfernt. Die krampfhaften Erschütterungen des Kranken machen mehr Geräusch, als das ruhige aber starke Leben des Gesunden. – Die innige Glut des treuen Properzius vereinigt wahre Kraft und Zartheit, und läßt viel Gutes vom Kallimachus und Philetas ahnden. Und doch war in seinem Zeitalter an vollkommne lyrische Schönheit schon gar nicht mehr zu denken. Es sind aber Spuren genug vorhanden, um sehr bestimmt vermuten zu können, was und wie viel wir an den Gesängen der Sappho, des Mimnermus und einiger andrer erotischen Dichter aus der Blütezeit der lyrischen Kunst verloren haben. Die sanfte Wärme, die urbane Grazie, die liberale Humanität, welche in den erotischen Darstellungen der neuen Attischen Komödie atmete, lebt noch in vielen Dramen des Plautus und Terentius. Was hingegen die Tragödie betrifft, so hatten die Griechen vielleicht Recht, den Euripides zu tadeln. Was augenblickliche Ergießung des überschäumenden Gefühls, oder ruhiger Genuß voller Glückseligkeit sein sollte, kann nur durch häßliche, immoralische und fantastische Zusätze zu einer tragischen

Leidenschaft auseinandergereckt werden. In vielen der trefflichsten modernen Tragödien spielt die Liebe nur eine untergeordnete Rolle.

Sollte aber auch wirklich die Griechische Poesie durch eine Eigentümlichkeit ihrer sonst so einzig günstigen Lage hier etwas zurückgeblieben sein: so wäre es kein unverzeihliches Verbrechen. Überhaupt verrät es einen kleinlichen Blick, nur am Zufälligen zu kleben, und das große Wesentliche nicht wahrzunehmen. Der Künstler braucht gar nicht *allen alles zu sein*. Wenn er nur den notwendigen Gesetzen der Schönheit und den objektiven Regeln der Kunst gehorcht, so hat er übrigens unbeschränkte Freiheit, so eigentümlich zu sein, als er nur immer will. Durch ein seltsames Mißverständnis verwechselt man sehr oft ästhetische *Allgemeinheit* mit der unbedingt gebotenen Allgemeingültigkeit. Die größte Allgemeinheit eines Kunstwerks würde nur durch *vollendete Flachheit* möglich sein. Das Einzelne ist in der idealischen Darstellung das unentbehrliche Element des Allgemeinen. Wird alle eigentümliche Kraft verwischt, so verliert selbst das Allgemeine seine Wirksamkeit. Die schöne Kunst ist gleichsam eine Sprache der Gottheit, welche nach Verschiedenheit der Kunstarten, der Werkzeuge und der Stoffe sich in ebensoviele abgesonderte Mundarten teilt. Wenn der Künstler nur seiner hohen Sendung würdig, wenn er nur *göttlich* redet; so bleibt ihm die Wahl der *Mundart*, in der er reden will, völlig frei. Es würde nicht nur unrechtmäßig, sondern auch sehr gefährlich sein, ihn hierin beschranken zu wollen: denn die Sprache ist ein Gewebe der feinsten Beziehungen. Sie muß sogar, so scheint es, ihre Eigenheiten haben, um bedeutend und trefflich zu sein: wenigstens hat man noch keine allgemeine Allerweltsprache, die allen alles wäre, erfinden können. Auch darf der Künstler reden, *mit wem* er gut findet; mit seinem ganzen Volke, oder mit diesem und jenem, mit aller Welt, oder mit sich allein. Nun muß und *soll* er, in den menschlichen Individuen, welche sein Publikum sind, sich an die *höhere Menschheit* und nicht an die Tierheit wenden.

Auch der modernen Poesie würde ihre Individualität unbenommen bleiben, wenn sie nur das Griechische Geheimnis entdeckt hätte, im Individuellen objektiv zu sein. Statt dessen will sie ihre konventionellen Eigenheiten zum Naturgesetz der Menschheit erheben. Nicht zufrieden damit, selbst die Sklavin so vieler ästhetischen, moralischen, politischen und religiösen Vorurteile zu sein, will sie auch ihre Griechische Schwester in ähnliche Fesseln schlagen.

Wenn die konventionellen Regeln der modernen *Dezenz* gültige Gesetze der schönen Kunst sind, so ist die Griechische Poesie nicht zu retten, und wenn man konsequent sein will, muß man mit ihr verfahren, wie die Mönche mit den Nuditäten der Antike. Die Dezenz aber hat der Poesie gar nichts zu befehlen; sie steht gar nicht unter ihrer Gerichtsbarkeit. Die kecke Nacktheit im Leben und in der Kunst der Griechen und Römer ist nicht tierische Plumpheit, sondern unbefangne Natürlichkeit, liberale Menschlichkeit, und republikanische Offenheit. Das Gefühl *echter Scham* war bei keinem Volke so einheimisch, und gleichsam angeboren, wie bei den Griechen. Der Quell der echten Scham ist sittliche Scheu, und Bescheidenheit des Herzens. Falsche Scham hingegen entspringt aus tierischer Furcht, oder aus künstlichem Vorurteil. Sie gibt sich durch Stolz und Neid zu erkennen. Ihr verstecktes und heuchlerisches Wesen verrät ein tiefes Bewußtsein von innerm Schmutz. Ihre unechte Delikatesse ist die häßliche Schminke lasterhafter Sklaven, der weibliche Putz entnervter Barbaren.

Wichtiger scheinen die Einwürfe wider die *Moralität* der Griechischen Poesie. Wer wollte wohl das beschönigen oder für gleichgültig halten, was ein rein gestimmtes Gemüt wirklich verletzen muß? – Nur darf, wer hier mitreden will, nicht so übler Laune sein, daß er etwa an der köstlichen Naivität, mit der die Schelmereien des neugebornen Gottes in dem Hymnus auf den Merkur dargestellt werden, ein Ärgernis nähme! – Offenbar enthält die Anklage einzelne wahre Züge, nur der eigentliche Gesichtspunkt, der wahre Zusammenhang, auf den doch alles ankommt, scheint verfehlt zu sein. – Man unterscheide vor allen Dingen wesentliche und zufällige Sittlichkeit und Unsittlichkeit eines Kunstwerks. *Wesentlich ästhetisch unsittlich* ist nur das wirklich Schlechte, was *erscheint*, und dessen Eindruck jedes sittlich gute Gefühl notwendig beleidigen muß. Die Erscheinung des Schlechten ist häßlich, und wesentliche ästhetische Sittlichkeit (*Sittlichkeit* überhaupt ist das Übergewicht der reinen Menschheit über die Tierheit im Begehrungsvermögen) ist daher ein notwendiger Bestandteil der vollkommenen Schönheit. Die Sinnlichkeit der frühern, und die Ausschweifung der spätern Griechischen Poesie sind nicht nur moralische, sondern auch ästhetische Mängel und Vergehen. – Es ist aber wahrhaft merkwürdig, wie tief das Attische Volk sein eignes Versinken fühlte, mit welcher Heftigkeit die Athener einzelne üppige Dichter – einen Euripides, einen Kinesias – deshalb beschuldigten und haßten; Dichter, die doch nur ihre eignen Wünsche errieten, oder dem starken reißenden Strome der ganzen Masse folgten.

Es gibt Griechische Fehler, vor denen die modernen Dichter sehr sicher sind. Eine zahme Kraft durch den gewaltsamsten Zwang in guter Zucht und Ordnung halten, ist eben kein großes Kunststück. Wo aber die Neigungen nicht unbeschränkt frei sind, da kann es eigentlich weder gute noch schlechte Sitten geben. – Wem der mutwillige Frevel des Aristophanes bloß Unwillen erregt, der verrät nicht allein die Beschränktheit seines Verstandes, sondern auch die Unvollständigkeit seiner sittlichen Anlage und Bildung. Denn die gesetzlose Ausschweifung dieses Dichters ist nicht bloß durch schwelgerische Fülle des üppigsten Lebens verführerisch reizend, sondern auch durch einen Überfluß von sprudelndem Witz, überschäumenden Geist, und sittlicher Kraft in freiester Regsamkeit, hinreißend schön und erhaben. *Zufällig ästhetisch unsittlich* ist dasjenige, dessen Schlechtheit nicht erscheint, was aber seiner Natur nach, unter gewissen subjektiven Bedingungen des Temperaments, und der Ideenassoziation Veranlassung zu einer bestimmten unsittlichen Denkart oder Handlung werden kann. – Welches noch so Treffliche könnte nicht durch zufällige Umstände verderblich werden? Nur der absolu-

ten Nullität geben wir das zweideutige Lob völliger Un-
schädlichkeit. – Das Kunstwerk ist gar nicht mehr vorhanden, wenn seine Organisation zerstört, oder nicht
wahrgenommen wird, und die Wirkung des aufgelösten
Stoffs geht den Künstler nichts mehr an. Überdem sind
wir gar nicht berechtigt, wissenschaftliche Wahrheit von
dem Dichter zu erwarten. Der Tragiker kann es oft gar
nicht vermeiden, Verbrechen zu beschönigen. Er bedarf
starker Leidenschaften und schrecklicher Begebenheiten, und er soll doch schlechthin die Sitten seiner Handelnden so erhaben und schön darstellen, als das Gesetz
des Ganzen nur immer erlauben will. Wer aber durch
das Beispiel eines Orestes, einer Phädra, zu Verbrechen
verleitet wird, der hat wahrlich sich selbst allein so gut
die Schuld beizumessen, als wer sich eine üppige Buhle-
rin, einen geistreichen Betrüger, einen witzigen Schma-
rotzer der Komödie zum Muster nehmen wollte! Ja der
Dichter selbst kann eine unsittliche Absicht haben, und
sein Werk dennoch nicht unsittlich sein.

Unstreitig hat die Leidenschaftlichkeit der entarteten
Tragödie, der Leichtsinn der Komödie, die Üppigkeit
der spätern Lyrik den Fall der Griechischen Sitten *be-
schleunigt*. Durch die bloße Rückwirkung der darstellenden Kunst wurde die ohnehin schon entschiedene sittliche Entartung der Masse dennoch *verstärkt*, und sank mit
verdoppelter Geschwindigkeit. Dies gehört aber nur für
die Gerichtsbarkeit der *politischen Würdigung,* welche das
vollständige Ganze der menschlichen Bildung umfaßt.
Die *ästhetische Beurteilung* hingegen isoliert die Bildung
des Geschmacks und der Kunst aus ihrem Kosmischen
Zusammenhange, und in diesem Reiche der Schönheit
und der Darstellung gelten nur ästhetische und technische Gesetze. Die politische Beurteilung ist der höchste
aller Gesichtspunkte: die untergeordneten Gesichtspunkte der moralischen, ästhetischen und intellektuellen Beurteilung sind *unter sich gleich.* Die Schönheit ist ein
ebenso ursprünglicher und wesentlicher Bestandteil der
menschlichen Bestimmung als die Sittlichkeit. Alle diese
Bestandteile sollen unter sich im Verhältnisse der *Gesetz-
zesgleichheit* (Isonomie) stehn, und die schöne Kunst hat

ein unveräußerliches Recht auf *gesetzliche Selbständigkeit* (Autonomie). Diesem Fundamentalgesetze muß auch die herrschende Kraft, welche das Ganze der menschlichen Bildung lenkt und ordnet, getreu bleiben: sonst vernichtet sie selbst den Grund, worauf sich das Recht ihrer Herrschaft allein stützt. Es ist die Bestimmung des *politischen Vermögens,* die einzelnen Kräfte des ganzen Gemüts, und die Individuen der ganzen Gattung zur Einheit zu ordnen. Die *politische Kunst* darf zu diesem Zwecke die Freiheit der Einzelnen beschränken, ohne jedoch jenes konstitutionelle Grundgesetz zu verletzen; aber nur unter der Bedingung, daß sie die fortschreitende Entwicklung nicht hemmt, und eine künftige vollendete Freiheit nicht unmöglich macht. Sie muß gleichsam streben, sich selbst überflüssig zu machen.

Wie sehr man die Gränzen der *poetischen Sphäre* zu verkennen pflege, können auch die Anmaßungen der *Korrektheit* bestätigen. Wenn der kritische Anatom die schöne Organisation eines Kunstwerks erst zerstört, in elementarische Masse analysiert, und mit dieser dann mancherlei physische Versuche anstellt, aus denen er stolze Resultate zieht: so täuscht er sich selbst auf eine sehr handgreifliche Weise: denn das Kunstwerk existiert gar nicht mehr. Es gibt kein Gedicht, aus welchem man auf diese Art nicht innre Widersprüche herausrechnen könnte: aber innre Widersprüche, welche *nicht erscheinen,* schaden der technischen Wahrheit nicht; sie sind poetisch gar nicht vorhanden. Ältere Französische und Engländische Kritiker vorzüglich haben ihren Scharfsinn an solche verkehrte Spitzfindigkeiten häufig verschwendet, und ich weiß nicht, ob sich im Lessing nicht noch hie und da Erinnerungen an jene Manier finden sollten. Überhaupt glaube ich, bei aller Achtung vor der Theorie, daß man in der Ausübung mit dem *Gefühl des Schicklichen* weiter kommt, als mit der Theorie desselben. Die Vermutung, daß die Griechen andern Völkern an jenem Gefühl wohl ein wenig überlegen gewesen sein möchten, muß uns im Tadeln wenigstens sehr vorsichtig machen.

Ebenso Unrecht haben die passionierten Freunde der

Korrektheit, wenn sie nach dem Prinzip der Virtuosität, ohne Rücksicht auf Schönheit, ein *Maximum von Künstlichkeit* fordern; oder wenn sie beschränkte, aber nicht unnatürlich gemischte, sondern ursprünglich echte, und in ihrer beschränkten Richtung vollendete Dichtarten schlechthin tadeln. Die Kunst ist nur das Mittel der Schönheit, und jede natürliche Dichtart, in welcher dieser Zweck, wenngleich unter gewissen Schranken, erreicht werden kann, ist an ihrer Stelle zweckmäßig. An Maß der Stärke und des Umfangs findet freilich unter den echten Dichtarten ein sehr großer Unterschied statt; aber nur die monströsen Mischungen, und die unreifen Arten, wenn sie aus der Schwäche des Künstlers entspringen, und nicht in dem notwendigen Stufengang der Bildung gegründet sind, verdienen unbedingten Tadel.

Ein merkwürdiges Beispiel, wie sehr man gegen die unmerklichen aber mächtigen Einflüsse des Subjektiven auf ästhetische Urteile auf der Hut sein müsse, geben auch die gewöhnlichen Einwürfe wider die *Sentenzen* und vorzüglich wider die *Behandlung des Schicksals in der Attischen Tragödie.* Die wissenschaftliche Bildung der Griechen war im Ganzen sehr weit hinter der unsrigen zurück, und der dramatische Dichter mußte mit Schonung philosophieren, um popular zu bleiben. Daher sind die philosophischen Sentenzen des tragischen Chors fast immer unbestimmt und verworren, sehr oft trivial, und nicht selten grundfalsch. Gewiß ließen sich auch durch einen ähnlichen chymischen Prozeß, wie ich ihn schon oben beschrieben habe, aus manchen von ihnen sittliche Grundirrtümer folgern, welche, wenn sie konsequent durchgeführt würden, mit der reinsten Sittlichkeit nicht verträglich sein würden. Ich muß noch einmal wiederholen, daß alles, was nicht *erscheint*, jenseits des *ästhetischen Horizonts* gelegen sei. Auf die Reichhaltigkeit, Richtigkeit und vollendete Bestimmtheit des Gedankens kommt in der Dichtkunst eigentlich gar nichts an. Das philosophische Interesse ist von dem Grade der intellektuellen Bildung des empfangenden Subjekts abhängig, und also *lokal* und *temporell*. Nur die *Gesinnung* muß an sich so *erhaben und schön*, als die Bedingungen der technischen Richtigkeit erlauben, und an ihrer Stelle vollkommen zweckmäßig sein. Die Rückkehr in sich selbst muß durch ein vorhergegangenes Herausgehn aus sich selbst veranlaßt werden; die *Betrachtung* muß *motiviert* sein, und sie muß streben, den Streit der Menschheit und des Schicksals zu schlichten, und das Gleichgewicht des Ganzen zu *tragen*. Daß das schöne Gefühl seine Ahndungen über göttliche Dinge in einer gegebnen Bildersprache äußert, das kann in der Wissenschaft vielleicht unendliches Unheil anstiften, der darstellenden Kunst aber dürfte es wohl eher günstig als nachteilig sein.

Die Behandlung des *Schicksals* in den Tragödien des Äschylus läßt noch eine größere Eintracht zu wünschen übrig. Im Sophokles aber ist die Befriedigung immer so vollkommen, als es nur sein kann, ohne die dichterische Wahrheit – die innre Möglichkeit – zu vernichten. Ist der endliche Beschluß des Ganzen auch kein glänzender Sieg der Menschheit, so ist es doch wenigstens ein *ehrenvoller Rückzug*. Aber freilich mischt er nichts in seine Darstellung, was gar nicht dargestellt werden, nicht erscheinen kann. Nicht durch die geglaubte Göttlichkeit der Natur jenseits des ewigen Vorhanges, den kein Sterblicher durchschauen kann; sondern durch die sichtbare Göttlichkeit des Menschen sucht er jeden Mißlaut aufzulösen, und eine vollständige Befriedigung zu gewähren, – Das Reich Gottes liegt jenseits des ästhetischen Horizonts, und ist in der Welt der Erscheinung nur ein leerer Schatten ohne Geist und Kraft. In der Tat, der Dichter, welcher es wagt, durch empörende Schlechtheit, oder durch ein empörendes Mißverhältnis des Glücks und der Güte unsern Unwillen zu erregen, und sich dann durch die dürftige Befriedigung, welche der Anblick bestrafter Bosheit gewährt, oder gar durch eine Anweisung auf jene Welt aus dem Handel zu ziehn glaubt, verrät ein Minimum von künstlerischer Weisheit.

* * *

„Es ist wahr", könnte man denken, „eine uralte Tradition sagt, und wiederholt noch immer, die Nachahmung der Griechen sei das einzige Mittel, echte schöne Dichtkunst wiederherzustellen. Eine lange Erfahrung hat sie durch die vielfältigsten, sämtlich mißglückten Versuche widerlegt. Man durchlaufe nur in irgendeiner Bibliothek (denn da ist ihre eigentliche Heimat) die große Zahl der künstlichen Nachbildungen, die nach jenen Mustern verfertigt sind. Sie alle sind früher oder später eines kläglichen Todes gestorben, Schattenwesen ohne Bestandheit und eigne Kraft. Gerade diejenigen modernen Gedichte, welche mit dem Griechischen Stil am schneidendsten kontrastieren, leben und wirken bei allen ihren ekzentrischen Fehlern noch immerfort in jugendlicher Kraft, weil sie voll genialischer Originalität sind."

Die Schuld liegt nicht an der Griechischen Poesie, sondern an der *Manier und Methode* der Nachahmung, welche notwendig *einseitig* ausfallen muß, solange nationelle Subjektivität herrscht, solange man nur nach dem Interessanten strebt. Nur der *kann* die Griechische Poesie nachahmen, der sie ganz kennt. Nur der ahmt sie *wirklich* nach, der sich die Objektivität der ganzen Masse, den schönen Geist der einzelnen Dichter, und den vollkommnen Stil des goldnen Zeitalters zueignet.

Die Trennung des Objektiven und des Lokalen in der Griechischen Poesie ist unendlich schwer. Beides ist nicht in für sich bestehende Massen abgesondert, sondern durchgängig ineinander verschmolzen. Bis in die feinsten Zweige des vielästigen Baums verbreitet sich das Objektive; allenthalben aber ist demselben etwas Individuelles als Element und Organ beigemischt. Bis jetzt hat man nur zu oft das Individuelle der Griechischen Formen und Organe nachgemacht. Man hat die Alten modernisiert, indem man das Prinzip des Interessanten auf ihre Poesie übertrug; indem man der Griechischen Kunsttheorie, oder einzelnen Lieblingsdichtern die Auktorität beilegte, welche nur dem Geist der ganzen Masse zukommt, oder wohl eine noch größere Auktorität, als überhaupt mit den Rechten des Genies, des Publikums und der Theorie bestehen kann.

Das *ältere didaktische Gedicht* der Griechen, wie die Theogonien, die Werke der Physiologen und Gnomiker, findet nur im mythischen Zeitalter der Poesie seine eigentliche Stelle. Denn da hat sich die Philosophie vom Mythus, aus dem sie entsprang, noch nicht völlig losgewickelt und bestimmt geschieden; da ist Rhythmus das natürliche Element der Tradition, und poetische Sprache, vor der Bildung der Prosa das allgemeine Organ jeder höhern geistigen Mitteilung. Mit diesem vorübergehenden Verhältnis fällt auch die Natürlichkeit und Rechtmäßigkeit dieser Formen weg und für das *spätere* didaktische Gedicht der Griechen im gelehrten Zeitalter der Kunst blieb nur das ganz ungültige Prinzip übrig: die Künstlichkeit des eitlen Virtuosen in schwierigem Stoff absichtlich sehn zu lassen. – Es wird damit nicht die Möglichkeit eines eigentlichen schönen didaktischen Gedichts in gutem Stil – einer idealischen Darstellung eines schönen didaktischen Stoffs in ästhetischer Absicht – geleugnet, und es ist hier nicht der Ort auszumachen, ob einige platonische Gespräche poetische Philosopheme oder philosophische Poeme sind. Aber genug! unter den eigentlich sogenannten didaktischen Gedichten der Griechen gibt es keine solche.

Auch das *Griechische Epos* ist nur eine lokale Form, von der man sich seltsame Dinge weiß gemacht hat. Diese unreife Dichtart ist nur in dem Zeitalter an ihrer Stelle, wo es noch keine gebildete Geschichte, und kein vollkommnes Drama gibt; wo Heldensage die einzige Geschichte, wo die Menschlichkeit der Götter und ihr Verkehr mit den Heroen allgemeiner Volksglaube ist. Es läßt sich allerdings wohl begreifen, daß ein Volk vor Alter wieder kindisch werden könne: aber nur weil die epische Poesie der Griechen im mythischen Zeitalter eine so hohe Blüte erreicht hatte, haben selbst die *epischen Kunststücke der Alexandriner und Römer* doch noch einigen Grund und Boden. Poesie und der Mythus war der Keim und Quell der ganzen antiken Bildung; die Epopöe war die eigentliche Blüte der mythischen. – Einen bestimmten Stoff, gebildete Werkzeuge fand selbst der gelehrte Dichter der spätern Zeit schon vor. Die Empfänglichkeit war vorbereitet, alles war organisiert, nichts durfte erzwungen werden. – Die modernen Epopöen hingegen schweben ohne allen Anhalt isoliert im leeren Raume. Große Genies haben herkulische Kraft an den Versuch verschwendet, eine epische Welt, einen glücklichen Mythus aus nichts zu erschaffen. Die Tradition eines Volks – diese nationelle Fantasie – kann ein großer Geist wohl fortbilden und idealisieren, aber nicht metamorphosieren oder aus Nichts erschaffen. Die Nordische Fabel zum Beispiel gehört unstreitig unter die interessantesten Altertümer: der Dichter aber, welcher sie in Gang bringen wollte, würde entweder allgemein und flach bleiben müssen, oder wenn er individuell und bestimmt sein wollte, in Gefahr geraten, sich selbst kommentieren zu müssen.

Umsonst hoffen wir auf einen Homerus; und warum sollten wir gerade so ausschließend einen Virgilius wünschen, dessen künstlicher Stil vom vollkommnen Schönen so weit entfernt ist? – Alle Versuche, das *Romantische Gedicht* der Griechischen und Römischen Epopöe ähnlich zu organisieren, sind mißlungen. Tasso ist zum Glück auf halbem Wege stehn geblieben, und hat sich von der Romantischen Manier nicht sehr weit entfernt. Und doch sind es nur einzelne Stellen, gewiß nicht die Komposition des Ganzen, welche ihn zum Lieblingsdichter der Italiäner machen. Schon ganz frühe gesellt sich zu der gigantischen Größe, zu dem fanatistischen Leben des romantischen Gedichts eine leise *Persiflage*, die oft auch laut genug wird. Dies ist der beständige Charakter dieser Dichtart vom Pulci bis zum Ricciardetto geblieben; und Wieland, der die Gradationen dieser launichten Mischung fast in jedem seiner romantischen Gedichte verschieden, immer überraschend neu und immer glücklich nuanciert hat, ist ihr selbst doch in allen durchgängig treu geblieben. Gewiß war dies nicht zufällig. Die romantische Fabel und das romantische Kostüm hätten in ihrer ursprünglichen Bildung rein menschlicher und schöner sein müssen, um der glückliche Stoff eines tragischen, schön und einfach geordneten Epos werden zu können. Wie vieles hat Tasso nicht beibehalten, was den Forderungen der modernen Kritiker selbst an eine regelmäßige Epopöe nicht entspricht? – Nur diejenigen Dichter, welche sich aus der gegebnen Sphäre der nationellen Fantasie nicht ganz entfernen, *leben* wirklich im Munde und im Herzen ihrer Nation. Dichter hingegen, welche ganz willkürlich verfahren, trifft gewöhnlich das traurige Los, in Bibliotheken zu modern, bis sich einmal – seltner Fall! – ein Litterator findet, der Sinn fürs Schöne hat, und das echte Talent, was hier vergraben wurde, zu finden und zu würdigen weiß. Und sind denn auch die willkürlichsten Versuche geglückt, die romantische Fabel, oder die christliche Legende in einen idealischen schönen Mythus zu metamorphosieren? – O nein!

> *„Naturam expelles furca; tamen usque recurret."*
> [Wie verächtlich ihr / sie von euch stoßt, die stärkere Natur / kommt immer unversehens zurück. Horaz, Episteln, 1,10,24. Deutsch von Chr. M. Wieland.]

Es war und blieb unmöglich, der barbarischen Masse eine Griechische Seele einzuhauchen. Wenn es dem Wunderbaren, der Kraft, dem reizenden Leben an glücklichem Ebenmaß, an freier Harmonie, kurz an *schöner Organisation* fehlt, so kann tragische Spannung wohl erregt, aber ohne Monotonie und Frost nicht lange genug erhalten, und in einfacher Reinheit über ein großes Ganzes gleichmäßig verbreitet werden. Ekzentrische Größe hat eine unwiderstehliche Sehnsucht zu dem ihr entgegengesetzten Extrem, und nur durch eine wohltätige Vereinigung mit der Parodie bekommt tragische Fantasterei Haltung und Bestandheit. Die seltsame Mischung des Tragischen und Komischen wird die eigentümliche Schönheit einer neuen, reizenden Zwitterbildung. Diese Zusammensetzung ist auch keineswegs ursprünglich monströs, und an sich unerlaubt. Sie bleibt zwar hinter den reinen Arten vorzüglich der tragischen an Kraft und Zusammenhang sehr weit zurück: aber keine Form, in welcher der Zweck der darstellenden Kunst – die Schönheit – erreicht werden kann; keine Form, welche nicht mechanisch erkünstelt, sondern durch die plastische Na-

tur organisch erzeugt wurde, ist darum schlechthin verwerflich, weil die Gränzen, welche jede Form beschränken, hier etwas enger gezogen sind. Selbst die *Spielart*
hat zwar geringere Ansprüche, aber dennoch volles Bürgerrecht im Reiche der Kunst. Es ist überraschend, wie
sehr die reizendste Blüte der modernen Poesie – so verschieden die äußre lokale Form auch sein mag – im wesentlichen Charakter mit einer Spielart der Griechischen
übereinstimmt. Nach griechischer Technologie ist nämlich die Romanze ein *satyrisches Epos*. Im Attischen
Drama wurde die ursprüngliche rohe Energie der wirklichen Natur, in welcher die entgegengesetzten Elemente
durchgängig ineinander verschmolzen sind, in die tragische und komische Energie getrennt, und diese dann
von neuem so gemischt, daß das Tragische ein geringes
Übergewicht hatte[15]: denn bei völligem Gleichgewicht
würden die beiden entgegengesetzten Kräfte durch ihr
Zusammentreffen sich selbst aufheben. Daraus entstand
die Spielart der satyrischen Dramen, von denen sich nur
ein einziges von mittelmäßiger Kunst und in schlechtem
Stil erhalten hat. Die dramatischen Skizzen der Dorier
haben sich nie zur Stufe jener Trennung erhoben, und
der natürliche fröhliche Witz der Dorier war nur subjektiv, lokal und lyrisch, nie objektiv und eigentlich dramatisch. Doch war in der noch gemischten und rohen Energie der Dorischen Mimen das Komische überwiegend.
Hätten wir noch den Homerischen Margites, einige satyrische Dramen des Pratinas, oder Äschylus, einige Er-
gießungen der Dorischen Laune in Mimen des Sophron,
oder in Rhintonischen Hilarotragödien, so besäßen wir
in ihnen wahrscheinlich einen Maßstab der Würdigung,
oder wenigstens Veranlassung zu einer interessanten
Parallele mit den reizenden Grotesken des göttlichen
Meister Ariosto, mit der fröhlichen Magie der Wieland-
schen Fantasie. – Die ernsthaften Männer, welche den
fantastischen Zauber der Romanze zum tragischen Epos

[15] Nicht sowohl in der Energie, als vorzüglich im Stoff, im Kostüm und in den Organen; daher auch Tragiker, nie Komiker
Verfasser der satyrischen Dramen waren.

idealisieren wollten, haben also das *Schickliche* verfehlt. Auch hat sich die epische Thalia der Modernen – die romantische Avantüre grausam an ihren Verächtern gerächt: denn sie haben vor den Augen des gesamten Publikums, ohne im mindsten Unrat zu merken, sich selbst komödiert.

Ähnliche Schwierigkeiten, wie im Epos, hat der Gebrauch des mythischen Stoffs in der *Tragödie*. – Wo es noch einheimische Fabel gibt, da ist sie nicht angemessen. Eine fremde oder veraltete hat nur die Wahl zwischen Flachheit und gelehrter Unverständlichkeit. Der historische oder erfundne Stoff fesselt den Dichter und das Publikum ungemein; durch seine schwere Last erdrückt er gleichsam die freie Bildung des Ganzen. Wie vieler Umstände bedarf es nicht, das Publikum nur erst zu orientieren, und mit dem unbekannten Fremdling vorläufig bekannt zu machen? – Der Griechische Tragiker durfte bei seinem allgemein bekannten Mythus gleich zum Zweck gehn, und die freiere Aufmerksamkeit des Publikums ward von selbst mehr auf die Form gelenkt, klebte nicht so sehr sklavisch an der schweren Masse. Es ist in der Tat eine wahrhaft herkulische Arbeit, einen noch ganz rohen Stoff durchgängig zu poetisieren, den kleinlichen Detail in einfache und große Umrisse zu erweitern, und vorzüglich die unauflösliche Mischung der Natur nach der bestimmten idealischen Richtung der Tragödie zu reinigen. Das notwendige Gleichgewicht zwischen Form und Stoff ist dem modernen Tragiker so unendlich erschwert worden, daß sich beinahe Zweifel regen könnten, ob auch eine eigentlich schöne Tragödie noch möglich sei? – Überdem wird in unsrer künstlichen Bildung jede eigentümliche Richtung verwirrt und verwischt, und doch scheint es notwendig, daß die Natur selbst mit starker Hand dem Dramatiker seine Bahn vorzeichne, und ihm die Trennung des Tragischen und Komischen erleichtre. Ich freue mich auch hier ein deutsches Beispiel anführen zu können, welches große Hoffnungen erregt, und alle kleinmütigen Zweifel niederschlägt. *Schillers* ursprüngliches Genie ist so entschieden tragisch, wie etwa der Charakter des Äschylus, dessen kühne Umrisse die bildende Natur in einem Augenblick hoher Begeistrung plötzlich hingeworfen zu haben scheint. Er erinnert daran, daß es den Griechen unmöglich schien, derselbe Dichter könne zugleich Tragödien und Komödien dichten.[16] Zwar ist im DON CARLOS das mächtige Streben nach Charakterschönheit, und schöner Organisation des Ganzen durch das kolossalische Gewicht der Masse, und den künstlichen Mechanismus der Zusammensetzung niedergedrückt, oder doch aufgehalten: aber die Stärke der tragischen Energie beweist nicht nur die Größe der genialischen Kraft, sondern die vollkommne Reinheit derselben zeugt auch von dem Siege, welchen der Künstler über den widerstrebenden Stoff davongetragen hat.

Es ließe sich in der Tat leicht ein Buch über die Verwechslung des Objektiven und Lokalen in der Griechischen Poesie schreiben. Ich begnüge mich zu dem schon Bemerkten nur noch einige kurze Andeutungen hinzuzufügen.

Zur schönsten Blütezeit der Griechischen *Lyrik* lag die Prosa und die öffentliche Beredsamkeit noch in der Wiege. Musik, und eine rhythmische und mythische Dichtersprache waren das natürliche Element für den Erguß schöner männlicher oder weiblicher Empfindungen, und auch das eigentliche Organ festlicher Volksfreude und öffentlicher Begeistrung. – Der lyrische Dichter überhaupt muß wie der Griechische seine ursprüngliche Sprache zu reden scheinen; der leiseste Verdacht, daß er vielleicht in einem erborgten Staatskleide glänze, zerstört alle Täuschung und Wirkung. Mag er den Zustand eines einzelnen Gemüts, oder eines ganzen Volks darstellen: er muß eine echte *Befugnis* haben zu reden; der dargestellte Zustand muß nicht durchaus erkünstelt, sondern in einem schon bekannten Gegenstande wenigstens eine wahre Veranlassung finden, so unbeschränkt auch die Freiheit des Dichters in der Behandlung desselben bleibt: denn ein durchaus erfundner lyrischer Zustand könnte für sich nur das abgerißne

---

[16] Plat. rep. III. p. 278. vol. II. ed. Bipont.

Bruchstück eines Drama sein; er müßte nämlich einem gleichfalls durchaus erfundnen und unbekannten Gegenstande inhärieren, dessen Darstellung schon in die dramatische Sphäre eingreift.

Das alte Griechische *Epigramm* findet nebst dem *Apolog* seine eigentliche Stelle im mythischen Zeitalter der Poesie: das spätere hingegen im Zeitalter der Künstelei und des Verfalls.

Wenn das Interesse des *Idylls* im Stoff und im Kontrast desselben mit der individuellen umgebenden Welt des Publikums liegt, so ist das absolute schlechthin verwerfliche ästhetische Heteronomie. Überdem ist die epische oder dramatische Ausführung einer ursprünglichen lyrischen Stimmung und Begeistrung, entweder eine Verkehrtheit des Künstlers, oder ein sichres Kennzeichen von dem allgemeinen Verfall der Kunst überhaupt. Ist von schönen Gemälden des ländlichen und häuslichen Lebens die Rede, so ist Homerus der größte aller Idyllendichter. Die künstlichen Kopien der Natürlichkeit hätte man aber immer den Alexandrinern überlassen mögen.

Vossens Übersetzung des Homer ist ein glänzender Beweis, wie treu und glücklich die *Sprache* der Griechischen Dichter im Deutschen nachgebildet werden kann. Sein Ideal ist unstreitig so reiflich überlegt, als vollkommen ausgeführt. Aber wehe dem Nachahmer der Griechen, der sich durch den großen Übersetzer verführen ließe! Wenn er hier, wo sie am innigsten verschmolzen sind, den objektiven Geist von der lokalen Form nicht zu scheiden weiß, so ist er verloren. Das unsterbliche Werk des größten historischen Künstlers der Modernen, die Schweizergeschichte von *Johannes Müller* ist im größten Römischen Stil entworfen und ausgeführt. Im Einzelnen atmet das Werk durch und durch echten Sinn der Alten: im Ganzen aber verfällt es dennoch wieder ins Manierierte, weil neben dem klassischen Geist auch die antike Individualität affektiert ist. – *Klopstock* hat in den GRAMMATISCHEN GESPRÄCHEN auf eine andre von der Vossischen ganz verschiedne Art ebenso klar bewiesen, wie viel die Deutsche Sprache in der Nachbildung des Griechischen und Römischen Ausdrucks leisten könne. Die Beispiele sind so mannigfaltig, als jedes in seiner Art bewunderungswürdig vollkommen. Ihre einfache Vortrefflichkeit besteht darin, im echtesten, reinsten, kraftvollsten und gefälligsten Deutsch der Ursprache so treu zu sein als möglich. Beide Arten scheinen mir für die allgemeine Verbreitung des echten Geschmacks gleich unentbehrlich. Erst wenn wir von mehrern der größten alten Dichter eine klassische Übersetzung in Vossischer Art, und eine in Klopstockscher haben werden, läßt sich ein großer Einfluß und eine durchgängige Umbildung des allgemeinen Geschmacks erwarten.

Man darf der Deutschen Sprache zu der, wenngleich entfernten, Ähnlichkeit ihrer rhythmischen Bildung mit dem *Griechischen Rhythmus* Glück wünschen. Nur täusche man sich nicht über die Gränzen dieser Ähnlichkeit! So kann zum Beispiel nach Griechischen Grundsätzen ein Hexameter, welcher den Trochäus als wesentlichen Bestandteil aufnimmt, durchaus kein episches Metrum sein, dessen Richtung notwendig ganz unbestimmt sein muß, damit auch seine Dauer ganz unbeschränkt sein könne. Die endlose Bewegung in einer bestimmten Richtung, der epische Gebrauch eines lyrischen Rhythmus, erzeugt notwendig unendliche Monotonie, und ermüdet endlich auch die aufmerksamste Teilnahme. – Die musikalischen Prinzipien des antiken Rhythmus scheinen überhaupt von denen des modernen so absolut verschieden, wie der Charakter der Griechischen Musik, und das Griechische Verhältnis der Poesie und Musik von dem unsrigen. Sollte auch der Griechische Rhythmus unter gewissen Voraussetzungen in einem lokalen Element objektiv sein, so kann doch das Individuelle für uns keine Auktorität haben, und am wenigsten die Theorie der Griechischen Musiker (allerdings ein unentbehrliches Hülfsmittel zur richtigen Erklärung der Praxis, zum Studium des Rhythmus selbst) unsre Norm sein.

Noch ist ein gewisses unechtes Phantom nicht ganz verschwunden; welches von denen als die eigentliche *Klassizität* verehrt wird, welche durch ein künstliches

Schnitzwerk gedrechselter Redensarten unsterblich zu werden hoffen. Aber nichts ist weniger klassisch als Künstelei, überladner Schmuck, frostige Pracht, und ängstliche Peinlichkeit. Die überfleißigen Werke der gelehrten Alexandriner fallen schon ins Zeitalter des Verfalls und der Nachahmung. Die trefflichsten Produkte der besten Zeit hingegen sind zwar mit Sorgfalt und scharfem Urteil ausgeführt, und auch mit Besonnenheit, aber doch in höchster, ja trunkner Begeistrung entworfen. Die große Zahl der Werke der größten Dramatiker beweiset schon, daß sie nicht ängstlich gedrechselt, sondern frei gedichtet wurden; daß die Länge der Zeit und die Masse der aufgewandten Arbeit nicht der Maßstab für den Wert eines Kunstwerks sei.

Nur einige wenige Ausnahmen unter den modernen Dichtern kann man nach dem Grade der Annäherung zum Objektiven und Schönen würdigen. Im Ganzen aber ist noch immer das *Interessante* der eigentliche moderne Maßstab des ästhetischen Werts. Diesen Gesichtspunkt auf die Griechische Poesie übertragen, heißt sie *modernisieren*. Wer den Homer nur interessant findet, der entweiht ihn. Die Homerische Welt ist ein ebenso vollständiges als leichtfaßliches Gemälde; der ursprüngliche Zauber der Heldenzeit wird in dem Gemüte, welches mit den Zerrüttungen der Mißbildung bekannt ist, ohne doch den Sinn für Natur ganz verloren zu haben, unendlich erhöht; und ein unzufriedner Bürger unsres Jahrhunderts kann leicht in der Griechischen Ansicht jener reizenden Einfalt, Freiheit und Innigkeit alles zu finden glauben, was er entbehren muß. Eine solche Werthersche Ansicht des ehrwürdigen Dichters ist kein reiner Genuß des Schönen, keine reine Würdigung der Kunst. Wer sich am *Kontrast* eines Kunstwerks mit seiner individuellen Welt ergötzt, der *travestiert* es eigentlich in Gedanken, seine Stimmung mag nun scherzhaft oder auch sehr ernsthaft sein. Am wenigsten darf die Auktorität, auf welche nur die vollständige, vollkommne und schöne Anschauung Ansprüche hat, auf die einseitige bloß interessante Ansicht eines Teils derselben übertragen werden.

Nicht *dieser und jener*, nicht ein einzelner *Lieblings-Dichter*, nicht die *lokale Form* oder das *individuelle Organ* soll nachgeahmt werden: denn *nie kann ein Individuum, „als solches", allgemeine Norm sein.* Die sittliche Fülle, die freie Gesetzmäßigkeit, die liberale Humanität, das schöne Ebenmaß, das zarte Gleichgewicht, die treffende Schicklichkeit, welche mehr oder weniger über die ganze Masse zerstreut sind; den vollkommnen Stil des goldnen Zeitalters, die Ächtheit und Reinheit der Griechischen Dichtarten, die Objektivität der Darstellung; kurz den *Geist des Ganzen – die reine Griechheit* soll der moderne Dichter, welcher nach echter schöner Kunst streben will, sich zueignen.

Man kann die Griechische Poesie nicht richtig nachahmen, solange man sie eigentlich gar *nicht versteht.* Man wird sie erst dann philosophisch erklären und ästhetisch würdigen lernen, wenn man sie *in Masse* studieren wird: denn sie ist ein so innig verknüpftes Ganzes, daß es unmöglich ist, auch nur den kleinsten Teil außer seinem Zusammenhange isoliert richtig zu fassen und zu beurteilen. Ja die ganze Griechische Bildung überhaupt ist ein solches Ganzes, welches nur in Masse erkannt und gewürdigt werden kann. Außer dem ursprünglichen Talent des Kunstkenners muß der Geschichtsforscher der Griechischen Poesie die wissenschaftlichen Grundsätze und Begriffe einer *objektiven Philosophie der Geschichte* und einer *objektiven Philosophie der Kunst* schon mitbringen, um die *Prinzipien und den Organismus* der Griechischen Poesie suchen und finden zu können. Und auf diese kommt doch eigentlich alles an.

Es ist wahr, einige große Dichter der Alten sind auch unter uns beinahe einheimisch; und unter denen, welche leichter gefaßt, und auch isoliert, wenigstens *einigermaßen* verstanden werden konnten, hat das Publikum gewiß aufs glücklichste gewählt. Andre, für deren heterogene Individualität in Form und Organen sich in der ganzen subjektiven Sphäre der Modernen keine Analogie fand, welche ohne Kenntnis der Prinzipien und des Organismus der ganzen Griechischen Poesie in Masse *durchaus* unverständlich bleiben mußten, deren idealische Höhe die Engigkeit auch des bessern herrschenden Geschmacks zu weit übertraf, konnten nicht populär werden. Gewiß nicht für jeden Liebhaber, der vielleicht nur sich allein durch den Genuß des Schönen bilden will, würde eine vollendete Kenntnis der Griechischen Kunst möglich oder schicklich sein. Aber von dem Dichter, dem Kenner, dem Denker, dem es ein Ernst ist, echte schöne Kunst nicht bloß zu kennen und zu üben, sondern auch zu verbreiten, darf man es fordern, daß er keine Schwierigkeit, welche ein unentbehrliches Mittel seines Zwecks ist, scheuen soll. – Die Werke des Pindarus, des Äschylus, des Sophokles, des Aristophanes werden nur wenig studiert, weniger verstanden. Das heißt, man ist mit den vollkommensten Dichtarten der Griechischen Poesie, mit der Periode des poetischen Ideals, und mit dem goldnen Zeitalter des Griechischen Geschmacks beinahe völlig unbekannt.

Überdem muß auch in der reichhaltigsten Ansicht jener populären Lieblingsdichter, ohne eine bestimmte Kenntnis ihres eigentlichen Zusammenhanges, ihrer richtigen Stelle im Ganzen etwas Schiefes übrig bleiben. *Homers* Gedichte sind der Quell aller Griechischen Kunst, ja die Grundlage der Griechischen Bildung überhaupt, die vollkommenste und schönste Blüte des sinnlichsten Zeitalters der Kunst. Nur vergesse man nicht, daß die Griechische Poesie höhere Stufen der Kunst und des Geschmacks erreicht hat. – Wenn es für das Unersetzliche einen Ersatz gäbe, so könnte uns *Horazius* einigermaßen über den Verlust der größten Griechischen Lyriker derjenigen Klasse trösten, welche nicht im Namen des Volks die öffentlichen Zustände einer sittlichen Masse darstellten, sondern die schönen Gefühle einzelner Menschen besangen. Zugleich enthält er die köstlichsten von den wenigen ganz eigentümlichen Kunstblüten des echt Römischen Geistes, welche auf uns gekommen sind. Dieser „Lieblingsdichter aller gebildeten Menschen" war von jeher ein großer Lehrer der Humanität und liberalen Gesinnungen. Seine Vaterländischen Oden sind ein ehrwürdiges Denkmal hohen Römersinns, und erinnern daran, daß selbst Brutus die Bürgertugend des Dichters achtete. Seine schöne lyrische Moralität ist ursprünglich, oder doch innig und selbsttätig zugeeignet. Aber den meisten seiner Gesänge fehlt es im Schwanken zwischen dem Griechischen Urbilde und der Römischen Veranlassung an einer leichten Einheit. Auch sollte man auf seine erotischen Gedichte am wenigsten Akzent legen. Zwar finden sich auch in ihnen einzelne Spuren des liebenswürdigen Philosophen, des braven Künstlers: aber im Ganzen sind sie fast immer steif, und auf gut Römisch ein wenig plump. Auch die Wahl der Rhythmen verrät hie und da den Verfall des musikalischen Geschmacks. – Ich kann sogar die übermäßige Bewunderung des *Virgilius* zwar nicht rechtfertigen, aber doch entschuldigen. Für den Freund des Schönen mag sein Wert gering sein: aber für das Studium des Kunstkenners und Künstlers, bleibt er äußerst merkwürdig. Dieser gelehrte Künstler hat aus dem reichen Vorrat der Griechischen Dichter mit einer Art von Geschmack die einzelnen Stücke und Züge ausgewählt, sie mit Einsicht aneinander gefügt, und mit Fleiß gefeilt, geglättet und geputzt. Das Ganze ist ein Stückwerk ohne lebende Organisation und schöne Harmonie, aber er kann dennoch für den höchsten Gipfel des gelehrten künstlichen Zeitalters der alten Poesie gelten. Zwar fehlt ihm die letzte Rundung und Feinheit der Alexandriner, aber durch die frische Römerkraft seines Dichtertalents übertrifft er die kraftlosen Griechen jenes Zeitalters in ihrem eignen Stil sehr weit. Er ist in diesem an sich unvollkommnen Stil zwar nicht schlechthin vollkommen, aber doch der trefflichste.

Der unglücklichste Einfall, den man je gehabt hat, und von dessen allgemeiner Herrschaft noch jetzt viele Spuren übrig sind, war es: Der *Griechischen Kritik und Kunsttheorie* eine Auktorität beizulegen, welche im Gebiete der theoretischen Wissenschaft durchaus unstatthaft ist. Hier glaubte man den eigentlichen *ästhetischen Stein der Weisen* zu finden; einzelne Regeln des Aristoteles, und Sentenzen des Horaz wurden als kräftige Amulette wider den bösen Dämon der Modernheit gebraucht; und selbst die zerlumpte Dürftigkeit der Adepten erregte erst spät einiges Mißtrauen wider die Echtheit des Geheimnisses.

Der Fehlschluß, von dem man ausging, war mit *Hurds* Worten: „Die Alten sind Meister in der Komposition; es müssen daher diejenigen unter ihren Schriften, welche zur Ausübung dieser Kunst Anleitung geben, von dem höchsten Werte sein." Nichts weniger! Der Griechische Geschmack war schon völlig entartet, als die Theorie noch in der Wiege lag. Das Talent kann die Theorie nicht verleihn, und nie hat die Griechische Theorie den Zweck und das Ideal des Künstlers bestimmt, welcher den Gesetzen des öffentlichen Geschmacks allein gehorchte. Auch eine vollendete Philosophie der Kunst würde zur Wiederherstellung des echten Geschmacks allein nicht hinreichend sein. Die Griechischen und Römischen Denker waren aber (nach Fragmenten, Nachrichten und der Analogie zu urteilen) so wenig im Besitz eines vollendeten Systems objektiver ästhetischer Wissenschaften, daß nicht einmal der Versuch, der Entwurf, geschweige denn ein stetes Streben nach einem solchen System vorhanden war. Nicht einmal die Gränzen und die Methode waren bestimmt; nicht einmal der Begriff einer allgemeingültigen Wissenschaft des Geschmacks und der Kunst war definiert, ja selbst die Möglichkeit derselben war keineswegs deduziert.

Unläugbar enthalten die kritischen Fragmente der Griechen bedeutende Beiträge zur Erläuterung der Griechischen Poesie, und treffliche Materialien für die künftige Ausführung und Vollendung des Systems. Umständliche Zergliederungen, wie etwa die des Dionysius, sind unschätzbar, und auch das kleinste ästhetische Urteil kann sehr großen Wert haben. Die angewandten Begriffe und Bestimmungen bezogen sich auf *vollkommne Anschauungen,* und würden sich aus reiner Wissenschaft gar nicht wieder ersetzen lassen. Die Urteile standen unter der untrüglichen Leitung eines ursprünglich richtig gestimmten Gefühls, und das Vermögen, schöne Darstellung zu empfangen und zu würdigen, war bei den Griechen fast auf eben die Weise vollkommen und einzig, wie das Vermögen, sie hervorzubringen. Überhaupt ist im theoretischen Teile der ästhetischen Wissenschaft der Wert der spätern Kritiker und vorzüglich im Angewandten und Besondren am größten; im praktischen Teile sind die allerallgemeinsten Grundsätze und Begriffe vorzüglich der frühern Philosophen am schätzbarsten.

Der Quell aller Bildung und auch aller Lehre und Wissenschaft der Griechen war der *Mythus*. Poesie war die älteste, und vor dem Ursprunge der Beredsamkeit, die einzige Lehrerin des Volks. Die mythische Denkart, daß Poesie im eigentlichen Sinne eine Gabe und Offenbarung der Götter, der Dichter ein heiliger Priester und Sprecher derselben sei, blieb für alle Zeiten Griechischer Volksglaube. An ihn schlossen sich die Lehren des *Plato*, und wahrscheinlich auch das *Demokrit* über musikalischen Enthusiasmus und Göttlichkeit der Kunst an. Überhaupt hatte der populäre (exoterische) Vortrag der Griechischen Philosophie ein ganz *mythisches Kolorit*. So wie sich bei uns häufig der Künstler als Gelehrter und Denker geltend zu machen sucht, weil seine eigentümliche Würde vielleicht vor der Menge wenig gelten würde: so pflegte damals noch der Griechische Philosoph sich als Musiker und Poet gleichsam einzuschleichen. Die Platonischen Lehren von der Bestimmung der Kunst sind die trefflichsten Griechischen Materialien zur praktischen Philosophie der Kunst, welche sich auf uns erhalten haben. Die praktische Philosophie der ältesten Griechischen Denker aber war durchaus *politisch*; und diese Politik war zwar in den Grundsätzen nichts weniger als die Sklavin der Erfahrung, sondern vielmehr durchaus rational, aber im Vortrage und in der Anordnung schloß sie sich durchgängig an das Gegebne und Vorhandne an. Nie hat eigentlich die Griechische Philosophie, wie die Griechische Kunst, die Stufe einer *vollständigen Selbständigkeit* der Bildung erreicht, und im Plato vorzüglich ist die Ordnung der ganzen Masse der einzelnen Philosopheme nicht sowohl von innen bestimmt, sondern vielmehr von außen gebildet und entstanden. Um daher nur Platos Lehre von der Kunst zu verstehen, muß man nicht allein den mythischen Ursprung der

Griechischen Bildung überhaupt, sondern auch die ganze Masse der politischen, moralischen und philosophischen Bildung der Griechen in ihrem völligen Umfange kennen! – Auch für die *Sophisten* war nur auf eine andre Weise das öffentlich Geltende die Base, von der alle ihre Lehren, also auch die über das Schöne und die Kunst immer ausgingen, und der Punkt, wohin sie strebten. – Im *Aristoteles* ist die theoretische Ästhetik noch in der Kindheit, und die praktische ist schon ganz von ihrer Höhe gesunken. Seine Lehre von der Bestimmung der Kunst im achten Buche der POLITIK beweist eine liberale Denkart, und nicht ganz unwürdige Gesinnungen: aber dennoch ist der Gesichtspunkt schon nicht mehr politisch, sondern nur moralisch. In der RHETORIK aber, und in den Fragmenten der POETIK behandelt er die Kunst nur *physisch*, ohne alle Rücksicht auf Schönheit, bloß historisch und theoretisch. Wo er gelegentlich ästhetisch urteilt, da äußert er nur einen scharfen Sinn für die Richtigkeit des Gliederbaus des Ganzen, für die Vollkommenheit und Feinheit der Verknüpfung. – Wie häufig sind nicht in ihm, und in den spätern Rhetorikern einzelne ganz unverständliche oder doch äußerst schwer zu entziffernde besondre Beziehungen auf untergegangne Werke, auf uns ganz unbekannte Dinge? Ja das Ganze ist nicht selten in einer individuellen Rücksicht verfaßt. So ist der Hauptgesichtspunkt, nach welchem *Quinktilian* den Wert der Dichter bestimmt, ihre Tauglichkeit junge Deklamatoren künstlich schwatzen zu lehren. Die individuelle Veranlassung der kritischen Episteln des *Horaz*, der ganze Inbegriff ihrer speziellen Beziehungen – ihre kosmische Lage ist uns bald ganz, bald größtenteils unbekannt, und bei vielen wahrscheinlichen oder sinnreichen Hypothesen tappen wir dennoch hie und da völlig im dunkeln.

Wenn von allumfassender vollendeter Kenntnis der Griechen die Rede ist, so stehen alle Bestandteile derselben in Wechselwirkung, und das Studium der Griechischen Kunsttheorie ist allerdings ein *integranter Teil* des ganzen Studiums der Griechischen Bildung überhaupt, oder der ästhetischen Bildung insbesondere. Aber in der

Methodenlehre des ganzen Studiums dürfte wohl das der Griechischen Kritik eine sehr späte Stelle erhalten. Man muß schon die ganze Masse, den Organismus und die Prinzipien der Griechischen Poesie kennen, um die Perlen, welche in den kritischen Schriften der Griechen größtenteils noch ungenutzt verborgen liegen, suchen und finden zu können.

* * *

Ich bin weit entfernt von den diktatorischen Anmaßungen, den despostischen Reformationen angeblicher Repräsentanten der Menschheit, die so vieles projektieren, wovon keine Silbe in ihren Kahiers steht, so vieles dekretieren, was der öffentliche Volkswille in den Urversammlungen der Menschheit nicht sanktionieren würde. Die Behauptung, daß eine allgemeingültige Wissenschaft des Schönen und der Darstellung, und eine richtige Nachahmung der Griechischen Urbilder, die notwendigen Bedingungen zur Wiederherstellung der echten schönen Kunst sei, ist so wenig *willkürlich*, daß sie nicht einmal *neu* ist. Ich begnüge mich mit dem bescheidnen Verdienst, dem Gange der ästhetischen Kultur auf die Spur gekommen zu sein, den Sinn der bisherigen Kunstgeschichte glücklich erraten, und eine große Aussicht fur die künftige gefunden zu haben. Vielleicht ist es mir gelungen, einige Dunkelheiten zu erhellen, einige Widersprüche zu lösen, indem ich für jede einzelne auffallende Erscheinung die richtige Stelle im großen Ganzen der ewigen Gesetze der Kunstbildung zu bestimmen suchte. Es kann eine Empfehlung und eine Bestätigung des entworfnen Grundrisses sein, daß nach dieser Ansicht der Streit der antiken und modernen ästhetischen Bildung wegfällt; daß das Ganze der alten und neuen Kunstgeschichte durch seinen innigen Zusammenhang überrascht, und durch seine vollkommne Zweckmäßigkeit völlig befriedigt.

Jedes große, wenngleich noch so ekzentrische Produkt des modernen Kunstgenies ist nach diesem Gesichtspunkt ein echter, an seiner Stelle höchst zweckmäßiger Fortschritt, und so heterogen die äußre Ansicht auch sein mag, eigentlich doch eine wahre Annäherung zum Antiken. Die Notwendigkeit des Stufenganges der allmählichen Entwicklung ist keine Apologie der Schwäche, welche hinter dem Maß der schon erreichten Vortrefflichkeit zurückbleibt, aber eine Erklärung und Rechtfertigung für die Mängel und Ausschweifungen des wahrhaft großen Künstlers, der zwar dem Gange der Bildung vielleicht um einige Schritte zuvoreilte, und ihre Entwicklung beschleunigte, aber doch nicht ganze Stufen überspringen konnte.

Die *Bildungsgeschichte der modernen Poesie* stellt nichts andres dar, als den steten Streit der *subjektiven Anlage*, und der *objektiven Tendenz* des ästhetischen Vermögens und das allmähliche Übergewicht des letztern. Mit jeder wesentlichen Veränderung des Verhältnisses des Objektiven und des Subjektiven beginnt eine neue *Bildungsstufe*. Zwei große Bildungsperioden, welche aber nicht isoliert aufeinander folgen, sondern wie Glieder einer Kette ineinander greifen, hat die moderne Poesie schon wirklich zurückgelegt; und jetzt steht sie im Anfange der dritten Periode. In der *ersten Periode* hatte der einseitige Nationalcharakter in der ganzen Masse der ästhetischen Bildung durchgängig das entschiedenste Übergewicht, und nur hie und da regen sich einige wenige einzelne Spuren von der Direktion ästhetischer Begriffe und der Tendenz zum Antiken. In der *zweiten Periode* herrschte die Theorie und Nachahmung der Alten in einem großen Teil der ganzen Masse: aber die subjektive Natur war noch zu mächtig, um dem objektiven Gesetz ganz gehorchen zu können; sie war kühn genug, sich unter dem Namen des Gesetzes wiederum einzuschleichen. Die Nachahmung und die Theorie, und mit ihnen der Geschmack und die Kunst selbst blieben einseitig und national. Die darauf folgende Anarchie aller individuellen Manieren, aller subjektiven Theorien, und verschiednen Nachahmungen der Alten, und die endliche Verwischung und Vertilgung der einseitigen Nationalität ist die *Krise des Übergangs* von der zweiten zur dritten Periode. In der *dritten* wird wenigstens in einzelnen Punkten der ganzen Masse das Objektive wirklich erreicht: objektive Theorie, objektive Nachahmung, objektive Kunst und objektiver Geschmack.

Aber die zweite Periode erstreckte sich nur über einen *Teil*, die Anfänge der dritten nur über *einzelne Punkte* der ganzen Masse, und ein bedeutender Teil derselben ist bis jetzt auf der ersten Stufe stehn geblieben, und noch immer ist der Zweck ganzer Dichtarten kein andrer, als eine treue Darstellung des interessantesten nationellen Lebens. So wie nun der Nationalcharakter des Europäischen Völkersystems in drei entscheidenden Krisen schon drei große Evolutionen erlebt hat – im Zeitalter der Kreuzzüge, im Zeitalter der Reformation und der Entdeckung von Amerika, und in unserm Jahrhundert: so hat auch die *Nationalpoesie der Modernen* in drei verschiednen Epochen *dreimal* geblüht.

Der Zustand der ästhetischen Bildung unsres gegenwärtigen Zeitalters war es, der uns aufforderte, die ganze Vergangenheit zu überschauen. Wir sind nun zu dem Punkte zurückgekehrt, von dem wir ausgingen. Die Symptome, welche die Krise des Übergangs von der zweiten zur dritten Periode der modernen Poesie bezeichnen, sind allgemein verbreitet, und hie und da regen sich schon *unverkennbare Anfänge objektiver Kunst und objektiven Geschmacks.* Noch war vielleicht kein Augenblick in der ganzen Geschichte des Geschmacks und der Dichtkunst so charakteristisch fürs Ganze, so reich an Folgen der Vergangenheit, so schwanger mit fruchtbaren Keimen für die Zukunft; *die Zeit* ist für eine wichtige Revolution der ästhetischen Bildung *reif*. Was sich jetzt nur erraten läßt, wird man künftig bestimmt wissen: daß in diesem wichtigen Augenblick unter andern großen Krisen, auch das Los der echten schönen Kunst auf der Waage des Schicksals entschieden wird. Nie würde untätige Gleichgültigkeit gegen das Schöne, oder stolze Sicherheit über das schon Erreichte weniger angemessen sein; nie durfte man aber auch eine größere Belohnung der Anstrengung erwarten, als die, welche der künftige Gang der ästhetischen Bildung der Modernen verspricht.

Vielleicht werden die folgenden Zeitalter oft zwar nicht mit anbetender Bewunderung, aber doch nicht ohne Zufriedenheit auf das jetzige zurücksehn.

Die *ästhetische Theorie* hat den Punkt erreicht, von dem wenigstens ein *objektives Resultat*, es falle nun aus, wie es wolle, nicht weit mehr entfernt sein kann. Nach den *pragmatischen Vorübungen* des theoretisierenden Instinkts (erste Periode) deren Grundsatz die *Auktorität* war, entstand die eigentliche *szientifische* Theorie. Ohngefähr zu gleicher Zeit entwickelten und bildeten sich die *dogmatischen Systeme der rationalen und der empirischen Ästhetik* (zweite Periode); und die Antinomie der verschiednen manierierten Theorien führte den *ästhetischen Skeptizismus* (Krise des Übergangs von der zweiten zur dritten Periode) herbei. Diese war die Vorbereitung und Veranlassung der *Kritik der ästhetischen Urteilskraft* (Anfänge der dritten Periode). Noch ist das Geschäft nichts weniger als beendigt. Die Ästhetiker selbst, welche gemeinschaftlich von den Resultaten der kritischen Philosophie ausgegangen sind, sind weder in den Prinzipien noch in der Methode unter sich einig; und die kritische Philosophie selbst hat ihren hartnäckigen Kampf mit dem Skeptizismus noch nicht völlig ausgestritten. Überhaupt ist, nach der Bemerkung eines großen Denkers,[17] im praktischen noch viel zu tun übrig. Aber seit durch *Fichte* das Fundament der kritischen Philosophie entdeckt worden ist, gibt es ein sichres Prinzip, den Kantischen Grundriß der praktischen Philosophie zu berichtigen, zu ergänzen, und auszuführen; und über die Möglichkeit eines *objektiven Systems der praktischen und theoretischen ästhetischen Wissenschaften* findet kein gegründeter Zweifel mehr statt.

Auch im *Studium der Griechen* überhaupt und der Griechischen Poesie insbesondre steht unser Zeitalter an der Gränze einer großen Stufe. Lange Zeit kannte man die Griechen nur durch das Medium der Römer, das Studium war *isoliert* und *ohne alle philosophische Prinzipien* (erste Periode); dann ordnete und lenkte man das immer

---

[17] S. Fichte's VORLESUNGEN ÜBER DIE BESTIMMUNG DES GELEHRTEN. S. 28.

noch isolierte Studium nach willkürlichen Hypothesen, oder doch nach *einseitigen Prinzipien*, und individuellen Gesichtspunkten (zweite Periode). Schon studiert man die Griechen *in Masse und ohne philosophische Hypothesen*, vielmehr mit Vernachlässigung aller Prinzipien (Krise des Übergangs von der zweiten zur dritten Periode). Nur der letzte und größte Schritt ist noch zu tun übrig: die *ganze Masse nach objektiven Prinzipien* zu ordnen (dritte Periode). Der chaotische Reichtum alles Einzelnen und der Streit der verschiednen Ansichten über das Ganze wird notwendig dahin führen, eine allgemeingültige Ordnung der ganzen Masse zu suchen und zu finden. Zwar kann die Kenntnis der Griechen nie vollendet, und das Studium der Griechen nie erschöpft werden: doch läßt sich ein *fixer Punkt* erreichen, welcher den Denker, den Geschichtsforscher, den Kenner und den Künstler vor gefährlichen Grundirrtümern, durchaus schiefen Richtungen, und verkehrten Versuchen der Nachahmung sichert.

„Aber du selbst", könnte man sagen, „hast ja ästhetische Kraft und Moralität als notwendige Postulate der ästhetischen Revolution aufgestellt? Wie läßt sich also über den künftigen Gang der Bildung etwas im voraus bestimmen, da diese vorläufigen Bedingungen selbst von einem glücklichen Zusammenfluß der seltensten Umstände, das heißt vom *Ohngefähr* abhängen? Wer hat noch der Natur den Handgriff ablernen können, wie sie Genies erzeugt, und Künstler hervorbringt? Gewiß läßt sich die seltenste aller Gaben, das *ästhetische* Genie auf die Gefahr sie zu verfälschen, durch Bildung ein wenig vervollkommnen, aber nicht *erschaffen!* Auch im Umfang und in der Kraft der Sittlichkeit scheint es für die meisten Individuen eine *ursprüngliche*, unübersteigbare *Gränze* zu geben. Nur wenige selbständige Ausnahmen sind in ihrer Vervollkommnung unbegränzt. Und scheinen nicht auch diese ihre Selbständigkeit dem seltsamsten Zusammenfluß der glücklichsten Umstände, dem *Zufall* zu danken? Der stolzen Vernunft des reinen Denkers wird es freilich nicht zusagen, aber aus einer unbefangenen Ansicht der Kunstgeschichte scheint sich das Resultat zu ergeben: die Natur sei im Ganzen neidisch und karg mit ihren köstlichsten Gaben; nur dann und wann, in ihren schönsten Augenblicken, werfe sie nach Laune eine Handvoll echter Künstlerseelen auf ein begünstigtes Land, damit das Licht in dieser Dämmerwelt doch nicht gänzlich verlösche."

Schlechthin bestimmen läßt sich allerdings nichts über den künftigen Gang der Bildung: wahrscheinlich vermuten sehr viel. Vermutungen, zu denen die Bedürfnisse der Menschheit nötigen, welche die ewigen Gesetze der Vernunft und der Geschichte rechtfertigen und begründen. Als hätten sie mit den Göttern zu Rate gesessen, scheinen jene die geheimen Absichten und Antriebe, nach denen die Natur im Verborgnen handelt, zu wissen. So viel weiß die Wissenschaft und die Geschichte nicht. Doch das weiß sie, daß die Seltenheit des Genies nicht die Schuld der menschlichen Natur ist, sondern unvollkommner menschlicher Kunst, *politischer Pfuscherei*. Ihr eigner unglücklicher Scharfsinn fesselt die Freiheit der Menschen, und hemmt die Gemeinschaft der Bildung. Wenn demungeachtet das unterdrückte Feuer sich einmal Luft macht, so wird das als ein Wunder angestaunt. Gebt die Bildung frei, und laßt sehn ob es an Kraft fehlt! Warum hätte auch sonst von jeher selbst die kleinste Gunst des Augenblicks eine so majestätische Fülle schlummernder Kräfte, wie durch einen Zauberschlag ans Licht gerissen?

Die notwendigen Bedingungen aller menschlichen Bildung sind: Kraft, Gesetzmäßigkeit, Freiheit und Gemeinschaft. Erst wenn die Gesetzmäßigkeit der ästhetischen Kraft durch eine objektive Grundlage und Richtung gesichert sein wird, kann die ästhetische Bildung durch *Freiheit der Kunst* und *Gemeinschaft des Geschmacks* durchgängig durchgreifend und *öffentlich* werden. Ächte Schönheit muß erst an recht vielen einzelnen Punkten feste Wurzel gefaßt haben, ehe sie sich über die ganze Fläche allgemein verbreiten, ehe die moderne Poesie *die zunächst bevorstehende* Stufe ihrer Entwicklung: die *durchgängige Herrschaft des Objektiven über die ganze Masse;* erreichen kann.

Man darf aber nicht etwa mit einigen Bedingungen der ästhetischen Bildung gleichsam warten, bis man mit den andern fertig wäre; sie stehn alle vier in *durchgängiger Wechselwirkung*. Es ist daher auch jetzt schon nicht zu frühzeitig, alles was die *ästhetische Mitteilung* hemmen könnte, aus dem Wege zu räumen. Es herrscht besonders unter *Deutschen* Dichtern und Kennern eine sehr gefährliche eigentlich illiberale Denkart, welche den ursprünglichen Deutschen Mangel an Mitteilungsfähigkeit zum Grundsatz sanktioniert. Die erhabne Gelassenheit der Deutschen Nation, und die neidischen Anfeindungen kleiner Geister erzeugen oft bei verdienstvollen aber eitlen Männern üble Laune, welche sich bis zu einer bösartigen Bitterkeit verhärten kann. Schmollend hüllen sie ihre beleidigten Ansprüche in hohnenden Stolz, verschließen ihr Talent ganz in sich, oder treten nur mit einer sauern Miene ins Publikum. Ihr Gemüt ist so unfähig, sich über die enge Gegenwart zu erheben, daß sie echte Schönheit überhaupt für ein *Myster*, und die Öffentlichkeit der ästhetischen Bildung für ganz unmöglich halten. Nur durch *Geselligkeit* wird die rohe Eigentümlichkeit gereinigt und gemildert, erwärmt und erheitert; das innre Feuer sanft ans Licht getrieben, die äußre Gestalt berichtigt und bestimmt, gerundet und geschärft. Unmäßige Einsamkeit hingegen ist die Mutter seltsamer Grillen. Daher die eckichte Härte, der barsche Ton, das finstre Kolorit mancher, sonst trefflicher Deutscher Schriftsteller. Dieser Weg kann endlich so weit von der Einfalt der Natur, von dem großen Wesentlichen, und ächter Schönheit entfernen, daß sich Zweifel regen dürften, ob jene ästhetischen Mysterien nicht etwa ein *Orden ohne Geheimnis* sein möchten, wo jeder glaubt, der andre wüßte es.

An *Mitteilung* der Kenntnisse, der Sitten und des Geschmacks sind die *Franzosen* uns schon seit langer Zeit sehr weit überlegen. Sie können eben dadurch in der *öffentlichen Griechischen Poesie* eine höhere Stufe der Vollkommenheit als andere kultivierte Nationen Europa's erreichen. Man wird dann das unerwartete Phänomen vermutlich aus der neuen politischen Form erklären wollen, die doch weiter nichts sein kann, als der glückliche Anstoß, welcher die im Stillen lange vorhandne Kraft zur reifen Blüte treibt. – Wo in einem genau bestimmten Nationalcharakter nur einige einzelne schöne Züge vorhanden sind, welche die Grundlinien und Umrisse einer idealischen Ausführung werden können; wo es an musikalischem und poetischem Talent nur nicht ganz fehlt, wo es nur einige ästhetische Bildung gibt: da muß höhere Lyrik von selbst entstehn, sobald es *öffentliche Sitten*, öffentlichen Willen und öffentliche Neigungen, eine Seele und Stimme der Nation gibt. Die entschiedenste und beschränkteste Einseitigkeit ist der lyrischen Schönheit nicht schlechthin ungünstig, wenn der Mangel an Umfang nur wie bei den *Doriern*, durch intensive Kraft und Hoheit ersetzt wird.

Das schöne Drama hingegen erfordert absoluten Umfang der Bildung, und völlige Freiheit von nationellen Schranken, Eigenschaften, von denen die Franzosen sehr weit entfernt sind! Es können leicht Jahrhunderte hingehn, ehe sie dieselben erreichen: denn die neue politische Form wird die Einseitigkeit ihres Nationalcharakters nur stärker konzentrieren, und schneidender isolieren. Daher ist die sogenannte französische Tragödie auch ein klassisches Muster der Verkehrtheit geworden. Sie ist nicht nur eine leere Formalität ohne Kraft, Reiz und Stoff, sondern auch ihre Form selbst ist ein widersinniger, barbarischer Mechanismus, ohne innres Lebensprinzip und natürliche Organisation. Der französische Nationalcharakter kann im Roman und in der Komödie, welche sich mit dem bescheidnen Range subjektiver Darstellungen begnügen, so interessant und liebenswürdig erscheinen; in der sogenannten Tragödie eines Racine und Voltaire hingegen wird durch eine mißglückte Prätension des Objektiven die ungünstige Ansicht desselben gleichsam ins Unerträgliche idealisiert. Im steten Wechsel des Widerlichen und des Abgeschmackten ist hier häßliche Heftigkeit und abgeschliffne Leerheit innigst ineinander verschmolzen. – Ohnehin fehlt es den Franzosen wie den Engländern und Italiänern (von der Poesie der beiden letzten Nationen ist jetzt wohl am wenigsten zu besorgen, daß sie den Deutschen etwas vorwegnehmen möchten!) an objektiver Theorie, und an ächter Kenntnis der antiken Poesie. Um nur auf die Spur zu kommen, wie sie den Weg dahin finden könnten, würden sie bei den Deutschen in die Schule gehn müssen. Eine Sache, zu der sie sich wohl schwerlich entschließen werden!

In *Deutschland*, und nur in Deutschland hat die Ästhetik und das Studium der Griechen eine Höhe erreicht, welche eine gänzliche Umbildung der Dichtkunst und des Geschmacks notwendig zur Folge haben muß. – Die wichtigsten Fortschritte in der stufenweisen Entwicklung der philosophischen Ästhetik war das rationale und das kritische System. Beide sind durch *Deutsche* Erfinder, jenes durch *Baumgarten, Sulzer* und andre, dieses durch *Kant* und seine Nachfolger gestiftet und ausgebildet. Das empirische und skeptische System der Ästhetik war vielmehr ein notwendiger Erfolg vom allgemeinen Gange der Philosophie, als eigentliche Erfindung und Verdienst einiger Englischen Schriftsteller. – In der ältern Manier der klassischen Kritik übertrifft unser *Lessing* an Scharfsinn und an ächtem Schönheitsgefühl seine Vorgänger in England unendlich weit. Eine ganz neue, und ungleich höhere Stufe des Griechischen Studiums ist durch *Deutsche* herbeigeführt, und wird vielleicht noch geraume Zeit ihr ausschließliches Eigentum bleiben. Statt der vielen Namen, die hier genannt werden könnten, stehe nur einer da. *Herder* vereinigt die umfassendste Kenntnis mit dem zartesten Gefühl und der biegsamsten Empfänglichkeit.

Wer kann noch an der Dichtergabe Deutscher Künstler zweifeln, seit der kühne, erfinderische *Klopstock* der Stifter und Vater der Deutschen Poesie ward? Der liberale *Wieland* sie schmückte und humanisierte? Der scharfsinnige *Lessing* sie reinigte und schärfte? *Schiller* ihr stärkre Kraft und höhern Schwung gab? – Durch jeden dieser großen Meister ward die ganze Masse der Deutschen Dichtkunst, zu neuem Leben allgemein begeistert, und strebte mit frischer Kraft immer mächtiger vorwärts. Wie viele andre Dichter folgten jenen ersten Erfindern glücklich und dennoch eigentümlich, oder gingen auch ihren eignen, vielleicht nicht weniger merkwürdigen Gang, welcher nur darum weniger bemerkt ward, weil er mit dem Geist der Zeit und dem Gange der öffentlichen Bildung nicht so gut zusammentraf? Auch *Bürgers* rühmlicher Versuch, die Kunst aus den engen Büchersälen der Gelehrten, und den konventionellen Zirkeln der Mode in die freie lebendige Welt einzuführen, und die Ordensmysterien der Virtuosen dem Volke zu verraten, ist nicht ohne den glücklichsten bleibenden Einfluß gewesen.

Welchen weiten Weg haben unsre einzigen bedeutenden Nebenbuhler, die Franzosen noch zurückzulegen, ehe sie es nur ahnden können, wie sehr sich *Goethe* den Griechen nähere! Ein andres Zeichen von der Annäherung zum Antiken in der Poesie ist die auffallende Tendenz zum Chor in den höhern lyrischen Gedichten (wie die GÖTTER GRIECHENLANDS und die KÜNSTLER) *Schillers;* eines Künstlers, der durch seinen ursprünglichen Haß aller Schranken vom klassischen Altertum am weitesten entfernt zu sein scheint. So verschieden auch die äußre Ansicht, ja manches Wesentliche sein mag, so ist doch die Gleichheit dieser lyrischen Art selbst mit der Dichtart des Pindarus unverkennbar. Ihm gab die Natur die Stärke der Empfindung, die Hoheit der Gesinnung, die Pracht der Phantasie, die Würde der Sprache, die Gewalt des Rhythmus, – die *Brust und Stimme*, welche der Dichter haben soll, der eine sittliche Masse in sein Gemüt fassen, den Zustand eines Volks darstellen, und die Menschheit aussprechen will.

Unter einer ebenso heterogenen Außenheit sind gerade die köstlichsten Stellen der *Wielandischen Poesie* objektivkomisch und ächt Griechisch. Mit Überraschung wird der Kenner der Attischen Grazie und der ächten Kömödie hier oft den Aristophanes, öfter den Menander wiederfinden.

Menschen, deren kurzsichtiger Blick jeder großen historischen Ansicht ganz unfähig ist, die im Detail nur Detail wahrnehmen, und alles isoliert sehen, wird es nicht an kleinlichen Einreden wider diese große Bestimmung der Deutschen Dichtkunst fehlen. Wenn aber ein glücklicher Anstoß die noch schlummernde Mitteilungsfähigkeit des Deutschen Geschmacks und der Deutschen Kunst plötzlich in elastische Regsamkeit versetzte: so würden selbst die Beobachter, welche nur Fraktur lesen können, mit überraschtem Staunen gewahr werden, daß die Deutschen auch hier die kultiviertesten Nationen Europas im einzelnen an Höhe der Bildung ebenso weit übertreffen, als sie denselben an allgemeiner und durchgreifender Verbreitung der Bildung nachstehn.

Winckelmann redet einmal von den *Wenigen*, welche noch die Griechischen Dichter kennen. Sollten es nicht schon jetzt in Deutschland *einige mehr* sein? Wird die Zahl derer, welche nach ächter Kunst streben, nicht auch ferner noch wachsen? – In dieser Hoffnung *konsakriere* ich diesen Aufsatz und diese Sammlung *allen Künstlern*. Wie nämlich die Griechen auch denjenigen *Musiker* nannten, welcher die sittliche Fülle seines innern Gemüts rhythmisch organisiert, und zur Harmonie ordnet; so nenne ich alle die „Künstler", welche das Schöne lieben.

Auswahl aus den Fragmente-Sammlungen

*Das Fragment ist wohl das charakteristischste Genre der Früh-
romantik; Novalis, Schleiermacher und auch August Wilhelm
Schlegel verwendeten es. Bei Friedrich Schlegel kommt es nur im
Frühwerk vor. Bis 1800 erschienen: Kritische Fragmente, 1797
(für die Zeitschrift „Lyceum der schönen Künste"); Blütenstaub,
1798; Fragmente, 1798; Ideen 1800 (für die Zeitschrift „Athenäum"). Als unmittelbare Anregung wirkten Chamforts
(1741–1794) „Pensées, Maximes, Anecdotes, Dialogues"
(1796), die 1779 in deutscher Übersetzung erschienen waren.
Die hier getroffene Auswahl beschränkt sich auf Fragmente zu
literarischen Fragen, wobei vor allem solche ausgesucht wurden,
die Schlegels Methode charakterisieren und Grundbegriffe seiner
Kunsttheorie definieren.*

1. Kritische Fragmente

7 Mein Versuch über das Studium der griechischen
   Poesie ist ein manierierter Hymnus in Prosa auf
   das Objektive in der Poesie. Das Schlechteste daran scheint mir der gänzliche Mangel der unent-
   behrlichen Ironie; und das Beste, die zuversichtli-
   che Voraussetzung, daß die Poesie unendlich viel
   wert sei; als ob dies eine ausgemachte Sache
   wäre.

9 Witz ist unbedingt geselliger Geist, oder fragmentarische Genialität.

12 In dem, was man Philosophie der Kunst nennt,
   fehlt gewöhnlich eins von beiden; entweder die
   Philosophie oder die Kunst.

16 Genie ist zwar nicht Sache der Willkür aber doch
   der Freiheit, wie Witz, Liebe und Glauben, die
   einst Künste und Wissenschaften werden müssen.

Man soll von jedermann Genie fordern, aber ohne es zu erwarten. Ein Kantianer würde dies den kategorischen Imperativ der Genialität nennen.

20 Eine klassische Schrift muß nie ganz verstanden werden können. Aber die, welche gebildet sind und sich bilden, müssen immer mehr draus lernen wollen.

26 Die Romane sind die sokratischen Dialoge unserer Zeit. In diese liberale Form hat sich die Lebensweisheit vor der Schulweisheit geflüchtet.

37 Um über einen Gegenstand gut schreiben zu können, muß man sich nicht mehr für ihn interessieren; der Gedanke, den man mit Besonnenheit ausdrücken soll, muß schon gänzlich vorbei sein, einen nicht mehr eigentlich beschäftigen. Solange der Künstler erfindet und begeistert ist, befindet er sich für die Mitteilung wenigstens in einem illiberalen Zustande. Er wird dann alles sagen wollen; welches eine falsche Tendenz junger Genies, oder ein richtiges Vorurteil alter Stümper ist. Dadurch verkennt er den Wert und die Würde der Selbstbeschränkung, die doch für den Künstler wie für den Menschen das Erste und das Letzte, das Notwendigste und das Höchste ist. Das Notwendigste: denn überall, wo man sich nicht selbst beschränkt, beschränkt einen die Welt; wodurch man ein Knecht wird. Das Höchste: denn man kann sich nur in den Punkten und an den Seiten selbst beschränken, wo man unendliche Kraft hat, Selbstschöpfung und Selbstvernichtung. Selbst ein freundschaftliches Gespräch, was nicht in jedem Augenblick frei abbrechen kann, aus unbedingter Willkür, hat etwas Illiberales. Ein Schriftsteller aber, der sich rein ausreden will und kann, der nichts für sich behält und alles sagen mag, was er weiß, ist sehr zu beklagen. Nur vor drei Fehlern hat man sich zu hüten. Was unbedingte Willkür,

und sonach Unvernunft oder Übervernunft scheint und scheinen soll, muß dennoch im Grunde auch wieder schlechthin notwendig und vernünftig sein; sonst wird die Laune Eigensinn, es entsteht Illiberalität, und aus Selbstbeschränkung wird Selbstvernichtung. Zweitens: man muß mit der Selbstbeschränkung nicht zu sehr eilen, und erst der Selbstschöpfung, der Erfindung und Begeisterung Raum lassen, bis sie fertig ist. Drittens: man muß die Selbstbeschränkung nicht übertreiben.

42   Die Philosophie ist die eigentliche Heimat der Ironie, welche man logische Schönheit definieren möchte: denn überall wo in mündlichen oder geschriebenen Gesprächen, und nur nicht ganz systematisch philosophiert wird, soll man Ironie leisten und fordern; und sogar die Stoiker hielten die Urbanität für eine Tugend. Freilich gibts auch eine rhetorische Ironie, welche sparsam gebraucht vortreffliche Wirkung tut, besonders im Polemischen; doch ist sie gegen die erhabne Urbanität der sokratischen Muse, was die Pracht der glänzendsten Kunstrede gegen eine alte Tragödie in hohem Styl. Die Poesie allein kann sich auch von dieser Seite bis zur Höhe der Philosophie erheben, und ist nicht auf ironische Stellen begründet, wie die Rhetorik. Es gibt alte und moderne Gedichte, die durchgängig im Ganzen und überall den göttlichen Hauch der Ironie atmen. Es lebt in ihnen eine wirklich transzendentale Buffonerie. Im Innern, die Stimmung, welche alles übersieht, und sich über alles Bedingte unendlich erhebt, auch über eigne Kunst, Tugend, oder Genialität; im Äußern, in der Ausführung die mimische Manier eines gewöhnlichen guten italiänischen Buffo.

48   Ironie ist die Form des Paradoxen. Paradox ist alles, was zugleich gut und groß ist.

56   Witz ist logische Geselligkeit.

84   Aus dem, was die Modernen wollen, muß man lernen, was die Poesie werden soll; aus dem, was die Alten tun, was sie sein muß.

93   In den Alten sieht man den vollendeten Buchstaben der ganzen Poesie; in den Neuern ahnet man den werdenden Geist.

108   Die Sokratische Ironie ist die einzige durchaus unwillkürliche, und doch durchaus besonnene Verstellung. Es ist gleich unmöglich sie zu erkünsteln, und sie zu verraten. Wer sie nicht hat, dem bleibt sie auch nach dem offensten Geständnis ein Rätsel. Sie soll niemanden täuschen, als die, welche sie für Täuschung halten, und entweder ihre Freude haben an der herrlichen Schalkheit, alle Welt zum besten zu haben, oder böse werden, wenn sie ahnden, sie wären wohl auch mit gemeint. In ihr soll alles Scherz und alles Ernst sein, alles treuherzig offen und alles tief verstellt. Sie entspringt aus der Vereinigung von Lebenskunstsinn und wissenschaftlichem Geist, aus dem Zusammentreffen vollendeter Naturphilosophie und vollendeter Kunstphilosophie. Sie enthält und erregt ein Gefühl von dem unauflöslichen Widerstreit des Unbedingten und des Bedingten, der Unmöglichkeit und Notwendigkeit einer vollständigen Mitteilung. Sie ist die freieste aller Lizenzen, denn durch sie setzt man sich über sich selbst weg; und doch auch die gesetzlichste, denn sie ist unbedingt notwendig. Es ist ein sehr gutes Zeichen, wenn die harmonisch Platten gar nicht wissen, wie sie diese stete Selbstparodie zu nehmen haben, immer wieder von neuem glauben und mißglauben, bis sie schwindlicht werden, den Scherz grade für Ernst, und den Ernst für Scherz halten. Lessings Ironie ist Instinkt; bei Hemsterhuys ist's klassisches Studium; Hülsens Ironie entspringt aus Philosophie der Philosophie, und kann die jener noch weit übertreffen.

115 Die ganze Geschichte der modernen Poesie ist ein fortlaufender Kommentar zu dem kurzen Text der Philosophie: Alle Kunst soll Wissenschaft, und alle Wissenschaft soll Kunst werden; Poesie und Philosophie sollen vereinigt sein.

116 Die Deutschen, sagt man, sind, was Höhe des Kunstsinns und des wissenschaftlichen Geistes betrifft, das erste Volk in der Welt. Gewiß; nur gibt es sehr wenige Deutsche.

117 Poesie kann nur durch Poesie kritisiert werden. Ein Kunsturteil, welches nicht selbst ein Kunstwerk ist, entweder im Stoff, als Darstellung des notwendigen Eindrucks in seinem Werden, oder durch eine schöne Form, und einen im Geist der alten römischen Satire liberalen Ton, hat gar kein Bürgerrecht im Reiche der Kunst.

120 Wer Goethes MEISTER gehörig charakterisierte, der hätte damit wohl eigentlich gesagt, was es jetzt an der Zeit ist in der Poesie. Er dürfte sich, was poetische Kritik betrifft, immer zur Ruhe setzen.

2. Fragmente

15 Der Selbstmord ist gewöhnlich nur eine Begebenheit, selten eine Handlung. Ist es das erste, so hat der Täter immer Unrecht, wie ein Kind, das sich emanzipieren will. Ist es aber eine Handlung, so kann vom Recht gar nicht die Frage sein, sondern nur von der Schicklichkeit. Denn dieser allein ist die Willkür unterworfen, welche alles bestimmen soll was in den reinen Gesetzen nicht bestimmt werden kann, wie das Jetzt, und das Hier, und alles bestimmen darf, was nicht die Willkür andrer, und dadurch sie selbst vernichtet. Es ist nie unrecht, freiwillig zu sterben, aber oft unanständig, länger zu leben.

22   Ein Projekt ist der subjektive Keim eines werden-
      den Objekts. Ein vollkommnes Projekt müßte zu-
      gleich ganz subjektiv, und ganz objektiv, ein un-
      teilbares und lebendiges Individuum sein. Seinem
      Ursprunge nach, ganz subjektiv, original, nur
      grade in diesem Geiste möglich; seinem Charakter
      nach ganz objektiv, physisch und moralisch not-
      wendig. Der Sinn für Projekte, die man Fragmente
      aus der Zukunft nennen könnte, ist von dem Sinn
      für Fragmente aus der Vergangenheit nur durch
      die Richtung verschieden, die bei ihm progressiv,
      bei jenem aber regressiv ist. Das Wesentliche ist
      die Fähigkeit, Gegenstände unmittelbar zugleich
      zu idealisieren, und zu realisieren, zu ergänzen,
      und teilweise in sich auszuführen. Da nun tran-
      szendental eben das ist, was auf die Verbindung
      oder Trennung des Idealen und des Realen Bezug
      hat, so könnte man wohl sagen, der Sinn für Frag-
      mente und Projekte sei der transzendentale Be-
      standteil des historischen Geistes.

29   Witzige Einfälle sind die Sprüchwörter der gebil-
      deten Menschen.

34   Fast alle Ehen sind nur Konkubinate, Ehen an der
      linken Hand, oder vielmehr provisorische Versu-
      che, und entfernte Annäherungen zu einer wirkli-
      chen Ehe, deren eigentliches Wesen, nicht nach
      den Paradoxen dieses oder jenes Systems, sondern
      nach allen geistlichen und weltlichen Rechten
      darin besteht, daß mehre Personen nur eine wer-
      den sollen. Ein artiger Gedanke, dessen Realisie-
      rung jedoch viele und große Schwierigkeiten zu
      haben scheint. Schon darum sollte die Willkür, die
      wohl ein Wort mitreden darf, wenn es darauf an-
      kommt, ob einer ein Individuum für sich, oder nur
      der integrante Teil einer gemeinschaftlichen Perso-
      nalität sein will, hier so wenig als möglich be-
      schränkt werden; und es läßt sich nicht absehen,
      was man gegen eine Ehe *à quatre* Gründliches ein-

wenden könnte. Wenn aber der Staat gar die mißglückten Eheversuche mit Gewalt zusammenhalten will, so hindert er dadurch die Möglichkeit der
Ehe selbst, die durch neue, vielleicht glücklichere
Versuche befördert werden könnte.

44 Jede philosophische Rezension sollte zugleich Philosophie der Rezensionen sein.

53 Es ist gleich tödlich für den Geist, ein System zu
haben, und keins zu haben. Er wird sich also wohl
entschließen müssen, beides zu verbinden.

78 Das Nichtverstehen kommt meistens gar nicht
vom Mangel an Verstande, sondern vom Mangel
an Sinn.

80 Der Historiker ist ein rückwärts gekehrter Prophet.

90 Der Gegenstand der Historie ist das Wirklichwerden alles dessen, was praktisch notwendig ist.

116 Die romantische Poesie ist eine progressive Universalpoesie. Ihre Bestimmung ist nicht bloß, alle
getrennte Gattungen der Poesie wieder zu vereinigen, und die Poesie mit der Philosophie und Rhetorik in Berührung zu setzen. Sie will, und soll
auch Poesie und Prosa, Genialität und Kritik,
Kunstpoesie und Naturpoesie bald mischen, bald
verschmelzen, die Poesie lebendig und gesellig,
und das Leben und die Gesellschaft poetisch machen, den Witz poetisieren, und die Formen der
Kunst mit gediegnem Bildungsstoff jeder Art anfüllen und sättigen, und durch die Schwingungen
des Humors beseelen. Sie umfaßt alles, was nur
poetisch ist, vom größten wieder mehre Systeme in
sich enthaltenden Systeme der Kunst, bis zu dem
Seufzer, dem Kuß, den das dichtende Kind aus-
haucht in kunstlosen Gesang. Sie kann sich so in

das Dargestellte verlieren, daß man glauben möchte, poetische Individuen jeder Art zu charakterisieren, sei ihr Eins und Alles; und doch gibt es noch keine Form, die so dazu gemacht wäre, den Geist des Autors vollständig auszudrücken: so daß manche Künstler, die nur auch einen Roman schreiben wollten, von ungefähr sich selbst dargestellt haben. Nur sie kann gleich dem Epos ein Spiegel der ganzen umgebenden Welt, ein Bild des Zeitalters werden. Und doch kann auch sie am meisten zwischen dem Dargestellten und dem Darstellenden, frei von allem realen und idealen Interesse auf den Flügeln der poetischen Reflexion in der Mitte schweben, diese Reflexion immer wieder potenzieren und wie in einer endlosen Reihe von Spiegeln vervielfachen. Sie ist der höchsten und der allseitigsten Bildung fähig; nicht bloß von innen heraus, sondern auch von außen hinein; indem sie jedem, was ein Ganzes in ihren Produkten sein soll, alle Teile ähnlich organisiert, wodurch ihr die Aussicht auf eine grenzenlos wachsende Klassizität eröffnet wird. Die romantische Poesie ist unter den Künsten was der Witz der Philosophie, und die Gesellschaft, Umgang, Freundschaft und Liebe im Leben ist. Andre Dichtarten sind fertig, und können nun vollständig zergliedert werden. Die romantische Dichtart ist noch im Werden; ja das ist ihr eigentliches Wesen, daß sie ewig nur werden, nie vollendet sein kann. Sie kann durch keine Theorie erschöpft werden, und nur eine divinatorische Kritik dürfte es wagen, ihr Ideal charakterisieren zu wollen. Sie allein ist unendlich, wie sie allein frei ist, und das als ihr erstes Gesetz anerkennt, daß die Willkür des Dichters kein Gesetz über sich leide. Die romantische Dichtart ist die einzige, die mehr als Art, und gleichsam die Dichtkunst selbst ist: denn in einem gewissen Sinn ist oder soll alle Poesie romantisch sein.

117 Werke, deren Ideal für den Künstler nicht ebenso-
viel lebendige Realität, und gleichsam Persönlichkeit hat, wie die Geliebte oder der Freund, blieben
besser ungeschrieben. Wenigstens Kunstwerke
werden es gewiß nicht.

121 Eine Idee ist ein bis zur Ironie vollendeter Begriff,
eine absolute Synthesis absoluter Antithesen, der
stete sich selbst erzeugende Wechsel zwei streitender Gedanken. Ein Ideal ist zugleich Idee und Fak-
tum. Haben die Ideale für den Denker nicht so viel
Individualität wie die Götter des Altertums für
den Künstler, so ist alle Beschäftigung mit Ideen
nichts als ein langweiliges und mühsames Würfel-
spiel mit hohlen Formeln, oder ein nach Art der
chinesischen Bonzen, hinbrütendes Anschauen
seiner eignen Nase. Nichts ist kläglicher und ver-
ächtlicher als diese sentimentale Spekulation ohne
Objekt. Nur sollte man das nicht Mystik nennen,
da dies schöne alte Wort für die absolute Philosophie, auf deren Standpunkte der Geist alles als Geheimnis und als Wunder betrachtet, was er aus andern Gesichtspunkten theoretisch und praktisch
natürlich findet, so brauchbar und so unentbehrlich ist. Spekulation *en detail* ist so selten als Abstraktion *en gros*, und doch sind sie es, die allen
Stoff des wissenschaftlichen Witzes erzeugen, sie
die Prinzipien der höhern Kritik, die obersten Stufen der geistigen Bildung. Die große praktische
Abstraktion macht die Alten, bei denen sie Instinkt war, eigentlich zu Alten. Umsonst war es,
daß die Individuen das Ideal ihrer Gattung vollständig ausdrückten, wenn nicht auch die Gattungen selbst, streng und scharf isoliert, und ihrer
Originalität gleichsam frei überlassen waren. Aber
sich willkürlich bald in diese bald in jene Sphäre,
wie in eine andre Welt, nicht bloß mit dem Verstande und der Einbildung, sondern mit ganzer
Seele versetzen; bald auf diesen bald auf jenen Teil
seines Wesens frei Verzicht tun, und sich auf ei-

nen andern ganz beschränkten; jetzt in diesem, jetzt in jenem Individuum sein Eins und Alles suchen und finden, und alle übrigen absichtlich vergessen: das kann nur ein Geist, der gleichsam eine Mehrheit von Geistern, und ein ganzes System von Personen in sich enthält, und in dessen Innerm das Universum, welches, wie man sagt, in jeder Monade keimen soll, ausgewachsen, und reif geworden ist.

147 Klassisch zu leben, und das Altertum praktisch in sich zu realisieren, ist der Gipfel und das Ziel der Philologie. Sollte dies ohne allen Zynismus möglich sein?

149 Der systematische Winckelmann, der alle Alten gleichsam wie Einen Autor las, alles im ganzen sah, und seine gesamte Kraft auf die Griechen konzentrierte, legte durch die Wahrnehmung der absoluten Verschiedenheit des Antiken und des Modernen, den ersten Grund zu einer materialen Altertumslehre. Erst wenn der Standpunkt und die Bedingungen der absoluten Identität des Antiken und Modernen, die war, ist oder sein wird, gefunden ist, darf man sagen, daß wenigstens der Kontur der Wissenschaft fertig sei, und nun an die methodische Ausführung gedacht werden könne.

206 Ein Fragment muß gleich einem kleinen Kunstwerke von der umgebenden Welt ganz abgesondert und in sich selbst vollendet sein wie ein Igel.

216 Die Französische Revolution, Fichtes Wissenschaftslehre und Goethes Meister sind die größten Tendenzen des Zeitalters. Wer an dieser Zusammenstellung Anstoß nimmt, wem keine Revolution wichtig scheinen kann, die nicht laut und materiell ist, der hat sich noch nicht auf den hohen weiten Standpunkt der Geschichte der Menschheit

erhoben. Selbst in unsern dürftigen Kulturge-
schichten, die meistens einer mit fortlaufendem
Kommentar begleiteten Variantensammlung, wozu
der klassische Text verloren ging, gleichen, spielt
manches kleine Buch, von dem die lärmende
Menge zu seiner Zeit nicht viel Notiz nahm, eine
größere Rolle, als alles, was diese trieb.

222 Der revolutionäre Wunsch, das Reich Gottes zu
realisieren, ist der elastische Punkt der progressiven Bildung, und der Anfang der modernen Geschichte. Was in gar keiner Beziehung aufs Reich
Gottes steht, ist in ihr nur Nebensache.

238 Es gibt eine Poesie, deren eins und alles das Verhältnis des Idealen und des Realen ist, und die also
nach der Analogie der philosophischen Kunstspra-
che Transzendentalpoesie heißen müßte. Sie beginnt als Satire mit der absoluten Verschiedenheit
des Idealen und Realen, schwebt als Elegie in der
Mitte, und endigt als Idylle mit der absoluten Identität beider. So wie man aber wenig Wert auf eine
Transzendentalphilosophie legen würde, die nicht
kritisch wäre, nicht auch das Produzierende mit
dem Produkt darstellte, und im System der transzendentalen Gedanken zugleich eine Charakteristik des transzendentalen Denkens enthielte: so
sollte wohl auch jene Poesie die in modernen
Dichtern nicht selten transzendentalen Materialien
und Vorübungen zu einer poetischen Theorie des
Dichtungsvermögens mit der künstlerischen Reflexion und schönen Selbstbespiegelung, die sich im
Pindar, den lyrischen Fragmenten der Griechen,
und der alten Elegie, unter den Neuern aber in
Goethe findet, vereinigen, und in jeder ihrer Darstellungen sich selbst mit darstellen, und überall
zugleich Poesie und Poesie der Poesie sein.

339 Sinn, der sich selbst sieht, wird Geist; Geist ist innre Geselligkeit, Seele ist verborgene Liebenswürdigkeit. Aber die eigentliche Lebenskraft der innern Schönheit und Vollendung ist das Gemüt. Man kann etwas Geist haben ohne Seele, und viel Seele bei weniger Gemüt. Der Instinkt der sittlichen Größe aber, den wir Gemüt nennen, darf nur sprechen lernen, so hat er Geist. Er darf sich nur regen und lieben, so ist er ganz Seele; und wann er reif ist, hat er Sinn für alles. Geist ist wie eine Musik von Gedanken; wo Seele ist, da haben auch die Gefühle Umriß und Gestalt, edles Verhältnis und reizendes Kolorit. Gemüt ist die Poesie der erhabenen Vernunft, und durch Vereinigung mit Philosophie und sittlicher Erfahrung entspringt aus ihm die namenlose Kunst, welche das verworrne flüchtige Leben ergreift und zur ewigen Einheit bildet.

342 Es ist schön, wenn ein schöner Geist sich selbst anlächelt, und der Augenblick, in welchem eine große Natur sich mit Ruhe und Ernst betrachtet, ist ein erhabener Augenblick. Aber das Höchste ist, wenn zwei Freunde zugleich ihr Heiligstes in der Seele des andern klar und vollständig erblicken, und ihres Wertes gemeinschaftlich froh ihre Schranken nur durch die Ergänzung des andern fühlen dürfen. Es ist die intellektuale Anschauung der Freundschaft.

424 Man kann die Französische Revolution als das größte und merkwürdigste Phänomen der Staatengeschichte betrachten, als ein fast universelles Erdbeben, eine unermeßliche Überschwemmung in der politischen Welt; oder als ein Urbild der Revolutionen, als die Revolution schlechthin. Das sind die gewöhnlichen Gesichtspunkte. Man kann sie aber auch betrachten als den Mittelpunkt und den Gipfel des französischen Nationalcharakters, wo alle Paradoxien desselben zusammengedrängt

sind; als die furchtbarste Groteske des Zeitalters, wo die tiefsinnigsten Vorurteile und die gewaltsamsten Ahndungen desselben in ein grauses Chaos gemischt, zu einer ungeheuren Tragikomödie der Menschheit so bizarr als möglich verwebt sind. Zur Ausführung dieser historischen Ansichten findet man nur noch einzelne Züge.

3. Ideen

28 Der Mensch ist ein schaffender Rückblick der Natur auf sich selbst.

96 Alle Philosophie ist Idealismus, und es gibt keinen wahren Realismus als den der Poesie. Aber Poesie und Philosophie sind nur Extreme. Sagt man nun, einige sind schlechthin Idealisten, andre entschieden Realisten; so ist das eine sehr wahre Bemerkung. Anders ausgedrückt heißt es, es gibt noch keine durchaus gebildete Menschen, es gibt noch keine Religion.

148 Wer entsiegelt das Zauberbuch der Kunst und befreit den verschloßnen heiligen Geist? – Nur der verwandte Geist.

Nachricht von den poetischen Werken des Johannes Boccaccio

Bereits 1798 faßte Schlegel den Plan, seine verstreut erschiene-
nen literaturkritischen Arbeiten gemeinsam mit denen seines
Bruders August Wilhelm in einem Sammelband zusammenzu-
fassen. Der erste Band der „Charakteristiken und Kritiken" er-
schien 1801 bei Friedrich Nicolovius in Königsberg.
Im November 1800 begann Schlegel am Aufsatz über Boccaccio
zu arbeiten, der das breite Lesepublikum, das eigentlich nur das
„Decamerone" kannte, mit dem Gesamtwerk des Autors bekannt
machen sollte. Er erschien als einziger Beitrag Friedrich Schlegels
im 2. Band der „Charakteristiken und Kritiken" (1801).
Der Boccaccio-Aufsatz ist weniger durch seine literarhistorischen
Fakten und Bewertungen von Bedeutung, von denen einige
durchaus zweifelhaft sind, so z. B. die Wertschätzung der Liebes-
geschichte „Elegia di Madonna Fiametta" oder der Ausschluß
Dantes, Tassos oder Guarinis aus der eigentlichen italienischen
Nationalpoesie, als vielmehr durch die angewendete Methode
und Schlegels Definition der Novelle.

Wenn man den DECAMERONE mit Aufmerksamkeit lieset, so sieht man darin nicht bloß entschiednes Talent,
eine geübte und sichre Hand im einzelnen, sondern man
wird auch Absicht in der Bildung und Ordnung des Ganzen gewahr; ein deutlich gedachtes Ideal des Werks, mit
Verstand ersonnen und verständig ausgeführt. Wo sich
solcher Verstand vereinigt zeigt mit der instinktmäßigen
Gewalt über das Mechanische, die wohl schon allein
aber mit unrecht Genie genannt wird, da und nur da
kann die Erscheinung hervorgehen, die wir Kunst nennen, und als einen Fremdling aus höhern Regionen ver-
ehren.
Die Kunst bildet, aber sie wird auch gebildet; nicht nur
das Gebildete, sondern der Bildende selbst ist ein organisches Ganzes, so gewiß er nur ein Künstler ist, und jeder Künstler hat seine Geschichte, welche zu begreifen,

zu erklären und darzulegen das vorzüglichste Geschäft der Wissenschaft ist, die unter dem Namen der Kritik bis jetzt mehr gesucht wurde, als schon vorhanden war. Mit Recht interessiert uns die Entstehung des Gebildeten, ja es ist dies das einzige Interessante was es gibt für den, der sich zu der Ansicht des Ganzen erhoben hat, zu der Wahrheit die eins ist mit der Schönheit.

So kleinlich also auch das Geschäft manchem dünken mag, der das Große nur in großen Massen sehen zu müssen glaubt; wir wissen, daß wir etwas tun, was zu tun nicht unbedeutend und nicht unwürdig ist, wenn wir das Eigentümliche eines originellen Geistes mit aller Sorgfalt charakterisieren, sein Leben gleichsam in der Fantasie wiederholen, und an allen Erweiterungen und Beschränkungen seines Wesens Anteil nehmen. Wir werden uns auch seine fehlgeschlagnen Versuche nicht verbergen wollen; sie sind uns wert als notwendige Stufen der Annäherung zu dem einzig Rechten, oder sie sind bedeutend, indem sie das Höhere bezeichnen, was hier hätte werden können, aber nicht geworden ist, weil es an den Bedingungen fehlte. Das Genie eines Dichters kann oft durch seine falschen Tendenzen ebensosehr und mehr noch beglaubigt und dargestellt werden, als durch seine gelungensten Werke.

Ich glaubte höheren Sinn und höhere Absicht in der Umgebung, Zusammenstellung, Behandlung, ich glaubte den Künstler in dem Werke des Boccaccio gewahr zu werden, welches am allgemeinsten, ja fast ausschließend unter allen übrigen allgemein gelesen wird; und dies lenkte meine Aufmerksamkeit auf diese.

Es ist mir gelungen, mit Ausnahme der einzigen TE-SEIDE, alle aufzutreiben, die Manni, der Kommentator des DECAMERONE, kennt; wiewohl mehre derselben unter die literarischen Seltenheiten[1] gezählt werden. Ob es vielleicht, in italiänischen Bibliotheken etwa, noch andre

---

[1] Die Bekanntschaft mit zweien der seltensten, dem URBANO und der AMOROSA VISIONE, verdanke ich dem für jede Literatur so tätigen und auch mit der italiänischen so vertrauten Hrn. Bibliothekar *Daßdorf* in Dresden.

geben mag: das zu entscheiden, fehlte es mir an Hülfsmitteln, wie auch an der Gelegenheit, mehre Ausgaben
zu konferieren, und alle dahinschlagenden literarhistorischen Sammlungen zur Hand zu haben. Ich muß mich
daher auch aus Notwendigkeit auf das einschränken,
was mir ohnehin das Nächste und Interessanteste war;
auf den *Charakter der Werke* selbst.

Da ihrer nicht wenige sind, und manche unter ihnen,
wie schon gesagt, selten genug, so glaubte ich, würde es
den Freunden der Poesie nicht unwillkommen sein,
wenn ich ihnen, da ich einmal aus Neugier oder aus
Wißbegier alle ganz und sorgfältig gelesen hatte, und die
bedeutendsten mehremale, Rechenschaft gäbe von dem,
was ich gefunden, und so den Ertrag der aufgewandten
Zeit, so viel es sich tun ließe, gemeinnützig machte.

Meine Ansicht von dem Geist und der Kunst des Boccaz
mögen sie als eine Zugabe betrachten. Indessen wird es
einigen ein günstiges Vorurteil für die unbekanntern
Werke unsers Dichters geben können, daß auch unter
den vernachlässigten Dramen des Cervantes eine Numan-
tia sich findet, und unter den nicht bloß vernachlässigten, sondern ausdrücklich verworfnen Jugendwerken
des Shakespeare so manches, was freilich denen zu hoch
sein mußte, die über den Dichter überhaupt nicht hätten
mitsprechen sollen. Wollte man aber auch diese Analogie nichts gelten lassen, so würde sich leicht zeigen lassen, daß die zufälligen Umstände, welche einem Werke
eines fruchtbaren Schriftstellers vor den andern den
Vorzug der Beliebtheit geben, wodurch diese, wenn nur
einige Jahrhunderte verstreichen, unfehlbar in völlige
Vergessenheit geraten; daß diese Umstände, sage ich,
keineswegs für die vorzügliche Vortrefflichkeit auch nur
eine Wahrscheinlichkeit geben können, wieviel weniger
denn die Autorität der falschen Kritiker, die ohne historischen Geist, oft auch ohne alles Gefühl rüstig draufzu
entscheiden und verdammen.

Bei diesem Geschlecht wird eine schiefe Ansicht wohl
Jahrtausende unverändert oft mit denselben Worten
nachgesprochen. So zum Beispiel das alte Diktum: der
gute Redner pflege eben kein guter Dichter zu sein. Da

Boccaz einmütig von den Italiänern für einen großen, ja den größten Prosaisten gehalten wird, so läßt sich leicht denken, daß jener tiefsinnige Grundsatz auch auf ihn angewandt sei.

Daß dies unbedingt richtig wäre, konnte ich nicht glauben, auch da ich nur noch den DECAMERONE kannte; denn wer naive Lieder so leicht und zierlich dichten kann, wie die, mit denen Boccaz die Einfassung seines reichen Werks geschmückt hat, dem ist nicht alles Talent zur Poesie abzusprechen. Was wahr an jener Behauptung sei, was nicht, werden wir unten sehen.

Ehe ich die Gedichte selbst der Reihe nach durchgehe, muß ich mancher Beziehung wegen der Umstände seines Lebens mit einigen Worten erwähnen.

Er lebte zu der Zeit, da die alte Literatur in Italien wieder aufzuleben anfing, da die italiänische Poesie in der höchsten und herrlichsten Blüte stand, und da die Dichtungen und Erzählungen der Franzosen und Provenzalen im Original oder in Übersetzungen und Nachbildungen die Lieblingslektüre der höhern Stände in ganz Europa waren. Er ward geboren 1313, acht Jahre vor dem Tode des Dante und neune nach der Geburt des Petrarca, mit dem er in einem und demselben Jahre 1374 starb. Er lebte für seine Kunst, und schon in früher Jugend durchbrach er alle Schranken, in die man ihn einengen und einem bürgerlichen Glück entgegenführen wollte. Seine äußern Verhältnisse waren abwechselnd, oft ungünstig; doch brauchten ihn die Florentiner mehrmals zu wichtigen Gesandtschaften. So geehrt bei allen Vornehmen und Fürsten seiner Zeit wie Petrarca war er nicht. Auch in der Liebe ist seine Eigentümlichkeit der sentimentalen Zartheit des größten Sonettendichters entgegengesetzt; und doch kann man von ihm wohl mit eben dem Rechte sagen wie von jenem, daß er nur für die Liebe lebte. Er war ausgezeichnet wohlgebildet und schön, welches er mehremal mit Wohlgefallen erwähnt, nicht aus unmännlicher Eitelkeit, sondern in Erinnerung, wie es scheint, an das viele Gute und Angenehme, was er dadurch erlangt. Eine starke Sinnlichkeit war bei ihm verbunden mit einem festen Urteil über die Absicht, die Natur und den Wert der Geliebten. Doch hinderte ihn seine vielseitige Empfänglichkeit nicht, Eine über alle zu erhöhen, die er *Fiammetta* genannt hat, und die wenigstens durch die feurige Kühnheit, die der Name andeutet, der seinigen entsprach, durch die er zuerst sich ihre Gunst erwarb. Ihr eigentlicher Name war Maria, sie war eine natürliche Tochter des Königs Robert von Neapel, Gemahlin eines Großen daselbst, Schwester und Freundin der Königin Johanna, deren unglückliches Schicksal sie teilte.

In Neapel lernte Boccaz sie kennen, und sichtbar ist der Einfluß, den die Reize der üppigen Gegend, noch verklärt durch den Glanz der feurigsten Liebe, auf seinen jugendlichen Sinn hatten, um ihn zur Poesie zu entfalten. Alle seine Gedichte der frühern Zeit sind der einzig Geliebten geweiht, auch wohl auf ihre Veranlassung geschrieben; ihr, der er noch als Mann, schon lange von ihr getrennt, ein herrliches Denkmal setzte.

Unter den frühern Werken mache ich den Anfang mit der TESEIDE und dem FILOSTRATO, und erinnere hier ein für allemal, daß für die Zeitfolge der Werke unsers Dichters sich historische Zeugnisse und bestimmte Angaben in ihnen selbst, oder doch solche gegenseitige Beziehungen, die das Früher oder Später völlig entscheiden, genugsam finden, und wenn ja bei einem oder dem andern Werke, um die Stelle desselben zu bestimmen, der Styl mit in Betracht gezogen werden muß, so ist dieser in den Jugendversuchen und den spätern Werken so auffallend und deutlich verschieden, daß wenigstens kein Zweifel entstehen kann, zu welcher von beiden Perioden es zu rechnen sei.

In dem FILOSTRATO einem romantisch-epischen Gedicht in *ottave rime* wird die sittsame Liebesgeschichte des guten Troilus und der tugendhaften Cressida erzählt, nebst der hülfreichen Freundschaft des edeln Pandarus, nach dem beim Shakespeare der, welcher seine gefälligen Dienste zur Verbindung der beiden Geschlechter hergibt, *a Pandar* genannt wird, so daß der Name des guten Trojaners zum Begriff geworden ist. Shakespeare hat in dem bekannten Drama des gleichen Inhalts diesen, wie sich denken läßt, vielfach ausgebildet; dennoch ist der Charakter der Fabel beim Boccaz schon ganz derselbe, wenigstens für den ersten Teil. Es ist dieser Charakter eine gewisse zierliche Albernheit und eine leise, aber sehr durchgeführte Zweideutigkeit. Es geschieht eben nichts, und es ist doch eine Geschichte; es werden Anstalten genug gemacht, aber es rückt nichts von der Stelle; es werden lange Reden gehalten, voll Edelmut und zierlicher Sprache, aber es ist eben nichts darin gesagt. Und dennoch unterhält uns das närrische Wesen, ja eben diese ironische Unbedeutendheit macht den eigentlichen Reiz davon, wie die innere Schalkheit bei dem sittsamen Ton der bis zum Pomphaften edelmütigen Reden. Durch das Gebildete der italiänischen Sprache und dieser Form begünstigt tritt sogar dieses zierlich Groteske mehr heraus beim Boccaz; aber das seltsam Fantastische der raschen tragischen Katastrophe wird freilich erst im Shakespeare deutlich verstanden, und erscheint im Boccaz ohne rechten Sinn.

Die Sprache ist leicht wie der Versbau, nicht sehr künstlich, aber klar im Periodenbau, äußerst fließend und sehr behaglich zu lesen. Man darf wohl nicht eben ein Italiäner sein, um ganz bestimmt zu fühlen, wie ungleich künstlicher nicht nur die Stanze des Tasso sei, sondern auch die des Ariosto, selbst da wo er am nachlässigsten scheint. Aber sollte die unübertreffliche Grazie des einen und das klassische Streben des andern den ganzen Charakter dieser Versart erschöpft haben? Sollte es nicht Fälle geben können, wo der Dichter, der die höchste Bildung derselben ganz in der Gewalt hätte, dennoch absichtlich zu der naiven Nachlässigkeit der ersten Versuche zurückkehrte, um das Innere des Ganzen auch in dieser Äußerlichkeit auszudrücken und nachzubilden, etwa in einem Spiele der Parodie? – Wer das ergötzliche Werkchen zur guten Stunde gelesen hat, wird es gewiß auch von dieser Seite nicht anders wünschen können. Und man kann hier dem Verse sogar noch unabhängig von seiner Bestimmung für das Werk ein Verdienst für die Ausbildung der Art zuschreiben: denn es dürfte doch wohl mehr als Konjektur sein, daß Bojardo für die

Schönheiten der Stanze, die er beim Pulci nicht fand, und wodurch er sich schon dem Ariost nähert, vorzüglich aus dem Boccaz viel gelernt habe; so daß dieser also wenigstens der erste Meister der Stanze bleibt, für deren Erfinder, wozu man ihn hat machen wollen, er nur unter bedeutenden Einschränkungen gelten kann. Es ist dieses nämlich von Italien zu verstehen, da es ja ältere provenzalische Stanzen gab; aber auch für Italien kann man es wohl nur auf die Vorzüglichkeit und entschiedne Wirkung seines Versuchs vor allen andern gleichzeitigen beziehen, ohne daß dadurch diese ganz ausgeschlossen oder auf Jahr und Tag bestimmt würde, wer chronologisch genau der erste sei.

Es darf also unserm Dichter die Kunst der Verse nicht ganz abgesprochen werden; wollte man es mit dieser einmal so streng nehmen, daß die seinigen für nichts gelten könnten, so würde man leicht auf das Resultat kommen, daß es in gereimten Sylbenmaßen überall bis auf die jetzige Zeit nur Einen Verskünstler gegeben hat, den Petrarca. Zwar einzelne Gedichte im Cervantes sind mit ebenso tiefsinniger Absichtlichkeit konstruiert und gebildet, aber nur einzelne. Die gepriesne Verskunst des Tasso und Ariosto dürfte nach diesem Maßstabe noch gar den Namen der Kunst nicht verdienen, und sich auf eine bloße Meisterschaft im Mechanischen reduzieren. Dann müssen wir annehmen, die Stanze sei noch gar nicht vollendet: sonach fehlt es an einem Maßstab zur genauen Würdigung für das Verdienst des Boccaz um sie, provisorisch aber bleibt das der ersten Ausbildung ein sehr großes. –

Wenn es bei einer zierlichen Behandlung ein artiges und sinnreiches Spiel der Fantasie sein kann, moderne Ansichten und Sitten in einer modernen Form und mit moderner Leichtfertigkeit in das heroische Altertum zu versetzen, und an die ehrwürdigen Namen der Helden anzudichten, so dürften doch die Fabeln, wo das Wesentliche der Geschichte selbst erfunden, modern erfunden ist, hiezu bei weitem am meisten, ja fast ausschließend günstig sein. Hier liegt die Parodie schon im ganzen, so daß sie im einzelnen sehr ausgespart werden kann, wodurch der Dichter von selbst auf das Zierliche geleitet und behütet wird, nicht ins Travestieren zu fallen.

Alles dieses läßt sehr viel Gutes von der TESEIDE vermuten, gleichfalls einem epischromantischen Gedicht in *ottave rime*, worin die Geschichte zweier Thebaner, des Palemon und Arcitas zu den Zeiten des Theseus, und ihre Liebeshändel mit dessen Schwester Emilia erzählt sind. Leider habe ich davon nur einen gegen das Ende des 16. Jahrhunderts gemachten elenden Auszug in Prosa von Granucci gesehn. In dergleichen Auszügen ist der Charakter einer Fabel fast nie mit einiger Zuverlässigkeit zu erkennen. Etwas besser schon zeigt er sich in der Behandlung des Chaucer. Dieser scheint es besonders auf eine redliche, stillschweigende, aber deutliche Ironie angelegt zu haben, über die Naivheit, mit der die Heldin am Schluß, da der eine Ritter stirbt, nachdem sie denselben gebührend beweint hat, sogleich den andern nimmt. Überhaupt ist Simplizität, wie mich dünkt, und zwar eine fast kolossale Simplizität der Charakter dieser Fabel; es sind manche simple Geschichten aus jener guten alten Zeit auf uns gekommen, aber simpler als diese wird man nicht leicht eine finden. Übrigens sind Gang und Umstände beim Chaucer wie beim Granucci; nur werden bei dem letztern in der Kürze noch viele Personen erwähnt, teils altmythische, teils neu erfundene, die beim Chaucer gar nicht mehr vorkommen; zum Beweis von der reichen Entfaltung in der TESEIDE des Boccaz. Auch erwähnt Granucci unter dem, was er in seiner Torheit wegschneiden zu müssen geglaubt, viele poetische Fiktionen und aus dem Statius entlehnte thebanische Geschichten. Ein Umstand, der eine merkliche Verschiedenheit der TESEIDE von dem FILOSTRATO andeutet, mit dem man sie nach allem übrigen sehr gleichartig vermuten könnte. Es muß dieses Werk noch lange nach dem Autor sehr hoch geschätzt worden sein, da es wie der PASTOR FIDO des Guarini und die Geschichte von Florio und Biancafiore ins Griechische übersetzt worden ist. Boccaz selbst bezieht sich auf dieses Werk im DECAMERONE, indem von Dioneo und

Fiammetta in einer der Zwischenstellen gesagt wird, daß sie die Geschichte des Palemon und Arcitas besungen.

Der FILOPONO, ein Roman von großem Umfang, ganz in Prosa, Bearbeitung einer der beliebtesten Geschichten des Mittelalters, die ins Spanische und auch ins Deutsche übertragen worden ist, kann jetzt am schicklichsten folgen. Schon wenn man den AMETO lieset, von dem gleich mehr die Rede sein wird, sollte man glauben, das sei das erste Werk dieses Dichters in Prosa, so sehr hat diese in demselben das Gewaltsame, Schwerfällige, Unsichere und Übertriebene eines ersten Versuchs an sich. Aber durch Vergleichung der allegorischen Episoden im FILOPONO mit den individuellen Beziehungen des AMETO wird es klar, daß dieser später sei. Einen ähnlichen Charakter hat die Prosa auch im FILOPONO, und nicht bloß diese, sondern auch die eingeflochtenen Reden und die ganze Behandlungsart des Vortrags ist mit großer Kraft und Anstrengung den römischen Klassikern nachgebildet, etwa einem Livius. Es kontrastiert das freilich oft seltsam genug mit der kindlichen Einfalt des romantischen Märchens. Aber auch in einer andern Rücksicht zeigt sich hier eine Neigung widerstrebende Dinge zu vereinigen. So versucht der Dichter im Anfange des Werks ebenso wie im AMETO die katholische Ansicht in der Sprache der alten Mythologie auszudrücken. Juno ist ihm Maria, Pluto der Satan usw. Da er nun aber in dem mehre Jahre später geschriebenen Schluß des Romans auf den Punkt kommt, wo Florio nach der Geschichte ein Christ wird, läßt er ihn die heidnischen und namentlich die griechischen Götter feierlich abschwören. Überhaupt ist das Ganze nur als Tendenz zu betrachten, nicht als gelungenes Werk. Man könnte es kurz charakterisieren: es sei ein Versuch, den Roman und die Prosa zu der Hoheit des heroischen Gedichts zu erheben. Ein würdiges Ziel, auf dem Wege zu welchem der Dichter, so viel ich weiß, keinen Gefährten gefunden hat, als den einzigen freilich größer gedachten und glücklicher vollendeten PERSILES.

So betrachte ich dieses Buch. Gewiß ist's, daß die ursprüngliche Fabel darin sehr entstellt, ja ich darf wohl sagen, entschieden verdorben sei.

Sie ist noch vorhanden, die ursprüngliche Fabel von Florio und Blancheflure, in der deutschen Bearbeitung; von einem, der in einem andern Gedichte – Herr Flecke der gute Konrad – genannt wird, nach dem Französischen des Robert von Orleans,[2] s. den zweiten Band der Myllerschen Sammlung. Zwei schöne Kinder, an einem Tage geboren, zusammen in aller Artigkeit und Poesie unterrichtet, die sich als Kinder schon liebten, ohne zu wissen, wie ihnen geschieht, dann mit jugendlicher Innigkeit und schuldloser Herzlichkeit an einander hangen. Der alte König, der das nicht dulden kann, den Sohn nach Mantua schickt, und da auch das nicht helfen will, die Geliebte an Fremde verkauft, welche sie über das Meer zum Sultan von Babylonien bringen, wo sie natürlicherweise als eine der seltensten Schönheiten in einem gewaltigen Turm von einem grausamen Wärter sehr wohl verwahrt wird. Dann Florio, der freilich nun zu spät zurückkehrt, dem gesagt wird, sie sei gestorben, der sich an dem zur Bestätigung dieses Betrugs vom alten König errichteten prächtigen Grabmale sehr klagend gebärdet, endlich von seiner Mutter die Wahrheit erfährt, schnell der Geliebten nachreist,[3] glücklicherweise seine Blancheflure sehr bald findet, zu ihr gelangt und verborgen bei ihr lebt, im Genuß aller Liebesfreuden welche

[2] Manche interessante Notizen darüber finden sich in *Eschenburgs* DENKMÄLERN ALTDEUTSCHER DICHTKUNST.

[3] Beim Boccaz nimmt er in Beziehung auf die Mühseligkeiten, denen er sich so willig unterzieht, und die als übereinstimmend mit seinem innern Gefühl ihm sogar willkommen sind, den Namen Filopono an, nach dem das Buch genannt ist. Da die Stelle in der dies gesagt wird, sich schwerlich für unecht erklären läßt, so ist dadurch der Streit über den Namen des Buchs entschieden. Gegen die Erklärungsart, welche Filocolo, wie das Buch wohl auch genannt wurde, für verdorben oder durch Mißverstand aus Filocalo von καλος gebildet hält, streitet noch der Umstand, daß schon ein allegorischer von dem Griechischen καλος abgeleiteter Name in Filopono vorkömmt, nämlich Caleone. So heißt nämlich in den frühern Gedichten des Autors Fiammettas Geliebter, in den spätern Pamphilo.

die Sittsamkeit erlaubt. Wie Blancheflure einst in seinen Armen einschläft, sie gefunden, grausam gefesselt und zum Richtplatz geführt werden. Wie der Sultan endlich durch ihre alles übertreffende Liebe im Wettstreit der Großmut sich erweichen läßt und ihnen das Leben schenkt, ja sogar ihr Freund wird und ihnen eine prächtige Hochzeit ausrichtet, wo dann unvermutet Boten erscheinen, die den Florio eilends in seine Heimat zurückrufen, um den Thron des verstorbenen Königs zu besteigen. Wie er dann ein Christ geworden, immer glücklich mit seiner Blancheflure gelebt, im fünfunddreißigsten Jahre unter andern eine Tochter namens Bertha gezeugt, die nachher mit Pipin die Mutter Karl des Großen geworden, des besten Königs aller Zeiten; und wie endlich beide in einem Alter von hundert Jahren an einem Tage in ihr Grab gelegt seien. Dazu so manche artigen Züge im einzelnen, wie Florio in einem Korb voll Rosen versteckt in das Serail getragen wird; wie der grausame Turmwärter durch seine Neigung zum Schachspiel schlauer Weise zahm gemacht und gewonnen wird usw. Das ist eine herzliche unschuldige Geschichte von rührender Einfalt und Schönheit, die nur mit stiller Lieblichkeit erzählt werden darf, ohne sie putzen und schmücken zu wollen. Und nun jener klassische Styl des Boccaz, diese Menge von hinzugedichteten Personen und Begebenheiten, die daher entstehende Weitläufigkeit, und endlich die allegorischen Episoden!

Die weitläufigste unter diesen ist jedoch an sich sehr vorzüglich und noch dadurch interessant, daß man den DECAMERONE hier gleichsam im Keime sieht. Es ist eine Gesellschaft, die sich nach altromantischer Sitte mit *Questions d'amour* beschäftigt, wo Frage und Antwort meistens an eine sinnreiche Novelle geknüpft ist. Man trifft auch hier, wie sich denken läßt, die Fiammetta wieder. Beschreibungen weiblicher Gestalt und Kleidung sind bei Boccaz fast immer überaus schön. Diesmal verherrlicht er besonders das Feuer ihrer leuchtenden Augen, und den Eindruck, den sie auf ihn gemacht.

Ob ein Werk gelungen sei oder nicht, davon hat der Dichter, wenn es mißlungen ist, nicht immer ein sichres

Gefühl, und es kann treffen, daß er grade, wenn es entschieden mißlungen ist, dieses gar nicht gewahr wird. Aber der Tendenz, der Größe seines Ziels wird er sich dennoch ganz bestimmt und klar bewußt sein können, und darnach denn den Wert dessen, was er hervorgebracht, richtig eigentlich aber nach einer unrichtigen Prämisse, würdigen. So läßt sich die Tradition verstehen und glaubwürdig finden, daß Boccaz selbst auf den FILOPONO einen sehr hohen Wert gelegt und ihn dem DECAMERONE vorgezogen habe. Arbeit ist unstreitig mehr in jenem als in diesem.

Was sich im FILOPONO nur noch als Episode ankündigt, das ist im AMETO Inhalt des Ganzen. Es ist ein durchaus allegorischer Roman, worin im allgemeinen Costum pastoraler Darstellungen erzählt wird, wie ein roher Hirt durch die Liebe veredelt und gebildet sei. Das Wie dieser Bildung ist aber eben nicht weiter ausgebildet. Den größten Raum des Buchs nehmen sieben Frauen ein, deren Kleidung und Gestalt ausführlich beschrieben wird, und deren jede ihre Herkunft, ihre Schicksale und besonders die Geschichte ihrer ersten Liebe erzählt und die Erzählung jedesmal mit einer Hymne in Terzinen an eine Göttin des Altertums beschließt. Ameto ist dabei nur Zuschauer und Zuhörer; das Buch beginnt und endigt mit allgemeinen Betrachtungen über die Liebe, und Zusammenhang oder Geschichte ist eben weiter nicht darin zu suchen. In der Geschichte der Frauen aber fühlt man die individuelle Wahrheit, und es braucht nicht erst erraten zu werden, daß Freundinnen des Dichters gemeint sind; dennoch lösen sich alle sieben schließlich in Allegorie auf und bedeuten die vier weltlichen und die drei geistlichen Tugenden. Die Geschichten sind sämtlich im Costum der Mythologie erzählt, ja auch katholische Dinge werden in diese Sprache übersetzt, wie im Anfange des FILOPONO; es wird ein großes Gewicht gelegt auf die Abkunft und die der einzelnen wird immer wo möglich an die der Nationen geknüpft, und überhaupt ist die Erzählungsart und Sprache wie in der würdigsten Historie. Die eingemischten Verse sind nicht eben der glänzendste Teil des Ganzen, von dessen Seltsamkeit man sich nach diesen Zügen schon einigen Begriff wird machen können. Der Periodenbau in diesen Versen ist verworren, sie haben nicht die naive Anmut seiner Stanzen und Canzonetten, und ungeachtet sie nur Gegenstände des klassischen Altertums im Costum desselben behandeln, so sind sie doch auch weit entfernt von klassischer Kraft und Würde; ja sie haben überhaupt keinen recht bestimmt konstruierten und deutlichen Charakter. Dagegen ist in der Prosa vieles zu loben und einiges unvergleichlich schön. Die Geschichten dürfen oft im Styl die Vergleichung mit dem Größten im DECAMERONE nicht scheuen. Unter den in diesen Geschichten charakterisierten Liebhabern ist die Figur des Dioneo, der jedem Leser des DECAMERONE unvergeßlich ist, schon mit besonderer Liebe und Keckheit gezeichnet. Aber worin sich Boccaz selbst übertroffen hat, das ist die Beschreibung von der Gestalt und der dem allegorischen Sinn gemäßen Kleidung der sieben Frauen. So kunstreiche, hinreißende, groß gedachte Kleiderbeschreibungen wird man, den Cervantes ausgenommen, nicht leicht bei noch einem Dichter finden.

Es läßt sich denken, daß Fiammetta in dieser Auswahl edler und schöner Frauen nicht fehle. Sie bedeutet die Hoffnung, und erscheint mit Pfeil und Schleier im grünen Gewande, die Locken mit einem Schmuck von Gold und Perlen geziert, umwunden von einem Kranz roter und weißer Rosen. Sie erzählt die Kühnheit, durch die ihr Geliebter ihre Gunst gewonnen hatte: wie er sie, die an Stand und Geburt weit über ihn erhaben war, oft gesehen und gesprochen habe, aber nie allein und so, daß er ihr seine Liebe entdecken können; bis er einsmals in der Abwesenheit des Gemahls Mittel gefunden, sich in ihrem Schlafgemach zu verbergen, bloß von seiner Kühnheit und seinem Dolch begleitet; wie er sich ihr entdeckt, seine Liebe geschildert, die Entstehung derselben erzählt, und wie er fest entschlossen sei, sich zu töten, wenn sie ihn nicht erhöre. Was beide sagen, Fiammettas Überraschung und heimliche Neigung, sein Ernst, seine hinreißenden Bitten, das alles ist mit der lebendigsten, glühendsten Wahrheit und Beredsamkeit dargestellt, und man findet es leicht begreiflich, daß das Feuer der seinigen alle Gegengründe besiegt hatte.

Boccaz hat diese Begebenheit noch einmal ausführlich darzustellen Gelegenheit gehabt, und er tut es mit etwas veränderten Umständen. Mehrmale noch bezieht er sich darauf und immer mit sichtbarer Liebe.

Das Buch ist nach einer Jahrszahl in der Geschichte der Emilia später als 1340 geschrieben, dürfte also unter die spätesten Jugendversuche des Dichters zu setzen sein.

Durch ihre Stellung im Ganzen ist Lya unter den sieben die Hauptperson; sie ist schon aus dem Dante als Sinnbild der Beschaulichkeit bekannt, und bedeutet hier den Glauben.

Überhaupt wirkte das Vorbild des Dante so mächtig auf seinen Geist, daß es auch ihn wie den Petrarca aus seiner eigentlichen Sphäre einmal herausziehen mochte. Als die unglückliche Frucht dieser Einwirkung von der Übermacht fremder Geistesgröße haben wir die AMOROSA VISIONE zu betrachten, ein Gedicht in Terzinen, das Ganze eine einfache Allegorie von Glück und Liebe usw., worin fast alle die berühmtesten erotischen Fabeln des Altertums verwebt sind; aber sie sind nicht neu geworden in dieser veränderten Behandlung, welche die ungünstigsten Urteile von der Poesie des Autors zu rechtfertigen scheinen könnte. Wenn uns schon die TRIONFI des Petrarca keine gelungene Nachbildung scheinen, was sollen wir erst von dieser Vision sagen, die so tief unter jenen steht? Es ist das einzige Werk von ihm, welches mich Überwindung gekostet hat, zu Ende zu lesen. Übrigens kommen alle die allegorischen Personen des AMETO auch hier vor und zwar als schon bekannte. Noch einer sonderbaren Spielerei muß ich erwähnen; die ersten Buchstaben jeder Terzine durch das ganze Gedicht bilden eine Art von Vorrede für dasselbe, die aus zwei Sonetten an Fiammetta und aus einer Canzonette an die Leser besteht.

Unter die Produkte der männlichen Reife ist dem innern Charakter und auch der Zeit nach der DECAMERONE zu stellen, den ich als bekannt voraussetze: denn die erste Masse desselben erschien 1353, also da B. vierzig Jahre alt war. Auf diesen ist der URBANO zu beziehn, ein Roman, wo sich mancherlei Unglücksfälle nach langer Erwartung endlich mit Wiedererkennung und dergleichen in allgemeines Glück auflösen. Die Behandlung ist durchaus dieselbe, wie in den größern, ernsthaften Novellen im DECAMERONE, nur noch etwas ausführlicher, wodurch der URBANO beim Vergleich eher gewinnen als verlieren würde. Hat nun der Dichter, ehe er Novellen in Masse behandelte, es mit einer einzelnen versucht, oder nachher, in der Absicht sie mehr zu entfalten? Dann dürfte diese Absicht merklich und die Verschiedenheit größer sein. Ich vermute daher das erste. Für einen Versuch hingegen, eine einzelne Novelle als für sich bestehendes Werk und ganz anders, als es dort geschehen war, poetisch und in dem geliebten mythischen Costum zu behandeln, möchte ich das NINFALE FIESOLANO halten, um so mehr, da der darin erzählten Geschichte von *Africo* und *Mensola* nach Manni eine wahre zum Grunde liegen soll. Ein sehr gefälliges Gedicht, lebendig und kräftig; als versifizierte Novelle, als episch-romantisches Gedicht von so kleinem Umfang das einzige in seiner Art: Also B. selbst bestätigt durch sein Beispiel, was Cervantes und Shakespeare zur Genüge bewiesen haben, daß die Novelle auch einzeln und für sich bestehend muß interessieren können, daß es nicht gerade notwendig ist, eine ganze Flora derselben in ein romantisches Symposium einzufassen, wie es im DECAMERONE so vortrefflich geschehen ist, daß es zu ausschließend allgemeine Regel scheinen könnte. – Die Stanze hat hier noch die alte naive Anmut, aber mit der Sprache zugleich mehr Schwung. Man könnte stellenweise eine Ähnlichkeit finden mit der Manier des Poliziano in den berühmten Stanzen, aus denen Ariosto für seine Verskunst so vieles gelernt hat, deren Styl aber doch in seinem geflügelten Schwung und altertümlicher Kraft ohne Nachfolge in der italiänischen Poesie geblieben ist.

Aus derselben Zeit ungefähr, wie der DECAMERONE, ist einer Zeitbestimmung in dem Werke selbst zu Folge der LABERINTO D'AMORE oder CORBACCIO; in ältern Zeiten sehr gelesen, und in viele Sprachen übersetzt. Der Styl ist vortrefflich und die Erfindung witzig; seine Beliebtheit verdankt das Werk aber vielleicht zum Teil mit dem Umstande, daß es sich als eigentliche Satire gegen das weibliche Geschlecht überhaupt so bestimmt rubrizieren ließ. Unter dieser Rubrik finde ich es als ein äußerst berühmtes Buch unter andern in einem alten Gedichte im spanischen CANCIONERO angeführt. Boccaz erzählt in eigner Person, wie er vor Liebe, da er mit Spott verschmäht ward, sehr unglücklich gewesen sei, so daß er sich habe umbringen wollen. Sein innrer Kampf, seine Selbstgespräche werden ausführlich dargestellt, und wie er sich endlich so weit beruhigt, daß er sich entschließt, wieder unter Menschen zu gehen und einige gesellschaftliche Freuden sich gefallen zu lassen. Dies besänftigt ihn schon, und da er nun ruhiger einschlummert, hat er eine Vision, wie man sie sich leicht denken kann, worauf eben der Titel Labyrinth des Amor deutet. Da begegnet er einem alten Manne, dieser ist aber keine mythische Figur, sondern der verstorbene Ehegemahl der übermütigen Dame in eigner Person. Der Alte hat eben keine idealische Ansicht der Frauen, sondern macht ihm eine solche mit der pünktlichsten Genauigkeit ausgeführte und ausführliche Beschreibung von allen den geistigen und körperlichen Gebrechen, ohne eines zu übergehen, mit denen diese Frau behaftet war, daß der Liebhaber dadurch ganz vollkommen wieder zur Vernunft gebracht wird. Allgemeine Ausfälle gegen das Geschlecht gehörten hier mit zur notwendigen Rhetorik des Buchs: doch scheint es, hatte persönliche Rache, deren B. in solchen Verhältnissen sehr fähig war, den größten Anteil an der Entstehung desselben.

Die VITA DI DANTE empfiehlt sich außer den interessanten Nachrichten über jenen großen Dichter durch eine männliche Beredsamkeit. Nicht als Biographie oder Charakteristik ist sie zubeurteilen, sondern als Apologie, als Rede an die Florentiner; und daß sie als solche ihre Wirkung getan, wird am besten dadurch bewiesen, daß B. nachher von der Republik angestellt wurde, Vorlesungen über das göttliche Werk zu halten.

Merkwürdig ist auch die allgemeine Ansicht der Poesie in dieser Schrift. Er hält sie für eine irdische Hülle und körperliche Einkleidung der unsichtbaren Dinge und der göttlichen Kräfte, nennt sie geradezu eine Art von Theologie, die nur allgemein verständlicher und lieblicher sei, als die eigentlich so genannte. Zwar hat der Begriff der Allegorie nicht immer den hohen Sinn bei ihm, den man vermuten sollte, da er die Alten so weit doch schon kannte und da er den Dante vor sich hatte; sondern er belegt auch wohl mit diesem Namen den sinnbildlichen Vortrag bloß moralischer Lehren: aber dennoch bleibt es eine tüchtige fruchtbare Ansicht, unendlich reeller als die hohlen Begriffe, die uns von den verbildeten und im Geiste schal gewordnen Ausländern gekommen und von der sogenannten kritischen Philosophie zu einer Wissenschaft, genannt Ästhetik, gestempelt worden sind; ich meine die ganz leeren Begriffe von Darstellung, wo noch gar kein Begriff von Natur vorhanden ist, und von Schönheit, wo der von der Gottheit so gut wie verloren scheint.

Dieselbe Ansicht der Poesie finden wir auch in dem lateinischen Werke über die alte Mythologie wieder, das übrigens außer unserm Kreise liegt, wie alles, was von Boccaz in der Geschichte der Philologie und der Wiederherstellung der alten Literatur zu erzählen wäre. Nur das will ich erwähnen, daß für die Abfassung seiner lateinischen Schriften die des Petrarca, für den er eine grenzenlose Verehrung äußert, und dessen Beispiel nicht ohne Einfluß gewesen zu sein scheinen.

Noch habe ich von der FIAMMETTA zu reden, dem herrlichen Denkmal, was B., wie ich oben sagte, auf dem Gipfel seiner geistigen Kraft der Geliebten zur ewigen Verherrlichung setzte. Es ist eine in mehre Bücher abgeteilte, soll ich sagen Rede oder Erzählung, worin Fiammetta selber spricht, ihr kurzes Glück mit glühenden Farben schildert, und erzählt, wie es durch plötzliche Trennung zerstört worden. Dies ist jedoch nur der Anfang, den größten Teil des Buchs nimmt ihr Schmerz über diese Trennung ein, ihr Verlangen, welches mit Liebe ausgeführt und mit allen Torheiten, zu denen es sie lockt, dargestellt ist; wie sie von Eifersucht zerrissen dennoch wieder Hoffnung faßt, wie diese immer höher steigt, und endlich nah dem Ziele sie dennoch täuscht; wie nun der Schmerz immer tiefer gräbt, da sie nie wieder von dem Geliebten hört, bis sie sich ruhig auf immer den ewig gleichen Schmerzen ergibt. Es ist so gut wie keine äußre Geschichte, auch keine Charakteristik und Individualität; alles ist groß und allgemein, es ist nur Liebe, nichts als Liebe. Alles ist durchdrungen von Sehnsucht, von Klage und von tiefer verborgener Glut. Verschmäht ist auch der Reiz, der aus der Nachbildung der weiblichen Manieren in der Schreibart entstehen kann, als unter der Hoheit dieser Elegie, die würdig wäre, zwischen den besten des Altertums und den Gesängen des Petrarca auf dem Altare der Liebe zu ruhen.

Da ich nicht voraussetzen darf, daß jeder, der ein Urteil zu haben glaubt, über das Göttliche in der einfachen Komposition eines seinem Inhalte nach so äußert subjektiven Werks mit mir übereinstimmen könne, so will ich von dem reden, worin jeder, der es mit einigem Verstande lieset, es sogleich als das höchste und erste seines Urhebers anerkennen muß; von dem Styl. Er geht in einem Tone durch das ganze Buch fort, und auch der Reiz ist verschmäht, der aus dem Wechsel des Tons und der Farbe in der Sprache entsteht; und wenn Cervantes durch die Bildsamkeit seiner Prosa, durch den reichen Gebrauch, den er von jenem Wechsel, da ihm jeder Ton und jede Farbe zu Gebote ist, zu machen versteht, bei der Größe des Styls, zu der er sich, so oft es ihm gefällt, erheben kann, uns mehr bezaubert als Boccaz gewöhnlich etwa im Decamerone es vermag: so darf ich doch ohne Übertreibung sagen, daß sich im Cervantes, dem größten, ja vielleicht außer Boccaz dem einzigen modernen Künstler der Prosa, keine Masse derselben von dieser gleichartigen Hoheit und innern Durchbildung und Ausbildung finde; und ohne Übertreibung, daß das Vortrefflichste und Größte, was der Decamerone aufzuweisen hat, nur als Annäherung oder Nachhall erscheinen kann gegen diese Würde und Schönheit. O möchte doch das Göttliche nicht immer verkannt sein und vergessen, so würde es von diesem Gebilde der einfachsten aber der höchsten Dichtkunst nicht eines literarischen Berichtes bedürfen!

Nur Jahre lang nach dem AMETO konnte B. diese Höhe der Bildung im Styl erreichen. Aber übrigens ist nichts dagegen, daß das Werk sogar noch vor dem DECAMERONE gedichtet sei, und keine äußere Notiz kommt uns bei dieser Bestimmung zur Hülfe. Aber man mag es nun in der Zeitordnung vor oder nach dem DECAMERONE setzen: gewiß ist es, daß nach diesem Werke nur, worin alles eigen und ganz sein ist, beurteilt werden darf, was er als Dichter war und was er im Styl vermochte.

Von dem DECAMERONE eine Beschreibung zu geben, würde überflüssig sein. Die Einfassung des Werks muß denen, die bisher nur dieses allein vom B. kannten, nach dem, was ich von seinen übrigen berichtet habe, schon ungleich verständlicher sein, da wir die allmählige Entstehung dieser eigentümlichen Lieblingsform des Boccaz, eine gründlich genaue, fast geometrisch geordnete Darstellung seines geselligen Kreises mit einem Kranz von lieblichen Geschichten zu durchflechten, in mehren Stufen nachweisen konnten. Die Charakteristik der Novelle müßte ins einzelne gehn, da ja jede Novelle ihren spezifisch verschiedenen Charakter, ihre eigne Signatur hat; ferner da viele von bedeutenden Meistern umgebildet sind, müßte die Nachbildung mit der Behandlung des B. verglichen werden, und diese mit ihren Quellen, die wir sehr oft nicht finden oder nicht haben können. Im ganzen scheint es die beste Methode, Novellen zu charakterisieren, wenn man sie erneuert, wo die Charakteristik zugleich den Beweis ihrer Richtigkeit oder Unrichtigkeit mit sich führt. Fruchtbar wäre es für die Theorie, die Geschichte einer einzigen Novelle von besondrer Tiefe, die etwa recht viele Umbildungen erfahren hat, des Beispiels wegen durch alle diese durchzuführen; welches aber hier, wo unsre Absicht auf einen einzelnen Meister beschränkt ist, nicht stattfinden kann. Weniger überflüssig dürfte es sein, einige Worte zur Charakteristik der ganzen Gattung zu sagen, wodurch es uns wenigstens vielleicht gelingen wird, einiges Nachdenken darüber zu veranlassen.

Ich wähle dazu einen Weg, der sonderbar scheinen kann. Ich werde zuerst suchen die Tendenz des Dichters, der mit Recht als der Vater und Stifter der Novelle betrachtet wird, in eine Idee zusammenzufassen, ob diese etwa ein Licht über die tiefere Eigenheit der Gattung gibt.

Man kann den Charakter eines Dichters im ganzen nie mit einiger Richtigkeit treffen, bevor man nicht den Kreis der Kunstgeschichte gefunden hat, zu dem er gehört, das größere Ganze, von dem er selbst nur ein Glied ist. Man muß es mit solchen Konstruktionen, welche die einzige Grundlage jeder reellen Kunstgeschichte sind, eben so lange versuchen, bis man das Rechte endlich gefunden zu haben sich durch mancherlei Bestätigungen versichern kann. Hat man nur den Geist der Kunst überhaupt, von der eine Geschichte gesucht wird, und fehlt es dabei nur nicht an Ernst und unermüdlichem Studium, so wird man sich über schlechten Erfolg in dem Versuch, die Entstehung des wirklich Gebildeten und die innere Organisation dieser Entstehung und Bildung zu begreifen, nicht beklagen dürfen. Ich erinnere dies nur, um die Art von Einstimmung anzudeuten, die ich für das Folgende erwarten darf.

Wenn es einleuchtet, daß Dante als Prophet und Priester der Natur und des katholischen Glaubens weit aus der Sphäre der übrigen italiänischen Poesie herausgegangen sei, ganz inkommensurabel mit den andern großen Dichtern dieser Nation bleibe, so dürfen wir, wenn wir die Poesie derselben als ein Ganzes betrachten wollen – was ich hier nur postuliere, weil der Beweis, daß man sie so betrachten müsse, zu tief ausholen und zu weitläuftig ausfallen dürfte – wir dürfen, sage ich, in die Konstruktion der italiänischen Poesie jenen Großen nicht mit aufnehmen.

Aber auch Guarini ist freier von Nationalität wie irgendein anderer italiänischer Dichter. Seine Tendenz geht weit ab von der ihrigen; er geht zuerst und zuletzt auf idealische Schönheit, auf Enthusiasmus für diese und auf die Fülle der Harmonie, nicht auf eine in der Tiefe oder Leichtigkeit unübertreffliche Darstellung und Virtuosität in dieser. Daher die klassische Würde und Anmut, die harmonische Bildung seiner Sprache und Form, wonach Tasso nur strebte. Was man auch für das Gegenteil sagen mag, er ist ohne Vorgänger gewesen und ohne Nachfolger geblieben, steht einzig und allein da in der italiänischen Poesie.

Nicht so ist es mit dem Ariosto, Petrarca und Boccaz. Sie tragen alle in unverkennbaren Zügen das stärkste Gepräge jenes entschiedenen Nationalcharakters. Ihre Formen, ja ihre Manieren sind einheimisch geworden und geblieben in der italiänischen Poesie. Den größten Teil der Literatur derselben füllt die zahllose Schar der Nachfolger, die sie gefunden haben, und von denen doch einige nicht unbedeutend sind, wenn auch nicht so bedeutend wie die Vorgänger, die etwa Ariost, ja auch Petrarca gehabt hat. In diesen Vorgängern und den bessern Nachfolgern ist die Tendenz mehr oder weniger dieselbe wie bei dem Meister der Manier; nur die Stufe der Kunst ist verschieden.

Meine Ansicht ist also diese. Dante, so sehr er Italiäner ist, liegt ganz außer den Grenzen ihrer Nationalpoesie. Auch Guarini ist eine Episode in ihr, deren Umkreis und Inhalt Petrarca, Boccaz und Ariosto bezeichnen.

Warum ich dem Tasso in dieser Konstruktion gar keine Stelle gebe, davon will ich hier, wo ich nicht polemisieren möchte, die Ursache lieber durch Stillschweigen erraten lassen, als sie ausführen und beweisen.

Was in der Darstellung des Petrarca künstlerisch betrachtet, am stärksten auffällt, ist dieser überraschende, bewundernswürdige Grad von Objektivität bei einem so ganz subjektiven Inhalte. Wie die Schönheit auf der Harmonie von Form und Materie, so scheint die Darstellung, in welcher die größte Künstlichkeit zu besitzen und zu zeigen gemeinschaftliche Tendenz jener italiänischen Meister ist, auf dem Verhältnis des Objektiven und Subjektiven zu beruhen. Im Petrarca ist dieses bis zur Identität vereinigt. Ariosto neigt sich entschieden auf die Seite der Objektivität. Die subjektive Beschaffenheit oder Beziehung fast aller Werke des Boccaz fällt in die Augen. Nehmen wir nun an, daß dies an sich nicht fehlerhaft, daß es vielmehr die eigentliche, also richtige Tendenz seiner Kunst war, das Subjektive mit tiefster Wahrheit und Innigkeit rein ans Licht zu stellen, oder in klaren Sinnbildern heimlich anzudeuten, so wird es begreiflich, daß sie gerade in der FIAMMETTA in ihrem höchsten Glanze erscheint; und wenn es uns gelingt, den Charakter der Novelle mit diesem Begriff von der Tendenz des Künstlers in Beziehung zu setzen, so werden wir einen Mittelpunkt und gemeinschaftlichen Gesichtspunkt für alle seine Werke gefunden haben, die man ganz richtig nur als Annäherungen und Vorbereitungen zur FIAMMETTA oder zur Novelle, oder als unwillkürliche Verbindungsversuche und zwischen beiden schwankende und schwebende Mittelglieder betrachten würde.

Ich behaupte, die Novelle ist sehr geeignet, eine subjektive Stimmung und Ansicht, und zwar die tiefsten und eigentümlichsten derselben indirekt und gleichsam sinnbildlich darzustellen. Ich könnte mich auf Beispiele berufen und könnte fragen: Warum sind denn unter den Novellen des Cervantes, obgleich alle schön sind, einige dennoch so entschieden schöner? Durch welchen Zauber erregen sie unser Innerstes und ergreifen es mit göttlicher Schönheit, als durch den, daß überall das Gefühl des Dichters, und zwar die innerste Tiefe seiner eigensten Eigentümlichkeit sichtbar unsichtbar durchschimmert, oder weil er wie im CURIOSO IMPERTINENTE Ansichten darin ausgedrückt hat, die eben ihrer Eigentümlichkeit und Tiefe wegen entweder gar nicht oder nur so ausgesprochen werden konnten? Warum steht der ROMEO auf einer höhern Stufe als andre dramatisierte Novellen desselben Dichters, als weil er in jugendlicher Begeisterung ergossen in ihm mehr als in jeder andern ein schönes Gefäß für diese fand, so daß er ganz davon angefüllt und durchdrungen werden konnte? – Auch bedarf es keiner Auseinandersetzung, um zu zeigen, daß diese indirekte Darstellung des Subjektiven für manche Fälle angemessener und schicklicher sein kann, als die unmittelbare lyrische, ja daß gerade das Indirekte und Verhüllte in dieser Art der Mitteilung ihr einen höhern Reiz leihen mag. Auf ähnliche Weise ist die Novelle selbst zu dieser indirekten und verborgenen Subjektivität vielleicht eben darum besonders geschickt, weil sie übrigens sich sehr zum Objektiven neigt, und wiewohl sie das Lokale und das Costum gerne mit Genauigkeit bestimmt, es dennoch gern im allgemeinen hält, den Gesetzen und Gesinnungen der feinen Gesellschaft gemäß, wo sie ihren Ursprung und ihre Heimat hat; weshalb sie auch in jenem Zeitalter vorzüglich blühend gefunden wird, wo Rittertum, Religion und Sitten den edlern Teil von Europa vereinigten.

Aber es läßt sich diese Eigenschaft der Novelle auch aus ihrem ursprünglichen Charakter unmittelbar deduzieren. Es ist die Novelle eine Anekdote, eine noch unbekannte Geschichte, so erzählt, wie man sie in Gesellschaft erzählen würde, eine Geschichte, die an und für sich schon einzeln interessieren können muß, ohne irgend auf den Zusammenhang der Nationen, oder der Zeiten, oder auch auf die Fortschritte der Menschheit und das Verhältnis zur Bildung derselben zu sehen. Eine Geschichte also, die streng genommen, nicht zur Geschichte gehört, und die Anlage zur Ironie schon in der Geburtsstunde mit auf die Welt bringt. Da sie interessieren soll, so muß sie in ihrer Form irgendetwas enthalten, was vielen merkwürdig oder lieb sein zu können verspricht. Die Kunst des Erzählens darf nur etwas höher steigen, so wird der Erzähler sie entweder dadurch zu zeigen suchen, daß er mit einem angenehmen Nichts, mit einer Anekdote, die, genau genommen, auch nicht einmal eine Anekdote wäre, täuschend zu unterhalten und das, was im Ganzen ein Nichts ist, dennoch durch die Fülle seiner Kunst so reichlich zu schmücken weiß, daß wir uns willig täuschen, ja wohl gar ernstlich dafür interessieren lassen. Manche Novelle im Decamerone, die bloß Späße und Einfälle sind, besonders in dem letzten provinziell-florentinischen Teile desselben gehören zu dieser Gattung, deren schönste und geistreichste der Licenciado Vidriera von Cervantes sein dürfte. Aber da man es selbst in der besten feinen Gesellschaft mit dem was erzählt wird, wenn nur die Art anständig, fein und bedeutend ist, nicht eben so genau zu nehmen pflegt, so liegt der Keim zu diesem Auswuchs schon in dem Ursprunge der Novelle überhaupt. Doch kann es eigentlich nie allgemeine Gattung werden, so reizend es auch als einzelne Laune des Künstlers sein mag, denn diese würde, wenn sie förmlich konstituiert und häufig wiederholt würde, eben dadurch ihren eigentümlichen Reiz verlieren müssen. Der andre Weg, der sich dem künstlichern Erzähler, dem vielleicht schon die ersten Blüten vorweggenommen sind, zeigt, ist der, daß er auch bekannte Geschichten durch die Art, wie er sie erzählt und vielleicht umbildet, in neue zu verwandeln scheine. Es werden sich ihm eine große Menge darbieten, die etwas objektiv Merkwürdiges und mehr oder weniger allgemein Interessantes haben. Was anders soll die Auswahl aus der Menge bestimmen, als die subjektive Anneigung, die sich allemal auf einen mehr oder minder vollkommnen Ausdruck einer eignen Ansicht, eines eignen Gefühles gründen wird? Und welchem Erzähler einzelner Geschichten oder innern, weder historischen noch mythischen Zusammenhang, würden wir wohl lange mit Interesse zuhören, wenn wir uns nicht für ihn selbst zu interessieren anfingen? Man isoliere diese natürliche Eigenheit der Novelle, man gebe ihr die höchste Kraft und Ausbildung, und so entsteht jene oben erwähnte Art derselben, die ich die allegorische nennen möchte, und die wenigstens, mag man sie so oder anders bezeichnen sollen, sich immer als der Gipfel und die eigentliche Blüte der ganzen Gattung bewähren wird.

Entsteht nun die Frage, in welcher Novelle etwa Boccaz seine Individualität am vollständigsten ausgesprochen habe, so würde ich die Geschichte des Africo und der Mensola, das NINFALE FIESOLANO nennen. Veredlung der rohen männlichen Jugendkraft durch die Liebe, eine kräftige glühende Sinnlichkeit und innige naive Herzlichkeit im Genuß, der durch plötzliche Trennung schnell unterbrochen wird, wodurch zerrissen die Liebenden den Schmerzen über solche Trennung sich bis zum Tode heftig überlassen; das sind überall die Grundzüge von Boccazens Liebe und seiner Ansicht derselben.

Aber gar viele andre Novellen noch im DECAMERONE werden demjenigen bedeutender und verständlicher sein, der sich dabei etwa an die FIAMMETTA oder auch wohl an den CORBACCIO erinnern kann.

Da die Poesie bei den Neuern anfangs nur wild wachsen konnte, weil die ursprüngliche und natürlichste Quelle derselben, die Natur und der Enthusiasmus für die unmittelbare Idee derselben in der Anschauung göttlicher Wirksamkeit, entweder gewaltsam verschlossen war, oder doch nur sparsam sich ergoß: so mußte, den Trennungen der Stände und des Lebens gemäß, neben der Romanze, die Helden- und Kriegsgeschichten für alle, und der Legende, die Heiligengeschichten für das Volk sang oder erzählte, auch die Novelle in der modernen Poesie notwendiger Weise entstehen mit und für die feine Gesellschaft der edlern Stände.

Da die Novelle ursprünglich Geschichte ist, wenn auch keine politische oder Kulturgeschichte, und wenn sie es nicht ist, dieses nur als erlaubte, vielleicht notwendige, aber immer doch nur einzelne Ausnahme angesehen werden muß: so ist auch die historische Behandlung derselben in Prosa mit dem Styl eines Boccaz die ursprünglichste; welches gar nicht gegen die mögliche Dramatisierung vielleicht aller Novellen streiten soll; aber doch demjenigen, der der Gegenstand dieses Versuchs war, den Ruhm vindizieren kann, als Vater und Meister der Gattung zu gelten.

Literatur

Der Aufsatz „Literatur" erschien 1803 im ersten Heft von Schlegels Zeitschrift „Europa", die er bei dem Frankfurter Verleger Friedrich Wilmans herausgab. Insgesamt kamen 1803 drei Hefte und erst 1805 das vierte und letzte Heft heraus. Ursache für das Scheitern des Unternehmens war das Ausbleiben der angekündigten Beiträge seiner Freunde – u. a. von Tieck, Schleiermacher, Fichte und F. A. Wolf –, aber auch die Unzuverlässigkeit des Verlegers.

Gleichwohl stellt diese Zeitschrift und das mit ihr verknüpfte Konzept eine wichtige Etappe in Schlegels Entwicklung dar. Eingeleitet wurde das erste Heft durch Schlegels programmatische Skizzen seiner „Reise nach Frankreich". An die Beschreibung von Stationen seiner Reise schließt Schlegel kulturkritische Reminiszenzen über den Zustand Europas an und vergleicht die gesellschaftliche Entwicklung in Frankreich und deren moralische Folgen mit der sich in mittelalterlicher Kunst und Malerei widerspiegelnden konservativen ständischen Gesinnung.

Ein Schwerpunkt in der Zeitschrift sind die Gemäldebeschreibungen. Vermittelt über seinen Stiefsohn, den Maler Philipp Veit, wirkte – neben anderen Quellen – Schlegels Verehrung frühitalienischer und altdeutscher Kunst und die Forderung nach religiöser Bindung aller Kunstausübung auf die romantische Künstlerbewegung der Nazarener.

Einen weiteren Schwerpunkt stellen die Forschungen zur Literatur des Mittelalters dar. Sie fanden ihren Niederschlag in den „Beiträgen zur Geschichte der modernen Poesie und Nachricht von provenzalischen Manuskripten".

Im Aufsatz „Literatur" beschreibt Schlegel die Entwicklung der deutschen Kultur der Gegenwart, die er auf dem Weg zu klassischer Vollendung sieht. Sie habe im Idealismus ihren weltanschaulich-philosophischen Kern und in der Poesie – insbesondere in Goethe – ihre adäquateste Ausdrucksform gefunden.

Die wichtigsten literarischen Erscheinungen sowohl im Fache der Wissenschaft als der Kunst, machen jetzt in Deutschland ein so vielfach ineinander eingreifendes, zusammenstimmendes, und zugleich so weit umfassendes Ganze aus, daß man nicht nur in den modernen Zeiten, sondern selbst im Altertume vergeblich sich nach einem Beispiele umsehen würde von einer ähnlichen rastlosen Tätigkeit und universellen Wechselwirkung aller der Künste und Wissenschaften, deren einziges oder doch vorzügliches Augenmerk es ist, den Menschen seiner göttlichen Natur und Bestimmung näher zu führen oder würdiger zu machen.

Die kühnste Freiheit des Denkens ist auf eine Weise nicht bloß rege gemacht, sondern konstituiert und organisiert, daß wir fernerhin nur für allgemeine Ausbreitung und für noch sorgfältigere Ausbildung des einmal erworbenen und nie wieder zu verlierenden Gutes zu sorgen haben. Die Dichtkunst, selbst zur ernsten Wissenschaft geworden, beseelt alle übrigen durch den Geist und die Kraft ihrer höchsten Blüte; Kunstgefühl und wissenschaftlich strenger Scharfsinn begleitet die gründlichste und reichste Gelehrsamkeit, und das Licht der geistigen Anschauung verbreitet sich immer mehr und mehr über alle Künste und Zweige der Kenntnis.

Unvollendet und nicht allgemein verbreitet ist selbst das Vortrefflichste; aber auch nur aus solchen äußerlichen Rücksichten angesehen, sind die größten Fortschritte in kurzer Zeit gemacht worden. Während durch die Vorlesungen von Fichte und A. W. Schlegel in einer der angesehensten Städte Deutschlands Wissenschaft und Kunstsinn selbst unter den Ständen mit Glück sich verbreiten, die sich nicht ausschließend den Studien widmen, werden auf der Universität zu Jena vorzüglich durch Schellings Bemühungen die jungen Männer fortdauernd durch gründlichen Unterricht zu einer transzendentalen Ansicht angeführt, die es ihnen nachgehends leicht macht, wenn sie die Schranken des Systems vergessen haben, alles Vortreffliche zu ergreifen. Die Sprache und Versifikation sind zur selbigen Zeit auf einen Grad vervollkommnet worden, der dem Tiefsinn der Dichtungen beinah entspricht und nur wenig zu wünschen übrig läßt; und während Goethe ein Beispiel von Klarheit und Anmut in deutscher Sprache aufgestellt hat, wie es in allen Sprachen selten ist, bestrebt sich Tieck mit dem glücklichsten Erfolge dieselbe auf ihre Quelle zurück zu führen, und ihr alle den Reichtum und die Kraft wieder zu geben, die sie in alten Zeiten besaß. Auf dem deutschen Theater herrschte bisher die Prosa und die Plattheit, die Schauspieler hatten es fast verlernt, Verse zu deklamieren. Gegenwärtig aber bietet die Aufführung des Shakespeareschen HAMLETS dem Originale gemäß, der Schillerschen Trauerspiele, IPHIGENIA von Goethe, des ION und des ALARKOS, wozu wir auch noch die BRÜDER des Terenz gesellen können, so wie mehrere andere metrische Übersetzungen, eine Reihe von Versuchen poetischer Darstellungen auf dem Theater, von denen nicht nur der Erfolg schon an sich im Vergleich mit der bisherigen Armut den Wünschen der Kunstfreunde sehr entsprechend sein muß, sondern die auch hoffen lassen, daß bald ein hinlängliches Fundament vorhanden sein werde, um unter einer Direktion, die der des Weimarischen ähnlich wäre, ein Theater zu gründen, das durchaus nur im Gebiete der schönen Kunst seine Existenz hätte; um so mehr, da die metrische und getreue Übersetzung des Shakespeare, wenn die poetische Fähigkeit der Zuschauer sowohl, als der Schauspieler nur erst hinlänglich geübt wäre, einem solchen Theater schon einen ziemlichen Vorrat an Stücken darbieten würde, die für diesen Zweck fast als einheimische gelten können.

Diejenigen Männer, welche die deutsche Literatur in diesem Jahrhundert eigentlich gestiftet und gegründet haben, sind vorzüglich *Klopstock*, *Winckelmann* und *Lessing*; alle drei auf verschiedene Weise des größten Lobes und Ruhmes würdig, und alle drei von dem entschiedensten Einflusse auf unsre Nation. Klopstock hat zuerst das große Werk unternommen, die Sprache wenigstens aus dem Gröbsten von der herrschenden Barbarei zu säubern, ohne doch der vom kultivierten Auslande einbrechenden Wasserflut Raum zu gönnen und zugleich hat er sie den alten allein echten Quellen wenigstens etwas näher gebracht. In der Dichtung selbst hat er dadurch den allein richtigen Weg wenigstens angedeutet, daß er eine *mythische* Poesie gewollt, und nach dem Höchsten ernstlich gestrebt hat; wenn gleich die Art wie er sowohl die nordische als die christliche Mythologie behandelt hat, keineswegs diejenige ist, die wir als die beste oder auch nur als die richtige anerkennen könnten, indem ihm bei der letzten insonderheit der bis zum Nichtgefühl des Gegenteils getriebne Protestantismus, seiner Denkart eine poetische Ansicht des Christentums unmöglich machte.

Winckelmanns Enthusiasmus für das Altertum und die Kunst, in einem unsterblichen Werke dargestellt, als eine gewaltige Masse erhabner Bildung mitten in die Verderbtheit und Armseligkeit der literarischen Welt hingestellt, ist die Grundlage des Besten und des Edelsten unter uns geworden. Seine Geschichte, philosophischer als noch keine war, weil sie in klarer Einfalt ist, was jede Geschichte sein sollte, Naturgeschichte, Physik, die den innern Organismus der Bildung entwickelt, ist eben deswegen als unbewußte Poesie, er selbst aber gewissermaßen als ein Vorgänger Goethes zu betrachten. *Lessings* Geist, sein dialektischer Scharfsinn und polemischer Witz, seine ganze literarische Eigentümlichkeit und Vielseitigkeit, wird noch so lange ein nachahmungswürdiges Beispiel für uns bleiben, als der gegenwärtige Zustand der Literatur dauert, so lange es noch Journale und Broschüren gibt und geben muß. *Goethes* dichterische Laufbahn ist die lehrreichste Einleitung zu der neuen Epoche, und zum Studium der Poesie überhaupt; er ist als die Basis unsrer Bildung zu betrachten. Auch hat er in jeder Periode seines Lebens mächtig gewirkt. Doch oft nicht gleich im Moment, oft erst geraume Zeit nachher; besonders die vortrefflichsten Werke aus der Sammlung, die in den letzten achtziger Jahren erschien, wurden nach ihrem ganzen Wert erst viel später anerkannt, und diese Anerkennung war meistens eine Folge des philosophischen Lichtes, des Idealismus, dieses größten Phänomens der neuern Literatur, wodurch das, was ihr Wesen charakterisiert, die Universalität und der progressive Geist der Freiheit wissenschaftlich konstituiert und gesichert wurde.

Der *Idealismus* ist der Mittelpunkt und die Grundlage der deutschen Literatur; ohne ihn ist eine das Ganze der Natur umfassende Physik nicht möglich, und die höhere Poesie als ein andrer Ausdruck derselben transzendentalen Ansicht der Dinge ist nur durch die Form von ihm verschieden. Ja selbst die Gelehrsamkeit wird ohne Prinzipien der Philosophie nicht nach einer strengen Methode verfahren können, die das feinere Kunstgefühl mit Sicherheit anwendend, sich zur historischen Kritik erheben dürfte, für die es eben da an Sinn zu fehlen pflegt, wo es an philosophischer Fähigkeit gebricht, wie z. B. bei den meisten andern Nationen des jetzigen Europa, die Deutschen ausgenommen. – Die gegenwärtige Epoche der deutschen Literatur mit der Erscheinung oder Bekanntwerdung der *Kantischen* Philosophie anzufangen, scheint nicht zweckmäßig. Denn wiewohl die kombinatorische Gedankenfülle dieses reichbegabten und tiefsinnigen Geistes als Erregungsmittel allgemeinen Selbstdenkens sehr nützlich, ja notwendig erscheint, und so unleugbar sich auch einzelne Keime des Idealismus in seinen Schriften finden, so dürften uns doch die Resultate seiner Philosophie allzusehr von der Wahrheit entfernen. Im spekulativen Gebiet schließt Kant mit der Meinung, daß wir das einzige gerade, was allein gewiß und deutlich ist, das Wesen der Gottheit, durchaus zu wissen nicht im Stande seien; für die Moral aber will er der Form den Vorzug vor der Materie geben, welches niemandem einfallen kann, der die höchste Realität gefunden hat. Die Nachwelt wird vielleicht die Geistesgröße dieses vortrefflichen Mannes vorzüglich nach seinen physikalischen Schriften, der THEORIE DES HIMMELS und den ANFANGSGRÜNDEN DER NATURWISSENSCHAFT schätzen, dahingegen seine philosophischen Schriften der Vergessenheit unvermeidlich entgegen gehen. Sicherer scheint es diese Epoche mit *Fichte* anzufangen; nicht bloß weil er die *Prinzipien der Freiheit* in mehr als einem Sinne und in mehr als einer Potenz des Worts zuerst auf das strengste und bestimmteste wissenschaftlich konstituiert, die entgegengesetzten Vorurteile aber auf das kräftigste zermalmt hat; sondern vorzüglich auch deswegen, weil er die richtige Methode in der Philosophie ganz allein und zuerst entdeckt und aufgestellt, und das freie Selbstdenken zu einer Kunst organisiert hat; ein Verdienst, welches allein hinreichend wäre, ihm die Unsterblichkeit zu sichern. Daher hat er auch keine Schüler im gewöhnlichen Sinn, sondern nur Freunde; dahingegen die Kantische Philosophie sogleich in eine Sekte und Epidemie ausgeartet, die schlimmer und geistesarmer war, als eine der vorhergehenden. Seitdem aber jener vortreffliche Mann das Genie der Freiheit so mächtig geweckt und das Bewußtsein in seiner innersten schöpferischen Tiefe erschüttert hat, haben sich die wichtigsten Veränderungen und Revolutionen auch in allen andern Teilen des menschlichen Denkens und Bildens gezeigt, und kaum ist eine Kunst oder eine Wissenschaft übrig, welche nicht schon von dem Lichte der intellektuellen Anschauung erleuchtet, die wohltätigen Folgen des Idealismus zu erfahren angefangen hätte.

Philosophie, Physik, Poesie und Gelehrsamkeit im kräftigsten und wirksamen Bunde, verheißen uns den glücklichsten Fortgang der Erfindung und der Bildung in einer steten Reihe wahrhaft neuer und vortrefflicher Gedanken und Werke. In diesem großen Ganzen und in der Teilnahme an demselben lebend, wollen wir von Zeit zu Zeit die wichtigsten Erscheinungen der Literatur zusammenstellen und mit kurzen Zügen die Bedeutung einer jeden aus unserm Standpunkte angeben.

Die *Poesie* wird der Mittelpunkt und das Ziel unsrer Betrachtungen sein. Denn eben diese Stelle glauben wir, nimmt sie in jenem Ganzen der Kunst und Wissenschaft ein. Die Philosophie selbst ist doch nur Organon, Methode, Konstitution der richtigen d. h. der göttlichen Denkart, welche eben das Wesen der wahren Poesie ausmacht; sie ist also nur Bildungsanstalt, Werkzeug und Mittel zu dem, was die Poesie selbst ist. Die Physik aber, wenn erst eine neue aus dem Idealismus vollendet hervorgegangen wäre, was würde sie anders sein, als materiellerer Ausdruck desselben, eine sinnliche und lebendige Darstellung jener höchsten Wahrheit? – Erst dann, wenn diese philosophische Physik, zu der jetzt doch schon eine bestimmte Anlage vorhanden ist, vollendet sein wird, dürfen wir erwarten, daß das göttliche Prinzip überall herrschen und siegen wird, da es jedermann klar vor Augen sein, und fast unmöglich werden wird, sich nicht zu ihm zu bekennen. So wie nur auf diesem Wege entscheidend nach außen gewirkt werden kann, da alle Worte doch nur in einen kleinen Kreis gebannt, für die Welt meist ohne Wirkung bleiben; so ist Geschichte und Gelehrsamkeit das notwendige Bildungsmittel jedes Künstlers und Denkers, die unentbehrliche Nahrung seines Geistes. Die Poesie also betrachten wir als die erste und höchste aller Künste und Wissenschaften; denn auch *Wissenschaft* ist sie, im vollsten Sinn dieselbe, welche Plato Dialektik, Jakob Böhme aber Theosophie nannte, die Wissenschaft von dem, was allein und wahrhaft wirklich ist. Auch die Philosophie kann keinen andern Gegenstand haben, aber was sie unterscheidet, ist, daß sie nur auf eine negative Weise und durch indirekte Darstellung diesem Ziele sich nähert; da hingegen jede positive Darstellung des Ganzen unvermeidlich Poesie wird.

So wie aber die Poesie als das letzte Ziel und die höchste Vollendung des Ganzen, so ist der Idealismus als die wesentliche Bedingung *sine qua non,* als Erhaltungsmittel und Grundlage unserer neuen Literatur zu betrachten.

Die Fortschritte desselben lassen sich vielleicht am bequemsten zusammenstellen, wenn wir diese Wissenschaft nach der Weise der Mathematik, zu diesem Behufe wenigstens in *reinen* und *angewandten Idealismus* einteilen. Für die innere Vollendung und Ausbildung der Philosophie ist nichts notwendiger, als die Vervollkommnung der synthetischen Methode; doch ist dieses nur die negative Bedingung, das Wesentliche ist die Freiheit des Geistes, deren Erhaltung, da ohnehin die höchste Wahrheit nie ganz adäquat ausgesprochen werden kann, es durchaus erfordert, daß es nie an eigentümlichen Ansichten und Darstellungsarten der Prinzipien fehlen möge, weil sonst unvermeidlich Schulwesen und

Gedankenversteinerung entsteht. In der Methode ist seit Fichte kein bedeutender Fortschritt geschehen; und auch in Rücksicht eigentümlicher Prinzipien ist die Ausbeute nicht so reich gewesen, als man hätte erwarten sollen. Seit *Schleiermachers* REDEN ÜBER DIE RELIGION, (die doch nur uneigentlich hierher gehören, weil sie eine verschiedene Ansicht des Idealismus zwar allerdings auf das bestimmteste voraussetzen, aber nur indirekt zu erkennen geben, und nicht selbst ausführlich und geflissentlich darstellen) ist das Wichtigste, *Schellings* DARSTELLUNG SEINES SYSTEMS, im Journal für spekulative Physik. Die Konsequenz und Deutlichkeit des Vortrages in den ersten Prinzipien, ist sehr lobenswert; auch wird der Realismus (den wir zwar nicht als die ganze Philosophie, aber als ein notwendiges Element derselben anerkennen) als theoretisches System ausgeführt, nicht eben anders ausfallen können, als er hier dargestellt ist.

Dasselbe, was wir von dem Verfasser der REDEN ÜBER DIE RELIGION bemerkt, gilt auch von dem tiefsinnigen Naturphilosophen *Baader* und von *Hülsen*, der sich mehr dem Gebiete der Poesie zu nähern scheint, weil er sich stets auf demjenigen Gebiete oder Standpunkte befindet, wo das Höchste in reiner Klarheit allein sichtbar bleibt, alle Absonderungen und Einteilungen aber, auch die der Wissenschaft und Kunst, verschwinden. Es ist ein Verlust für die Philosophie, wenn solche Männer sich von der Literatur zurückziehen.

In dem *angewandten* Idealismus ist die Ausbeute für die Kürze der Zeit desto größer gewesen. *Fichtes* NATURRECHT ist seinem Inhalte nach allgemein bekannt und auch von allen, die es verstehen, immer als ein Meisterwerk der synthetischen Methode bewundert worden. Seine Schrift über den GESCHLOSSNEN HANDELSSTAAT kann als ein Muster gelten, wie ein Philosoph für dasjenige Publikum, welches sich für Politik zunächst interessiert, zu schreiben hat; überhaupt ist selten mit dieser Deutlichkeit und zugleich mit dieser Kürze geschrieben worden. In keinem Fache, die Wissenschaftslehre ausgenommen, erscheint *Fichte* so sehr als origineller Denker, und was besonders die letztgenannte Schrift betrifft, auch als tief durchdringender Beobachter, als in diesem. –

Schellings Naturphilosophie muß bei der krassen Empirie, zu deren Vernichtung sie bestimmt war, viel Widerspruch finden; es steht aber um so weniger zu fürchten, daß die Unwissenschaftlichkeit und Unwissenheit in diesem Fache den Sieg davon tragen werde, da *Ritter* zu gleicher Zeit das Beispiel einer Physik aufgestellt hat, die reine Empirie ist, und doch durch den Rigorismus der Methode die strengsten Forderungen an wissenschaftliche Form befriedigt. Wäre dieser Geist allgemein herrschend, so würde es keine zufällige Entdeckungen mehr geben, sondern nur absichtliche Erfindungen nach einer sicher fortschreitenden Methode.

Zur einer *historischen* Darstellung der Natur hat vorzüglich *Steffens* den Grund gelegt, in den Beiträgen zur Theorie der Erde. Der hier aufgestellte historische Gesichtspunkt ist nach unsrer Überzeugung der höchste; nur wäre es zu wünschen, daß St. seine Methode ändern möchte; es ist oftmals zu keiner rechten Synthesis der Empirie und der höhern Anschauung des Ganzen gekommen, sondern rohe Naturphilosophie und rohe Facta stehen isoliert nebeneinander. Es wird dieses Werk außer seinem eigentümlichen Wert auch dadurch noch wichtiger, daß es *Werners* geognostische Theorie enthält.

Auch die schon einmal erwähnten Reden über die Religion können hierher wenigstens insofern gerechnet werden, als das Licht der intellektuellen Anschauung dadurch über eine Region verbreitet, oder vielmehr in dieselbe zurückgeführt worden, die als der vaterländische Boden, und die erste Heimat derselben zu betrachten ist, wiewohl sie, was man in der Folge kaum glaublich finden wird, gerade hier seit geraumer Zeit am wenigsten ihren wohltätigen Einfluß geäußert hatte. Gewiß wird niemand der dies Werk benutzt hat, sich fernerhin eine solche Trennung der Philosophie und der Religion einbilden können, die beide gleichsam zu entgegengesetzten Parteien machte, da sie doch nur in Buchstaben und Form verschieden, im Geist und Wesen aber völlig identisch sind.

Aber auch auf viele andre Fächer und Gegenstände ist der Geist des Idealismus angewandt, und es sind solche Ansichten in Masse, selbst in allgemein gelesenen Journalen verbreitet worden, unter welchen wir hier besonders das ATHENÄUM und die PROPYLÄEN erwähnen. Daß die letzteren in der bisherigen Form nicht fortdauern, ist um so mehr zu beklagen, da eine ausführlichere Entwicklung der durchaus neuen Klassifikation der Antiken, nach den Epochen (die in den HOREN zuerst mitgeteilt worden) unter die Wünsche jedes Altertumsfreundes gehörte; die vortreffliche und allgemeinfaßliche Darstellung so mancher sichrer und erprobter Kunstgrundsätze jeden Sachverständigen eben so sehr erfreuen, als die Kunstansichten eines so großen und kunsterfahrnen Dichters ihn schon historisch interessieren müssen. In dieser Zeitschrift scheint uns der eigentliche Ton des Vortrags getroffen zu sein, der in dieser Gattung der schickliche ist; in einem universellen Geiste nämlich zu denken und zu schreiben, so deutlich und klar als möglich, übrigens aber sorglos und ohne weitere Anmaßung. Das ATHENÄUM hat auf eine kräftige Art mitgewirkt die Scheidung des Vortrefflichen und des Schlechten in der Kunst und Literatur zustande zu bringen; es kann diese Zeitschrift in Rücksicht ihrer Universalität und ihres freien Geistes mit Nutzen als eine Einleitungsschrift zu der neuern Epoche der deutschen Literatur überhaupt dienen, für diejenigen, welche dieselbe aus dem Grunde zu verstehen wünschen. Im Anfange derselben ist Kritik und Universalität der vorwaltende Zweck, in den spätern Teilen ist der Geist des *Mystizismus* das Wesentlichste. Man scheue dieses Wort nicht; es bezeichnet die Verkündigung der Mysterien der Kunst und Wissenschaft, die ihren Namen ohne solche Mysterien nicht verdienen würden; vor allem aber die kräftige Verteidigung der symbolischen Formen und ihrer Notwendigkeit, gegen den profanen Sinn. Mit Vergnügen bemerken wir, daß mehrere zuerst in den *Ideen* (im 5ten St. dieser Zeitschrift) vorgetragene Ansichten der Art von mehreren Philosophen angenommen worden; und in die Denkart der Bessern übergegangen sind. Nächst den Journalen müssen vorzüglich noch die *Übersetzungen* und die *polemischen Schriften* zu dem gemeinschaftlichen Raine gerechnet werden, den man eben deswegen am besten durch den unbestimmten Namen *Literatur* bezeichnet. Als Übersetzer hat *Voß* ein Beispiel rhythmischer Treue gegeben, was noch keines Gleichen hatte; und der *Shakespeare* ist durch A. W. Schlegels Übersetzung bei den Deutschen einheimisch geworden, wovon die glücklichen Folgen immer mehr und mehr sichtbar werden müssen. Die Polemik ist gleichfalls mit dem größten Erfolg bearbeitet worden; *Tiecks* Zerbino bleibt in dieser Hinsicht ein klassisches Werk, wo die der poetischen entgegengesetzte Denkart mit aristophanischem Witze verfolgt, zugleich aber auch die romantische Poesie und die Verehrung derselben auf eine schöne Weise angedeutet ist; die Sonette, Epistel, Romanzen und einige Lieder in der Ehrenpforte für Kotzebue können den vorzüglichsten burlesken Gedichten der Italiäner und Spanier an die Seite gesetzt werden, wenn gleich das Drama weniger kunstreich und glücklich ist; das lehrreichste Werk dieser Gattung aber ist vielleicht das Leben Nicolais von *Fichte*, weil darin die Prinzipien und der Ursprung der platten Denkart mit unvergleichlichem Scharfsinn gezeigt worden ist; nur wäre zu wünschen, der Verfasser möchte an dieses Werk die letzte Hand gelegt haben, damit es auch durch die Vollendung der äußern Form sich dem Gebiete der Kunst, dem es doch angehört, durchaus anschlösse. Man sieht, das Übergewicht in Rücksicht der verschiedenen Formen, in welchen die Polemik sich äußern kann, ist bis jetzt auf seiten der poetischen. Zu den polemischen Schriften in dialektischer Form würde ich ein kleines Werk rechnen, wenn ich anders darüber reden darf, da es sich vorzüglich auf mich bezieht. Es sind die Briefe über die Lucinde (1800 bei Friedr. Bohn.) Mir scheint es jedoch, die Verteidigung jenes Romans ist nur die äußere Veranlassung des Buchs, der eigentliche Zweck desselben aber reine Polemik gegen mehre allgemeingeltende moralische Grundsätze; und in dieser Rücksicht ist es gewiß sehr lobenswert. In Stil und Einkleidung wird man einen gebildeten Schriftsteller gewahr. Noch fehlt es an einer umfassenden philosophischen Theorie des Kampfes zwischen dem guten und bösen Prinzip im menschlichen Geist mit Anwendung auf unsre Zeit. Beiträge dazu fanden wir in Fichtes SONNENKLAREM BERICHT, einer vortrefflichen polemischen Schrift. In keiner andern der Art fanden wir die Grenzbestimmung des Guten und des Schlechten so sicher und durchdringend gefaßt, und so klar und deutlich vorgetragen. Überhaupt ist jede der neuesten Schriften Fichtes wenn sie auch dem Inhalte nach von den ältern nur relativ verschieden sein kann, durch die Form äußerst interessant. Er ist jetzt eigentlich Schriftsteller. Da er zuerst bloß als Erfinder und Stifter der Wissenschaftslehre auftrat, in der zweiten Epoche seiner Laufbahn aber mit der Anwendung derselben auf Naturrecht, Moral und Religion beschäftigt war, so scheint ihn gegenwärtig die literarische Form und mit dieser die Popularität am meisten zu interessieren.

In der eigentlichen *Kritik* ist seit *Wolfs* unsterblicher Prüfung der Homerischen Gedichte nichts Bedeutendes geschehen. Aber nach einem solchen Fortschritt kann die Wissenschaft auch eine Zeitlang ruhen; von meiner Kritik des *Plato* wird das nächste Stück Nachricht geben.

Wir kehren zurück zur Poesie, die wir zum Behuf der Beurteilung der neuesten Fortschritte einteilen wollen, wie die Alten ihre Philosophie; in die *esoterische* und *exoterische*, da jeder Unbefangene leicht durch Beobachtung oder auch durch Nachdenken wird finden können, daß diese beiden Tendenzen oder Zwecke wesentlich verschieden sind. *Exoterische*, jedem nicht ganz Verwahrloseten verständliche Poesie nennen wir diejenige, welche das Ideal des Schönen in dem Verhältnisse des menschlichen Lebens darstellt, und sich in die Sphäre desselben beschränkt, d. h. die dramatische. *Esoterisch* aber nennen wir diejenige Poesie, die über den Menschen hinausgeht, und zugleich die Welt und die Natur zu umfassen strebt, wodurch sie mehr oder weniger in das Gebiet der

Wissenschaft übergeht, und auch an den Empfänger ungleich höhere oder doch kombiniertere Forderungen macht. Zu dieser Gattung würden wir nicht nur umfassende didaktische Gedichte rechnen, deren Zweck doch kein andrer sein kann, als der, die eigentlich unnatürliche und verwerfliche Trennung der Poesie und Wissenschaft wieder aufzuheben und zu vermitteln; oder solche Gedichte, deren eigentlicher Zweck es wäre, die Poesie auf ihre Quellen zurückzuführen, die Mythologie wieder herzustellen, und den alten Fabeln ihre Naturbedeutung wieder zu geben; sondern auch diejenige Poesie, welche davon ausgeht, das der Poesie entgegengesetzte Element des gemeinen Lebens zu poetisieren und sein Entgegenstreben zu besiegen, bei welchem Geschäft sie nicht selten die Form und das Costum desselben annehmen zu wollen scheinen kann; ich meine den Roman. Es ist vielleicht einer Mißdeutung unterworfen, wenn ich sage, daß jeder Roman nach Art eines Märchens konstruiert sein sollte, jede wahre Mythologie es aber unfehlbar ist, weil die nähere Anwendung dieses Satzes viele Modifikationen erfordern würde. Glücklicherweise aber kommt mir ein Beispiel zustatten, welches jedem, der es studieren will, meine Behauptung deutlich machen und ihm den Übergang vom Roman zur Mythologie zeigen kann. Es ist der unvollendet gebliebene HEINRICH VON OFTERDINGEN von *Novalis*. Hätte er den Zyklus von Romanen, den er, um die Welt und das Leben aus den wichtigsten verschiedenen Standpunkten des menschlichen Geistes darzustellen, entworfen hatte, vollenden können, so würden wir daran ein Werk besitzen, welchem für die Bildung und Erregung der Phantasie kein anderes an Nützlichkeit gleich kommen dürfte, und welches uns den Reichtum der Alten an philosophischen Dialogen weniger beneiden lassen würde. Denn auch diese Gattung können wir nicht anders als hieher stellen, und müssen sie der Poesie vindizieren, aber der esoterischen, die allerdings zugleich auch Philosophie sein soll. Daher erwähnen wir absichtlich erst an dieser Stelle *Schellings* BRUNO, welcher als erster Versuch der Art in unsrer Sprache großes Lob verdient; noch größeres würde er verdienen, wenn statt einer bloßen Erinnerung an den Jordano Bruno, dieser vortreffliche Italiäner selbst lebendig dargestellt wäre, in jener Umgebung eines schönen Zeitalters, da die Wiederauflebung der alten Philosophie, im Angesicht der alten Kunstwerke, genialische Männer zu einer intellektuellen Freundschaft vereinigte, und die großen Formen der Mystik aus der ältern christlichen Zeit wenigstens noch in Bruchstücken vorhanden waren. Auch wäre, was den Inhalt betrifft, zu wünschen, daß die vier philosophischen Ansichten, welche hier als die vier Weltgegenden der Wahrheit bezeichnet und dargestellt werden, alle gleich kräftig dargestellt, jede so reich als möglich begabt sein, und die übrigen drei in dieser Rücksicht nicht so sehr gegen den Realismus nachstehen möchten; da ein Werk der Art entweder nur durch die dialektische Stetigkeit (wie meist die Platonischen) oder durch die Universalität der Ansicht interessant und lehrreich werden kann.

Eigentlich didaktische Gedichte von großem Umfang, welche das Ganze des Idealismus in symbolischer Form darzustellen suchten, haben wir noch nicht aufzuweisen; aber doch manchen bedeutenden Versuch, der sich durchaus nur auf den Zweck und Begriff dieser Gattung beziehen läßt; z. B. die allegorische Elegie von *Schiller*, die zuerst in den HOREN erschien, der *Prometheus* und der *Bund der Kirche*, von *A. W. Schlegel*, nebst mehrern andern Gedichten des letztern.

Für den Begriff einer mythischen Poesie überhaupt, ist *Tieck* derjenige, welcher angeführt werden muß. So wie *Goethe* die Poesie zur Kunst gebildet hat, so strebt er hingegen überall, sie zu ihrer ursprünglichen Quelle alter Fabel zurückzuführen. Die GENOVEVA bleibt in dieser Rücksicht eine göttliche Erscheinung. Wenn das Pittoreske in der ersten, und das Musikalische in der zweiten Hälfte des Gedichts, etwas mehr herausgehoben würde, so dürfte auch die dramatische Wirksamkeit desselben sichtbar werden, die jetzt vor der umfassenden Größe, und durch einzelne Zufälligkeiten verschwindet.

Die Aufnahme die der Almanach von *Tieck und A. W.*

Schlegel gefunden hat, beweist, daß es zwar im Ganzen gar nicht an poetischem Gefühl bei dem Publikum fehlt, wohl aber an richtigen Begriffen über die Poesie, selbst an den ersten Grundbegriffen. Man scheint es so wenig zu wissen, daß höhere Poesie und Mythologie nur Eins ist, daß man sogar an einigen obgleich sehr schonenden und nur vorläufigen mythischen Versuchen Anstoß genommen hat; es müssen also diejenigen, welche sich damit beschäftigen, die Theorie der Kunst zu verbreiten, ihren Eifer, und wo möglich auch ihre Popularität verdoppeln, um die ersten Elementarbegriffe in Umlauf zu bringen.

Die WUNDERBILDER von Sophie Berhardi verraten ein entschiedenes Talent für Dichtung und Versifikation; die zarte Empfindsamkeit und Schwermut, die das Ganze beseelt, ist um so schöner, da sie überall mit dem Kindlichen vereinigt ist. Die Prosa ist weniger gebildet, als die Verse, und das Ganze müßte vielleicht noch einmal gebildet werden, um so vortrefflich zu erscheinen, als es gedacht ist.

Der *7te Teil von Goethes* NEUEN SCHRIFTEN ist außer einigen noch nicht bekannten Liedern (einer Gattung, in welcher die Hand des Meisters immer vorzüglich glücklich erscheint) besonders dadurch interessant, daß hier die Elegien, Epigramme, Idyllen, als ein Ganzes vereinigt erscheinen, wie sie durchaus betrachtet werden müssen, um verstanden zu werden. Die Fortschritte der exoterischen oder dramatischen Poesie sind schon vorläufig erwähnt worden. Die Wirkung, welche *Schillers* JOHANNA VON ORLEANS hervorgebracht hat, ist erfreulich, insofern sie die Fähigkeit beweist, die göttliche Schönheit dieses Süjets zu fühlen. Es ist ein Verdienst es gefunden und gewählt zu haben, denn es war Kühnheit nötig es auszuführen. Die Veränderungen welche der Verfasser mit der Geschichte vorgenommen hat, sind in seiner Manier notwendig gegründet, und dürfen daher durchaus nicht gemißbilligt werden. Es legte dieser Dichter das Interesse des Dramas überall in die Schranken zwischen zwei entgegengesetzten Zuständen: so im WALLENSTEIN, der nie zum Entschluß kommen kann, in der MARIA STUART, wo Leicester stets zwischen der Königin von Schottland, und der Königin von England zweifelt. Diesem gemäß mußte es wenigstens im Drama selbst, wenn auch nicht für den Dichter und Anschauer zweifelhaft erhalten werden, ob Johanna von einem guten oder bösen Geiste besessen, ob sie eine Heilige oder eine Zauberin sei; daher die Anklage des Vaters nach Shakespeare und ganz unhistorisch parteiischen Traditionen der Engländer, die Selbstanklage der Johanna, und ihre Liebe zum Lionel, – Achillische Grausamkeit gegen den Montgomery, – Erscheinung des schwarzen Ritters usw.

Die Tendenz des ION von A. W. Schlegel geht auf ein durchaus antikes Trauerspiel, sowohl dem Stoff, dem Geiste, als auch der strengsten Form nach. Ein solches besitzen wir noch nicht. Es würde die Grenzen der exoterischen und dramatischen Poesie freilich ganz überschreiten und verlassen (weil für diese Sphäre ein Drama aus dem antiken, von dem unsrigen den innersten Prinzipien nach, verschiedenen Leben entweder flach und allgemein bleibt, oder, wenn es gründlich, tief und wahr ist, in den Motiven gewiß nicht verstanden wird, wenn es auch durch einen Schein von Verständlichkeit täuscht,) für die mythische aber kein geringer Gewinn sein.

Der Zweck des ALARKOS kann niemanden undeutlich sein; es soll ein Trauerspiel sein, im antiken Sinne des Worts,[1] aber in romantischem Stoff und Costum. In wiefern der Zweck des Dichters erreicht sei, bleibt andern zu prüfen überlassen.

Von der französischen Literatur kann gar nicht in dem Sinne die Rede sein, wie von der deutschen; aus dem Grunde, weil sie kein Ganzes ist. Physikalische Wissenschaften, schöne Literatur und Gelehrsamkeit, alles das steht ganz isoliert nebeneinander da, und greift durchaus nicht gegenseitig ein. Doch werden einige allgemeine Betrachtungen über diesen Gegenstand hier nicht am unrechten Orte stehen.

---

[1] Vorzüglich nach dem Ideal des Aeschylus.

Ganz anders betrachtet man die französische Literatur in Deutschland, und ganz anders hier. Im Auslande scheint nichts liebenswürdiger und nichts interessanter, als die *Produkte des Witzes*, in denen die ursprüngliche Fröhlichkeit des französischen Charakters als geistreiche Bildung in der schönsten Blüte sich zeigt. Die kleinen Romane von Voltaire, die witzigen Werke oder Gedanken eines Diderot und Chamfort, Beaumarchais Lustspiele, und unter den Romanen etwa der FAUBLAS, das scheint *uns* das Vorzüglichste und Beste in der französischen Literatur; und wollten wir ja auf ihre Philosophie uns einlassen, so würde der entschiedene *Materialismus* einiger französischer Philosophen ihrer fruchtbarsten Zeit als ein jugendlich kräftiger Irrtum eher unser Interesse und unsere Neigung an sich ziehen, als die trockne analytische Vernunft der *Ideologie*. Wollen wir uns aber selbst mit dieser Nation in ein philosophisches Verhältnis setzen, so dürfen wir uns doch nur an dasjenige halten, was sie selbst als Philosophie anerkennen, und müßten also in dieser Rücksicht der Ideologie den Vorzug geben. Die meisten Schriftsteller in diesem Fache sind sehr weitschweifig und daher schwer zu lesen. Das Werk des Senators *Destutt Tracy*, (PROJETS D'ELEMENTS D'IDEOLOGIE *etc.*) ist das einzige, welches wir wegen seiner Kürze empfehlen können, und auch mit relativer Rücksicht auf seinen Standpunkt wegen der Präzision und des wissenschaftlichen Geistes. Die Ideologie soll auch eine Theorie des Bewußtseins sein, und wenn sie streng in diesen Grenzen bleibt, so kann sie wohl so wenig mit dem Idealismus streiten, als ein Streit zwischen der höhern Algebra und der ausübenden Arithmetik der vier Spezies möglich wäre. Daß das Bewußtsein in dieser Wissenschaft in einer ungleich niedrigern Potenz genommen und dargestellt wird, kann an sich nicht getadelt werden; ja wenn es möglich wäre, (woran wir jedoch zweifeln) das Bewußtsein auf einer noch niedrigern Stufe zu ergreifen, so dürfte es eher als historisches Aktenstück zur Einleitung für den Idealismus nützlich, als demselben widerstreitend sein.

Ebenso erhält die *französische Tragödie* für den Beobachter eine Wichtigkeit, die sie sonst nicht haben würde, durch den ungeheuern nicht zu berechnenden Einfluß, den sie auf die Bildung, Beredsamkeit und Denkart der Franzosen hat, und den man nur in Paris ganz überschauen lernen kann; jene originellen Witzeswerke hingegen, werden von den Franzosen selbst grade am wenigsten anerkannt und geschätzt. Uns in ein polemisches Verhältnis gegen die Tragödien des Corneille und Racine zu setzen, würde, glaube ich, eben so verkehrt und ungegründet sein, als wollte man gegen die Ideologie streiten. Interessanter würde es sein, das Phänomen in seiner ganzen Umgebung und lebendigen Einfluß zu ergreifen und zu erklären.

Von einem Ganzen der französischen Literatur kann wie schon gesagt ist, nicht die Rede sein; von den einzelnen Teilen aber dürfen wir dem Leser unter den angegebenen Rubriken befriedigende Auskunft versprechen; und es wird dieselbe vielleicht meistensteils in einer Apologie d. h. Aufklärung, bestehen, gegen die gar zu große, nicht mit gehöriger Sachkenntnis verbundene Geringschätzung der französischen Literatur in Deutschland. Doch sind diese Rubriken, Witz und Materialismus, Ideologie und Schauspiel immer nur noch subjektiv aus dem Standpunkte eines Deutschen aufgefaßt, für den Poesie und Philosophie die Pole jeder Literatur sind, und der also überall wenigstens die Analoge davon aufzufinden strebt.

Davon abgesehen würde es richtiger sein, die *Chemie* und die *Beredsamkeit* als die beiden Hauptzweige der französischen Literatur zu betrachten. In beiden Fächern kann die französische Nation mit nicht geringem Ruhme auftreten, und es läßt sich jetzt um so eher Rechenschaft von dem geben, was sie darin geleistet haben, da die französische Chemie nach dem Eintritt des Galvanismus in ihr Gebiet füglich als ein geschloßnes Ganzes betrachtet werden kann; die Beredsamkeit der Franzosen aber einen klaren und allgemein verständlichen Mittelpunkt an *Rousseau* hat, aus dessen Quellen, mehr oder weniger die besten Redner der Revolution geschöpft haben, deren Zeit jetzt auch vorüber ist.

Vom Wesen der Kritik

Mit Gotthold Ephraim Lessing beschäftigte sich Schlegel bereits im Aufsatz „Über Lessing" für Johann Friedrich Reichardts Zeitschrift „Lyceum der schönen Künste" (1797). Dieser blieb jedoch Fragment und wurde für die erneute Drucklegung in den „Charakteristiken und Kritiken" (1801) nur notdürftig überarbeitet. 1804 ließ Schlegel dann eine dreibändige Ausgabe „Lessings Gedanken und Meinungen aus dessen Schriften zusammengestellt und erläutert" erscheinen. 1810 kam der Rest der nicht verkauften ersten Auflage unter dem Titel „Lessings Geist aus seinen Schriften oder dessen Gedanken und Meinungen zusammengestellt und erläutert" auf den Markt.

Auch in der hier ausgewählten „Allgemeinen Einleitung. Vom Wesen der Kritik" ist neben der Sachinformation vor allem Schlegels Methode bemerkenswert. Er ordnet Lessings Lebenswerk dem Begriff der Kritik unter, den er jedoch nicht aus allgemeinen Systemvorstellungen deduziert, sondern aus der Geschichte ableitet, da für ihn die Geschichte des Begriffs mit der Entwicklung der Sache identisch ist. Aus Lessings kritischen Leistungen gewinnt Schlegel seine eigenen Vorstellungen von der Kritik als dem „Mittelglied der Historie und Philosophie". Kritik bedeutet ihm „Verstehen" durch „Nachkonstruieren" eines Werks, das er als organische Ganzheit und Individualität auffaßt. Damit begründete Schlegel neben Schleiermacher die romantische hermeneutische Tradition der Werkinterpretation, deren Wirkung bis ins 20. Jahrhundert reicht.

Alles was Lessing getan, gebildet, versucht und gewollt hat, läßt sich am füglichsten unter den Begriff der Kritik zusammenfassen; ein Begriff, der, so mannigfaltig und weitverbreitet auch die Tätigkeit seines Geistes war, dennoch vollkommen hinreichen kann zur gemeinschaftlichen Übersicht derselben, wenn man, ihm seine alte Würde wiedergebend, ihn so umfassend nimmt, wie er ehedem genommen ward.

Lessings poetische Bestrebungen sind zu betrachten als

Beispielsübungen für seine Prinzipien der Poetik und Dramaturgie; in der Philosophie aber, demjenigen Gebiete, für welches ihn eigentlich die Tendenz seines Geistes bestimmte, war er durchaus nicht Systematiker und Sektenstifter, sondern Kritiker. Prüfung, freimütige und sorgfältige Prüfung der Meinungen andrer, Widerlegung manches gemeingeltenden Vorurteils, Verteidigung und Wiederanregung dieser oder jener alten, oft schon vergeßnen Paradoxie, das war die Form, in welcher er seine eigne Meinungen in diesem Fach, meistens nur indirekt vorzutragen pflegte.

Die große Masse seiner andern Schriften, antiquarischer, dramaturgischer, grammatischer, und eigentlich literarischer Untersuchungen gehört selbst nach dem gemeineren Begriffe hierher; und ich weiß nicht, ob nicht auch alle Polemik wenigstens als eine der Kritik sehr nah verwandte Gattung betrachtet werden sollte.

Aber eben weil diese Wissenschaft oder Kunst, die wir Kritik nennen, so viel umfaßt, ihr Gebiet aber so weit sich überhaupt nur die redenden Künste und die Sprachen erstrecken, zu verbreiten pflegt, ist es unumgänglich notwendig, den Begriff derselben genauer zu bestimmen, welches am besten geschehen kann, indem wir uns an ihren Ursprung erinnern.

Die Griechen, von denen wir selbst den Namen der Kritik überkommen haben, sind es, welche sie zuerst erfunden und gestiftet und zugleich auf den höchsten Gipfel beinah der Ausbildung und Vollkommenheit gebracht haben. Nachdem das Zeitalter der großen Poeten vorüber war, ging bei ihnen doch der Sinn für Poesie nicht völlig unter. Bei der großen Anzahl der schriftlichen Denkmale, welche teils ihre innre Merkwürdigkeit, teils eine sehr umfassende Liebhaberei erhalten hatte, und immer noch fort erhielt, wurde es bald eine Wissenschaft, sie nur alle zu kennen, besonders aber sie zu überschauen, welches ohne eine bestimmte Anordnung nicht möglich war; die Art, wie die Gedichte auf die Nachwelt gekommen waren, und wie Bücher damals vervielfältigt wurden, gab auch demjenigen Scharfsinn, der sich lieber auf ein einzelnes Werk beschränken, als in das große Ganze verlieren mochte, Beschäftigung; die kleinern und größern Lücken und Zusätze aus den ältern Nachrichten zu folgern, aus Vergleichungen mehrerer Handschriften zu sammeln, oder aus dem Zusammenhange zu erraten und nach vielfach wiederholten Prüfungen und Vergleichungen endlich mit Gewißheit zu bestimmen, auch nur für ein einzelnes Werk, das wurde nun ein jahrelanges weitläuftiges Geschäft, zu groß oft, um von Einem vollendet werden zu können.

Dieses beides, die Auswahl der klassischen Schriftsteller, welche das Ganze der griechischen Poesie und Literatur in eine deutliche Ordnung stellen sollte; und zweitens die Behandlung der verschiedenen Lesarten, blieben immerfort die Angeln der alten Kritik. Es mag sein, daß sie das letzte Geschäft durchaus nicht so unverbesserlich vollendet hat, als das erste; es mag sein, daß durch die Auswahl der klassischen Werke manches, was uns merkwürdig sein würde, nicht auf uns gekommen ist, weil es außer diesem Zyklus lag. Das Prinzip aber, nach welchem sie dabei verfuhren, ist durchaus das richtige; indem sie nicht das fehlerfreie, meistens nur das, was keine Kraft hat zum Ausschweifen, für vortrefflich, für gebildet und ewiger Nachbildung würdig hielten; sondern was in seiner Gattung als das Erste, Höchste oder Letzte am kräftigsten angelegt, oder am kunstreichsten vollendet war, mochte es übrigens dem beschränkten Sinne noch so viel Anstoß geben. Und vortrefflich war die Methode ihres Studiums; ein unaufhörliches, stets von neuem wiederholtes Lesen der klassischen Schriften, ein immer wieder von vorn angefangnes Durchgehen des ganzen Zyklus; nur das heißt wirklich lesen; nur so können reife Resultate entstehen und ein Kunstgefühl, und ein Kunsturteil, welches allein durch das Verständnis des Ganzen der Kunst und der Bildung selbst möglich ist.

Freilich hatten sie dabei einen sehr großen Vorteil; das Kunstgefühl war bei den Griechen sehr allgemein, und die Kritiker durften meistens nur die allgemeinen Urteile, die sie schon vorfanden, bestätigen und erklären; nur hie und da hat ihre Willkür daran geändert, nur im

Einzelnen haben Nebenrücksichten das Kunstgefühl auf einen Abweg geleitet; und nur über geringere Bestimmungen konnte ein Streit oder Verschiedenheit des Urteils stattfinden; im Ganzen aber war man einig, was das Kunsturteil und die Prinzipien betrifft. Wie natürlich; die griechische Literatur und Poesie war ein vollkommen in sich geschloßnes Ganzes, wo es nicht schwer sein konnte, die Stelle zu finden, die das Einzelne im Ganzen einnehme. Der poetische Sinn ging nie völlig bei dieser Nation verloren. Die Art aber, wie seit Erfindung der Buchdruckerei und Verbreitung des Buchhandels durch eine ungeheure Masse ganz schlechter, und schlechthin untauglicher Schriften der natürliche Sinn bei den Modernen verschwemmt, erdrückt, verwirrt und mißleitet wird, fand damals noch gar nicht statt. Nicht, als hätte sich nicht unter der Menge der alten Dichter auch wohl einer erhalten, der mittelmäßig war, oder nach etwas ganz Falschem strebte, von dem wahren Wege sich weit verirrte. Allein die Majorität der erhaltenen allgemein gelesenen und immer wieder bearbeiteten Werke war doch in der Tat vortrefflich. Die weniger guten waren nur die Ausnahmen, und daher auch unter diesen wohl keins so ganz bildungslos und kunstlos, wie es nur da möglich wird, wo eine gute Schrift eine höchst seltne Ausnahme, absolute Schlechtigkeit aber in der Regel ist.

Ganz anders schon war es bei den Römern, obwohl ihre Kritik nur von den Griechen angenommen, der griechischen ganz und gar nachgeformt war. Denn eben dieser Umstand schon, diese Einführung einer fremden Bildung und Poesie mußte eine weite Kluft zwischen dem gelehrten und ungelehrten Gefühl veranlassen. Und unter den römischen Gelehrten war sogar diese Frage, in wie weit das Griechische unbedingt nachzubilden, oder auch das Einheimische beizubehalten sei, der Gegenstand eines nie ganz entschiedenen Streites, der doch nichts Geringeres als die Prinzipien selbst der Literatur betraf. In diesem Stücke ist das Verhältnis der Römer schon dem unsrigen ähnlicher. Übrigens aber war der Geist dieser Nation zu praktisch, als daß sie mehr als einige große Gelehrte hätte haben können, die auch bald ohne Nachfolger blieben. Besonders war ihre Poesie zu neuen Ursprungs, zu arm, und hörte, da sie erzwungen war, bald ganz wieder auf.

An einer reichen Poesie fehlte es nun zwar in der romantischen Zeit den Modernen nicht. Es war aber diese Poesie so ganz unmittelbare Blüte des Lebens, daß sie ganz an dieses geknüpft war, und mit dem Untergange der Verfassung und Sitten, besonders in Deutschland, zugleich mit untergehen mußte. Es waren meist Ritter und Fürsten, welche sie übten; seltner Geistliche, welche doch nur etwa im Gegensatz jener, Gelehrte genannt werden können. So war es in Deutschland, Spanien, dem südlichen und nördlichen Frankreich. Nur in Italien waren die drei ersten großen Dichter zugleich Gelehrte, freilich von wie beschränkten Hülfsmitteln, aber doch mehr Gelehrte als irgend einer unter jenen früheren romantischen Erfindern, zugleich Dichter und die ersten Wiederhersteller der alten Literatur. Und auch nur die italiänische Poesie jener ältern Zeit ist geblieben, und in stets lebendiger Wirksamkeit erhalten. Die provenzalischen Gesänge, die altfranzösischen Erfindungen, und die herrlichen Werke altdeutscher Dichtkunst sind verschollen, und die fast unbekannt gewordne Poesie harret meist noch im Staube der Büchersammlungen auf einen Befreier. Da der Geist und das Leben, aus welchem die romantische Poesie hervorging, verschwunden und zerstört war, ging auch diese Poesie selbst unter, und mit ihr zugleich auch aller Sinn dafür, weil hier nicht wie in Griechenland auf das Zeitalter der Dichtung, ein Zeitalter der Kritik folgte; um, da die Kraft neue Schönheit hervorzubringen nicht mehr vorhanden war, wenigstens die alte auf die Nachwelt zu bringen. Der frühe, schnelle und in einigen Ländern wenigstens völlige Untergang der romantischen Poesie (und mit ihr des richtigen Gefühls für das einheimische Leben, und die Erinnerung der Vorfahren) aus Mangel an Kritik, und die Folge dieses Mangels, Vernachlässigung und Verwilderung der Muttersprache, macht die Wichtigkeit und den Wert dieser dem Anschein nach mit geringfügigen Untersuchungen, mehr aus Liebhaberei spielenden als ernstlich beschäftigten Kunst nur allzu deutlich. In der Tat kann keine Literatur auf die Dauer ohne Kritik bestehen, und keine Sprache ist vor Verwildrung sicher, wo sie nicht die Denkmale der Poesie erhält, und den Geist derselben nährt. So wie in der Mythologie die gemeinsame Quelle und der Ursprung für alle Gattungen des menschlichen Dichtens und Bildens zu suchen, so wie Poesie der höchste Gipfel des Ganzen ist, in deren Blüte sich der Geist jeder Kunst und jeder Wissenschaft, wenn sie vollendet, endlich auflöst; so ist die Kritik der gemeinschaftliche Träger, auf dem das ganze Gebäude der Erkenntnis und der Sprache ruht.

Aus Mangel an gründlicher Gelehrsamkeit und Kritik also haben wir Neuern und besonders wir Deutschen, unsre Poesie und mit ihr die alte der Nation angemeßne Denkart verloren. Zwar an Gelehrsamkeit fehlte es nicht in Europa, seit die flüchtigen Griechen ihre Schätze verbreitet hatten, römisches Recht eingeführt, die Buchdruckerei erfunden, und Universitäten gestiftet waren. Da aber diese Gelehrsamkeit so ganz und gar eine nur ausländische war, so ward die Muttersprache nur noch mehr vernachlässigt; die poetische Anschauung aber war nun schon so gänzlich verloren, daß es diesen Gelehrten, die denn oft auch weiter nichts waren als Gelehrte, gleich an der ersten und wesentlichsten Bedingung zur Kritik fehlte. Das zeigte sich recht sichtbar in den ersten Versuchen, diese poetische Anschauung wieder zu erschwingen, und ein Urteil über ästhetischen Wert oder Unwert fällen zu können. Denn als man nun doch allmählich auch Philosophie mit der Gelehrsamkeit verbinden wollte, und so die allgemeinen Begriffe von Schönheit und Kunst anzuwenden versuchte, oft ohne recht zu unterscheiden, wo sie passen könnten oder nicht; da auch manches der Art in den Schriften der Alten sich vorfand, was wenigstens als Tradition wirkend einen dunkeln Glauben und allerlei Versuche der Anwendung erregen mußte; so zeigte sich's doch gleich an der ersten Frucht dieses Bestrebens, aus welchem absoluten Mangel an Kunstsinn, aus welcher Entfernung von aller Poesie, man sich ihr wieder zu nähern suchte. Denn nur über einzelne Stellen wagte man ein Urteil, stritt über ihren Wert oder Unwert bis in ein Detail, wo alles Gefühl aufhört, und suchte den Grund des Vergnügens über solche Stellen nicht sowohl aus der Natur der Seele physikalisch zu erklären, als vielmehr aus einigen ziemlich leeren Abstraktionen darüber, oft nicht ohne die gewaltsamsten Spitzfindigkeiten herzuleiten. Die erste Bedingung alles Verständnisses, und also auch das Verständnis eines Kunstwerks, ist die Anschauung des Ganzen. An diese war nun bei jener der wahren diametral entgegengesetzten Methode nicht zu denken, und es kam endlich so weit, daß man die Dichter nur auf solche Stellen las, die man poetische Gemälde nannte, und deren Regeln man ordentlich in ein System brachte. In diese Epoche fällt die erste Stufe der Lessingschen Laufbahn und Kritik; und wiewohl seine Ästhetik noch durchaus an diese falsche Tendenz erinnert, so darf man doch, ohne die Schwäche der ersten Schritte dieses großen Geistes mehr als billig zu erheben, folgendes zum Lobe derselben sagen. Selbst in denjenigen seiner ersten ästhetischen Ansichten, die bloß auf Erklärung des Kunstvergnügens nach der zergliedernden Psychologie der Wolffischen Schule gehen, – einer Erklärungsart des Kunstphänomens, bei welcher zuerst willkürlich vorausgesetzt wird, die Sinne seien vernünftig, sodann aber auch die Vernunft selbst, damit sie ja nicht wieder ins Unvernünftige falle, für vollkommen eigennützig gehalten wird – selbst in diesem schwächsten Versuch seines ersten Denkens wird man nicht ohne Vergnügen den Unterschied einer größern Strenge gewahr; es wird fast alles auf den Begriff der Realität zurückgeführt, als den einzig reellen; und mancher möchte schon hier einen ersten Keim der nachherigen Philosophie Lessings finden, die sich zunächst an den strengsten und konsequentesten Realismus anschloß.

Übrigens zeigt es sich in dieser Tendenz noch ganz besonders, wie fremd den Menschen die Poesie geworden war; das Kunstgefühl war ihnen ein Phänomen, das sie vor allen Dingen zu begreifen und zu erklären wünschten; wodurch aber weder das Verständnis der Kunst eröffnet, noch auch der Dichter selbst gefördert wird. In neuerer Zeit hat man, besonders seit Kant, einen andern Weg eingeschlagen, und durch Zurückführung eines jeden besondern ästhetischen Gefühls auf das Gefühl des Unendlichen, oder die Erinnerung der Freiheit wenigstens die Würde der Poesie gerettet. Für die Kritik aber ist damit immer nicht viel gewonnen, so lange man den Kunstsinn nur erklären will, statt daß man ihn allseitig üben, anwenden und bilden sollte. Hätte man auch, wie sich eine Physik des Auges und des Ohres für den Maler und Musiker teils denken läßt, teils auch schon in einzelnen Datis und Ideen wenigstens dem Keime nach vorhanden ist, eine ähnliche Wissenschaft für die Poesie, die aber eben darum, weil dieses die umfassendere Kunst ist, nicht Ästhetik sein dürfte, auch nicht Fantastik, weil diese wieder zu allgemein im Grunde mit dem Begriff der Philosophie als einer Wissenschaft des Bewußtseins zusammen fallen würde, sondern etwa Pathetik sein müßte; eine richtige Einsicht in das Wesen des Zornes, der Wollust usw.; zu deren Aufstellung aber unstreitig die physikalische Theorie des Menschen und der Erde noch viel zu unvollkommen ist; so würde eine solche Wissenschaft zwar als Teil der Physik eine sehr reelle Wissenschaft sein, schwerlich aber dem Dichter zur Ausübung helfen, oder seine Natur verändern können. Kunstbildung wenigstens würde nicht dadurch entstehen, und für die Kritik würde dies Bestreben verloren sein.

Aber Lessings Geist war nicht gemacht, eine falsche Tendenz bis ans Ende zu verfolgen. Kühn ging er von einem zum andern über, in unregelmäßiger Laufbahn, viele Systeme, so wie sehr verschiedene Fächer der Literatur durchschneidend. Frühe schon äußert sich bei ihm neben der psychologischen Erklärung das Streben, die Gattungen der Kunst streng zu scheiden, ja ihren Begriff mit wissenschaftlicher Präzision zu bestimmen. Es ist herrschend in seinen antiquarischen, wie in seinen dramaturgischen Versuchen und es hat ihn nie verlassen. Ein vortreffliches Bestreben, wodurch erst eigentlich der

Grund gelegt wird zur bessern Kritik, welche uns die alte, verlorne, wiederherstellen soll. Bei den Alten war der Unterschied der Gattungen jedem aus der Anschauung deutlich; die Gattungen hatten sich frei entwickelt, aus dem Wesen der Kunst und der Dichtkunst überhaupt, und aus dem der griechischen, und blieben meist ihrem Charakter selbst in Abweichungen noch unverkennbar und unwandelbar treu. In dem größern Ganzen aber der Poesie aller alten und neuen Völker, was bei uns allmählich Gegenstand der Kritik werden soll, sind der Gattungen zu viele und diese zu mannigfaltig modifiziert, als daß das bloße Gefühl ohne einen ganz bestimmten Begriff hinreichend sein könnte. Und in Rücksicht der damals, da Lessing schrieb und anfing zu schreiben, herrschenden Ansichten; so zeigte sich die ungeheure Unkunst der allgemeinen Denkart auch darin, daß man von jedem alles forderte, und so gar keinen Begriff hatte, daß wie jedes Ding, so auch jedes Werk nur in seiner Art und Gattung vortrefflich sein soll, oder sonst ein wesenloses Allgemeinding wird, dergleichen so manche in der modernen Literatur sind. –
So mancher Berichtigung also auch Lessings Begriffe von der Kunst bedürfen mögen, so führte doch seine Ästhetik wenigstens auf den rechten Weg; denn die Sonderung der Gattungen führt, wenn sie gründlich vollendet wird, früher oder später zu einer historischen Konstruktion des Ganzen der Kunst und der Dichtkunst. Diese Konstruktion und Erkenntnis des Ganzen aber ist von uns als die eine und wesentlichste Grundbedingung einer Kritik, welche ihre hohe Bestimmung wirklich erfüllen soll, aufgestellt worden.
Die andre war die Absonderung des Unechten; aber dieses Element muß freilich in der Anwendung auf die einheimische Literatur eine ganz andre Gestalt gewinnen. Was aus alten Zeiten erhalten worden, ist durch äußere Bedingungen mehr vor Verfälschungen gesichert gewesen; dagegen aber ist die Masse des Falschen und Unechten, was in der Bücherwelt, ja auch in der Denkart der Menschen die Stelle des Wahren und Echten einnimmt, gegenwärtig ungeheuer groß. Damit nun wenigstens

Raum geschafft werde für die Keime des Bessern, müssen die Irrtümer und Hirngespinste jeder Art erst weggeschafft werden. Dieses kann man füglich mit Lessing Polemik nennen, der diese Kunst sein ganzes Leben hindurch, besonders in der letzten Hälfte, trefflich geübt hat.

Die bis hieher gegebene historische Entwicklung des Begriffs der Kritik umfaßt zugleich Lessings schriftstellerische Laufbahn, und fällt zusammen mit den verschiedenen Epochen seines Geistes. Überall aber wird man auch jene ursprüngliche sogenannte Philologie bemerken, jenes regsame Interesse für alles, was nur irgend literarisch interessant sein kann, selbst das, was nur darum noch dem eigentlichen Literator oder Bibliothekar interessant ist, weil es irgend einmal interessiert hat. Mit Vergnügen wird man hie und da Spuren gewahr von der sorgfältigsten Aufmerksamkeit auf die deutsche Sprache; und eine immer noch seltne, damals aber noch seltnere Bekanntschaft mit den alten Denkmalen derselben. Zu dem HELDENBUCHE hatte er schon früh einen großen Kommentar geschrieben, dessen Verlust sehr zu beklagen ist; und noch spät und mitten unter dem Drang ganz andrer Beschäftigungen waren die epischen Romane vom heiligen Gral und von der Tafelrunde ihm ein Gegenstand der Forschung.

Das ist es eben. Sein Geist war nicht in die enge Sphäre andrer Gelehrten gebannt, die nur im Lateinischen oder Griechischen Kritiker sind, in jeder andern Literatur aber wahre Unkritiker, weil sie fremd darin sind und ohne Einsicht. Lessing hingegen behandelte alles mit kritischem Geiste; Philosophie und Theologie nicht minder als Dichtkunst und Antiquitäten. Das Klassische behandelte er oft mit der Leichtigkeit und Popularität, in der man sonst nur von dem Modernen zu reden pflegt, und das Moderne prüfte er mit der Strenge und Genauigkeit, die man ehedem nur bei Behandlung der Alten notwendig fand. Er studierte, wie erwähnt, die einheimische alte Literatur, und war doch mit der ausländischen neueren bekannt genug, um wenigstens den Weg richtig anzuzeigen, wohin man sich zu lenken, und was man zu studieren habe; die ältere englische Literatur nämlich, statt der bis auf ihn prädominierenden französischen, und dann die italiänische und spanische.

So umfassend aber seine Kritik war, so ist sie doch durchaus populär, ganz allgemein anwendbar. Wenn ein allumfassender Gelehrter mit großem Geiste, wie Sir William Jones, nicht bloß das Gebäude der Dichtkunst, sondern das ganze Gewebe aller Sprachen durch die Kette der Verwandtschaften bis zu ihrem Ursprunge verfolgt, die verborgene Werkstätte zuerst enthüllend; wenn ein Wolf mit unvergleichlichem Scharfsinn durch das Labyrinth aller Vorurteile, Zweifel, Mißverständnisse, grundlosen Annahmen, Halbheiten und Übertreibungen, gröbere und unmerklich feinere Verfälschungen und Verwitterungen der Zeit, zum größten Vergnügen des Forschers endlich durchdringt bis zur Quelle und zur wahren Entstehung des ältesten Kunstdenkmals der kunstreichen Nation des Altertums; so ist es in der Natur der Sache gegründet, daß nur wenige an diesen Untersuchungen teilnehmen können und teilnehmen sollen. Es ist genug, wenn es einige Kritiker dieser esoterischen Art in einem Zeitalter gibt, und einige Wenige, die sie verstehen.

Der Geist der Lessingschen mehr populären Kritik aber liegt ganz in dem Kreise des allgemein Verständlichen. Er sollte überall verbreitet sein in dem ganzen Umkreise der Literatur; denn nichts ist so groß und nichts ist so anscheinend geringfügig in der Literatur, worauf er nicht anwendbar wäre; dieser freimütig untersuchende, überall nach richtigen Kunstbegriffen strebende, es immer strenger nehmende, und doch sich so leicht bewegende Geist, besonders aber jene billige Verachtung und Wegräumung des Mittelmäßigen oder des Elenden.

Für Deutschland insonderheit wäre dies ganz vorzüglich angemessen und wünschenswert. Wir sind eine gelehrte Nation, diesen Ruhm macht uns niemand streitig, und wenn wir nicht durch Gelehrsamkeit und Kritik unsrer Literatur, die größtenteils erst noch entstehen soll, eine sichre Grundlage geben, so fürchte ich, werden wir bald auch das Wenige verlieren, was wir bis jetzt schon haben.

Jetzt noch einige Worte, um zum Beschluß dieser Einleitung wenigstens anzudeuten, wie man sich den Begriff der Kritik noch genauer und wissenschaftlicher zu bestimmen habe, als in der bis hieher gegebenen Geschichtsentwickelung geschehen konnte. Man denke sich die Kritik als ein Mittelglied der Historie und der Philosophie, das beide verbinden, in dem beide zu einem neuen Dritten vereinigt sein sollen. Ohne philosophischen Geist kann sie nicht gedeihen; das gibt jeder zu; und ebenso wenig ohne historische Kenntnis. Die philosophische Läuterung und Prüfung der Geschichte und Überlieferung ist unstreitig Kritik; aber eben das ist ebenso unstreitig auch jede historische Ansicht der Philosophie. Es versteht sich von selbst, daß hier nicht die Kompilationen der Meinungen und Systeme gemeint sein können, die man wohl so nennt. Eine Geschichte der Philosophie, wie die, von welcher hier die Rede ist, könnte auch wohl nur ein System, nur einen Philosophen zum Gegenstand haben. Denn nichts Leichtes ist es, die Entstehung auch nur eines Gedankensystems und die Bildungsgeschichte auch nur eines Geistes richtig zu fassen, und wohl der Mühe wert, wenn es ein origineller Geist war. Es ist nichts schwerer, als das Denken eines andern bis in die feinere Eigentümlichkeit seines Ganzen nachkonstruieren, wahrnehmen und charakterisieren zu können. In der Philosophie ist dies bis jetzt bei weitem am schwersten, liege es nun daran, daß ihre Darstellung bis jetzt weniger vollkommen ist, als die der Dichter, oder sei es im Wesen der Gattung selbst gegründet. Und doch kann man nur dann sagen, daß man ein Werk, einen Geist verstehe, wenn man den Gang und Gliederbau nachkonstruieren kann. Dieses gründliche Verstehen nun, welches, wenn es in bestimmten Worten ausgedrückt wird, Charakterisieren heißt, ist das eigentliche Geschäft und innere Wesen der Kritik. Man mag nun die gediegenen Resultate einer historischen Masse in einen Begriff zusammenfassen, oder aber einen Begriff nicht bloß zur Unterscheidung bestimmen, sondern in seinem Werden konstruieren, vom ersten Ursprung bis zur letzten Vollendung, mit dem Begriff zugleich die innere Geschichte des Begriffs gebend; beides ist eine Charakteristik, die höchste Aufgabe der Kritik und die innigste Vermählung der Historie und Philosophie.

Geschichte der alten und neuen Literatur

Die Vorlesungen zur „Geschichte der alten und neuen Literatur"
wurden 1812 in Wien gehalten. Sie stellen den Höhepunkt von
Schlegels literaturkritischem und -historischem Schaffen dar. In
ihnen setzt er die in den Vorlesungen „Über die neuere Ge-
schichte (1810) entworfene Geschichtssicht, derzufolge die Litera-
tur als Teil des nationalen Lebens der Geschichte neben-, sogar
untergeordnet ist, auf das Gebiet der europäischen Literaturen
und deren Entwicklung um. Konsequent trennt er sich von der
esoterischen Poesieauffassung der Frühromantik und legt einen
weiten Literaturbegriff, vergleichbar dem aufklärerischen Begriff
der belles-lettres, zugrunde, fundiert ihn jedoch tiefgründig in sei-
ner historisch und national geprägten Gesellschaftskonzeption.
Als erster wendet er das Periodisierungsprinzip nach Generatio-
nen auf die Literaturgeschichte an und präformiert so die Sicht
der Literaturgeschichtsschreibung des 18. Jahrhunderts bis zur
Gegenwart. Die Etappen Aufklärung – Sturm und Drang –
Klassik/Romantik erscheinen bei Schlegel als Abfolge von Dich-
tergenerationen, die durch gleiche oder ähnliche poetische Wirk-
lichkeitssicht verbunden sind.
Die Vorlesungen stellen aber auch einen wichtigen Wendepunkt in
der Entwicklung der Literaturgeschichtsschreibung dar. Schlegel
bricht in ihnen mit der chronologischen Aufzählung von Fakten
im Stile der polyhistorischen Literärgeschichten des 17. und
18. Jahrhunderts. Er verbindet vielmehr gelehrte Sachkenntnis
mit der seit Herder in Deutschland existierenden historischen und
ästhetisch einfühlenden Kunstbetrachtung zu einem populären
Gesamtgemälde der europäischen Literaturentwicklung, das in
wesentlichen methodischen Positionen von der Literaturgeschichts-
schreibung des 19. und 20. Jahrhunderts aufgenommen wurde.
Auch die zeitgenössischen Reaktionen, etwa von Friedrich Ast
und Friedrich von Raumer, waren vorwiegend positiv, wenn-
gleich die katholische Parteiensicht Schlegels von vielen protestan-
tischen und liberalen Intellektuellen, z. B. von Theodor Körner,
Varnhagen von Ense oder Ernst Moritz Arndt, negativ ange-
merkt wurde.

*Die Vorlesungen erschienen erstmals 1815 in 2 Bänden in Wien
bei Karl Schaumburg und Co., 1822 folgte eine „zweyte verbes-
serte und vermehrte Ausgabe", ebenfalls in 2 Bänden in Wien
bei Jacob Mayer und Co.
Wir drucken die zweite Fassung ab, alle ihre Zusätze gegenüber
der ersten hat der Herausgeber der Kritischen Friedrich-Schlegel-
Ausgabe in spitze Klammern ⟨⟩ gesetzt.*

Sr. Durchlaucht dem Herrn Clemens Wenzeslaus Lothar
Fürsten von Metternich-Winneburg, etc., etc., etc., Sr.
k. k. apostolischen Majestät Haus-, Hof- und Staats-
Kanzler, wirklichem Staats- und Conferenz-Minister,
auch Minister der auswärtigen Angelegenheiten etc.,
etc.

Ew. Durchlaucht

wage ich es, gegenwärtige Vorlesungen über die Literatur, ⟨auch in dieser neuen Bearbeitung⟩ untertänigst zu
überreichen. Es würde mir zu einer nicht geringen
Freude gereichen, wenn das darin aufgestellte Gemälde
von der Geistesbildung der merkwürdigsten Völker Europas für *Ew. Durchlaucht* von einigem Interesse sein
könnte. Ich dürfte alsdann hoffen, wenigstens einen Teil
meiner Absicht erreicht zu haben. Denn mein vorzüg-
lichster Wunsch war es, der großen Kluft, welche immer
noch die literarische Welt und das intellektuelle Leben
des Menschen von der praktischen Wirklichkeit trennt,
entgegen zu wirken, und zu zeigen, wie bedeutend eine
nationale Geistesbildung oft auch in den Lauf der großen Weltbegebenheiten und in die Schicksale der Staaten eingreift. Wenn nicht bloß Gelehrte und gewöhnliche Literaturfreunde, sondern auch solche Männer,
welche diese großen Schicksale und Begebenheiten zu
leiten berufen sind, meiner Darstellung einiges Interesse
und ihren Beifall schenkten; so würde es mir der beste
Beweis sein, daß mein Versuch nicht ganz mißlungen
ist. Mußte es schon in dieser Hinsicht sehr schmeichel-
haft für mich sein, daß *Ew. Durchlaucht* erlaubt haben,
Denselben dieses Werk zu widmen; so hat es in einer

andern Beziehung einen noch ungleich höhern Wert für mich, indem ich dadurch die erwünschte Gelegenheit erhalte, jene Gefühle von Verehrung und Dankbarkeit an den Tag zu legen, mit welchen ich nie aufhören werde zu sein

Ew. Durchlaucht

untertänig gehorsamster
Friedrich Schlegel

Vorrede

⟨zur ersten Ausgabe von 1815⟩

Es sind jetzt zwanzig Jahre verflossen, seitdem ich mit den ersten Versuchen über griechische Literatur und Geistesbildung hervortrat. So wenig die jugendliche Begeisterung, welche in diesen Versuchen herrschte, ihr Ziel in allen Stücken vollständig erreichen konnte, so fand dieses Unternehmen doch im ganzen eine nicht ungünstige Aufnahme; ja allmählig, vermutlich des guten Strebens wegen, was ihm zum Grunde lag, selbst bei den vortrefflichsten und ersten Männern dieses Faches, eine nachsichtsvolle Beurteilung, und aufmunternde Zustimmung.

Nachdem ich auf diese Weise mehrere Jahre in einsamer Abgeschiedenheit ganz dem Altertum gelebt hatte, fühlte ich mich, als ich mit jenem ersten Versuch in die Welt eingetreten war, nun auch von dieser, und von dem vielbewegten Zeitalter angeregt, und selbst in die Literatur desselben einzugreifen angetrieben, was teils in Gesellschaft mit meinem Bruder *A. W. Schlegel* geschah, teils auch von mir allein und auf meine eigne Weise. So verschieden aber war meine Denkart von der herrschenden, daß dieses Unternehmen, obwohl es nicht ohne Erfolg war, in Rücksicht auf die sehr merkbare Wirkung, die es hervorbrachte, doch mehr geeignet war, Widerspruch und Tadel zu erregen, als mir Freunde zu erwerben.

Die Wirkung nach außen indessen hat bei mir den Fortgang der innern Untersuchung nie auf lange Zeit unterbrechen können, da die Befriedigung der eignen Wißbegierde mir immer das Erste blieb, und mehr galt als der äußere Schriftsteller-Ruhm.

Diese Wißbegierde führte mich dann ganz natürlich noch in einem späteren Alter als man sonst wohl neue Studien zu beginnen pflegt, zu den orientalischen Sprachen, und besonders zu dem noch weniger bekannten Gebiete der indischen. Die erste Ausbeute dieser Bemühung habe ich in der Schrift ÜBER DIE SPRACHE UND WEISHEIT DER INDIER vor sechs Jahren meinen Zeitgenossen dargelegt.

Während all dieser literarischen Beschäftigungen zogen auch die Kunstwerke des Mittelalters, besonders die altdeutsche Poesie, Sprache und Geschichte meine Aufmerksamkeit und Liebe an. Dies geschah zum Teil schon früher, vorzüglich aber in den letzten, seit 1802 verflossenen zwölf Jahren. Was mir in diesem Gebiete ausgezeichnet Merkwürdiges, oder noch weniger Bekanntes auffiel, ist auch gelegentlich mitgeteilt worden; vieles andere ist noch vorrätig, zum Teil auch bearbeitet, aber bis jetzt noch nicht zur Mitteilung gediehen.

So ist es denn gekommen, daß meine Arbeiten im Gebiete der Literatur, der poetischen Kunstgeschichte und Kritik, eben wegen ihrer Mannichfaltigkeit und Verschiedenartigkeit sehr fragmentarisch geblieben sind. Schon lange war daher der Wunsch in mir entstanden, auch einmal eine systematische Übersicht des Ganzen zu geben. Die in Wien vor einer zahlreichen Versammlung im Frühjahr 1812 gehaltenen Vorlesungen, geben mir eine erwünschte Gelegenheit dazu, da ich sie ganz so aufgeschrieben hatte, wie sie auch wohl für das größere Publikum und für den Druck geeignet sein können. Ich darf mir wenigstens schmeicheln, daß viele von denen, welche an meinen früheren literarischen Arbeiten über einzelne Gegenstände Anteil genommen haben, nun auch diese Darstellung des Ganzen nicht ungern aufnehmen werden. Und zugleich wird dieses vielleicht auch für solche ein Interesse von allgemeiner Art haben, denen die kritischen Untersuchungen über das Einzelne in meinen frühern Arbeiten weniger anziehend waren.

Eine eigentliche Literargeschichte, mit einer Fülle von (wiederholten) Zitaten, oder biographischen Nachrichten wird man hier nicht erwarten. Meine Absicht war, und konnte keine andere sein, als den Geist der Literatur in jedem Zeitalter, das Ganze derselben, und den Gang ihrer Entwicklung bei den wichtigsten Nationen vor Augen zu stellen. Für ausführliche kritische Nachforschungen über einzelne Gegenstände, wie ich sie in andern Schriften häufig versucht habe, war hier zunächst der Ort nicht, wo es nur auf die Darstellung des Ganzen ankam. Doch wird man die Resultate solcher Forschungen oftmals in der Kürze angegeben finden, da wo diese Resultate mir nicht bloß neu, sondern auch für das Ganze wichtig schienen. In der Charakteristik der bedeutendsten Schriftsteller, wird man leicht bemerken, daß ich oft und lange mit ihnen mich beschäftigt habe. Mußte irgendwo, des Zusammenhangs wegen, ein Werk erwähnt werden, welches mir bis jetzt noch unzugänglich war, oder auch minder bedeutende, die nur in der Masse zählen, so ist dies in der Art, wie sie angeführt sind, hinlänglich angedeutet worden.

Wenn diese Darstellung der Literatur mehr von der Geschichte der Philosophie enthält, als man sonst wohl unter jener Überschrift zu erwarten gewohnt ist, so darf man dies nicht für einen Auswuchs, oder für zufällig halten; denn es hängt dies auf das genaueste zusammen mit dem mir eigentümlichen und in diesem Werke durchgehends herrschenden Begriff von Literatur, als dem Inbegriff des intellektuellen Lebens einer Nation. Auf keinen Fall wird man diesen Überfluß, wenn man es auch als solchen betrachtet, dem Werke zum Fehler anrechnen wollen.

Einleitung und Plan des Ganzen. Einfluß der Literatur auf das Leben und den Wert der Nationen. Poesie der Griechen (von der ältesten Zeit) bis auf (den) Sophokles.

In den nachfolgenden Vorträgen ist es meine Absicht, ein Bild im ganzen von der Entwicklung und dem Geiste der Literatur bei den vornehmsten Nationen des Altertums und der neueren Zeit zu entwerfen; vor allem aber die Literatur in ihrem Einflusse auf das wirkliche Leben, auf das Schicksal der Nationen und den Gang der Zeiten darzustellen.

Es hat sich in dem letztern Jahrhundert besonders in Deutschland eine große Veränderung mit der Geistesbildung zugetragen, die wenigstens in Beziehung auf jenen Standpunkt glücklich zu nennen ist. Nicht als ob die einzelnen merkwürdigen Hervorbringungen und Versuche in der Kunst oder Wissenschaft ohne Unterschied lobenswert, oder in allen Teilen gleich gelungen wären. Aber in Hinsicht auf die Verhältnisse der Literatur, die Behandlungsweise und Teilnahme, welche die Welt ihr widmet, den Einfluß aufs Leben und auf die Nation, den sie haben soll, ist die Veränderung durchaus zum Besseren und vorteilhaft gewesen, wie sie denn auch notwendig war.

Ehedem war der Stand der Gelehrten ganz abgesondert von der übrigen Welt, und völlig getrennt von der gesellschaftlichen Bildung der höheren Stände, so wie diese selbst von der gesamten übrigen Nation getrennt waren. Unsere Kepler und Leibniz schrieben größtenteils lateinisch; Friedrich der Zweite las, schrieb und dachte nur französisch. Die Muttersprache ward von den Gelehrten wie von den Vornehmen gleich sehr vernachlässigt. Die vaterländischen Erinnerungen und Gefühle blieben entweder dem Volke überlassen, bei dem sich noch wohl hier und da einige, wenn gleich schwache und halbverstümmelte Überbleibsel aus der guten alten Zeit erhalten hatten; oder sie blieben der jugendlichen Begeisterung und den gewagten Versuchen einiger Dichter und Schriftsteller anheim gestellt, welche es zuerst unternahmen, einen andern Zustand der Dinge herbeiführen zu wollen. So lange diese aber nur einzeln standen und es allein unternahmen, konnte die jugendliche Begeisterung ihres Entwurfs nicht immer durch eine vollkommen gelungene Ausführung gerechtfertigt, und mit einem glücklichen Erfolg gekrönt sein.

Die erwähnte Trennung des gelehrten Standes, der gesellschaftlichen Bildung, und der übrigen Nation war der allgemeine Zustand in Deutschland in der ganzen letzten Hälfte des siebzehnten Jahrhunderts, wie in der ersten des achtzehnten; und noch viel weiter hinaus dauerten diese Verhältnisse und ihre natürlichen Folgen im einzelnen fort, wenn auch schon im ganzen ein anderer Zustand und ein besseres Verhältnis sich vorbereitete und annäherte.

Die Zahl von ausgezeichneten Werken, oder doch merkwürdigen Versuchen und lobenswerten Bestrebungen, welche besonders seit der Mitte des achtzehnten Jahrhunderts in deutscher Sprache immer mehr ans Licht trat, erregte endlich die allgemeine Aufmerksamkeit teils auf das viele bis jetzt verkannte Große, Gute und Schöne, welches Deutschland wohl schon ehedem besessen hatte, teils auf die innern Vorzüge der Sprache selbst, die Kraft, den Reichtum und die Biegsamkeit ⟨derselben⟩; Eigenschaften, welche sie nie verleugnet, sobald sie nur auf eine ihrer Natur gemäße Weise behandelt wird. Je mehr die vaterländischen Erinnerungen und Gefühle wieder angeregt wurden, je mehr erwachte auch die Liebe zu der Muttersprache. Die dem Gelehrten und dem Gebildeten notwendige Kenntnis der fremden, alten oder noch lebenden Sprachen war nicht mehr mit Vernachlässigung der Muttersprache verbunden. Eine Vernachlässigung, die sich immer an dem rächt, der sie ausübt, und niemals ein günstiges Vorurteil für die Art und Allgemeinheit seiner Bildung oder Gelehrsamkeit erregen kann. Vielmehr kam die Sorgfalt, welche man auf fremde Sprachen wandte, jetzt der Muttersprache selbst zu Gute. Alle fremden Sprachen, auch die noch lebenden mußten doch auf eine mehr wissenschaftliche Art erlernt werden, als die eigene. Dies schärfte den Sinn für Sprachen überhaupt, man wandte diesen geschärften Sinn, der sich zuerst an fremden Sprachen geübt hatte, nun auch auf die eigene an, beim Hervorbringen wie beim Beurteilen. Es entstand ein rühmlicher Wetteifer, zu ihren angestammten Vorzügen der Kraft und des Reichtums, ihr auch noch alle die andern Vorzüge anzueignen, durch welche die gebildetsten Sprachen des Altertums und der neuen Welt sich auszeichnen.

Nicht bloß von der deutschen, sondern von der gesamten europäischen Literatur werde ich versuchen, ein Gemälde zu entwerfen. So darf ich denn hier schon vorgreifen mit der Bemerkung, daß im achtzehnten Jahrhundert auch in andern Ländern so wie in Deutschland eine ähnliche Veränderung der Literatur und eine Rückkehr derselben zum Nationalgeist sich zugetragen hat. Ich führe hier zur Erläuterung nur Englands Beispiel an. Auch in England war, in der zweiten Hälfte des siebzehnten Jahrhunderts, da es von den Folgen der Cromwell'schen Bürgerkriege geschwächt und fast abhängig darnieder lag, der Geschmack verwildert, sittenlos und dabei nachahmungssüchtig, ausländisch und unnational geworden. Die Sprache selbst war vernachlässigt, die großen alten Dichter und Schriftsteller fast vergessen. Nachdem aber durch eine glückliche Revolution die politische Selbständigkeit von England wieder hergestellt war, erhob sich auch die Literatur wieder. Der ausländische Geschmack mußte weichen; mit verdoppelter Liebe kehrte man zu den großen Nationaldichtern zurück. Die Sprache ward aufs strengste und sorgfältigste gebildet, große Schriftsteller standen auf, und die Liebe und Sorgfalt für jedes Denkmal, jedes noch so kleine Überbleibsel der britischen Geschichte und Vorzeit ist seitdem so fortdauernd gewachsen, daß man hierin dem Nationalgeist der Engländer fast nur den ruhmvollen Vorwurf einer zu ausschließenden Vaterlandsliebe machen könnte.

Die Trennung des gelehrten Standes und der gesellschaftlichen Bildung unter sich und von dem Volke ist das größte Hindernis einer allgemeinen Nationalbildung. Müssen doch selbst die verschiedenen natürlichen Anlagen und Zustände des Menschen in einem gewissen Grade zusammenwirken, um die Vollkommenheit in den Hervorbringungen des Geistes zu erreichen, oder sie zu empfinden. Wo wäre wohl ein Werk wahrhaft vortrefflich zu nennen, wenn nicht die Kraft und Begeisterung der Jugend, und die Erfahrung und Reife des männlichen Alters gemeinschaftlich daran gearbeitet haben? Aber auch das Zartgefühl der Frauen darf von der Mitwirkung und dem Einfluß seines Urteils auf Geisteswerke nicht ausgeschlossen werden, wenn diese in den Grenzen des Schönen bleiben, wenn der Geist einer Nation wahrhaft gebildet sein, ihr Sinn edel erhalten werden soll. Die Werke des Geistes können keinen andern lebendigen Boden haben, in welchem sie Wurzel schlagen, als zuerst die Gesinnungen und Gefühle, welche allen edel gearteten und Gott suchenden Menschen gemein sind, und dann die Liebe des besondern Vaterlandes und die Nationalerinnerungen des Volkes, in dessen Sprache sie auftreten, und auf welches sie zunächst wirken sollen.

Daß die Bildung des menschlichen Geistes einen Verein der verschiedenen Anlagen des Menschen, aller der Kräfte und Übungen, die wir nur zu oft trennen und vereinzeln, erfordert, hat man wenigstens angefangen zu fühlen. Die Gelehrsamkeit des Forschers, und der schnelle Überblick, die sichere Entscheidung des tätigen Mannes, die ernste Begeisterung des einsamen Künstlers, und der leichte und rasche Wechsel geistiger Eindrücke, jene flüchtige Feinheit, welche man nur in dem gesellschaftlichen Leben findet, und finden lernt, sind in Berührung getreten, stehen wenigstens nicht mehr so getrennt wie ehedem, von einander.

Wie sehr aber auch in der neuern Zeit die Literatur in mehreren Ländern dadurch gewonnen hat, daß sie nationaler, aufs Leben einwirkender und selbst lebendiger geworden ist, das Übel ist demungeachtet nicht ganz gehoben. In Deutschland sehen wir die Literatur⟨, oder die Schule,⟩ und das Leben oft noch ganz getrennt, wie zwei abgesonderte Welten ohne Einfluß neben und gegen einander da stehen⟨, oder nur störend, von der einen Seite beunruhigend und verwirrend, von der andern hemmend und lähmend, auf einander einwirken⟩. So geht jene ganze Mannigfaltigkeit von geistigen Kräften und Hervorbringungen, die wir unter dem Namen Literatur zusammenfassen, für die Welt größtenteils verloren, hat wenigstens bei weitem nicht den großen und wohltätigen Einfluß auf den Menschen und auf die Nation, den sie haben könnte, und haben sollte. Betrachten wir nur den Zustand der Literatur, besonders aber die Ansichten, welche über die Literatur und ihr Verhältnis zum Leben in der Welt meistens noch herrschend sind! Dem Dichter und Künstler wird es sogleich wie ein Vorrecht zugestanden, daß sie nur in ihrer Gedankenwelt leben, und leben dürfen, daß sie in die wirkliche Welt nicht passen; von den Gelehrten ist man es schon gewohnt vorauszusetzen, daß sie praktisch nicht brauchbar seien. Dem gewandten Redner mißtraut man eher, als der es in der Gewalt habe, die Wahrheit nach seinen Absichten zu biegen, uns zu täuschen und irre zu leiten. Daß die Philosophie ihr Zeitalter oft mehr irre leite und in die unglücklichste Verwirrung stürze, als wirklich aufkläre und in der Wahrheit erhalte, lehrt die Erfahrung und die Geschichte auch unsers Zeitalters. Durch die gegenseitigen Klagen und Beschwerden der Philosophen selbst, ist es auch unter den Laien allgemein bekannt geworden, wie häufig sie sich unter einander nicht verstehen. Daher hat sich denn die Meinung verbreitet, daß sie überhaupt auch in sich selbst nicht zum Ziel gelangen können, und nur selten recht entschieden wissen, was sie eigentlich wollen. Es ist aber Unrecht, das edelste Streben, was im Menschen liegt, das Streben nach Erkenntnis und Erforschung der Wahrheit dadurch lähmen und in Mißkredit bringen zu wollen, daß man nur immer an die mißlungenen Versuche und an die Schwierigkeit des Unternehmens erinnert. Zu wundern ist es indessen bei diesem Zustande nicht, wenn Männer, die stets mit den wichtigsten Verhältnissen und Gegenständen des Staats und des Lebens beschäftigt sind, die kleinen Streitigkeiten der Schriftsteller für ein bloßes Schauspiel halten, was weder sehr bedeutend noch anziehend ist. Selbst die zahllose Menge der Bücher hat bei den meisten Lesern einen solchen Überdruß erzeugen müssen, daß im ganzen nichts unwichtiger, unbedeutender und überflüssiger erscheinen kann, als ein neues Buch, wodurch die Menge der schon vorhandenen Bücher abermals um eines vermehrt wird. Ich habe es in dieser Schilderung schon stillschweigend eingestanden, daß die Schriftsteller, die Gelehrten, die Dichter und Künstler selbst größtenteils die Schuld tragen, von der Geringschätzung gegen die Literatur, welche in der Welt gewiß sehr allgemein verbreitet ist, wenn sie auch selten ganz deutlich ausgesprochen wird. Wären aber jene Vorwürfe, die man den Schriftstellern und ihren Werken gewöhnlich macht, auch allgemein gegründet und treffend, gäbe es nicht einzelne ehrenvolle Ausnahmen, gäbe es nicht Gelehrte und Geisteswerke, die in ihrem Verhältnis zur Welt überhaupt und zu ihrem Vaterlande und ihrem Zeitalter insbesondere, alle Forderungen erfüllen und in beiden Beziehungen ganz so stehen, wie sie stehen sollen; so würde man doch nicht umhin können, jene Geringschätzung im allgemeinen tadelnswert zu finden, weil sie über den Mißbrauch der Sache, die Sache selbst, die so groß und so wichtig ist, verkennt. Auch schädlich ist sie, weil sie die Trennung zwischen dem innern intellektuellen Leben und der praktischen Welt‹, zwischen der Schule und dem Staat,› nur noch immer größer macht, und dauernd erhält‹, die nicht selten in bittre Feindschaft und endlich in gegenseitige Zerstörung und Unterdrückung ausartet›.

Wie groß aber die Sache selbst nach ihrer ursprünglichen Bestimmung, wie wichtig die Literatur für den Wert und für die Wohlfahrt einer Nation sei, das ist wohl unzweifelhaft, klar und leicht zu entscheiden; wir mögen nun auf die innere Natur derselben, oder auf ihre vielfältigen Folgen und ihren großen Einfluß sehen.

Betrachten wir zuerst die Literatur selbst nach ihrem wahren Wesen, ihrem ganzen Umfang und ihrer ursprünglichen Bestimmung und Würde. Wir umfassen unter diesem Namen alle jene Künste und Wissenschaften, jene Darstellungen und Hervorbringungen, welche das Leben und den Menschen selbst zum Gegenstande haben, aber ohne auf eine äußere Tat (und materielle Wirkung) auszugehen, bloß im Gedanken und in der Sprache wirken, und ohne andern körperlichen Stoff in Wort und Schrift dem Geiste darstellen. Dahin gehört vor allen die Dichtkunst, und nebst ihr die erzählende und darstellende Geschichte; das Nachdenken und die höhere Erkenntnis, in so fern sie das Leben und den Menschen zum Gegenstande und auf beide Einfluß hat; Beredsamkeit und Witz endlich, wenn ihre Wirkungen nicht bloß im mündlichen Gespräch flüchtig vorübereilen, sondern in Schrift und Darstellung dauernde Werke bilden. Dies alles umfaßt beinahe das ganze geistige Leben des Menschen. Was gibt es überhaupt nächst dem Geiste selbst, der sich in ihr enthüllt, wohl Größeres und dem Menschen als solchen mehr Eigenes und ihn Unterscheidendes, als die Sprache? Die Natur konnte den Menschen keine schönere Gabe verleihen, als die Stimme, die zu jedem Ausdruck des Gefühls im Gesange fähig, durch ihre Biegsamkeit zu den künstlichsten Sonderungen und Verknüpfungen der mannigfaltigsten Laute, den Stoff herleiht zu dem künstlichen Gebilde der Sprache. Von allem aber, was der menschliche Geist erfunden hat, ist die Schrift ohne Vergleich das Wunderbarste und das Wichtigste. Die Gottheit selbst konnte dem Menschen kein köstlicheres Geschenk machen, als das Wort, welches sie verkündigt, die Menschen eint und verbindet. So unzertrennlich ist Geist und Sprache, so wesentlich eins Gedanke und Wort, daß wir, so gewiß wir den Gedanken als das eigentümliche Vorrecht des Menschen betrachten, auch das Wort nach seiner innern Bedeutung und Würde als das ursprüngliche Wesen des Menschen nennen könnten. (Denn der Mensch wird eben darum Gott ähnlich geachtet und in den heiligen Schriften ein Ebenbild des dreieinigen Schöpfers genannt, weil er mit einer Seele begabt ist, aus deren Tiefe und in deren Spiegel der Geist sich zum befruchtenden Worte des Lebens gestaltet.)

Wenn wir (jedoch) in der näheren Anwendung Gehalt

und Ausdruck, Gedanken und Wort (noch) allerdings unterscheiden, und unterscheiden müssen; so findet dies doch selbst in solchen abgeleiteten Verhältnissen beider nur da statt, wo entweder beide oder wenigstens das eine dieser beiden Elemente nicht mehr ihre Bestimmung erfüllen. Gedanke und Wort, so wie sie ursprünglich eins sind, dürfen selbst in ihrer mannigfaltigsten Anwendung nie ganz getrennt werden, müssen immer und überall möglichst vereint und übereinstimmend bleiben.

Wie sehr nun auch diese beiden hohen Gaben, die eigentlich nur eine sind, dieser höchste Vorzug des Menschen, der ihn erst zum Menschen macht, der Gedanke und die Rede, oft mißbraucht werden mögen; das tief eingeprägte Gefühl von der ursprünglichen Würde der Sprache und der Rede zeigt sich selbst durch die Wichtigkeit, welche wir ihnen in unsern gewöhnlichsten Urteilen einräumen. Welchen Einfluß die Kunst der Rede im gewöhnlichen Leben, in den bürgerlichen und gesellschaftlichen Verhältnissen auf unser Urteil, welche Gewalt die Kraft des Ausdrucks über unsere Gedanken ausübt, ist überflüssig auseinander zu setzen. Eben so wie über die einzelnen lassen wir uns auch in unserm Urteil über die Nationen durch eben diese Rücksicht bestimmen, und sind gleich geneigt, diejenige Nation für die geistvollste und gebildetste anzuerkennen, welche sich am meisten klar und dem Zweck angemessen, bestimmt und angenehm ausdrückt. So daß wir hier sogar über den Vorzug, den wir der äußern Form und dem Ausdruck geben, nur zu oft die Rücksicht auf den innern Gehalt des Gedankens und des Charakterwertes hintansetzen. Nicht bloß über die einzelnen und die Nationen, die uns zunächst umgeben, und mit denen wir selbst leben, urteilen wir so, auch auf andere weit von unserm Kreis entlegene, wird derselbe Maßstab angewandt. Nehmen wir z. B. jene Völker, die wir, weil wir sie wenig kennen, unter dem allgemeinen Namen der Wilden zusammen zu fassen gewohnt sind. Sobald der reisende Beobachter ihre Sprache versteht, pflegt sich auch das ungünstige vorgefaßte Urteil über sie sehr wesentlich zu verändern. „Wilde", heißt es dann meistens, „Wilde sind es freilich, unbekannt mit unsern Künsten und unsern Verfeinerungen, so wie mit den übeln sittlichen Folgen derselben; aber einen gesunden, starken Verstand, einen oft bewundernswerten natürlichen Scharfsinn kann man ihnen nicht absprechen. Äußerst treffend, und nicht selten witzig sind ihre kurzen Antworten, kraftvoll und vielsagend und von der anschaulichsten Klarheit und Bestimmtheit ihre Reden". So ist man (fast) überall und in allen Verhältnissen (des Lebens oder der erweiterten Weltkunde,) gewohnt und geneigt, von der Sprache auf den Geist, von dem Ausdruck auf den Gedanken zu schließen. Doch dies sind nur einzelne Urteile über einzelne Gegenstände. Am besten zeigt sich die Würde und die Wichtigkeit aller jener in der Rede und der Schrift wirkenden und darstellenden Wissenschaften und Künste, wenn wir ihren großen Einfluß auf den Wert und das Schicksal der Nationen in der Weltgeschichte betrachten. Hier zeigt sich die Literatur, als der Inbegriff aller intellektuellen Fähigkeiten und Hervorbringungen einer Nation, erst in ihrem wahren Umfange.

Wichtig vor allen Dingen für die ganze fernere Entwikkelung, ja für das ganze geistige Dasein einer Nation erscheint es auf diesem historischen, die Völker nach ihrem Wert vergleichenden Standpunkte, daß ein Volk große alte National-Erinnerungen hat, welche sich meistens noch in die dunkeln Zeiten seines ersten Ursprungs verlieren, und welche zu erhalten und zu verherrlichen das vorzüglichste Geschäft der Dichtkunst ist. Solche National-Erinnerungen, das herrlichste Erbteil, das ein Volk haben kann, sind ein Vorzug, der durch nichts anders ersetzt werden kann; und wenn ein Volk dadurch, daß es eine große Vergangenheit, daß es solche Erinnerungen aus uralter Vorzeit, daß es mit einem Wort eine Poesie hat, sich selbst in seinem eigenen Gefühle erhoben und gleichsam geadelt findet, so wird es eben dadurch auch in unserem Auge und Urteil auf eine höhere Stufe gestellt. Nicht die weit um sich greifenden Unternehmungen, nicht die merkwürdigen Ereignisse allein sind es, die den Wert und die Würde einer Nation bestimmen. Viele Nationen, die unglücklich waren, sind namenlos untergegangen und haben kaum eine Spur zurückgelassen. Andere glücklichere haben das Andenken ihrer Ausbreitung und ihrer Eroberung erhalten, aber kaum würdigen wir die Nachrichten davon einiger Aufmerksamkeit, wenn nicht der Geist der Nation solchen Unternehmungen und Ereignissen, die in der Weltgeschichte sich nur allzu häufig wiederholen, einen höhern Stempel verleiht. Merkwürdige Taten, große Ereignisse und Schicksale sind allein nicht zureichend, unsere Bewunderung zu erhalten, und das Urteil der Nachwelt zu bestimmen; es muß ein Volk, wenn dieses einen Wert haben soll, auch zum klaren Bewußtsein seiner eigenen Taten und Schicksale gelangen. Dieses in betrachtenden und darstellenden Werken sich aussprechende Selbstbewußtsein einer Nation ist die Geschichte. Ein Volk, dessen Siege und Taten durch den Stil eines Livius verherrlicht, dessen Unglück und Versunkenheit von dem Griffel eines Tacitus für die Nachwelt hingestellt worden, tritt auf eine höhere Stufe, und wir können es unserm Gefühl nach nun nicht mehr ohne Ungerechtigkeit unter den großen Haufen der Völker reihen, die ohne in der Geschichte des menschlichen Geistes irgend eine Stelle einzunehmen, auf dem Schauplatz vorübergingen, eroberten, und wieder erobert wurden. Dichter und Künstler, die mit aller Kraft und mit allem Zauber der Darstellung begabt, den kühnsten Flug der Einbildungskraft wagen dürfen; Forscher, welche alle Tiefen des Gedankens zu durchspähen im Stande sind, kann es immer nur einzelne und wenige geben, und diese wenigen können zunächst nur in ihrer Zeit auch nur wieder auf wenige wirken. Aber mit dem Lauf der Zeiten dehnt sich der Kreis ihrer Wirkungen immer mächtiger aus; ihr Wert leuchtet immer heller und allgemeiner ⟨hervor⟩, dagegen selbst der Wert des Gesetzgebers bei veränderten Zeitverhältnissen in einem verdunkelten Lichte erscheint, der Ruhm des Eroberers, nachdem Jahrhunderte verflossen sind, von der allumfassenden und verschlingenden Größe, mit welcher er gleich anfangs auftrat, immer mehr verliert und sich oft in sehr verkleinertem

Maßstabe darstellt. Man darf sagen, Homer und Plato haben nicht nur unter uns, sondern selbst in der späteren Zeit des Altertums eben so viel, wo nicht mehr beigetragen, den Ruhm der Griechen zu erhöhen und weit zu verbreiten, als Solon und Alexander. An der Achtung, die jede gebildete Nation Europas der griechischen, als der, welche die Bildung von Europa angefangen hat, so gerne zollt, hat wenigstens der Dichter und der Philosoph unstreitig einen größern Anteil als der Gesetzgeber und der Eroberer. Selbst der Einfluß, welchen die Werke und der Geist der ersten auf die Nachwelt und auf den Gang und die Entwicklung des menschlichen Geschlechts überhaupt gehabt haben, übertrifft an Umfang und Dauer die Wirkungen, welche die Gesetze und die Taten und Siege der andern hatten. Bleiben aber auch Solon und Alexander für uns unsterbliche und ruhmvolle Namen, so verdanken sie dies vielleicht mehr noch ihrem Geist und ihrem Einfluß auf Geistesbildung, als jenen bürgerlichen Einrichtungen, die uns jetzt so fremd geworden sind, oder den von dem Eroberer gestifteten Königreichen, die längst nicht mehr vorhanden sind.

Dichter und Philosophen von der ersten Größe können immer nur selten sein, sie werden aber auch als seltne Erscheinungen mit Recht da, wo sie hervortreten, als ein Beweis und allgemeiner Maßstab der geistigen Kraft und Bildung derjenigen Nation betrachtet, welcher sie angehören.

Fügen wir zu diesen hohen Vorzügen einer eigentümlichen Poesie und Nationalsage, einer gedankenreichen Geschichte, einer gebildeten Kunst und höheren Erkenntnis noch die Gabe der Beredsamkeit, des Witzes und einer zum gesellschaftlichen Umgang gebildeten Sprache hinzu, vorausgesetzt, daß diese letzten Vorzüge ohne Mißbrauch bleiben; so ist das Gemälde einer wahrhaft gebildeten und geistvollen Nation vollendet, und zugleich auch der vollständige Begriff einer Literatur entworfen.

Beseelt von dem Wunsche, die Literatur in ihrer ganzen Wichtigkeit und nach ihrem großen Einfluß auf das Leben darzustellen, fühle ich gar wohl die mannichfache Schwierigkeit dieses Unternehmens. Auf der einen Seite werde ich, da das Ganze in einem klar zu übersehenden Gemälde zusammengefaßt werden soll, manches nur kurz und im Vorübergehen berühren müssen, was allerdings eine ausführliche Behandlung verdiente; auf der andern Seite werde ich, da ich meine Darstellung so historisch als möglich abfassen und begründen möchte, in dem Fall sein, auch solche Einzelnheiten zu berühren, die dem, welcher sich nicht ausschließend mit der Literatur beschäftigt, vielleicht als unwichtig und geringfügig erscheinen können. Was mir jedoch den Mut gibt, diesen Versuch zu wagen, ⟨und die Hoffnung, die Aufgabe glücklich zu lösen,⟩ ist meine lange Beschäftigung mit vielen, vorzüglich wichtigen, einzelnen Teilen der Literatur. Das Gebiet derselben ist zwar so unermeßlich, daß nicht leicht jemand, der es kennt, glauben wird, es erschöpft zu haben. Indessen führt die so lang fortgesetzte und vielfältig erweiterte Bekanntschaft mit einem Gegenstande, der beinahe das Geschäft meines Lebens war, wohl endlich zu einer vollkommeneren und wohlgeordneten Übersicht des Ganzen; führt besonders auch dahin, daß man unterscheiden lernt, was nur Mittel und Vorbereitung ist, und was zum Zweck führt; was nur für den Gelehrten einen Wert hat, und was ihn an und für sich besitzt, und für die Welt überhaupt merkwürdig und anziehend sein kann.

Unsre Geistesbildung beruht so ganz auf der der Alten, daß es überhaupt wohl schwer ist, die Literatur zu behandeln, ohne von diesem Punkt auszugehen, und wenigstens als Einleitung der Griechen und Römer zu gedenken ⟨und den Anfang von ihnen zu nehmen⟩. Mir wenigstens würde es nicht möglich sein, meine Ansicht ⟨und Erkenntnis⟩ von der Literatur überhaupt, und von der neuesten insbesondere deutlich darzulegen, ohne eine gedrängte Darstellung der alten Literatur nach derselben Ansicht ⟨und denselben Grundsätzen⟩ voranzuschicken. An dem Beispiel der griechischen Nation läßt sich überdem die Würde und die Wirkung einer glücklich entwickelten Literatur in höchstem Glanze zeigen;

auf der andern Seite treten hier aber auch die verderbli-
chen Wirkungen und schädlichen Folgen einer sophisti-
schen Redekunst in das hellste Licht. Ich werde jedoch
diese vorläufige Ansicht des Altertums in größter Kürze
zusammendrängen. Zuerst werde ich die gesamte Literatur der Griechen und Römer im allgemeinen betrachten;
jener beiden Völker, denen wir einen so großen Teil unserer Geistesbildung verdanken, und als eine reiche Erbschaft von ihnen erhalten haben. In einem eben so ge-
drängten Vortrage werde ich alles zusammenfassen, was
Europa schon zur Zeit der Griechen und Römer und
durch diese auch die neue Zeit den orientalischen Völkern in Rücksicht auf Geistesbildung und Literatur ver-
dankten. Zwar sollten die ältesten Denkmale des asiati-
schen Geistes der Zeitordnung nach wohl den griechischen vorangehen. Da aber meine Absicht vorzüglich
darauf ausgeht, ein welthistorisches Gemälde der europäischen Geistesbildung aufzustellen, und da die Literatur vorzüglich nach ihrem Einfluß auf das Leben betrachtet werden soll, so wird es für diesen Zweck am
angemessensten sein, was von der orientalischen Denkart und Geistesbildung erwähnt werden muß, um die europäische zu verstehen und zu erklären, da einzuschal-
ten, wo es in Europa Einfluß gewonnen hat, und
wirksam geworden ist. Eine besondere Aufmerksamkeit
wird sodann auch unsrer Vorzeit, der nordischen Götterlehre, und der daher abgeleiteten Poesie der Ritterzeit,
und Kunst des Mittelalters gewidmet sein; wo während
der Kreuzzüge Europa von neuem mit dem Orient in
eine fruchtbare Berührung kam. Die nachfolgenden Vorträge sind der Epoche seit der Wiederherstellung der
Wissenschaften gewidmet, und einer ausführlichen Darstellung der Literatur des achtzehnten Jahrhunderts.
Sollte es mir gelingen, in dem Zeitraume der alten Literatur bekannte und schon oft behandelte Gegenstände
hier und da in einem neuen Zusammenhange und
Lichte zu zeigen, so hoffe ich um so mehr im voraus
Nachsicht zu erhalten, wenn ich die neueren und neuesten Erscheinungen der Literatur zum Teile nach Gesinnungen und Grundsätzen betrachten werde, die im Ge-

gensatz mit den jetzt herrschenden alt scheinen können, und zu heißen verdienen
[...]

Fünfzehnte Vorlesung

Rückblick. Deutsche Philosophie. Spinosa und Leibniz. Deutsche Sprache und Poesie im sechzehnten und siebzehnten Jahrhundert; Luther, Hans Sachs, Jakob Böhme. Opitz, Schlesische Schule. Entartung des Geschmacks nach dem Westfälischen Frieden; Gelegenheitsgedichte. Deutsche Dichter aus der ersten Hälfte des achtzehnten Jahrhunderts. Friedrich der Zweite. Klopstock; Messiade und nordische Götterlehre. Wielands Rittergedichte. Einführung der alten Sylbenmaße in die deutsche Sprache und Verteidigung des Reims. Adelung, Gottsched und sogenanntes goldnes Zeitalter. Erste Generation der neuern deutschen Literatur oder Periode der Stifter.

Es könnte scheinen, als sei es überflüssig, jetzt noch gegen die Philosophie des achtzehnten Jahrhunderts, wie gegen den Schatten eines schon Abgeschiedenen, zu kämpfen. Dem ist aber in der Tat nicht so, wie sehr man auch nach dem äußern Scheine so urteilen möchte. Ein Übel ist darum noch keineswegs ganz vernichtet, weil es weniger sichtbar wird. In England ist es nie ganz zum Ausbruch gekommen, daher auch nie aus dem Grunde geheilt worden. Dort wie in Frankreich gibt es einzelne, ruhmvolle Ausnahmen, und Zeichen der Zeit; herrliche und erfreuende Symptome der Rückkehr und der nie versiegenden Kraft der Wahrheit. Aber ist die Denkart überhaupt, besonders die der Gelehrten und der Naturforscher deshalb schon ⟨allgemein⟩ verändert? Keinesweges; wir sehen unter den letztern in Frankreich immer noch das alte System herrschen, welches die Welt überhaupt und alle Erscheinungen derselben ganz körperlich aus der Zusammensetzung der eingebildeten Atome oder Molekülchen, immer aber nur aus der Materie erklärt, oder vielmehr erklären will. Denn es bleibt eine solche Erklärung überall unbefriedigend, und auszuführen unmöglich. Unter allen Hypothesen ist auch für die Wissenschaft, der Materialismus die willkürlichste und grundloseste, so wie für Sittenlehre, Nationalkraft, Begeisterung und Religion, in ihren Folgen schlechthin zerstörend. Kommen auch diese Folgen jetzt weniger an das Licht, und nicht öffentlich und gradezu in Ausübung, weil man durch die Erfahrung einmal gewitzigt ist, diese Folgen zu umgehen sucht, oder ganz bei Seite läßt, so ist es doch schon an sich schmerzlich, wenn wir Männer, die als Naturforscher Verdienste haben, und die eine bedeutende Stelle einnehmen in allem was den Menschen betrifft, und was eigentlich Wahrheit genannt zu werden verdient, in aller höhern Erkenntnis so tief unter dem Nullpunkte stehen sehen. Dieses ist ungeachtet der allgemeinen Rückkehr der öffentlichen Meinung zu dem Wege der Wahrheit, und ungeachtet der ausgezeichneten eignen Kraft, mit der einige wenige diesen Weg wandeln und zur Bahn bilden, noch jetzt der Fall im Auslande. In Deutschland aber hat die allgemeine Krankheit des Jahrhunderts, die falsche Philosophie und epidemische Vernunftswut, zwar einen ganz andern Gang, auch ganz andre zum Teil gemäßigtere, oder doch eben weil sie künstlicher waren, praktisch nicht so schädliche Formen angenommen. Ganz irren würde man sich aber, wenn man glaubte, das Übel sei nur hier bei uns nicht vorhanden gewesen, oder wenn man darum, weil es in andrer Gestalt auftrat, nicht anerkennen wollte, daß es im wesentlichen wo nicht ganz dasselbe, doch ein nah verwandtes, aus derselben Quelle herstammendes war. (Der grobe Materialismus und die seichte Atomistik hat zwar in dem gründlicher strebenden Deutschland nie tiefe Wurzeln fassen können, dagegen war ein geisttötender Rationalismus das herrschende Grundübel, das selbst der Theologie sich bemeisterte und da die falsche Aufklärung, wie in der Schule die rastlose Systemsucht und das leere Formelwesen erzeugte. Diese Form hat die Krankheit bei dem großen Haufen der gewöhnlichen Denker und in den niedern Regionen des intellektuellen Lebens. Wenn aber einige Männer von großem Genie das Abstraktionengewebe der Vernunftphilosophie von innen heraus mit den eignen Waffen zerreißend, den Durchbruch und so zu sagen die Öffnungen und Anfangspunkte gefunden hatten, von denen es nicht schwer gewesen sein würde, die Rückkehr und den rechten Weg zur Offenbarung und zur Erkenntnis des göttlichen Positiven zu finden; so sind dem ungeachtet nach ihnen nicht wenige der besten Talente statt der eben verlassenen Irrungen des rationalen Denkens nur in einen schlaffen Pantheismus geraten, als das neue und zweite Übel feinerer und geistigerer Art, welches mehr in den höhern Regionen der intellektuellen Bildung waltend, uns jetzt noch am meisten auf dem Wege zur Wahrheit und christlichen Philosophie hemmt, während die unberufene Menge nur allzu froh ist, bei dem ersten Anlaß, zu dem alten Formelwesen der leeren Abstraktion unter den mannichfachsten Formen und allerlei Modifikationen zurückzukehren. Beide Übel, sowohl dieses gemeine als jenes höhere, sind groß genug, wenn auch nicht so schreiend, wie die völlige Verstockung oder die gänzliche Verwilderung des intellektuellen Lebens in der engländischen und französischen Philosophie, daß wir nicht glauben dürfen, Deutschland sei von allen Verirrungen dieser Art ganz rein und frei, vor denen der höhere geistige Aufschwung, den niemand hier verkennen kann, allein noch nicht sichert.)

Wenn die deutsche Philosophie (übrigens gleich) anfangs nicht in solche heftige Ausbrüche und Extreme geriet wie die französische, so ward sie davor nicht etwa durch das allgemein verbreitete und herrschende Gefühl von der Nationalwohlfahrt, und dessen was diese erforderte, bewahrt wie in England; denn ein solches konnte hier bei der künstlich verwickelten Reichsverfassung in der geteilten Nation nicht stattfinden, oder doch nicht den gleichen Einfluß haben. Höchstens hatte diese, in ihrer Verwicklung den rechtlichen Formalitäten günstige, ja sie bis zur Spitzfindigkeit ins einzelne verfolgende und verfeinernde, sonderbar künstliche Staatsverfassung die Wirkung, mit den herkömmlichen Formen zugleich den Geist der Rechtlichkeit selbst einigermaßen zu dem allgemein anerkannten zu machen, offenbare Theorien des entschiedenen Unrechts wie die von

Machiavell oder Hobbes, wenigstens nicht leicht öffentlich aufkommen zu lassen, bis die Praxis auch in Deutschland mit dem fortschreitenden Zeitalter immer kühner ward, und der furchtsamen Theorie den Weg zeigte. Was die deutsche Philosophie von den größern Verirrungen anfangs abhielt, war vorzüglich, daß in ihr mehr Reminiszenzen aus der ältern Philosophie und mehr Verbindung mit dieser zurückblieben, deren Faden man in England und Frankreich fast völlig abgerissen und verloren hatte. Besonders Leibniz wirkte in dieser Hinsicht wohltätig auf Deutschland. War gleich auch er einem Arzte zu vergleichen, der mit Palliativen und nicht von Grund aus das Übel heilt, sondern nur dessen gewaltsamen Ausbruch für den Augenblick zurückdrängt; seine Philosophie enthielt dennoch, da er eben so sehr Gelehrter als Denker war, zurücklenkende Reminiszenzen dieser Art in Menge, und je mehr seine Hypothesen selbst nur das, nur äußerst sinnreiche und künstliche Auswege waren, um uralte Schwierigkeiten zu lösen, je mehr enthielten sie Stoff und Veranlassung, wenigstens auf die Zukunft für den, der einmal tiefer in alle Labyrinthe des Denkens und in alle Geheimnisse der Erkenntnis einzudringen, den Mut, den Geist und den Beruf haben würde. Der Zeit nach gehört er jenem Übergange an, von der Philosophie des siebzehnten Jahrhunderts zu der Denkart des achtzehnten Jahrhunderts, einem von den entscheidenden Wendepunkten des menschlichen Geistes. Da er und seine Philosophie aber fast nur auf Deutschland, hie und da auf Frankreich obwohl nur wenig, auf England (so gut wie) gar nicht gewirkt haben, so habe ich ihn auf diese Stelle verspart und dort mit Stillschweigen übergangen, so wie seinen Gegner Spinosa, weil auch dieser in seinem Vaterlande wenig, in England und Frankreich fast gar nicht, bedeutend und vorzüglich nur in Deutschland gewirkt hat. Spinosas großer Irrtum, die Welt und Gott nicht zu unterscheiden, allen einzelnen Wesen aber die innere Selbständigkeit und Bestandheit abzusprechen und in ihnen allen nichts zu sehen, als die verschiedenen Kraftäußerungen des Einen, ewigen, alles umfassenden Wesens, hebt eigentlich die Religion auf, weil er Gott die Persönlichkeit, und dem Menschen die Freiheit abspricht, überhaupt aber das Unsittliche, Unwahre und Ungöttliche für einen bloßen Schein erklärend, den wesentlichen Unterschied zwischen dem Guten und Bösen aufhebt. Dieser Irrtum liegt gleichwohl der bloß natürlichen Vernunft so nahe, daß er vielleicht der älteste sein kann, der auf die ursprüngliche Wahrheit gefolgt ist, nur daß Spinosa den Pantheismus in eine mehr wissenschaftliche Form gebracht hat. Denn auch der wissenschaftlichen Vernunft, wenn sie durch eigne Kraft allein die Erkenntnis der Wahrheit ergreifen will, ist dieser Abweg so natürlich, daß Descartes, von dessen System Spinosa zunächst ausging, nur durch seinen Mangel an Tiefe und Entschiedenheit des Geistes vermieden hat, in den gleichen Abgrund zu geraten, an dessen Rande er schon stand. Man muß auch hier den Irrtum selbst von der Person unterscheiden. Oft ist der, welcher einen neuen Weg des Irrtums zuerst veranlaßt, oder auch gleich bis zur Vollendung durchführt, und am entschiedensten und kühnsten ausspricht, bei weitem weniger verwerflich als seine Nachfolger, oder die auf gleichen Irrwegen, nur unentschiedener einherschwanken. Spinosas Sittenlehre ist zwar, so wie er selbst kein Christ war, nicht die christliche, wohl aber ist sie so edel und rein, wie etwa die der Stoiker im Altertum, ja sie hat vielleicht Vorzüge vor dieser. Was ihn stark macht im Vergleich mit Gegnern, die seine Tiefe nicht verstehen, oder nicht fühlen, und mit solchen, die ohne es selbst recht deutlich zu wissen, halb auf ähnlichen Irrwegen wandeln, ist nicht bloß die wissenschaftliche Klarheit und Entschiedenheit seiner Denkart, sondern auch daß alles in dieser so aus einem Guß war, weil er fühlte, wie er dachte, und ganz von seinem Gefühle beseelt war. Man kann es nicht Naturbegeisterung nennen, wie der Dichter, der Künstler oder der Naturforscher sie fühlt: noch weniger eigentliche Liebe oder Andacht, denn wo fände diese einen Gegenstand ohne Glauben und wirklichen Gott? Aber ein alldurchdringendes Gefühl des Unendlichen überhaupt ist es, was ihn immer bei all seinem Denken begleitet, und ihn ganz über die Sinnenwelt weghebt. Jeder entschiedene Irrtum, der das Ganze betrifft, ist wohl im Grunde gleich verwerflich und es möchte scheinen, daß hier keine Stufenfolge stattfinde. Vergleichen wir dennoch diesen Irrtum des Spinosa mit dem Atheismus des achtzehnten Jahrhunderts, so ergibt sich noch ein großer Unterschied. Jene materielle Philosophie, wenn sie noch so heißen kann, welche alles aus dem Körper erklärt und die Sinnlichkeit für das Erste hält, ist ein Irrtum der fast unter die Region des Menschlichen herabsinkt. Selten wird daher auch bei den einzelnen, die einmal bis in diese Tiefe herabgesunken sind, eine Rückkehr zu hoffen sein, so leicht es geschehen mag, daß eine Nation, ein Zeitalter, wenn sie die sittlichen Folgen jener Philosophie der Sinnlichkeit in ihrer ganzen Ausdehnung erblickt haben, sich mit Abscheu davon zurückwenden. Die hohe Geistigkeit jenes andern Irrtums, in den Spinosa führt, könnte dagegen scheinen, (für die tiefer suchenden Individuen) mehrere Mittel und Wege übrig zu lassen, um sich wieder zu erheben zur Wahrheit. Auf der andern Seite (freilich,) ist ein Irrtum um desto verderblicher, je mehr er geeignet ist, auch die edelsten und geistigsten Gemüter zu ergreifen; die unmittelbaren Folgen sind wohl praktisch nicht so schädlich, aber das Verderbliche wurzelt desto tiefer im Innern, und wirkt früher oder später, auch auf das Ganze einer Nation oder eines Zeitalters zerstörend; wie im menschlichen Körper eine Krankheit, welche die edelsten Lebensteile ergriffen hat. (Eine solche, tief in den Mittelpunkt des Lebens eindringende geistige Krankheit ist der feinere Pantheismus, der unter den mannichfachsten Formen, in Deutschland herrschend geworden ist, und bald in der zauberischen Naturfülle einer beseelten Fantasie, bald kritisch abwägend und dem Scheine nach absondernd und wenigstens das Einzelne historisch erkennend, obwohl nie das Ganze verstehend, hie und da auch noch in dem alten schon abgenutzten Truggewande dialektischer Spitzfindigkeit und ideeller Leerheit auftritt. Dadurch wird auf die Dauer und in der allgemeinen Wirkung der Sinn der Wahrheit selbst untergraben und alle Fähigkeit ein göttliches Positives zu erkennen und zu ergreifen, mithin alles innerlich Feste aus dem Leben wie aus der Erkenntnis zum allgemeinen Verderben hinweggenommen. – Diesem Übel kann nur eine wahrhaft christliche Philosophie entgegentreten und vorbeugen, zu welcher für diese Weltepoche die Idee und Anlage in Leibniz am deutlichsten sich entwickelt hat, den wir eben darum als die Krone und den Gipfel jener älteren, noch keiner Nation ausschließend angehörenden, allgemein europäischen Schule der neuern Philosophie betrachten, deren Umkreis die vier großen Autoren, Baco, Descartes, Spinosa nebst dem schon genannten Ersten deutschen Philosophen, bezeichnen. Diesen Weg hätte man standhaft verfolgen und weiter ausbilden sollen. Denn ganz unvollendet hat allerdings Leibniz die Idee seiner Philosophie gelassen, und eben darum auch das Übel, welches schon damals, zwar noch in andrer und streng abgeschloßner isolierter Gestalt sich zeigte, obwohl er es wie im Keime ahndend erkannte und rastlos bekämpfte, nicht vollständig beseitigen und besiegen können.)

Leibnizens Philosophie bezieht sich in sehr vieler Hinsicht auf die des Spinosa. Sie ist überhaupt fast durchaus eine streitende Philosophie, und wenn auch dies nicht immer der äußern widerlegenden Form nach, doch überall eine der übrigen Philosophie seines Zeitalters mehr entgegenwirkende, ihr antwortende, die Zweifel lösende, die Mängel verbessernde, sich an den Zeitgeist und das Zeitbedürfnis anschließende, (überhaupt vermittelnde,) keineswegs eine unabhängige, aus sich selbst hervortretende, und in eigner Machtvollkommenheit einherschreitende. Der literarische Zweifler Bayle, Locke der Stifter der Sinnlichkeitslehre, waren Leibnizens Hauptgegner, andrer mehr persönlichen Streitigkeiten nicht zu gedenken. Der vornehmste aber von allen ist Spinosa, mit dem er so oft, ja fast immer auch da, wo er ihn nicht nennt, wie mit einem unsichtbaren, gefürchteten Gegner kämpft. So hat er auch wohl von denen Philosophen, mit welchen er übereinstimmt, manche die weniger bekannt waren, nicht genannt, und die eigentlichen Quellen, aus denen er geschöpft hatte, verschwiegen. Das Dasein einer unendlichen Geisterwelt, von der die Sinnenwelt nur die äußere Hülle ist, entschieden anzuerkennen, das war nicht in seinem Charakter. ⟨Die Lehre von den angebornen Ideen, so wie er sie aufgefaßt hatte, führt vielmehr auf ein System von abstrakten Begriffen, welche man sich gleich einem toten Grundriß dem Verstande eingeboren oder aufgeprägt denkt, als daß das innere Wirken des Geistes lebendig darin erblickt werden könnte. Näher hätte die Lehre von den unbewußten Vorstellungen zu diesem Ziele führen mögen, indem die Erkenntnis, daß unser Bewußtsein nur ein halbes ist, oder daß wir nur die Hälfte unsers Bewußtseins wissen, während eine andre unsichtbare Seite desselben unserm Auge verdeckt ist, wenigstens den ersten Schritt der Annäherung bildet, um in das Geheimnis oder in die geheime Werkstätte der Seele einzudringen; wie uns ja auch in der sinnlichen Welt erst die Gestirne der Nacht über das Licht des Tages und seinen wahren Umlauf richtig belehren.⟩ Leibnizens Hypothese dagegen, daß die sinnlichen Gegenstände nur ein verworren wahrgenommenes Chaos seien von einfachen geistigen Grundwesen oder Monaden, die nur in einem schlummernden Zustande noch nicht bis zum vollkommnen Bewußtsein entwickelt wären, schließt sich viel zu sehr an die Atomenlehre Epikurs und der neuern Atheisten an, und ist doch nur eine Art von verunglücktem Mittelweg zwischen dieser und der vollen Anerkennung der geistigen Welt. Sein Versuch, die Hauptschwierigkeit der damaligen Philosophie von dem Zusammenhange zwischen Geist und Körper, durch die Annahme zu lösen, daß der Werkmeister beide, etwa wie ein Künstler zwei Uhren, ursprünglich in Übereinstimmung gebracht, ist nur ein sinnreiches Kunststückchen, wobei eben das vorausgesetzt wird, daß die Welt nichts anders sei, als ein künstliches Uhrwerk. Seine berühmte Theodizee oder Rechtfertigung Gottes, wegen des vielen unleugbar in der Welt vorhandenen Übels und Bösen, beantwortet diese der natürlichen Vernunft sich immer aufdringende Frage, mit der klugen Gewandtheit eines geübten Diplomatikers, der es sich zur

Pflicht macht, die Seite, welche seinem Monarchen die vorteilhafteste ist, überall herauszukehren, und zu benutzen, wo sich hingegen etwa eine scheinbare oder wirkliche Schwäche finden sollte, die der Gegner benutzen könnte, dieselbe sorgfältig zu verschweigen, oder dem Auge zu entziehen sucht. Es fällt jeder bloßen Vernunftphilosophie unmöglich, die Frage von dem Ursprung des Bösen und von der Unvollkommenheit der Welt zu beantworten, ohne entweder das Böse wider allen gesunden Verstand ganz zu leugnen, oder dessen Vorhandensein Gott selbst zuschreiben zu müssen, wogegen sich jegliches Gefühl empört. Die Antwort Leibnizens aber, gegen die Voltaire seinen ganzen Spott gerichtet hat, daß diese Welt unter allen möglichen die beste sei, hat in unsern Tagen ihr Gegenstück gefunden, in der Ansicht eines berühmten Denkers, der, weil er alles aus dem Ich herleitete, dem zu Folge dafür hielt, die Welt sei nur dazu hervorgebracht, daß das Ich sich daran stoßen und im Kampf dagegen die eigne Kraft entwickeln soll, zu welchem Endzweck denn jede Welt, wie sie übrigens auch beschaffen sein möge, tauglich, und also immer gut genug sei. Aber weder diese äußerst spartanische, noch jene künstlich diplomatische Antwort können dem Gefühl oder der Philosophie genügen. (Mit Bewunderung sehen wir in einem erst kürzlich bekannt gewordenen dogmatischen Werk von Leibniz, wie gründlich und klar seine Einsicht in die Theologie und in den Zusammenhang der katholischen Wahrheit gewesen. Doch fehlte es ihm auch hier an dem graden Mut und der Charakterstärke, um den letzten Schritt zu tun, und die Sache selbst zur Entscheidung und auch für die Welt zum offenen Durchbruch zu bringen, wozu der Vorgang eines so hervorragenden Geistes gewiß von sehr großem Einfluß hätte sein können. Er blieb auch im Glauben auf halbem Wege stehen, und dazu lag der Grund in der innern Halbheit seines nach Außen so unermeßlich ausgebreiteten Wissens. Die höchste und tiefste Idee, die sich in seiner fragmentarischen Erkenntnis vorfindet, und die auch Lessing mit richtigem Tiefgefühl besonders hervorgehoben, ist der Gedanke von der im

metaphysischen Sinne immer wachsenden Vollkommenheit der Welt, oder stets gesteigerten Verherrlichung
Gottes im ewigen Fortschritt seiner Schöpfung, von
Klarheit zu immer höherer Klarheit. Denn diese Idee ist
für die metaphysische Erkenntnis der eigentliche lebendige Mittelpunkt der neuen, christlichen Offenbarung,
wie die Lehre vom Abfall das Grundgeheimnis der alten,
mosaischen Offenbarung bildet. Die meisten Philosophen unter den wenigen, welche sich überhaupt zur Erkenntnis und Anerkenntnis der Offenbarung erhoben
haben, sind doch nur bei der alten, mosaischen stehn geblieben, deren Lehre vom Abfall die menschliche Vernunft nie würde ergründet haben, wenn nicht das früheste Altertum schon sie aus der Überlieferung der Urwelt
gewußt und in Erfahrung gebracht hätte. Diese Lehre,
obwohl sie die Grundlage und den Anfang aller wahren
Erkenntnis bildet, erhält ihre wahre Bedeutung und Erklärung doch erst durch jene andre Idee, von der sich
die Vernunft wohl etwas ungefähr Ähnliches im allgemeinen erdenken kann, nach dem unbestimmten Begriff
einer fortschreitenden Vollkommenheit, der auf das irdische gemeine praktische Leben oft so verkehrt angewandt wird. Die volle Klarheit aber erlangt diese Idee
für die Metaphysik erst im Lichte der Offenbarung
durch das Christentum, welches allein uns die Einsicht
und Überzeugung gewährt, daß grade aus dem alten Abfall der Welt, die neue Vollendung und Verklärung der
Schöpfung um so herrlicher hervorgeht. Leibniz mochte
jedoch diese Idee mehr nur mathematisch aufgefaßt, als
in ihrer ganzen religiösen Tiefe verfolgt und erschöpft
haben. Je bestimmter und deutlicher wir die Anlage zu
einer eigentlich christlichen Philosophie in ihm bemerken, um so mehr ist es zu beklagen, daß diese Anlage
unvollendet geblieben, und daß sich sein lichter Geist
nicht ganz aus den abstrakten Begriffen seiner Zeit und
Umgebung zur lebendigen Erkenntnis hat emporarbeiten können.)
Besonders in Leibnizens Vorstellung von Raum und
Zeit zeigt es sich, wie vergessen die Ansichten der höhern Philosophie schon damals waren, oder doch wie

weit abstehend von der herrschenden Denkart. Die ältere Philosophie erkannte im Raum den unendlichen und beseelten Schauplatz der Verherrlichung des Ewigen, in der Zeit den lebendigen Pulsschlag in dem Geistermeere der ewigen Liebe, in beiden aber nach ihrer ursprünglichen, noch nicht verstörten Beschaffenheit, die Lebensorgane der göttlichen Schöpfung, die alle Wesen umfassenden Flügel der Offenbarungen Gottes. Selbst der natürliche, ja der ganz sinnliche Mensch gerät in ein Erstaunen, welches sich nie abnutzt, und ihn unmittelbar in die Region des Göttlichen erhebt, wenn er daran denkt, wie er diesen unermeßlichen Raum in Gedanken zwar nicht ermessen, aber doch umfassen und also in sich begreifen kann. Da eröffnet sich ihm eine unendliche Tiefe in seinem Innern, wie die Fülle des Lebens, wenn er von diesem Punkt der Gegenwart zurücksinkt in die Vergangenheit, und dann hinausschaut in die Zukunft. Leibniz sah in Raum und Zeit nur die Ordnung der neben einander bestehenden, oder auf einander folgenden Dinge. So traten nichtssagende und tote Begriffe, immer mehr an die Stelle des lebendigen und richtigen Gefühls, in allem was den Menschen über die Sinnenwelt zu erheben, am meisten geeignet ist. Leibnizens Philosophie ward in Deutschland durch Wolff, eine in den Schulen herrschende Sekte; damit ist sie hinreichend charakterisiert. Eine Sekte, die in das Leben eingreift, ist unterschieden nach der Richtung die sie nimmt, nach den Wirkungen die sie hat. In die Schule eingeschlossen, äußert sich der Sektengeist immer nur auf die gleiche Weise, als ein totes Formelwesen, mögen nun Aristoteles oder Descartes, Leibniz oder Kant die Meister heißen, und den Namen herleihen, um die Begriffe zu stempeln, welche ehemals in dem Geiste ihrer Erfinder wohl Gedanken waren, jetzt aber nur als leere Formeln herumgetrieben werden. Indessen ward doch dadurch wenigstens der noch schädlichere Sektengeist jener das Leben selbst ergreifenden und zerstörenden atheistischen Philosophie der Sinnlichkeit von Deutschland abgehalten; auch blieb das tote Formelwesen, die Pedanterei nicht von langer Dauer. Leibniz, obwohl meistens lateinisch oder französisch schreibend, hatte dennoch das wissenschaftliche Studium der deutschen Geschichte und deutschen Sprache ganz von neuem belebt; und selbst Wolff hatte in seinen deutschen Schriften für die Bildung der Sprache ein verdienstvolles Beispiel gegeben. Bald folgten ihm darin andre nach; obwohl noch in der Schule jener Philosophie gebildet, doch als Selbstdenker von allgemeiner Geistesbildung auf zum Teil eignen Wegen. Diese nebst einigen bessern Dichtern arbeiteten die Sprache zuerst aus der Barbarei hervor, in welche sie versunken war, bis alsdann Klopstock in der Mitte des achtzehnten Jahrhunderts, der Stifter einer ganz neuen Epoche ward, und der eigentliche Meister und Vater der jetzigen deutschen Literatur.

Ehe ich aber diese zu schildern versuche, ist es notwendig, noch einen kurzen Rückblick zu werfen auf den Zeitraum, welcher in der Mitte liegt zwischen der altdeutschen und neudeutschen Literatur. Zwar hat das sechzehnte und siebzehnte Jahrhundert nur wenige ausgezeichnete Schriftsteller in deutscher Sprache hervorgebracht, aber diese wenigen sind desto merkwürdiger (und außerordentlicher). Wie die alte Ritterpoesie und die Kunst des Mittelalters in den Streitigkeiten des sechzehnten Jahrhunderts in Vergessenheit geraten, wie in den Bürgerkriegen dieses, und des siebzehnten Jahrhunderts selbst die Sprache verwildert sei, das ist schon erwähnt worden. Was noch ein Gegenmittel gegen diese einreißende Verwilderung gewährte, und einen Ersatz für den Verlust alles Alten wenigstens in der Sprache, das war die deutsche Bibelübersetzung. Es ist bekannt, daß alle gründlichen Sprachforscher diese als die Norm und den Grundtext eines in hochdeutscher Sprache klassischen Ausdrucks ansehen, und nicht bloß Klopstock, sondern noch viele andere Schriftsteller von der ersten Größe haben ihren Styl vorzüglich nach dieser Norm gebildet, und aus dieser Quelle geschöpft. Es ist bemerkenswert, daß überhaupt in keine neuere Sprache so viele biblische Wendungen und Ausdrücke aufgenommen worden und ganz ins Leben übergegangen sind, wie in die deutsche. Ich stimme denjenigen Sprachforschern vollkommen bei, welche dies für sehr glücklich halten, und glaube eben daher einen Teil von der fortdauernd sich erhaltenden geistigen Kraft, dem Leben und der Einfalt herleiten zu müssen, welche das Deutsche in unsern besten Schriften vor allen andern neuern Sprachen so sichtbar auszeichnen. Was der Katholik, was der neuere protestantische Gelehrte an Luthers Bibelübersetzung zu tadeln findet, betrifft in der Tat nur einzelne Stellen, wo er entweder nach seinem besondern Sinn, anders als die alten Lehrer der Kirche es verstanden, gedeutet und übersetzt hat, oder auch für das Einzelne geschichtliche, naturhistorische, geographische und andre Hülfsmittel zum richtigen Verständnis entbehrte. Je mehr man aber in der neuern Zeit vor etwa dreißig Jahren die Versuche wiederholte, auch die Bibel durch vernünftig auflösende Übersetzungen in ein Not- und Hülfsbüchlein der Aufklärung zu verwandeln, ein Beispiel, welches selbst unter angeblichen Katholiken Nachfolge gefunden hat; je mehr man hat, nachdem man von dieser Modetorheit zurückgekommen war, die Vortrefflichkeit dieser altdeutschen Bibelübersetzung anzuerkennen sich bewogen gefühlt. Zwar gehört sie nicht eigentlich Luthern allein an, sie ist bekanntlich nur durch Auswahl des Besten aus so vielen schon vor ihm vorhandnen Übersetzungen entstanden, wobei ihm, was die Erklärung selbst betrifft, noch mancher seiner gelehrten Freunde, besonders Melanchthon beigestanden. Nichts desto weniger bleibt ihm selbst, was die Kraft der Sprache, und den eignen Geist, diese große und starke Art des deutschen Ausdrucks betrifft, ein unverkennbares Verdienst. Denn auch in seinen eignen Schriften findet sich eine Beredsamkeit, wie sie im Lauf der Jahrhunderte unter allen Völkern nur selten in dieser Kraft hervortritt. Freilich hat dieselbe auch alle die Eigenschaften an sich, die man einer durchaus revolutionären Beredsamkeit immer wird nachsehen müssen. Aber nicht bloß in solchen halb politischen, das öffentliche Leben heftig ergreifenden, und in den innersten Fugen erschütternden Schriften, wie die an den Adel deutscher Nation, findet sich diese Luthern eigne Kraft revolutionärer Beredsamkeit, sondern auch in allen seinen übrigen Werken. Denn fast in allen sehen wir seinen innern großen Kampf lebendig uns vor Augen gestellt. Es liegen so zu sagen zwei Welten mit einander im Streit in dieser durch Gott und durch die Natur so starken, so reich ausgestatteten Männerseele, und wollen sie beide an sich reißen. Es ist überall in seinen Schriften, wie ein Kampf zwischen Licht und Finsternis, zwischen einem unerschütterlich festen Glauben, und seiner eben so unbezwinglich wilden Leidenschaft, zwischen Gott und ihm selber. Welche Wahl er nun an diesem Scheidewege getroffen, welchen Gebrauch er von seiner großen Geisteskraft gemacht, darüber kann auch jetzt so wie damals das Urteil nicht anders als verschieden und ganz entgegengesetzt ausfallen. Was mich selbst und mein Urteil über ihn anbetrifft, so darf ich es wohl kaum erst erwähnen, daß mir seine Schriften wie sein Leben, keinen andern Eindruck machen können, als jenes Mitgefühl, welches wir immer empfinden, wenn wir sehen, wie eine große, erhabene Natur durch eigne Schuld zu Grunde geht, und sich zum Verderben neigt. Was Luthers Geisteskraft und Größe, abgesehen von dem Gebrauch und der nachmaligen Entwicklung seiner Denkart betrifft, so scheint es mir in der Tat, daß noch keiner seiner modernen Anhänger und Bewunderer, ihn von Seiten der Kraft, die er wirklich hatte, nach Würden anerkannt und gepriesen habe. Die andern, welche zu ähnlichen Zwekken mit ihm wirkten, waren meistens nur gelehrte, mäßigdenkende und aufgeklärte Männer von der gewöhnlichen Art. Er war eigentlich der, auf den es ankam, und auf dessen Seele es gelegt war, was aus dem Zeitalter werden sollte; er war der alles entscheidende Mann des Zeitalters und der Nation.

Luther war durchaus ein Volksschriftsteller. So merkwürdige, umfassende, vielwirkende, durch Geisteskraft außerordentliche Volksschriftsteller hat kein anderes Land, in dem neuern Europa gehabt, als Deutschland. Es war auch, wie sehr die gelehrten und gebildeten Stände in Deutschland denen andrer Länder in manchen Zeiten nachstehen, ihnen kaum gleich kommen, oder sie doch erst später übertroffen haben mögen, in keinem andern Lande das Volk von jeher im Innern mit solcher geistigen Kraft ausgerüstet, als Volk das erste, ja das einzige in Europa, an welchem sich diese in den Tiefen der Menschheit ruhende Naturkraft so offenbart und bewährt hätte, als das deutsche. Es ist ein alter Spruch, daß die Gewalt der Könige von Gott eingesetzt sei; aber auch das ist eine Bemerkung aller Zeiten, daß aus dem Rufe des Volks, die Stimme Gottes sich vernehmen lasse. Beides ist wohlverstanden, vollkommen wahr. Wehe denen, welche diese Gottesstimme mißdeuten oder verwirren wollen. Mitleiden verdienen diejenigen, welche einer leeren, toten Politik ergeben, wähnen, sie könnten das Volk leiten, nach ihren eigennützigen, kleinlichen Absichten lenken; da das Volk, klüger als sie denken, und als sie selber sind, jene Absichten recht wohl bemerkt, und sich so leicht nicht leiten läßt. Des größten Verbrechens aber machen sich wohl diejenigen schuldig, welche jene in ihrem Ursprung ehrwürdige Naturkraft des Volkes, mutwillig nur zum Spiel der Zerstörung in Bewegung zu setzen sich erkühnen; eine Kraft, die in ihren Wirkungen immer furchtbar sein wird, sobald sie von ihrem einzigen wahren Ziel, dem Gehorsam und Glauben Gottes abgewichen ist. Beschränkt ist auch das Urteil derer, welche glauben, diese Kraft, weil sie dieselbe nicht zu achten wissen, sei gar nicht vorhanden, oder könne vertilgt werden, wo sie doch von alters her und ursprünglich, wie in Deutschland vorhanden ist, weil sie wie manche andere verborgene Kraft der Natur, nur in seltnern Fällen sich äußert.

Nicht bloß die Religion war wie in Luthers und andrer Werken im protestantischen Deutschlande Gegenstand und Angelegenheit der Volksschriftsteller, sondern auch die Dichtkunst fiel vorzüglich ihnen anheim, ja sogar die Philosophie. Ich erwähne hier nur als die merkwürdigsten, den bekannten Meistersänger von Nürnberg, und dann jenen zur Zeit des Dreißigjährigen Krieges unter dem Namen des teutonischen Philosophen in den protestantischen Ländern und dem übrigen ⟨nördlichen⟩

Europa berühmten christlichen Naturdenker und Seher.

An Volksliedern und Volksdichtungen besitzt Deutschland einen großen Reichtum. Die Volksdichtung überhaupt ist von zwiefacher Art; teils sind es Lieder, einzelne, verlorne Anklänge von der untergegangenen Poesie einer ältern Helden- und Ritterzeit, wenn deren Überlieferung durch spätere Revolutionen unterbrochen, oder bei einer neuen bürgerlichen Einrichtung des Lebens verdrängt und vergessen worden ist. Teils aber wird die Dichtkunst in solchen Zeiten auch vom Volke, für sein Bedürfnis und nach seiner Art selbst geübt, obwohl nicht ohne Erfindung und Geist, doch im Äußern handwerksmäßig, und das ist eben das Eigentümliche des spätern deutschen Meistergesanges. Ein Handwerker in der Poesie wie im Leben ist dieser Meister von Nürnberg, Hans Sachs, nicht bloß der fruchtbarste, sondern auch wohl der kraftvollste in seiner Art, besonders reich an Witz und von gesundem Verstand, und wenn man von andern Nationen anführen will, was diese bei sich in der Literatur ihrer ältern Zeit gar nicht hintansetzen und wohl zu achten wissen, wenigstens erfinderischer als Chaucer, reicher als Marot, poetischer als beide. Für die Sprache enthält er einen reichen, noch gar nicht benutzten Schatz.

Eben dies gilt auch von Jakob Böhme, jenem deutschen Naturphilosophen, der von den gewöhnlichen Literatoren meistens übel behandelt wird. Worin sein Gutes, und auch sein Irriges bestand, davon bekennen sie wohl selbst, nichts zu verstehen; aber auch von dem äußern Verhältnis des Mannes, wie er zu seinem Zeitalter stand, und durch welchen Zusammenhang damals, diese und ähnliche Meinungen sich verbreiteten, davon wissen und ahnden sie gar nichts. Wie wenig es an sich das rechte Verhältnis sei, wenn unter den Gelehrten und Gebildeten, und in der eigentlichen Literatur nur tote Formeln auf der Oberfläche sich umhertreiben, die tiefere und lebendige Philosophie aber entweder einer geheimen Überlieferung oder einzelnen wahrhaft, oder bloß schwärmerisch Begeisterten aus dem Volke an-

heimfällt, das habe ich schon früher erwähnt. Aber so
war es nun einmal zu jener Zeit im protestantischen
Deutschland, und auch in England. Man nennt Jakob
Böhme einen Schwärmer. Wenn es aber auch gegründet
sein sollte, daß die Fantasie einen bei weitem größern
Anteil an den Hervorbringungen seines Geistes hatte,
als ein wissenschaftlich geübter Verstand; so muß man
wenigstens gestehen, daß es eine sehr reich begabte und
hoch erleuchtete Fantasie war, die wir in diesem sonderbaren Geiste gewahr werden. Wollte man ihn desfalls
bloß als einen Dichter betrachten und mit andern christlichen Dichtern, welche übersinnliche Gegenstände darzustellen versucht haben, mit Klopstock, Milton und
selbst mit Dante vergleichen, so wird man gestehen müssen, daß er sie an Fülle der Fantasie und Tiefe des Gefühls beinahe übertrifft, und selbst an einzelnen poetischen Schönheiten und in Rücksicht auf den oft sehr
dichterischen Ausdruck ihnen nicht nachsteht. (Die
Quellen der Natur sind jedem stillen und frommen Gemüte zugänglich, weil ihre Adern dem innern Lebens-
strom der menschlichen Seele mit einverwebt sind; und
dem kindlichen Auge ist vielleicht manches schon ganz
klar und durchsichtig, was für das künstliche Fernrohr
und die äußerlichen Sehanstalten des gelehrten Untersu-
chers oft noch mit einer siebenfachen Decke und Wolke
verhüllt ist. Es gibt auch für die Natur eine eigentümliche Offenbarung im unmittelbaren Gefühl ihres innern
Lebens; und wie unsre Zeit in der Erkenntnis der göttlichen Dinge, nach langen Mühsalen des irrenden Denkens, mehr und mehr wieder zu der einfachen Klarheit
des Glaubens zurückgekehrt ist, so wird auch die Naturwissenschaft gerade in unsern Tagen wieder den Rück-
weg nehmen müssen zu jenen ersten Quellen der innern
Anschauung und eines noch nicht verbildeten und ge-
störten, sondern noch von Grund aus hellsehenden Na-
tursinns, als dem innern Born der Offenbarung für jene
Wissenschaft, welche zwar nicht den Schöpfer, wohl
aber die Herrlichkeit seiner Schöpfung, die Menschen
erkennen lehren soll. Obgleich nun dem christlichen
Naturdenker, wenn er außerhalb der katholischen Kir-

che steht, mit so vielen erhöhenden Gnadenwirkungen der Seele auch die letzte Klarheit des Geistes immer fehlen wird; so muß es doch wohl unterschieden werden, ob jene Absonderung aus der eignen Gesinnung des Zwiespalts herstammt, oder nur durch den unverschuldeten Zufall der Geburt, ohne selbst weitern Anteil an dem Geist des Haders zu nehmen, veranlaßt wurde.) Was man (indessen) auch in Rücksicht auf Philosophie Mangelhaftes und Irriges (oder vielleicht nur Unverständliches) in den Lehren des Jakob Böhme zu bemerken glaubt, die Geschichte der deutschen Sprache darf ihn nicht mit Stillschweigen übergehen, denn in wenigen Schriftstellern hat sich noch zu jener Zeit der ganze geistige Reichtum derselben so offenbart, wie in diesem; eine bildsame Kraft, und aus der Quelle strömende Fülle, welche sich zur Zeit des Dreißigjährigen Krieges zuletzt in dem Maße kund gibt, und welche die Sprache in der jetzigen Zeit künstlicher Ausbildung, äußerer Abglättung und Nachbildung fremder Kunst- und Sprachgestalten nicht mehr besitzt.

Ebenfalls zur Zeit jenes Dreißigjährigen Krieges, der in seiner Nachwirkung so ertötend, während er noch wütete, aber für die Geisteskraft noch gewissermaßen erregend und belebend war, bahnte der allgemeinen deutschen Geistesbildung, der Dichtkunst und Sprache, der Schlesier Opitz einen Weg, den nach ihm viele betraten. Er schloß sich zunächst an die Holländer an, die damals einen Hugo Grotius besaßen, unter allen Protestanten nicht nur die gelehrtesten und aufgeklärtesten, sondern auch in der Dichtkunst gebildet waren, und nach dem Vorbilde der Alten eingerichtete Trauerspiele in der Landessprache besaßen, noch geraume Zeit vor den berühmten Tragödiendichtern Frankreichs unter Ludwig XIV. Doch was Opitz von fremden Nationen, von den Holländern, oder im Schäferroman von den Spaniern entlehnte, darin liegt sein Wert nicht; auch seine dramatischen Versuche in freien Übersetzungen oder Nachbildungen aus den Griechen oder den Italiänern haben keinen wesentlichen Erfolg gehabt. Selbst bei seinen eigentümlichen lyrischen, vermischten und lehrenden

Gedichten muß man, um ihn richtig zu beurteilen, mehr auf das sehen, was er hätte werden können nach seiner Natur, und nach dem was er wollte und im Sinne hatte, als nach dem was er wirklich geworden ist. Man ist gewohnt, ihn den Vater der deutschen Dichtkunst zu nennen; es scheint mir aber als ob wenigstens seit Klopstock, von den undankbaren Söhnen nur sehr wenige mit diesem ihren vermeinten Vater einigermaßen näher bekannt wären. Er war, wenn je ein anderer, ganz eigentlich zum heroischen Dichter bestimmt. Das hatte er auch im Sinne, für die deutsche Nation zu werden. Aber in einem unruhigen Leben von den damaligen Zeitverhältnissen umhergeworfen, starb er in noch frühem männlichen Alter, und ließ seine Absicht, und seine Poesie unausgeführt. Wohl aber spürt, wer dies zu fühlen weiß, in derselben überall jene Denkart und große Seele, die eigentlich den Heldendichter macht; und auch in der Sprache ist eine kunstlose naive Einfalt bei der Würde und innern Stärke, die nach meinem Gefühl späterhin nur selten, oder eigentlich nie ganz so wieder erreicht worden ist, und in Rücksicht auf welche ich Opitz bei weitem den Vorzug vor Klopstock geben würde, der doch in seiner Zeit so hoch über allen andern steht.

Neben Opitz ist unter den schlesischen Dichtern dieser Zeit, besonders noch Fleming ausgezeichnet, der was ihm Freundschaft, Leidenschaft und Liebe im eignen Leben gewährten, was er auf einer denkwürdigen Reise über das damals noch wenig bekannte innere Rußland nach Persien und bei seinem dortigen Aufenthalte sah und erfuhr, mit glühendem Gefühl und mit einer oft orientalisch farbenreichen Fantasie in seinen Liedern und Gedichten darstellt; nur in der Sprache ist er ungleicher als Opitz. Vom Übel war aber schon, daß diese Dichter nicht eigentlich allgemeine Deutsche, sondern nur schlesische Provinzialdichter zum Teil wirklich waren, zum Teil als solche wenigstens angesehen wurden. Je mehr seit dem unglücklichen Bürgerkriege, dessen Flamme durch die Teilnahme von halb Europa, und durch die Arglist fremder Staatskunst genährt, dreißig Jahre lang Deutschland verheerte und verwüstete; je mehr seit dem ⟨für die gemeinsame lebendige Entwicklung⟩ noch unglücklichern Frieden von 1648, die Kraft der deutschen Nation gebrochen war, je mehr ging auch der deutschen Poesie der Stoff aus, und endlich sank sie fast ganz herab zu bloßen Gelegenheitsgedichten, und zu einer entarteten üppig spielenden Künstelei, wie meist immer geschieht, wo die Poesie keinen rechten Gegenstand mehr hat, und das wahre Leben schon entflohen ist. Diesen unechten Geschmack brachte Hofmannswaldau auf, Lohenstein machte ihn, eben weil er nicht ganz ohne Talent war, allgemein herrschend. Es war dieser Zeitraum von 1648 bis gegen die Mitte des achtzehnten Jahrhunderts die eigentliche Epoche der Barbarei, und eine Art von Zwischenreich und chaotischem Mittelzustand in der deutschen Literatur, wo die Sprache selbst zwischen einem seinsollenden Halbfranzösisch, und einem verwilderten Deutsch schwankend, zugleich verkünstelt war und doch gemein. Auch in Rücksicht des politischen Zustandes, war die Zeit unmittelbar nach dem Westfälischen Frieden für Deutschland die schmachvollste und unglücklichste. Mit dem Anfang des achtzehnten Jahrhunderts, erhob sich Deutschlands Kraft von neuem; Österreich erstieg wieder den höchsten Gipfel der Macht und des Ruhms, mehrere der ersten Thronen in Europa wurden von deutschen Fürstenhäusern bestiegen, während eines derselben in Deutschland selbst zur königlichen Würde emporstieg. Dies alles mußte wenigstens allmählig günstig und erweckend auch auf den Geist, auf Bildung und Sprache wirken. Mehrere Fürsten waren selbst durch das Interesse des Staates aufgefordert, die Wissenschaften zu befördern. Es wirkte auch, aber nur sehr langsam und anfangs schwach, denn die Hindernisse waren groß, Kunst und Sprache selbst verirrt und auf ganz falschem Wege. Die ersten in Gedanken und Sprache bessern lyrischen Dichter des achtzehnten Jahrhunderts waren doch größtenteils noch eben so wie ihre Vorgänger im siebzehnten, auf dieselbe Gattung galanter Hof-, Staats-, Fest- und Gelegenheitsgedichte beschränkt. Die, welche in der Sprache die sorgfältigsten waren, Hagedorn und nach ihm Uz, ahmten allzu oft nur französische oder englische Dichter obschon nicht unglücklich nach, seltener nur sprachen sie sich selbst aus, in Gedichten eigner Erfindung, und in Liedern eignen Gefühls. Diejenigen, welche durch einen höhern Schwung wie Haller, oder durch eine glückliche Leichtigkeit und Fruchtbarkeit wie Gleim, am meisten Dichter genannt zu werden verdienen, sind in der Sprache nichts weniger als korrekt, oft entschieden fehlerhaft. Sehr groß bleibt dennoch ihr Verdienst, wenn man, was sie für die Sprache und deren Ausbildung taten, mit dem Abgrunde von Barbarei zusammen hält, aus dem sie dieselbe wieder herausarbeiten mußten, und sie darnach beurteilt. Noch größer erscheint dies Verdienst, wenn man auch die ungünstigen Umstände und Verhältnisse mit erwägt. Einige von jenen ersten Bearbeitern der deutschen Sprache und Dichtkunst starben früh, wie Kleist, dem auch so vielleicht die Palme unter allen gebührt, ⟨desgleichen⟩ Cronegk und Elias Schlegel; andere gingen ins bürgerliche und praktische Leben über, ließen sich im Auslande nieder, oder wurden doch sonst zerstreut. Es fehlte an einem vereinenden Mittelpunkte, den man allgemein aber vergeblich von Friedrich dem Zweiten erwartete. Man pflegt in den neuesten Zeiten diesen König von Preußen wohl damit zu entschuldigen, daß man sagt, ⟨die⟩ deutsche Sprache und Gelehrsamkeit seien, wie er auf den Thron kam, in einem solchen Zustande gewesen, daß man sich nicht verwundern dürfe, wenn ein so geistvoller Monarch sich mit Ekel und Geringschätzung davon weggewandt habe. Im allgemeinen aber ist dies nicht gegründet; wie viel hätte ein König vermocht für deutsche Sprache und Geistesbildung zu tun, zu dessen Zeit Klopstock, Winckelmann, Kant, Lessing, und neben diesen Geistern von erster Größe, so manche andere verdienstvolle Männer, zum Teil in seinen eignen Staaten geboren, der Wissenschaft und der Kunst lebten! Wo möchte wohl je eine Regierung mehrere Männer von solcher Größe auf einmal finden, um einen Gelehrten-Verein zu bilden; und was waren es denn für Ausländer, denen der König den Vorzug gab, den einzigen Voltaire ausgenommen? Ein Maupertuis, ein La Mettrie, gewiß eben nicht die auserlesensten der französischen Literatur. Man darf es daher Klopstocken nicht verargen, wenn er mit einem Selbstgefühl, das ihm wohl erlaubt war, durch jene Vernachlässigung deutscher Kunst und Sprache sich selbst so zu sagen, persönlich beleidigt fand. Er hat dies bitter empfunden, und oft geahndet, indem er, freilich sehr zu des Königs Nachteil, denselben in dieser Beziehung mit Caesar zusammenstellt. Zu dessen Zeit ward auch in Rom mehr griechisch, schlecht oder gut geredet und geschrieben, als nur irgend französisch im achtzehnten Jahrhundert in Deutschland. Klassische Geisteswerke hatte die römische Sprache⟨, einige wenig bekannte Altertümer ausgenommen,⟩ damals auch eben so wenig, oder doch nicht bessere aufzuweisen, als die neuere deutsche Literatur vor 1750. Gleichwohl hielt Caesar es der Mühe wert, seiner Sprache die sorgfältigste Aufmerksamkeit zu widmen, ja selbst Forscher und Sprachlehrer in ihr zu sein. Dadurch ward er der erste Redner seiner Zeit und einer der ersten Schriftsteller in seiner Sprache, was in einer fremden in dem Maß zu sein, noch niemandem gelungen ist. Für das Ganze war es vielleicht ein Gewinn, wenn jener, damals so allgemein ersehnte deutsche Gelehrten-Verein nicht zu Stande kam. Manches einzelne würde sich glücklicher und schneller entwickelt, dagegen aber die deutsche Literatur überhaupt vermutlich einen beschränktern Geist und Umfang, und statt des allgemein deutschen zu sehr einen besondern Provinzialcharakter erhalten haben. Sie hätte eine etwas schnellere Entwicklung zu teuer erkauft, mit dem was ihr bis jetzt noch am meisten ihren eigentümlichen Wert gibt, dem Reichtum und der Freiheit. Der ganze Standpunkt aber, von welchem jene Entschuldigung Friedrichs des Zweiten ausgeht, ist nicht der rechte. Wenn die Könige mit der Begünstigung der Wissenschaften überall warten wollen, bis es Schriftsteller in Menge gibt, bis diese durch sich selbst hinlänglich berühmt, und vielleicht schon in ihrer Kraft erschöpft und abgelebt sind; so bleibt ihnen freilich nichts übrig, als die erprobtesten unter den Schriftstellern, die unschädlichsten und invalidesten in einer Art von Verpflegungsanstalt, unter dem Namen einer Akademie der Wissenschaften zusammen zu tun. Wollte man aber den Geist einer Nation wahrhaft bilden und leiten, so müßte man grade der noch jugendlichen und nicht ganz entwickelten Talente sich bemeistern, ihnen freien Spielraum gönnen, und reichliche Hülfsmittel der Entwicklung, dagegen aber auch die wahre Richtung auf das geben, was in einem nationalen und großen Sinn allgemein nützlich zu heißen verdient. Klopstocken ist für seine Person jenes Gefühl um so eher zu verzeihen, da er unstreitig fähig gewesen wäre, nicht bloß in der Dichtkunst, sondern in allen Teilen, und in dem ganzen Gebiete der Literatur einen neuen Geist und einen wohltätigen Einfluß zu verbreiten. So viel Böses Voltaire in Frankreich, eben so vieles und mannichfaltiges Gutes hätte Klopstock nach seinem umfassenden Geiste in Deutschland wirken mögen, wenn ihm Raum und Gelegenheit, Macht und Hülfsmittel dazu gegeben worden wären.

Klopstock stand ganz einsam, und fast allein damals in der deutschen Welt mit seinem hohen Nationalgefühl, welches nur von wenigen mitempfunden, von niemandem verstanden ward. Es blieb ihm also nur übrig, es in seiner Poesie nieder zu legen. Mit der Messiade beginnt eigentlich der höhere Aufschwung der neuern deutschen Literatur; so außerordentlich ⟨und folgenreich⟩ ist das Verdienst derselben, besonders in Sprache und Ausdruck, obwohl dies Gedicht meistens nur dem Namen nach im allgemeinen bewundert wird, wenigstens im ganzen nie wahrhaft wirksam, in das lebendige Gefühl überging. Der Plan leidet ⟨mehr als jeder andre,⟩ an denselben Schwierigkeiten, die noch kein Gedicht von dieser Art, und über solche Gegenstände ganz ⟨befriedigend⟩ hat lösen können. Am glücklichsten ist Klopstock überhaupt als Dichter wohl in den elegischen Stellen. Jede Regung, jede Stufe, Tiefe und Mischung der elegischen Gefühle, weiß er als Meister darzustellen; und hier reißt er den Mitempfindenden fort, der ihm gern folgt, wie weit auch der Dichter jenem Strome, und dem Gange seiner Empfindung sich überlassen mag. Selbst für einen der gefallnen Geister, den Abbadona, weiß er das innigste Mitgefühl zu erregen. Es ist aber noch ein anderes Element in seiner Poesie, außer jenem elegischen Gefühle, was oft störend wirkt. Dieses ist die rhetorische Kunst, die ihn bisweilen zu Übertreibungen verleitet; daher er oftmals in der Prosa mit erzwungener Kürze, Sentenzen, einzelne Gedanken und Wendungen bis zur Unverständlichkeit abschärft und zuspitzt, in dem epischen Gedicht aber, in den entgegengesetzten Fehler kunstreicher, aber allzulanger Reden sich ergießt. Sind schon im Virgil und Milton die Reden nicht gespart, und oft von einer beträchtlichen Länge, so trifft der gleiche Vorwurf die Messiade in noch ungleich höherm Maße. Geben wir ihm als Dichter auch zu, daß alle diese himmlische Personen sich der menschlichen, ja der deutschen Sprache bedienen dürfen, so wird doch niemand sich leicht überreden können, daß diese geistigen Naturen sich so gar weitläuftiger Reden unter einander bedienen sollten.

Daß nicht bloß die Nation, sondern auch der Dichter selbst unbefriedigt war, und mit sich selbst nicht eins über das Ganze der Messiade, das kann auch der große Abstand bestätigen, welcher die zweite Hälfte des Gedichts von der ersten unterscheidet.

Es lag in Klopstocks Geist ein erhabener Begriff von einer neuen und besonders deutschen Poesie. Mit mächtiger Hand stellte er gleichsam die äußersten Endpunkte hin zu diesem großen Entwurf, den er freilich nicht ganz ausführen konnte; auf der einen Seite das Christentum in der Messiade, auf der andern die nordische Mythologie und altgermanische Vorzeit erfassend, als die beiden Hauptelemente aller neuern europäischen Geistesbildung und Dichtkunst. Die nordische Mythologie und EDDA fingen dänische Forscher und Dichter damals schon an, wieder an das Licht zu ziehen, und von neuem zu beleben. Ein Verdienst, woran denn auch Klopstock teilnahm; nur daß einzelne lyrische Gedichte und abgerissene Anspielungen nicht eben geeignet waren, eine bis dahin bloß den Freunden des nordischen Altertums bekannte Mythologie wieder in die lebendige Poesie einzuführen; was nur durch ausgeführte darstellende Werke geschehen kann, wie es die dänischen Dichter taten.

Von Klopstocks HERMANN, nebst dem MESSIAS dem größten seiner Werke, gilt auch was über die Wahrheit und Mannichfaltigkeit des elegischen Gefühls in seiner Poesie schon gesagt worden ist, so wie über den Mißbrauch des rhetorischen Scharfsinns. Als dramatisches Gedicht war es freilich in die Ferne hinaus gedichtet, für eine künftige mögliche Bühne, nicht für die damals wirkliche, die zu jener Zeit, wie auch später, eher zu allen andern Vergnügungen, Zwecken, Übungen und Versuchen gebraucht ward, nur nicht zu den poetischen. Es waren nur die beiden äußersten Endpunkte der neuen deutschen Poesie, welche Klopstock ergriff und aufstellte; alles was in der Mitte lag zwischen dem Christlichen und Nordischen, und eben aus dieser Vereinigung hervorgegangen ist, war ausgelassen; das ganze Mittelalter, die tausend, oder etwa zwölf hundert Jahre, von Attila bis auf den Westfälischen Frieden, wenn man diesen, wie billig auch in dieser Hinsicht als eine Epoche, und als die Grenzlinie ansehen will, wo die Poesie in der Geschichte aufhört. Es fehlte also grade die Region, welche sich jederzeit als die fruchtbarste für die neuere Dichtkunst bewährt hat, und in welcher sie auch, wenn sie einen historischen Gehalt haben, und national sein soll, nicht eben ganz ausschließend, aber doch vorzüglich verweilen und sich ansiedeln muß. Diese große Lücke, welche Klopstock noch gelassen hatte, auszufüllen, dahin wirkten ⟨in jener ersten Zeit⟩ ganz besonders zwei Schriftsteller; Bodmer als Gelehrter, Wieland als Dichter. Bodmer liebte den alten romantischen Rittergesang und zog die altdeutschen Reichtümer in dieser Gattung zuerst wieder an das Licht; doch auf eine Art, die für das erste noch nicht so allgemein wirken konnte. Wielands Poesie ging ganz auf das Romantische, was Klopstock unbearbeitet gelassen hatte. Allerdings hätte ein historisch romantisches Gedicht nach Art des Tasso, wenn auch nicht grade aus dem Zeitalter der Kreuzzüge, doch sonst irgend aus dem reichen Dichtervorrat des

Mittelalters gewählt, noch mehr zu diesem Zweck wirken müssen, als ein Stoff, wie der des OBERON, welcher fast ohne historischen Boden, mehr zu einem bloßen Spiel der Fantasie nach Ariosts Weise sich eignete. Aber auch so, und ungeachtet aller Unvollkommenheiten und (so vieler) allzu modernen Einmischungen, war diese Erregung des romantischen Gefühls für die damalige Zeit immer noch alles Lobes wert. Schade nur, daß der Dichter diese Bahn der fröhlichen Wissenschaft der alten Rittersänger, und überhaupt die Poesie so bald verließ. Dieses ist der größte Vorwurf, welchen man dem Dichter des OBERON zu machen hat, daß derjenige, welcher der deutsche Ariost, oder doch der Nebenbuhler des italiänischen hätte werden können, statt dessen es vorzog, der Nachahmer eines Crebillon in Prosa zu sein; ungeachtet es doch so einleuchtend ist, daß er in dieser, auch was Sprache und Ausdruck betrifft, nie so glücklich war als in Gedichten, unter denen, wie ich glaube, vorzüglich der OBERON seinen Ruhm wohl dauerhafter auf die Nachwelt bringen wird, als alle seine griechischen Romane.

Unter den übrigen Dichtern der ersten Generation ist Geßner der eigentümlichste. Seine Dichtung aber, sich entfernt haltend von aller bestimmten und lokalen Wirklichkeit, und doch auch ohne alle entschiedene Dichtung und Mythologie, schwebt zu sehr im Unbestimmten, und wird eben dadurch einförmig und wirkungslos. In der Sprache ist er sehr lobenswert, nur daß auch hier, in der sonderbaren Entäußerung von Reim und Metrum bei einer solchen Poesie, sich dieselbe Hinneigung zum Formlosen und Unbestimmten offenbart.

In einer Rücksicht wirkte Klopstocks Lehre und Beispiel beinahe ungünstig auf die deutsche Sprache. Daß er in ihr die alten Sylbenmaße zu üben und anzuwenden versuchte, war wohl an sich nicht tadelnswert. Um eine Sprache aus dem Zustande gänzlicher Verwilderung herauszureißen, sind strenge, kunstreiche, auch fremde Formen sehr heilsam, um nur aus dem gewöhnlichen nachlässigen Gange mit einem Male, wenn auch anfangs nicht ohne einige Anstrengung und Gewalt heraus zu kommen. Auch ist der alte Hexameter dem deutschen Ohre schon vertraulich und wenigstens für den äußern Anschein, einheimisch geworden, obwohl dem tieferen Gefühl stets das wesentlich Fremde darin entgegentritt, und bemerklich bleibt. So sehr man indessen die Versuche in fremden Formen als Kunstübungen für die Sprachbildung in Schutz nehmen mag, die ihr unstreitig viel verdankt; für ein eigentümlich episches Nationalgedicht würde die Wahl eines fremden Sylbenmaßes immer nicht zu empfehlen sein; denn hier ist die erste Bedingung die, daß das Gedicht nicht bloß dem Geist sondern auch dem Ohre leicht faßlich sei, und in der Sprache einheimisch, wie von selbst in Gesang übergehe. Bei dem Hexameter tritt noch die besondre Schwierigkeit ein, daß, wenn er freier und weniger streng behandelt wird, diejenigen unbefriedigt bleiben, denen doch eigentlich dadurch ein Fest bereitet werden soll; strebt aber der Dichter dabei nach der höchsten rhythmischen Kunst, so kann dies besonders in einem längern Gedichte schwerlich gleichförmig durchgeführt werden, ohne daß der Inhalt darüber hintangesetzt würde und selbst die Sprache hier und da Gewalt erleidet. Klopstocks Messiade war freilich schon ihrem Inhalte nach, nicht für die ganz allgemeine Verständlichkeit und Wirkung bestimmt, sondern auf eine kleine Sphäre beschränkt; um so eher ließe sich jene Wahl des Sylbenmaßes, wenn auch nicht rechtfertigen, doch einigermaßen entschuldigen.

Gegen die Natur und den Geist der Sprache aber war es, wenn der vortreffliche Dichter dabei so weit ging, daß er den Reim haßte, ja sogar verbannen wollte, worin ihm seine Absicht jedoch nicht gelungen ist. Eine Gewohnheit ⟨überdem⟩, die neun hundert, oder tausend Jahr alt ist, denn so lang war es damals, daß der Reim in hochdeutscher Sprache geübt ward, und die durch so lange Übung tief eingewurzelt ⟨worden⟩ in die ganze Struktur der Sprache, ist so leicht nicht auszurotten. Auch ist es nicht bloß Gewohnheit, sondern der Reim geht aus dem ursprünglichen Wesen der deutschen Sprache selbst hervor. Klopstock hat geglaubt, die allerältesten deutschen

Gedichte und Lieder seien bloß rhythmisch, und ohne Reim gewesen. Das letzte aber ist nicht gegründet; es ist zwar nicht grade unsre Art zu reimen, durch einen vollkommen gleichen Endfall am Schluß der Verse, was darin herrscht. Aber jene unvollkommneren, aber doch sehr regelmäßig bestimmten Anklänge und Reime zwischen den bedeutenden Sylben und Worten, auch in der Mitte oder am Anfang der Verse; in der Weise, welche in den isländischen und altskandinavischen Gedichten herrscht, und unter dem Namen der Alliteration bekannt ist, war in der gesamten germanischen Sprache herrschend, und alle noch vorhandenen altsächsischen Lieder, sowohl die in England als die in Deutschland gedichteten, sind in dieser besondern Art und ältern Form der Reimverse abgefaßt. Der Übergang von dieser Weise zum vollkommenen Reim war sehr leicht. Es darf daher nicht befremden, wenn wir alle deutsche Mundarten schon in den frühesten Zeiten ihrer Entwicklung, sich desselben bedienen sehen. Es hängt dieses selbst mit dem noch jetzt geltenden Grundgesetz der deutschen Aussprache und Sprache zusammen. Es besteht dieses von allen Sprachforschern dafür anerkannte Grundgesetz darin, daß wir auf die bedeutenden Sylben, besonders die Stammsylben ein Gewicht legen, was mit der Bedeutung und Wichtigkeit selbst steigt; wir messen die Sylben nicht, sondern wir wägen sie. Wir akzentuieren nicht bloß zur äußern Verständlichkeit für den Zuhörenden, sondern in das Wort selbst versenkt, fühlen wir gleich die bedeutenden Wurzellaute heraus, bei diesen als bei der Hauptsache verweilend, ohne auf die flüchtigen Nebensylben einen Wert zu legen. Auf diesem, nach dem innern Gehalt sich abwägenden längern oder kürzern Verweilen bei den bedeutenden Sylben, beruht alle eigentümliche Schönheit der deutschen Aussprache, selbst der gewöhnlichen, und auch aller Wohllaut deutscher Lieder und Gedichte. Es gibt daher bei uns nicht Längen oder Kürzen wie bei den Alten, die unter sich für gleich angesehen werden ⟨könnten⟩, sondern unter den bedeutenden Sylben eine gar nicht zu bestimmende Menge von Abstufungen der Bedeutung und des Gewichts. Dieses ist das unübersteigliche Hindernis, und der eigentliche Grund, warum es bei der Anwendung der rhythmischen Kunst nach den Grundsätzen der Alten in unsrer Sprache immer nur bei einer unvollkommnen Ähnlichkeit und Annäherung bleibt, nie zu einer völligen Gleichheit kommen kann; denn um diese zu erreichen, müßte man die Sprache und selbst die Aussprache in ihren innersten Elementen zerstören und zerrütten. Eben dieses Grundgesetz unsrer Sprache aber führt auf einem eignen Wege auch zum Reim. In Sprachen ganz ohne Rhythmus, wie die französische, ist der Reim unentbehrlich, schon durch das Bedürfnis einer fühlbaren Begrenzung, Absonderung und Verbindung des Verses; hierbei kommt der Reiz des Unerwarteten, was doch vollkommen glücklich zutrifft, aber ganz von selbst so zu kommen scheint, sehr in Anschlag. In lebhaft akzentuierenden Sprachen, wird der Reim wie in der italiänischen und spanischen, leicht die Gestalt eines bloß musikalischen Sylben- und Wortspieles annehmen. In der deutschen Sprache, obwohl sie dem Stamm und der Quelle näher und frischer entsprossen, sich nicht ohne Rhythmus bewegt, führte dennoch jenes Grundgesetz der Aussprache, jenes Verweilen bei den Wurzellauten und bedeutenden Sylben dahin, die Ankläge zwischen diesen zu bemerken, zu empfinden, zu suchen, und endlich zum Reim zu gestalten. Auf diesem eigentümlichen Wege gelangte die deutsche Sprache zum Reim, und wenn gleich weder die französische, noch die italiänische, oder spanische Art zu reimen, auf unsre Sprache ganz anwendbar ist, so ist der Reim selbst doch ihrer Natur gemäß, und wird, so lange sie nur besteht, nie aus ihr verdrängt werden können. (Das eigentümliche Wesen und der rechte Weg der deutschen Verskunst besteht aber darin, daß wir alle fremden Sylbenmaße, sowohl die alten rhythmischen, als die künstlichen romantischen Reimweisen, als bloße Vorübungen einer biegsameren Bildung, die als solche für ihre Zeit von Nutzen waren, wieder verlassen und zu den einfachen deutschen Versformen zurückkehren. Diese unsre Naturformen liegen aber freilich eben so wenig allein in den fragmentarischen und mehrenteils schon ganz zerstückten Volksweisen, oder in dem bloßen Nachmachen der altdeutschen Versart in den NIBELUNGEN, als in dem gewohnten Reimgange der beliebten Dichter des achtzehnten Jahrhunderts; sondern sie müssen aus der innersten Natur der deutschen Sprache, so wie sie jetzt entwickelt ist und empfunden wird, selbst hervorgebildet und herausgefühlt werden, je nachdem es das Wesen der lyrischen und epischen Poesie, nach dem höchsten Maßstabe, in verschiedener und mannichfacher aber doch höchst einfacher Weise erfordert; wie dies nicht minder von der dramatischen Gattung gilt, welche bei uns ebenfalls zum Reime neigt, ja ihrer durchaus lyrischen Richtung wegen, ihn fast erfordert.)

Kehren wir zurück zu dem historischen Faden unsrer Betrachtung, und zu jener frühern Epoche von Klopstock und Wieland, so war es für jene Zeit sehr recht und löblich, wenn Wieland das Spiel des Reims, wie es in der fröhlichen Wissenschaft der Provenzalen, und in dem alten Ritter- und Minnegesang herrschend war, auch der deutschen Poesie zu erhalten suchte, und in Schutz nahm gegen den allzu einseitigen Eifer jener feierlichen Eloahsänger, und ungereimten Bardenschar, denen Klopstock, zum Teil freilich ohne es zu wollen, das Dasein gab.

Ihn führte grade sein tieferes Forschen in der Sprache, weil er überall sich selbst Bahn machen wollte, hier und da zur Einseitigkeit und Paradoxie. In den letzten Fehler aus gleichem Grunde zu geraten, davor war Adelung gesichert. Es hätte sich nach so vortrefflichen Vorarbeiten, wie schon für die Sprachforschung vorhanden waren, allerdings mehr erwarten lassen (von einem Werke, welches den ganzen Reichtum der deutschen Rede und Geistesbildung umfassen und über das richtige und rechte Maß in jedem Ausdruck entscheiden sollte). Indessen bleibt, was Adelung für die Sprache getan, bei allen Mängeln und Fehlern, die man ihm in neuern Zeiten nachgewiesen hat, für den gemeinen Gebrauch und den ersten Anfang nicht ohne allen Wert und für seine Zeit nicht ohne Verdienst. Sein Hauptvorurteil bestand darin, daß er die Reinheit der hochdeutschen Sprache, so wie er sie im Raume sehr eng auf die ehemalige Markgrafschaft Meißen beschränkt, also auch in der Zeit den echten Geschmack sehr eng umzäunen wollte, auf eine kurze Epoche, die er wohl etwas zu früh als das glückliche, obwohl schnell entschwundne, aber desto vollkommnere goldne Zeitalter der deutschen Literatur anpries. Was ihm dabei eigentlich den Stab bricht, das ist seine Antipathie und Ungerechtigkeit gegen eben den Schriftsteller jener Zeit, der ohne allen Vergleich der größte und erste ist, gegen Klopstock; der nicht bloß als Dichter, der Sprache Meister, sondern ungeachtet einzelner Fehlgriffe und Paradoxien, auch als Forscher ⟨weit⟩ tiefer in den Geist derselben eingedrungen war, als Adelung selbst.

Wie relativ überhaupt der Begriff eines goldenen Zeitalters, wenigstens in Rücksicht auf unsre Literatur, wie geneigt man sei, es nur immer rückwärts zu verlegen, das kann das Beispiel eines Schriftstellers, aus eben jener so beneidenswert und glücklich erscheinenden Zeit bestätigen, der wirklich so urteilte. Gottsched verlegt in einem seiner Gedichte diese glückliche goldne Zeit bis in die Epoche Friedrichs, des ersten Königs von Preußen. Die Schriftsteller, welche er als die klassischen in dieser Zeit preist, die also für die deutsche Literatur ungefähr das sein sollten, was Virgil für die römische, Corneille und Racine für die französische waren, sind vorzüglich Besser, Neukirch und Pietsch. Diese ⟨jetzt nicht einmal dem Namen nach bekannten⟩ Dichter sind vielleicht auch damals nicht so allgemein bewundert worden, als Gottscheds Lob es vermuten ließe; er war aber dennoch so fest überzeugt, daß mit ihnen der menschliche Geist seinen höchsten Gipfel, besonders aber die deutsche Dichtkunst ihre Vollendung erreicht habe, daß er meint, das Zeitalter sei schon etwas im Sinken, und man spüre schon einigen Abgang von dem ganz reinen und eigentlich goldenen Geschmack. Dies schrieb er im Jahre 1751, in demselben Jahre also, wo die ersten Gesänge der Messiade erschienen sind; mit welcher Erscheinung mir vielmehr, zwar kein solches alleingültiges und allein vortreffliches, goldnes Zeitalter, allerdings aber der neue Aufschwung der deutschen Literatur zu beginnen scheint. Die schon oben genannten, ersten, bessern und guten Dichter, die zum Teil noch vor Klopstock bekannt geworden waren, hatten meistens nur Lieder, oder sonst vermischte lyrische Gedichte hervorgebracht. Durch diese kann eine Literatur, so sehr ihr solche, wenn sie schon übrigens im Wesentlichen reich ist, zur Zierde gereichen, unmöglich zuerst und allein begründet werden. Dazu wird ein großes Nationalwerk ernsten Inhalts erfordert, sei es nun geschichtlich, oder ein episches Gedicht, womit eine Literatur wohl am glücklichsten beginnt. Es ist wahr, daß die deutschen Schriftsteller von der ersten Generation meistens alle eine vorzügliche und sehr lobenswerte Sorgfalt auf die Reinheit der Sprache gewandt haben, weil der vorhergegangene Zustand das Bedürfnis einer solchen Sorgfalt allgemein fühlbar machte. Doch waren die ersten Anstrengungen auch hierin so wenig mit einem gleichförmigen Erfolge gekrönt, daß ich nicht erst daran zu erinnern brauche, wie wenig auch Klopstocks Ausdruck in der Prosa, dem in seinen Gedichten zu vergleichen ist, oder wie weit Lessings erste Jugendwerke, die in jene Zeit fallen, von seiner spätern reifen Schreibart abstehen. Selbst für die Sprachentwicklung läßt sich daher schwerlich eine solche Absonderung eines privilegierten Zeitraums in der deutschen Literatur annehmen und rechtfertigen. Ich getraue mir den ganzen Zeitraum von 1750–1800 hin durch, fast von Jahr zu Jahr Werke zu nennen, die auch für die Sprache als erweiternd, ja als vortrefflich anerkannt werden müssen; ganz fehlerfrei, auch in dieser Hinsicht, möchten wohl gar keine zu finden sein. Eben so wird man aber überall keinen Mangel haben an Beispielen einer nachlässigen und ganz tadelhaften Schreibart, und zwar von sehr bekannten Schriftstellern.

Es bietet sich eine andre Einteilung dar, für die deutsche Literatur, die sich als fruchtbarer bewähren dürfte. Sobald man dieselbe in dem genannten, unstreitig sehr fruchtbaren Zeitraume von 1750–1800 geschichtlich betrachtet, so kann man allerdings die verschiedenen Generationen der Schriftsteller sehr deutlich unterscheiden. Diesen Unterschied aufzufassen ist um so wichtiger, da eine jede von diesen Generationen ihre eigentümlichen Vorzüge und Mängel hat, wovon der Grund meistens in dem äußern Verhältnisse und in der Zeit selbst lag. Dies muß man beobachten, damit man nicht Eigenschaften von einem Schriftsteller verlangt, die er in seinen Verhältnissen nicht wohl haben konnte, oder ihm Fehler zum Vorwurf macht, die eigentlich nicht sowohl ihn, als seine ganze Zeit treffen.

Zu der ersten Generation rechne ich diejenigen, deren Entwicklung und erste Wirkungszeit in die funfziger Jahre fällt bis gegen die siebziger. Die wichtigsten Dichter dieser Generation habe ich schon geschildert. Alle, welche in ihrer Art nicht ohne Verdienst sind, einzeln zu nennen, würden mir die Grenzen dieser Vorträge nicht erlauben. Anführen will ich noch mit Rücksicht auf unser Österreich, daß der gelehrte Jesuit, Denis, nebst vielen andern Verdiensten sich auch das erwarb, die gereinigte Sprachbildung jener Zeit, besonders nach Klopstocks ernstem Geschmack, in dem Vaterlande seiner Wahl, dem damals unter Maria Theresia nach überstandenen Gefahren, glücklich wieder aufblühenden Kaiserstaate einzuführen und anzupflanzen(; daher denn auch Klopstocks Geist und Kunst, im übrigen Deutschlande größtenteils zu bald vergessen, hier noch längere Zeit zum Vorbilde in den deutschen und dichterischen Studien diente).

Von den Prosaisten gehören zu dieser ersten Generation einige Philosophen, die ich später nennen werde; selbst Kant in Rücksicht auf die Zeit seiner Geburt, die Epoche seiner Bildung und seiner ersten schriftstellerischen Versuche; vorzüglich aber Lessing und Winckelmann. 〈Auch Hamann gehört chronologisch dieser Epoche an; aber mit seinem divinatorischen Tiefsinn, stand er als Einsiedler in der Literatur und in seiner Zeit da, der seine eigentümliche religiöse Richtung, schon an sich befremdlich, um so mehr verschlossen und unzugänglich blieb, da ein dunkles Gewand bildlicher Anspielungen seine sibyllinischen Blätter und hieroglyphischen Andeutungen noch mehr umhüllt, deren originellen Geist und Wert erst eine spätere Zeit, wo der deutsche Sinn schon mannichfacher geübt war, mehr verstanden und anerkannt hat.)

Die Schriftsteller dieser ersten Generation, tragen im allgemeinen noch viele Spuren an sich von der ungünstigen Lage, in welcher die vernachlässigte deutsche Sprache und Kunst sich damals befand, aus welcher sich beide erst herausarbeiten mußten, und von den vielen innern und äußern Hindernissen und Schwierigkeiten, mit denen sie zu kämpfen hatten. Wie sehr dies selbst bei Winckelmann der Fall war, obgleich seine ersten, öffentlichen Versuche schon glücklicher auftraten, hat man uns, vielleicht mit zu weniger Schonung seines Andenkens, durch Bekanntmachung seiner Briefe aufgedeckt. Kant ist die Spuren und Nachwirkungen dieses langen, harten, mühseligen und arbeitsvollen innern Kampfes nie ganz los geworden. Lessings Jugendversuche, besonders die dichterischen, sind nur als ein Tribut zu betrachten, den auch der Mann von Genie dem Zeitalter, in welchem er geboren wird, auf eine oder die andre Weise zu entrichten pflegt. Die Poeten jener Zeit versetzen uns überhaupt, Klopstock ausgenommen, noch allzuoft in die ältere Epoche der galanten Gelegenheitsgedichte und auf Bestellung gemachten Carmina. Klopstock entwickelte sich als Dichter am freiesten und schnellsten, doch läßt sich bezweifeln, ob er nicht in der Wahl seiner Werkzeuge und Gegenstände, in der Anlage seines Planes manche Mißgriffe, die selbst die herrliche Ausführung nicht ganz verdecken und vergüten kann, würde vermieden haben, wenn er sich seinen Weg nicht ganz hätte selbst bahnen müssen, wenn er schon große Vorarbeiten und Versuche auf dem gleichen oder doch verwandten Wege vor sich gehabt hätte, in der eignen Sprache und aus einer nicht gar zu entlegenen Zeit. Dies waren die nachteiligen Wirkungen, welche jene Schriftsteller der ersten Generation, eben dadurch, daß sie die ersten waren, nach der damaligen, anfangs sehr ungünstigen äußern Lage der deutschen Literatur trafen.

Aber auf einen starken Geist wirkt das Ungünstige der äußern Lage, was den Schwächern niederdrückt, oft vielmehr zu desto größerer Anspannung und Erhebung der Kraft. Besonders dahin, daß er diese mit ganzem Ernst desto mehr konzentriert auf Ein hohes Ziel seiner Begeisterung, und ⟨sie ganz⟩ auf ein allumfassendes Werk seines Lebens richtet. Dieses Konzentrieren aller Kraft auf ein großes Ziel, findet sich außer Klopstock vorzüglich auch bei Winckelmann, und auf andre Weise selbst bei Kant. Späterhin hat sich unsre Literatur, besonders aber die Poesie vielfältig zu sehr vereinzelt und leichtsinnig zersplittert. Durch diesen Ernst, durch dieses hohe Streben sind denn auch die vorzüglichsten jener ersten Generation die eigentlichen Stifter unsrer neuen deutschen Literatur geworden; nebst Klopstock und Lessing gilt dies vorzüglich auch von Winckelmann, durch den die Neigung zu der Betrachtung des Kunstschönen eine so entschiedene und charakteristische, vielleicht oft zu ausschließend vorherrschende Eigenschaft derselben wurde. Es ist eine bloß künstlerische und ästhetische Ansicht, vorzüglich seit jener Zeit, ohne daß er selbst die Schuld davon trüge, in der deutschen Literatur und Denkweise fast die allein herrschende geworden, die oft auch da gefunden wird, wo allerdings noch eine andre, sittlich nationale Beziehung oder religiöse Gesinnung den Vorrang behaupten und das Erste sein sollte.

⟨Jene große welthistorische Erschütterung, welche wir gewöhnlich mit dem Namen der Revolution bezeichnen, weil sie sich in dieser dem Zeitalter zuerst kund gab, hat den deutschen Geist seitdem wohl aus seiner ästhetischen Traumwelt geweckt und auf den Ernst des wirklichen Daseins im Kampfe der Zeit, so wie auf den höheren Ernst des ewigen Glaubens strenge hingewiesen. Aber nur mühsam und anfangs trübe konnte sich das reine Licht der wieder erwachten Erkenntnis aus dem Strudel der bewegten Zeit im revolutionären Kampf empor arbeiten und nur allmählig kann es sich von allen Schlacken befreien, die ihm noch aus der schlechten Epoche anhängen. Dieser Kampf unsrer Zeit, so wie er sich in dem intellektuellen Gebiet, in der Literatur und

Wissenschaft, insonderheit der Deutschen, gestaltet hat, ist die letzte große Erscheinung, mit welcher wir die ganze Reihe dieser Betrachtungen sofort beschließen wollen.)

Sechzehnte Vorlesung

Blick auf das Ganze. Epoche der genialischen Schriftsteller. Richtung der Poesie auf die Natur, die lebendige Gegenwart und Wirklichkeit. Deutsche Kritik, Lessing und Herder; vorherrschende ästhetische Ansicht. Lessing als Philosoph, Denkfreiheit und Aufklärung; Kaiser Joseph der Zweite. Charakter der dritten Generation, Kantische Philosophie; Goethe und Schiller. Aussicht in die Zukunft; Fichte und Tieck. Welthistorische Bedeutung der deutschen Literatur und Begriff der jetzigen Epoche.

Die neudeutsche Literatur ist einer noch unaufgelösten Dissonanz zu vergleichen. Es dürfte vielleicht nicht schwer sein, im allgemeinen anzugeben, wo die Harmonie derselben zu suchen sei und worin sie allein gefunden werden könne. Was würde es aber fruchten, wenn man das entfernte Ziel aufstellte, ohne zugleich auch die Wege anzuzeigen, welche dahin leiten, alle die täuschenden Abwege, die ⟨neben demselben⟩ vorbei und in die Irre führen, und die Hindernisse, die noch auf dem Wege, welcher der rechte ist, ⟨ihm⟩ entgegen stehen! Ehe sich an die Auflösung des Problems denken läßt, müssen wir das Problem selbst in seiner ganzen Mannigfaltigkeit auffassen und kennen lernen, und müssen allen den Fäden des noch ziemlich verschlungenen Ganzen folgen, ehe wir hoffen dürfen, diesen gordischen Knoten unserer Literatur zu lösen.
Dazu sind diese historischen Betrachtungen bestimmt, welche je näher wir der jetzigen Zeit rücken, um so weniger bei der Charakteristik des einzelnen verweilen, um so mehr nur auf den allgemeinen Gang der Entwicklung und den herrschenden Geist der Literatur sich beschränken müssen. Zu einer ganz vollständigen Geschichte der neuern deutschen Literatur würde es vielleicht noch zu früh sein. Manches wird erst dann ganz im rechten

Lichte erscheinen, wenn alle seine Folgen sich noch mehr entwickelt haben. Hie und da fehlt es auch noch an Aktenstücken, die wichtig sein würden für die Geschichte deutscher Geistesbildung.

Die vornehmsten Dichter der ersten Generation habe ich schon zu schildern versucht. Von den Philosophen und andern Prosaisten zu reden verschiebe ich noch, um der Ordnung der Zeit so treu als möglich zu folgen, da die philosophischen Bestrebungen und Ansichten der beiden wichtigsten unter ihnen, Lessings und Kants erst etwas später in die allgemeine Denkart wirksam eingegriffen haben.

Nachdem die lange Fehde zwischen Österreich und Preußen endlich durch einen dauerhaften Frieden beschlossen worden war, genoß Deutschland auf lange Zeit einer auch für die Wissenschaften und Geistesbildung wohltätigen Ruhe. Zwar schien es einmal, als würde diese von neuem unterbrochen werden, aber die Gefahr war vorübergehend, und Deutschland blühte mächtig empor im Genuß des Friedens und seiner Kraft, wenn gleich es der wahren Ursache seines damaligen glücklichen Zustandes sich nicht überall deutlich bewußt war.

Die ersten Stifter der deutschen Literatur, gereinigten Sprache und Dichtkunst, welche teils noch etwas vor Klopstock, teils unmittelbar nach ihm zu gleichen Zwecken wirkten, hatten in einer viel ungünstigeren äußern Lage, die größten Hindernisse zu bekämpfen gehabt. Viele derselben hatten sie besiegt, ihre großen ewig ruhmwürdigen Vorarbeiten hatten den Weg gebahnt, selbst ihre Mißgriffe und Mängel konnten den mit Geist Nachfolgenden zur Belehrung dienen, und als erste Stufe, um eine höhere Vollkommenheit zu erreichen.

Nicht wundern darf es uns daher, wenn wir die zweite Generation deutscher Dichter und Schriftsteller, deren erste Entwicklung meistens in die siebziger Jahre fällt, sich mit größerer Kühnheit emporschwingen, und mit mehr Leichtigkeit bewegen sehen. Sie benutzten und ernteten, was die ersten, die Stifter gesäet hatten. Als Dichter bezeichnen diese Epoche, Goethe, Stolberg,

Voß, Bürger; es könnten diesen noch einige andere Namen hinzugefügt werden, die als Dichter entweder gleichzeitig mit jenen, etwas früher oder später, ungefähr in derselben glücklichen Zeit empor blühten, an Genie ausgezeichnet, wenn auch durch die Natur ihrer Werke, oder durch äußere Verhältnisse nicht zu so allgemeinem Ruhm gelangt. Außerdem reihten sich jenen wahren Dichtern noch manche andere an, welche mit einer genialischen Kraft prahlten, die sie eigentlich nicht besaßen, und dadurch jene Epoche und den Namen des Genies selbst, wenn dies durch den Mißbrauch jemals möglich wäre, beinahe in üblen Ruf und Mißkredit gebracht hätten. Um sich aber zu überzeugen, daß jene Epoche eine der glücklichsten für den Aufschwung des deutschen Geistes, und wirklich reich war an genialischer Kraft, darf man sich nur erinnern, daß Jacobi, Lavater, Herder, Johannes Müller, nach der Zeit ihrer ersten Entwicklung, und auch nach dem Charakter ihrer Schriften ganz dieser Epoche angehören; Männer deren Ruhm zum Teil nicht auf Deutschland beschränkt, auch in dem übrigen Europa sich verbreitet hat. Die Schriftsteller dieser zweiten Generation sind wie im Geist und der ganzen Art, so auch in Sprache und Styl durchaus verschieden von den vorigen. Ihre Schreibart ist voll Seele, Feuer und Leben; sinnreich begeistert oder witzig; immer eigentümlich und neu, oft sehr kunstvoll im einzelnen. Die Gleichförmigkeit aber im ganzen, die strenge Ordnung, das rechte Maß, fehlen oft, ja sogar die notwendige Sorgfalt für Reinheit und Richtigkeit der Sprache findet sich nicht überall. Dies gilt selbst von Herder und Johannes Müller, an umfassender Kenntnis den reichsten, durch mannigfaltige Übung den gewandtesten jener Epoche. Fast möchte es also scheinen, als hätten die Anhänger der ersten Epoche recht darin, wenn sie behaupten, die Reinheit der Sprache werde wo nicht ausschließend, doch in einem höhern Maße bei jenen ersten deutschen Schriftstellern gefunden. Doch ist auch dies nicht allgemein gegründet; bei einigen Schriftstellern, und besonders Dichtern, bei Voß, Stolberg, in vielen Werken von Goethe, findet sich diese Reinheit der Sprache in ihrer ganzen Strenge und Vollkommenheit, wie nur irgend bei einem Dichter oder Schriftsteller der ersten Zeit. Bei Voß geht die Sorgfalt für die Sprache sogar hie und da bis zur Härte und Peinlichkeit; und finden sich in einigen der leichtern, der frühern oder der spätern Werke von Goethe einzelne Vernachlässigungen, so ist dagegen in seinen edelsten Gedichten die Sprache so schön, als sie es im Deutschen nur sein kann, und zwar mit einer kunstlosen Leichtigkeit und Anmut, die Klopstock nicht hat.

Nicht nur bereichert wurde die Sprache durch das Genie dieser Schriftsteller und Dichter, die sich auf der Bahn, welche die ersten gebildet hatten, nun noch ungleich kühner und freier bewegten, sondern in einzelnen Werken auch durchaus in fleckenloser Reinheit und schöner Vollkommenheit dargestellt. Die Poesie nahm jetzt eine ganz neue Richtung. Früherhin hatte sich dieselbe in zwei Parteien geteilt, nachdem man entweder Wieland oder Klopstock vorzüglich zum Vorbilde nahm. In den Gedichten der einen floß alles über von Musen und Grazien, von Liebe und Rosen, Amorinen und Zephyren, Nymphen, Dryaden und Hamadryaden. Die andern suchten den Nachhall der alten Bardenlieder bald auf dem Eistanz oder der Bärenjagd zwischen Felsen und Klippen zu ergreifen, oder sie wandelten mit Eloah unter Wolken, auf sonnenbesäeten Himmelbahnen; und ließen sie sich je zur Erde herab, so war es in Donner, Sturm und Ungewitter gleich der Posaune des Weltgerichts. Zwischen diesen beiden Extremen einer einförmigen Erhabenheit, und jener allzusüßen, halb griechischen, halb modernen Zärtlichkeit in der Mitte, strebten die neuen Dichter nach einer kräftigen Wirklichkeit und Natur. Sie suchten ihre Poesie unmittelbar an die Gegenwart anzuknüpfen, als seien solch einzelne, abgerissene aber kräftige Handzeichnungen, recht nach dem Leben, dasjenige, wodurch auch die Dichtkunst am meisten wirken, und was sie vorzüglich leisten solle. Den Homer als einen großen Dichter der lebendigen Natur, suchten sie alle sich besonders anzueignen; wetteiferten bald ihn auch in die deutsche Sprache zu übertragen.

Oder sie erweckten auch mancherlei Erinnerungen altdeutscher Geschichte, Kunst und Gesangesweise; freilich war nicht immer noch eine genaue umfassende Kenntnis der altdeutschen Geschichte und Denkart, Sprache und Kunstweise mit diesem Streben verbunden. Es waren meistens nur Anklänge, deren mehrere doch an sich vortrefflich, oder auch in ihren Folgen sehr fruchtbar waren. Der einzige Götz von Berlichingen mit der eisernen Hand ward der Stammvater eines ganzen unübersehlichen Geschlechts von in Blech gekleideten Rittern und Reiterscharen, welche noch in unsern Tagen die altdeutsche Freiheit und ein edles Faustrecht wenigstens auf der Bühne erhalten. So sehr indessen dieses Werk nicht bloß aus jugendlichem Übermut, sondern wie mit Absicht, völlig regellos, ja sogar formlos hingeworfen worden, wie unvollkommen selbst die Geschichte des dargestellten Zeitalters darin aufgefaßt sein mag, es bleibt ein reichhaltiges dichterisches Gemälde von dauerhaftem Wert; mehr als irgend ein anderes von den übrigen Jugendwerken desselben Dichters, wo er seine Poesie unmittelbar an die Gegenwart anknüpfen wollte.

Im ganzen ward die Dichtkunst durch diese neue Richtung vielleicht zu sehr von der hohen Idee, welche Klopstock von ihr aufgestellt hatte, in das einzelne zerstreut und zersplittert, zu sehr in die Sphäre des Wirklichen herabgezogen, und eben durch diesen Drang nach der unmittelbaren Wirkung und Gegenwart zu frühzeitig und zu ausschließend auf die Bühne hingelenkt. Denn allerdings scheint es, als müsse die Bühne bei einer Nation um so glücklicher aufblühen und sich entwickeln, je später dies geschieht. Vielleicht verdankt selbst die griechische Bühne ihre Vortrefflichkeit zum Teil diesem Umstande. Schwerlich kann ein Theater jemals gedeihen, wenn nicht Literatur und Poesie, besonders die ernsteren Gattungen derselben, schon mannichfaltig angebaut, und eben dadurch höhere Geistes- und Kunstbildung fest begründet sind. Dazu war wohl ein glücklicher Anfang damals in Deutschland gemacht, aber durchgeführt war der Entwurf, und allgemein verbreitet eine solche Denkart noch nicht. Lessings Kritik trug zufälliger Weise auch dazu bei, die allgemeine Aufmerksamkeit auf die Bühne zu lenken. Ob er als Kunstrichter, ungeachtet aller Kenntnisse und des großen Scharfsinnes, welchen er besaß, für die deutsche Bühne durchaus vorteilhaft gewirkt habe, ist wohl schwer zu entscheiden. Aus den ungelenken Übersetzungen von Corneille oder Voltaire, geriet man jetzt in die Diderotsche Gattung der moralischen Familiengemälde, und hielt lange Zeit selbst die Prosa für ein Erfordernis einer recht natürlichen Darstellung; damit um so eher auch die Sprache von allen Banden befreit, dem formlosen Inhalt entsprechen könnte. Doch das ging vorüber: die Verehrung Shakespeares, zu welcher besonders auch Lessing mitgewirkt hatte, blieb, und mit ihr ein höherer Begriff von Natur in der Darstellung, als der in den Familiengemälden nach Diderots Art herrschende.

Lessing war als Kunstrichter mehr dazu geeignet, einzelne Punkte in ein helles Licht zu setzen, besonders aber eingewurzelte Vorurteile zu widerlegen und auszurotten, als einem Werke der Kunst, einem einzelnen Künstler oder einer gesamten Gattung nach dem ganzen Verhältnis zu der allgemeinen Geistesbildung ihre rechte Stelle und ihren wahren Wert in dem Stufengange der Kunstentwicklung anzuweisen. Ein Werk von hoher Vollkommenheit so zu betrachten und zu bewundern wie etwa Winckelmann, dazu hatte er nicht Ruhe genug. Und dies gehört doch wesentlich zu einer vollständigen Kenntnis und Beurteilung der Kunst oder einer Art derselben nach dem Ganzen ihrer Geschichte und Entwicklung. Nur in den vollkommnen Werken wird das Wesen einer Kunst, nur durch eine ruhige Betrachtung wird die Vollkommenheit solcher Werke ganz erkannt; nicht durch Tadel des Einzelnen oder der unvollkommnen verfehlten Hervorbringungen. Lessings Kritik geht mehr auf die Grundsätze als auf die Charakteristik des Vollkommenen; und mehr auf die Widerlegung der falschen Grundsätze, als auf die Begründung der wahren. Er ist auch in der Kritik mehr Philosoph als Kunstbetrachter. Die Biegsamkeit der Fantasie fehlt ihm, mit welcher Herder sich in die Poesie aller Zeiten und Völker zu versetzen weiß. In der Philosophie der Geschichte ist es eben dieser Sinn für das Poetische in dem Charakter der Sage einer Nation, die Gabe sich in ihre individuelle Denk- und Lebensweise zu versetzen, was Herdern eigentümlich auszeichnet; selbst als Theologe war es die Poesie der Hebräer, die ihn am meisten anzog. Man könnte ihn den Mythologen unsrer Literatur nennen, wegen dieses allgemeinen Sinnes für Poesie, dieser Gabe, die alte Sage zu empfinden, sich in alle Gestalten und Hervorbringungen der Fantasie mitempfindend zu versetzen, die selbst einen hohen Grad von Fantasie voraussetzt. Nur kritische Genauigkeit oder philosophische ⟨und religiöse⟩ Tiefe darf man von diesem an Geist, Gefühl und Fantasie reichen, aber seiner Naturanlage nach durchaus ⟨nur⟩ ästhetischen Denker nicht erwarten. ⟨Als Kenner und Deuter aller Fantasie, hat er den Sinn für diese, für alte Sage und Mythologie mannichfaltig erregt; den eigentlichen Sinn der Mythologie und alten Symbolik aber wirklich zu erschließen, und die Grundlage des Wahren, das sich wie ein unsichtbarer Faden durch alle diese Bilder und Dichtungen hindurchzieht, wieder hervorzuziehen und gereinigt aus der fabelhaften Umkleidung auszuscheiden, das ist nur durch ein tieferes Verständnis der Philosophie und der Religion möglich, so wie auch nur aus dem einfachen Wesen des Lichtes, das mannichfache Spiel des Farbenbildes in seinen Brechungen erklärt und gedeutet werden kann. Ohne dieses leitende Licht aber führt das Studium der Sage und der Mythologie nur zu einem wissenschaftlichen Fantasieren nach unbestimmten Gefühlen, wozu Herder in dem historischen und philologischen Gebiet, weil er jenen höhern Standpunkt nie erreicht hat, mit seinem in dieser Art einzigen Talent und kunstfühlenden Ahndungssinn, recht eigentlich den Grund gelegt, und den angebornen Hang des deutschen Geistes dazu ungemein verstärkt und vorzüglich zur Entwicklung gebracht hat. Wenn er in seiner früheren Zeit auf dem besten Wege war, in der ältesten Offenbarung den Schlüssel aller Philosophie, aller Sage, Überlieferung und

Mythologie zu finden, so muß man es um so mehr beklagen und mißbilligen, daß er späterhin dieses Licht wieder verlassen hat und endlich völlig in den herrschenden Modegeist einer wäßrigen Aufklärung herabsank.)

Seit Winckelmann ward überhaupt eine fast über alle Gegenstände sich verbreitende künstlerische und ästhetische Ansicht immer mehr, ja man kann sagen ausschließend herrschend. Nicht bloß die natürliche Neigung des deutschen Geistes zur Kunst und Poesie veranlaßte dies, sondern auch die gänzliche Entfernung der meisten hier sich entwickelnden Talente von einem öffentlichen Wirkungskreise, mußte dazu beitragen. Es blieb dem deutschen Geiste meistens nur die Wahl zwischen den zwei Wegen der innern, von dem bürgerlichen Leben mehr abgesonderten, oder doch erst später wieder dahin zurückkehrenden Tätigkeit, der künstlerischen und der philosophischen. Die erste war anfangs überwiegend herrschend, selbst zum Nachteil der letztern; indem manche Schriftsteller, weil sie ihr ganzes Leben, oder doch den größten Teil desselben, der Betrachtung der Kunst, oder der Beschäftigung mit ihr, und ihren Grundsätzen gewidmet hatten, die Anlage zur Philosophie, die sie besaßen, nicht ganz oder doch nicht hinreichend entwickelten, um auch von dieser Seite wirksam zu werden. Selbst in Winckelmann ist eine solche, und zwar sehr edle Anlage ganz unverkennbar; allen seinen hohen Kunstideen liegt eine Platonische Begeisterung zum Grunde, die er an der Quelle geschöpft hatte und die herrschende Denkart bei ihm war. Unter allen Arten der Philosophie stimmt diese wohl am meisten mit der Kunstbetrachtung überein; doch ist dieser Platonismus so stark in ihm, daß er ihn nicht selten über alle Kunstbetrachtung hinausführt. Besonders in den spätern Schriften nimmt dieser philosophische Hang zu, und ich weiß nicht, ob es nicht ein großer Gewinn für die deutsche Philosophie gewesen wäre, wenn sie mit einem solchen Platoniker begonnen hätte, wie Winckelmann es hätte sein können.

Lessing legte, da sein Geist die Höhe der männlichen Reife erreicht hatte, die antiquarischen Untersuchungen,

Theater und Kunstkritik, denen er sein früheres Leben gewidmet hatte, gleich wie Jugendübungen bei Seite. Die philosophische Erforschung der Wahrheit ward das Ziel aller seiner spätern Bestrebungen, denen er sich mit einem Ernst, einer Begeisterung für die Sache hingab, wie vorher keinem andern Geschäft. Denn in jenen andern Fächern, in denen er früher geglänzt hatte, scheint er oft mehr nur wie zum Spiel sich seiner genialischen Kraft zu überlassen, besonders gegen schwächere Gegner, als daß es ihm um die Sache selbst, und aus eigner Wahl so ernst gewesen wäre. Wie sehr es seiner Natur auch ein Bedürfnis gewesen sein mochte, sich in den mannigfaltigsten Kunst- und Geisteswegen zu üben, sein eigentlicher Beruf war unverkennbar die Philosophie. Nur daß er darin zu weit über seinem Zeitalter stand, um allgemein verstanden zu werden; was um so schwerer war, da seine Philosophie gar nicht zur Reife und vollkommnen Entwicklung kam, es also bei seiner ganz unsystematischen Art sich mitzuteilen, bloß bei gelegentlichen und indirekten Äußerungen und hingeworfenen Zügen und Umrissen, wie von einer Skizze blieb.

Von den Philosophen der ältern Schule hatte Sulzer nach damals herrschender Art sein Denken und Forschen vorzüglich der Kunst gewidmet; Mendelssohn gesucht, die allgemeinen Wahrheiten der Religion philosophisch zu begründen; Garve gehörte zwar nicht der Leibnizischen Schule, aber doch in Rücksicht seiner ganzen Art jener ältern Zeit an. Er widmete sich besonders der Moralphilosophie der Engländer und der Alten; der Erfolg bewies nur, daß eine solche bloß auf das Wahrscheinliche und Annehmliche gegründete und gebildete Moral und Philosophie des Lebens ohne eine tiefere Begründung und allgemeine Erkenntnis dessen, was denn eigentlich an sich wahr und gewiß ist, dem deutschen Geiste nicht genug tun könne. Wielands philosophische Romane trugen dazu bei, unter einem sokratischen Gewande, besonders unter den höhern Ständen eine Moral zu verbreiten, welche im Grunde epikurisch war. Nicht ohne nachteilige Folgen für die allgemeine Denkart; wenigstens war diese etwas allzunachgiebige und unmännliche Sittenlehre eben keine passende Vorbereitung für die schweren und erschütternden Kämpfe, welche dem Zeitalter und der Nation bevorstanden.

Kant war noch nicht berühmt geworden. Ganz abgesondert von den übrigen ging Lavater seinen eignen Weg. Man hat von ihm nur die Torheit seiner Physiognomik und einige ähnliche ergriffen, die erste weit verbreitet, wegen der andern ihn im allgemeinen als Schwärmerver spottet. Sein philosophischer Tiefsinn ist fast gar nicht anerkannt und verstanden worden; er konnte ihn freilich auch nur in einzelnen Äußerungen kundgeben, und nicht zur Methode gelangen, weil sein Weg des lebendigen Glaubens von dem der damaligen Schulphilosophie so ganz entfernt war. Er ist aber meines Bedünkens, unter den Suchenden des achtzehnten Jahrhunderts, wie ich diejenigen nennen möchte, welche den Spuren der verlornen Wahrheit unermüdet nachgingen, ⟨nach Hamann und⟩ nebst Lessing der vortrefflichsten und der merkwürdigsten einer. ⟨Diese drei einsamen Denker bilden einen von dem Streit der herrschenden Sekten und den Modeformen der Schule ganz abgesonderten Kreis und eignen Zyklus des angehenden höhern Nachdenkens für sich, in dessen Gange man wohl die ersten, noch wenig entwickelten Keime einer christlichen Philosophie gewahr wird. Hamann stellte das Wort der ältesten Offenbarung, wie ein noch unverstandnes Rätsel hin; eine Stimme, die wenig beachtet ward in der Wüste der allgemeinen Aufklärung. Lavater faßte in seinem tiefen Gemüte die Geheimnisse des Christentums zugleich als Lichtpunkte der ideellen Erkenntnis auf. Der dritte welchen wir diesen unbewußten deutschen Spiritualisten und christlichen Originaldenkern beizählen können, war Lessing, dessen klarer Geist bis zu den eigentlichen entscheidenden Wendepunkten der Offenbarung und Erkenntnis, so wie auch besonders der Überlieferung und der Denkfreiheit durchdrang.⟩

Was Reimarus aus der ältern Schule für die Erkenntnis der natürlichen Religion aus der Vernunft öffentlich schrieb, ist von der gewöhnlichen Art. Ungleich wichtiger aber ist jener ausführliche Angriff desselben auf die geoffenbarte Religion in seinen Folgen geworden; welchen Lessing, eben weil er mit Ernst in die Untersuchung, und auch in das Historische, wenigstens mit dem Willen gründlich zu sein, einging, glaubte bekannt machen zu müssen; in der Überzeugung, es sei die Zeit gekommen, alle Zweifel nicht länger zu verschweigen, sondern hervorzuziehen, damit sie desto besser beantwortet werden, und die Wahrheit ans Licht kommen möchte. – Lessings Philosophie ging gerade auf das Ziel, auf die Wahrheit der Religion. Die gewöhnlichen Fragen und Streitigkeiten, in denen damals die Philosophie noch von Descartes und Locke her befangen war, und sich unnütz abarbeitete, hatten kein Interesse für ihn. Dagegen berührt er in der ERZIEHUNG DES MENSCHENGESCHLECHTS und in den FREIMAURERGESPRÄCHEN, wie in allen seinen philosophischen Streitschriften Punkte, welche die eigentlichen Hauptgegenstände der höhern Philosophie viel näher angehen, welche aber den damaligen Denkern fast ganz aus ihrem Gesichtskreise entschwunden waren. Er war in Beziehung auf die Philosophie dem achtzehnten Jahrhundert völlig entwachsen. Leibniz war unter den Nahestehenden fast der einzige, der ihn noch berührte, und er sah ihn in einem weiten Abstande von seinen damaligen Nachfolgern. Um so mehr, je tiefer er ihn durchdrang, da er das Studium des Spinosa damit verband. Wenn jede Metaphysik seicht zu nennen ist, welche diesen größten unter allen Gegnern nicht nur nicht zu widerlegen weiß, sondern ihn umgehen und ignorieren möchte, so ist wohl nicht zu leugnen, daß Lessing auf seine Art tiefer, wenn gleich nicht so systematisch als Kant in das Innere der Philosophie eingedrungen ist. Wäre sein Leben nicht so frühzeitig geendet, wäre er überhaupt sparsamer mit seiner Kraft, und geordneter in der Anwendung derselben gewesen, so würde dies gewiß auch öffentlich bewährt und allgemein anerkannt sein. Die deutsche Philosophie würde sich vielleicht glücklicher entwickelt haben, wenn Lessings freier und kühner Geist dazu fortdauernd mitgewirkt hätte, als es nachher durch Kant allein geschah. Lessing äußerte seine eigentlichen philosophischen Gedanken fast gar nicht öffentlich; alles was er etwa gelegentlich davon hinwarf, fiel auf, als eine allen Ausdruck übersteigende Paradoxie. Ein Spinosist aber, wie man nach Lessings Tode von ihm behauptet hat, war er in der Tat nicht; außer in so fern ein Denker sich vorübergehend hinneigen kann zu einem Irrtum, den er noch nicht zu widerlegen im Stande ist, und der für ihn vielleicht die Brücke und der Übergang zur Wahrheit werden soll. Der entscheidende Beweis dafür ist, daß Lessing an die Seelenwanderung glaubte, und unter allen besondern Lieblingsmeinungen scheint diese besonders tief bei ihm gewurzelt zu haben. Diese Meinung aber ist mit Spinosas System ganz unverträglich, da weder eine Verwandlung der Individuen noch eine persönliche Fortdauer derselben nach diesem System stattfindet. Vielmehr scheint aus diesem Umstande deutlich hervorzugehen, daß Lessing überhaupt zu der ältern orientalischen Philosophie sich hinneigte, wie er es auch deutlich genug zu erkennen gibt. Man muß also denen fast recht geben, welche glauben, daß man sich vor der Schwärmerei gar nicht sorgfältig und ängstlich genug hüten könne, um rein davon zu bleiben; denn da weder Leibnizen all sein Wissen, noch Lessingen sein heller Verstand ganz vor dem bewahren konnte, was jenen Leuten für Schwärmerei gilt, so muß es auf einer gewissen Höhe schwer sein, es zu vermeiden.

Doch von dieser heimlichen Schwärmerei des geistvollen Forschers ging eigentlich nichts in die allgemeine Denkart über. Desto mächtiger und allgemeiner wirkten seine Zweifel und das Beispiel seiner Kühnheit; und so arbeitete er, ohne es zu wollen, eigentlich nur jener Denkart in die Hände, der er so entschieden abgeneigt war, und die er so oft bekämpft hatte. Lessing hat in einem gewissen Sinne das beschlossen, was durch Luther begonnen war; er hat den deutschen Protestantismus (als kritischer Forscher) bis zu Ende durchgeführt〈, und dadurch zu jener noch gegenwärtig obwaltenden Krisis gebracht; wie Fichte in der neuern Epoche von einer andern Seite, als wissenschaftlicher Selbstdenker nach dem protestantischen Prinzip der Freiheit, oder als unbedingter Idealist und vollendeter Protestant jenen Gipfel erreicht hat, der auf diesem Wege nun nicht weiter überschritten werden konnte, von welchem aus daher auch ein neuer Umschwung des Geistes in entgegengesetzter Richtung, eine Rückkehr aus dem selbstgemachten Abgrunde des unbedingten Denkens, zur Erkenntnis der Offenbarung oder des göttlichen Positiven ganz natürlich eintrat, obgleich unter stetem Widerstreit, und vielerlei täuschenden Überbleibseln des alten Irrtums, und mit häufigem Rückfall in denselben⟩. Als bestimmtes System und geschlossene Partei konnte der Protestantismus in Deutschland, bei dieser unbedingten Denkfreiheit, ⟨und nach der von Lessing herbeigeführten Krisis,⟩ wie es sich bald kund gab, nicht länger bestehen⟨, weder in der Religion noch in der Wissenschaft. Die Wissenschaft hat sich, seit Fichte den Protestantismus in derselben oder die freie Selbstdenkerei bis auf den höchsten Gipfel des Idealismus gesteigert hatte, und dieses Wagestück den Geist unbefriedigt ließ, wieder mehr und mehr dem Gegebnen und Positiven der Natur, Geschichte und Offenbarung zugewandt, obwohl mehrenteils noch in trüber Mischung und Beimischung mannichfaltigen Irrtums. Im Glauben aber ist seit jener von Lessing herbeigeführten Krisis das unbestimmte, innere Christentum und eine durchaus bloß individuelle Gefühlsreligion bei den fromm gesinnten Protestanten an die Stelle des alten nicht mehr recht haltbaren Systems getreten⟩. Lessingen selbst hatte die hohe Kühnheit seines Forschergeistes zurückgeführt zum Glauben an die älteste Philosophie, und zur Anerkennung der Tradition und ihrer gesetzlichen Kraft in der Kirche.

Zunächst hatte also Lessing in dem ganzen protestantischen Deutschland unstreitig eine auflösende Wirkung. Ob diese gänzliche Auflösung der bis dahin geltenden Denkart und des protestantischen Glaubens vielleicht späterhin gute und glückliche Folgen gehabt hat, oder noch haben wird; ob die Surrogate der Wahrheit zerstört werden sollten, um ein desto tieferes Bedürfnis nach der ganzen Fülle derselben, eine Rückkehr zu ihr, auf Überzeugung und eigenes Gefühl gegründet, herbei zu führen, das ist eine andre Frage⟨, über welche erst die Zukunft entscheiden kann und hoffentlich bejahend entscheiden wird⟩. Die nächsten Wirkungen waren von sehr gemischter Natur. Die aufgestellte und anerkannte Denkfreiheit ward weniger zum Aufbauen, zu wissenschaftlichen Entdeckungen und Untersuchungen als zum Zerstören angewandt. Die Vorurteile unter dem einschmeichelnden Namen der Aufklärung auszurotten, war die allgemeine Losung. Dies geschah auch unstreitig in vielen Dingen von geringerer Wichtigkeit, die eine leichte Entscheidung gestatten. Für die höhern Angelegenheiten und Überzeugungen fehlte es ganz an einem festen Maßstabe, um Vorurteil und Wahrheit, Glauben und Unglauben zu unterscheiden. Welch ein Mißbrauch mit dem allgemeinen Losungsworte getrieben, wie verschiedene Dinge darunter bezweckt und verstanden wurden, das kann man leicht inne werden, wenn man sich nur vergegenwärtigt, welch einen ganz andern Sinn, Denkfreiheit und Aufklärung bei dem tiefen Denker, dem redlichen Zweifler, dem Philosophen Lessing, und welch einen ganz andern, etwa bei Basedow, Nicolai oder Weißhaupt hatte. Daß diejenigen, welche unaufhörlich Duldung predigten, gegen die anders Denkenden selbst oft sehr unduldsam waren, ist schon erinnert worden. Doch das ist wohl mehr für eine sich oft kund gebende Eigenheit und Schwäche des so leicht mit sich selbst in Widerspruch geratenden menschlichen Geistes zu halten, als gerade jenen ausschließend zum Vorwurf zu machen. Traten selbst Zweifelsucht, Unglauben und entschiedene Abneigung gegen die Religion in Deutschland ungleich bescheidner und weniger kühn auf als in Frankreich, oder bei einzelnen Individuen in England, so trug eben diese gemäßigte, der Vernunft schmeichelnde, das Gefühl und den Glauben nicht so gradezu angreifende Form des Unglaubens dazu bei, die Denkart selbst desto schneller und allgemeiner zu verbreiten. ⟨Unter den Schriftstellern, welche nicht mit dem Strome der öffentlichen Meinung gingen, sondern als christliche Denker im Stillen gewirkt haben, sind aus jener ältern

Epoche vorzüglich Jung-Stilling und Stark bemerkenswert; von denen der erste auf dem Wege des innern Christentums unter den Protestanten vielfältig einen tieferen religiösen Sinn und auch im einzelnen freiere Ansichten erweckt, der andre aber in seinen Schriften seine Überzeugung für den katholischen Glauben in voller Klarheit ausgesprochen hat. Gern reihen wir diesen beiden geistbegabten Männern noch den liebenswürdigen Claudius an, der in dem heitern Gewande kindlicher Volksschriften, was er von den Geheimnissen des Christentums mit tiefem Sinn erkannt hatte, so klar in die Gemüter zu bringen wußte.)

(Wir wenden jetzt noch einen Blick auf die äußern Verhältnisse der intellektuellen Entwicklung in jener Epoche.) Auch die allgemeine Friedensruhe, der blühende Wohlstand von Deutschland war so wie der Entwicklung der allgemeinen Geistesbildung, so auch der Verbreitung einer neuen Denkart sehr günstig. Ungeachtet die Wissenschaften und Künste sich nicht überall einer positiven und zureichenden Ermunterung zu erfreuen hatten, so mußte doch das Selbstgefühl überhaupt schon dadurch geweckt und erhöht werden, daß Deutschland in der Mitte des achtzehnten Jahrhunderts und nach derselben mehr wahrhaft große Regenten besaß, als das ganze übrige Europa. Friedrich und Maria Theresia, waren auf verschiedenen Wegen der Stolz ihrer Völker; noch größern Erwartungen wuchs Kaiser Joseph dem mütterlichen Thron zur Seite entgegen. Er entsprach diesen lange genährten Erwartungen durch eine tatenreiche Regierung. In Rücksicht der deutschen Kunst- und Geistesbildung schlug die Hoffnung des patriotischen Klopstock abermals fehl. Als Beherrscher so vieler und großer nichtdeutscher Länder wäre Kaiser Joseph vielleicht mehr berufen gewesen, ein großes wissenschaftliches Institut für ganz Europa, als für Deutschland insbesondere zu stiften. Dieses zu tun, wäre gewiß selbst dem Interesse seines Staates angemessen, und würde besonders auch für den nachherigen Gang der öffentlichen Meinung und die ganze Entwicklung des Zeitalters von sehr entscheidendem Einfluß gewesen sein. Es unterblieb, oder geschah doch nicht in dem Maße und in der Ausdehnung, wie es hätte geschehen können, weil der Kaiser vorzüglich nur die praktische Seite der Wissenschaften achtete. So entfernt aber war er von einer allgemeinen Gleichgültigkeit oder Geringschätzung gegen dieselbe, daß er vielmehr einige praktische Theorien damaliger Zeit im Fache der Gesetzgebung, Justiz oder innern Verwaltung und der Finanzen, die jetzt meistens nur als Hypothesen noch erkannt werden und ein Interesse haben, weit über ihren wahren Wert schätzte. Wie natürlich nun einem tatenreichen Monarchen jene praktische Ansicht der Wissenschaft auch sein mag, so darf doch das Beispiel dieses ausgezeichneten Regenten andern Regierungen hierin nicht zur Richtschnur dienen. Denn, wenn es gewiß und jetzt allgemein anerkannt ist, daß der Geist und die Geistesbildung einer Nation für den Staat und den Regenten nicht minder wichtig ist, als die physische Macht und der äußere Ruhm und Glanz, so muß alles was darauf Einfluß haben kann, wenn es auch gar keine Beziehung auf den unmittelbaren Nutzen zu haben scheint, schon an und für sich als äußerst wichtig betrachtet werden.

Ich wende mich jetzt zu der dritten Generation in der neudeutschen Literatur, deren Charakter von den vorhergehenden sehr auffallend verschieden ist. Den allgemeinen Charakter dieser verschiedenen Epochen und Generationen in der neuen deutschen Literatur sich deutlich vor Augen zu stellen, das ist das sicherste Mittel, manche sonst störende Widersprüche zu lösen, und manche streitende Meinungen in Übereinstimmung zu bringen, wo die letztern nämlich auf Mißverständnissen beruhen, oder Eigenheiten betreffen, und nicht aus einer wesentlichen Grundverschiedenheit der Denkart hervorgehen. Das ganze äußere Verhältnis, der herrschende Geist derjenigen Epoche, in welche die erste Entwicklungs- und Bildungszeit eines Schriftstellers fällt, bestimmt oftmals den Charakter desselben, und behält in jedem Fall einen entscheidenden Einfluß auf seine ganze nachherige Laufbahn.

Zu der dritten Generation rechne ich diejenigen, deren

Entwicklung und Bildung in die letzten achtziger oder in die neunziger Jahre fällt. Die äußern Begebenheiten und der herrschende Zeitgeist haben hier allerdings auch auf die deutsche Literatur einen sehr merklichen und entscheidenden Einfluß gehabt; nicht bloß auf die Schriftsteller, sondern auch auf das Publikum. Früherhin bestand das Publikum der deutschen Dichter und Schriftsteller fast nur aus einer Anzahl von einzelnen Kunstfreunden und zerstreuten Dilettanten. So war es, wie Klopstock und seine Zeitgenossen anfingen, und nur langsam war dies kleine Häuflein deutscher Kunstfreunde angewachsen. Mit der Revolution nahm das Schreiben und Lesen außerordentlich zu, von dem politischen Gebiete verbreitete es sich bald auch über das philosophische, und jedes andre literarische. Wie zweckwidrig es auch oft getrieben worden ist, welchen schädlichen Einfluß es auch hier und da mag gehabt haben; die allgemeine Teilnahme ward doch mehr und mehr erweckt, und selbst wenn man lebhafter als sonst Partei nahm, war es ein Gewinn für den Geist, der sich oft im Kampf am besten entwickelt. Sollte ich diese Epoche im allgemeinen mit einem Worte bezeichnen, ohne daß ich fürchten dürfte, mißverstanden zu werden, so würde ich sie die revolutionäre nennen, wenn es anders erlaubt ist, ein solches Wort in einem zwar gültigen, aber doch etwas eignen und von dem gewöhnlichen abweichenden Sinn zu nehmen. Zwar muß es allgemein den deutschen Schriftstellern zum Ruhme nachgesagt werden, daß wenigstens die ersten und ausgezeichneten unter ihnen von dem demokratischen Schwindel der ersten Revolutionsjahre ganz frei und rein blieben. Ich wüßte eigentlich nur den einzigen Forster zu nennen, von dem man bedauern muß, daß er durch andre und durch sich selbst getäuscht, in diesem Strudel für die Welt und für die Literatur verloren ging. Wenn einige der Bessern nicht ganz frei blieben von den trügerischen Hoffnungen jener Zeit, so ward ihre Rechtlichkeit bald inne, daß sie getäuscht waren, und sie ersetzten reichlich den vorübergehenden Irrtum. Ich nehme jene Bezeichnung also vielmehr in dem Sinne, wie man treffend gesagt hat,

Burke habe ein revolutionäres Buch gegen die Revolution geschrieben. Dies ist so zu verstehen, daß er darum die Erschütterungen des Zeitalters mit so hinreißender Beredsamkeit geschildert hat, weil er die Gefahr ganz kannte und die Größe des bevorstehenden Kampfs, und ergriffen davon, selbst in einen Zustand des Kampfs und der innern Erschütterung geriet. Dieser Zustand des äußern nicht bloß, sondern noch viel mehr des innern Kampfs ist, was ich als das Unterscheidende und Charakteristische der Dichter und Schriftsteller dieser dritten Generation betrachte. Ich darf um meinen Begriff zu bewähren und ganz deutlich zu machen, nur einen großen Schriftsteller und Dichter dieser Generation nennen, dessen reiche Laufbahn schon vollendet vor uns liegt. Wir sehen Schillern in seinen ersten leidenschaftlichen Jugendwerken durchgehends in dem gewaltsamsten Zustand eines solchen innern Kampfs; wir sehen ihn sogar erfüllt von jenen schwärmerischen Hoffnungen, von jener kühnen Opposition gegen alles Bestehende, welche der Revolution vorangingen. In einigen seiner Jugendgedichte sprechen sich die leidenschaftlichsten Zweifel aus; ein Unglauben; der aber bei solchem hohen Ernst und glühendem Feuer in einem jugendlichen Geiste nicht sowohl Tadel verdient, als Mitgefühl erregt, und die Hoffnung, daß ein so tief erschütterndes Bedürfnis und ein so mächtiger Drang nach Wahrheit in einer starken männlichen Seele nicht lange werde unbefriedigt bleiben können. Welche gewaltsame Übergänge sehen wir später in Schillers reifer Laufbahn; welchen steten Kampf mit sich und der Welt, mit der Philosophie des Zeitalters und mit seiner eignen Kunst! Rastlos in sich und unruhig umhergeschleudert, sehen wir ihn aber auch hier und da von der äußern großen Erschütterung des Zeitalters ganz ergriffen und sie mitempfindend. Dieses ist es, was ich unter jenem Beiwort verstanden wünschte, und was ich im größern oder geringern Maße bei allen ausgezeichneten Schriftstellern jener Epoche finde.

Die Dichter und genialischen Schriftsteller der zweiten Generation lebten in einer uns fast sonderbar erscheinenden Sorglosigkeit, da wir jetzt gewohnt sind, selbst die ersten Symptome der herannahenden Gefahren und Erschütterungen schon in jener Zeit zu finden. Sie aber waren unbekümmert um alle politischen Verhältnisse und Begebenheiten nicht nur, sondern sogar um die ganze übrige und äußere Welt, nur sich und ihrer Kunst lebend, und sich ihrer genialischen Kraft erfreuend. Der einzige Johannes Müller macht hier eine Ausnahme, dessen Geist ganz auf diese Gegenstände gerichtet, von der einsamen Höhe seiner Alpen freilich die heraufziehenden Gewitterwolken früher und deutlicher erkennen mußte, als die unten im friedlichen Tal oder in dem Gewirre der Städte Wohnenden. Statt jener künstlerischen, glücklichen Sorglosigkeit sehen wir die Schriftsteller der spätern Generation, aus den achtziger oder neunziger Jahren, alle in dem Zeitalter befangen; sich ganz ihm hingebend, mit ihm im heftigsten Kampf, oder doch auf eine oder die andre Weise ihr ganzes inneres Tun auf das Zeitalter beziehend. Ich will nur einige Extreme anführen. Wodurch anders ist der bekannteste, unentbehrlichste und fruchtbarste aller Schriftsteller des Zeitalters, diesem so zum Bedürfnis geworden, wie der angewöhnte Gebrauch eines die Augenblicke verkürzenden Reizmittels, als dadurch, daß er die schwache, mitleidige Seite des Zeitalters zu fassen, und sich derselben ganz zu bemeistern wußte? Ein Schriftsteller der in folgenden Zeiten vielleicht merkwürdig erscheinen wird, als Beleg von dem Verfall der Sitten und des Geschmacks in der jetzigen. Das gerade entgegenstehende Extrem von dieser Benutzung der schwachen Seite des Zeitalters, bietet uns ein berühmter Philosoph dar, der in seinem eigenen Ich den Punkt des Archimedes gefunden zu haben glaubte, um die Welt in Bewegung zu setzen und das Zeitalter völlig umzukehren. Will man noch ein anderes Beispiel von einem Verhältnis des Schriftstellers zum Zeitalter, was die Mitte hält zwischen jener Schmeichelei gegen die Schwächen desselben, und diesem etwas kühnen Unternehmen, es nach eigner Willkür neu gestalten und auf den Kopf stellen zu wollen, so erinnere man sich an jenen (humoristischen) Lieblingsschriftsteller der Nation, der es eben dadurch ist, daß er den ganzen Reichtum eines so verwickelten Zeitalters, alle Dissonanzen und Anklänge desselben, mit Witz und Gefühl, mit einer eignen Manier von Laune, aber in einer so dissonanzvollen, gemischten, buntscheckigen Schreibart zum Vorschein bringt, wie das Zeitalter selbst bei seinem Reichtum in seiner chaotischen Beschaffenheit sich darstellt.

Die Fehler, welche den in die geistige Revolution mit eingreifenden Schriftstellern, schon als solchen eigen sind, mögen die genannten und angedeuteten Denker und Dichter in reichem Maße treffen. Deshalb darf aber Männern, die so energisch in Kunst und Wissenschaft eingewirkt haben, wie Schiller, Fichte und andre, die in redlicher Kraft den Kampf des Zeitalters mit bestanden, und zur großen Entwicklung bedeutend mitgewirkt haben, diese ihre Geisteskraft und ein wesentliches Verdienst nicht abgesprochen und verkannt werden.

Andre wandten sich weg von dem unmittelbaren Anblick dieses chaotischen Zustandes der jetzigen Menschheit, sich in das Gebiet der Fantasie flüchtend, und in ihren Spielen sich ergötzend, oder sich in die Arme der Natur werfend, und der von dem Zustande des Menschen ganz getrennten Betrachtung und Wissenschaft derselben. Noch andre Suchende ergriffen mit Begeisterung das Große der vergangenen Zeiten, sich ganz in sie versenkend und da die Auflösung hoffend für das Rätsel der unsrigen. Viele der Edelsten, wandten sich unbefriedigt von der Außenwelt und auch von der Wissenschaft zurück zur Religion, die dem Zeitalter fast fremd geworden war, und zu dem lange verkannten Christentum. Es hat auch auf diesem Wege nicht gefehlt an einzelnen Mißgriffen und Mißverständnissen⟨; am meisten aber gebricht es noch an dem nötigen Mut und an der Entschiedenheit des Charakters um die im Innern schon erkannte Wahrheit nun auch durch die Tat zu ergreifen und im Leben offen zu bekennen⟩. Daß aber, was dem Zeitalter gebricht, und auch in uns selbst fehlte, nur auf diesem Wege gefunden werden könne, das wird jetzt kaum irgend jemand ⟨von den besser Gesinnten⟩ noch in

Abrede sein. 〈Die Eintracht aber zwischen denen, welche den Glauben wiedergefunden haben, und das Christentum erkennen und lieben unter den Protestanten, oder die es suchen und sich ihm annähern unter den Philosophen, mit denen, welche dabei vor allem an dem katholischen Mittelpunkt fest halten, der jene Bestrebungen erst sicher begründet, und zur vollen Klarheit hindurchführt, wird sich auf höherem Wege immer sichtbarer entwickeln; indem jedes Große, was Epoche macht, in dem Laufe der Zeiten, nur durch gleichmäßiges Hervorbrechen vieler individuellen Kräfte sich entfaltet.〉

Weiter läßt sich das Gemälde nicht wohl fortführen, da es schwer ist, eine Zeit zu schildern, der man selbst angehört. Wenn ein äußerer Kampf allgemein wird, in irgend einem Gebiete der menschlichen Tätigkeit, der bürgerlichen, wie der geistigen, so wird, je mehr der Kampf sich verwirrt, der Fall eintreten, daß einiges Unrecht alle trifft; oder sollte auch ein Teil an und für sich entschieden unrecht haben, so wird doch wahrscheinlich auch derjenige, der gegen jene vollkommen recht hat, abgesehen davon und für sich selbst, neben dem Recht auch wohl einiges Unrechts schuldig sein. Dies bringt der allgemeine chaotische Zustand so mit sich. Sieht man aber auf die Kunst und die Entfaltung des Geistes in seinen Werken, so gehen wohl aus dem höchsten innern Kampf plötzlich die vortrefflichsten Werke hervor, oft aber auch sind es nur Geburten eben dieses innern Kampfes. Man erinnere sich an den weiten Abstand der RÄUBER, des DON CARLOS, des WALLENSTEIN, in dem Stufengange des angeführten Dichters. Im ganzen ist harmonische Vollendung und Schönheit nicht die Frucht eines innern geistigen Kampfes, so lange er noch dauert; wohl aber ist er, einen großen Gedankenreichtum zu entwickeln, geeignet. Dieser Ideenreichtum ist der eigentlich unterscheidende Vorzug der geschilderten dritten Epoche der deutschen Literatur〈, der auch von den andern Nationen schon am meisten anerkannt wird〉. Doch würden sich allerdings auch aus dieser Zeit einzelne Werke anführen lassen, die als solche nicht bloß kunstreich vollendet, sondern von harmonischem Gefühl beseelt, und auch in der Sprache schön sind. ⟨Im ganzen aber ist der fragmentarische Ideenreichtum vorwaltend in unsrer Epoche; die harmonische Vollendung bildet die seltneren Ausnahmen.⟩

Wie sehr man nun auch der Meinung sein mag, daß über diesen in heftigem Kampf begriffenen Zeitraum unserer Literatur eine Art von Amnestie ausgesprochen werden müsse, deren alle Parteien bedürfen; wie sehr man in Rücksicht der Kunst, des Schönen und der Sprache, den größten und glücklichsten Dichtern der ersten und der zweiten Generation den Vorzug geben mag: in Rücksicht auf jenen darin entwickelten Ideenreichtum bleibt dieser Zeitraum sehr merkwürdig, und wessen Bildung und Entwicklung in diese Zeit von 1788–1802 fiel, der wird sie ungeachtet jener nachteiligen Verhältnisse nicht leicht aufgeben, oder mit einer andern vertauschen wollen.

Am entschiedensten wirkte in dieser Zeit die Kantische Philosophie. Daß dieselbe für die Denkart, und für den Glauben schädlich gewesen sei, kann ich im allgemeinen nicht finden. Dieser war ohnehin schon von andern Seiten her in seinem innersten Grunde erschüttert. Wurden ja bei einigen die Zweifel vermehrt, oder erst rege gemacht, so führten diese Zweifel von der ernsten und tiefen Art ihre Heilung ⟨schon selbst⟩ mit sich. Nicht zwar in dem hinfälligen Gebäude des sogenannten Vernunftglaubens; aber es lagen außerdem viele und mannichfaltige Veranlassungen in der Kantischen Philosophie zerstreut, von wo aus ein ernstlich Suchender auf eine oder die andre Art die höhere Überzeugung, wenn er sie verloren hatte, oder darin irre geworden war, wieder finden, oder doch sich ihr wieder nähern konnte. Man muß nur bedenken, wie weit doch auch selbst in Deutschland die Philosophie des Zeitalters eingewirkt hatte, um den Unglauben an alles Höhere weit zu verbreiten; so wird man finden, daß die Kantische Philosophie in dieser Hinsicht eher wohltätig gewirkt, wenigstens einigen als Übergang gedient hat zur Wahrheit, oder doch als erster Anlaß zur Rückkehr. Schädlich freilich war es, daß die

Kantische Philosophie so bald eine Sekte ward. Doch war es ein vorübergehendes Übel, so wie auch die Barbarei in der Sprache. Kants eigener Styl hat stellenweise ein Gepräge von Charakter, etwas ganz Eigentümliches, und neben dem philosophischen Scharfsinn auch Geist und Witz. Aber im ganzen, und besonders im Periodenbau, trägt seine Schreibart überall die Spuren seines mühselig nach der Wahrheit ringenden, zwischen Zweifeln umherschwankenden Geistes. Dazu kam die unglückliche Terminologie. Doch jetzt hat sich jene Barbarei und philosophische Chiffernsprache größtenteils wieder ganz verloren; nur bei wenigen unter den ausgezeichneten Schriftstellern werden aus Vernachlässigung noch einzelne Spuren davon gefunden. Einzelne philosophische Schriften der spätern Zeit ließen sich anführen, die in der Sprache tadelfrei sind.

In Kants Philosophie finden sich noch viele von den Mängeln seiner Vorgänger im siebzehnten und achtzehnten Jahrhundert wieder. Mit eben so toten Begriffen von Raum und Zeit, wie die Leibnizischen, beginnt er, schlägt sich dann immer zwischen seinem eignen Ich und der äußern Sinnenwelt herum, wie fast alle Philosophen seit Descartes, und gibt sich endlich der Erfahrung anheim, wie Locke. Weil diese aber über alles Sittliche und Göttliche keinen Aufschluß geben kann, so baut er, auf eine Art die der Weise der engländischen Philosophen nicht unähnlich ist, nun aus den Bruchstücken der zerstörten Vernunfterkenntnis jenen Vernunftglauben zusammen, der aber noch allzuviel von der Art eben dieser erst von ihm selbst so gewaltig angegriffenen Vernunft mit sich führt, um an sich selbst recht glauben zu können; daher er dann auch bei andern keinen Glauben, noch dauerhafte Wirkung fand. Kants Sittenlehre und Rechtslehre hat zwar den Anteil, welchen die praktische Vernunft in diesem Gebiete haben soll, vorzüglich entwickelt; beweist aber in einem noch höhern Maße, als das Beispiel der Stoiker, welch ein starres Wesen eine aus der praktischen Vernunft allein hergeleitete Sitten- und Rechtslehre bleiben muß, wenn kein anderes Element hinzugenommen wird; nicht bloß für den innern

Menschen ungenügend, sondern auch für das Leben in vielen Fällen ganz unanwendbar, ja wenn es ganz konsequent durchgeführt würde, auf die seltsamsten und ganz verkehrten Folgen führend. Auch von dieser starren Kantischen Sittenlehre ist man bald zurückgekommen.

Das Größte was Kant geleistet hat, bleibt immer, wie er gezeigt, daß die Vernunft in sich selbst streitend und an und für sich leer und ohne Inhalt, mithin nur in ihrer Anwendung auf die Erfahrung und im Gebiete derselben gültig, eine Erkenntnis von Gott oder göttlichen Dingen durch sie zu erreichen, also nicht möglich sei. Statt aber nun anzuerkennen, daß diese nur durch innere Wahrnehmung ⟨und göttliche Offenbarung⟩ erlangt werde, daß die höhere Philosophie eine Erfahrungswissenschaft sei, statt der Vernunft auch hier im Gebiete der übersinnlichen Erfahrung dieselbe zweite, ordnende und dienende Stelle anzuweisen, stellte er statt dessen dennoch die Vernunft, obwohl unter der ihr gar nicht anstehenden Maske des Glaubens wieder auf den Thron. Hätte er sich jener einfachen alten Annahme gefügt, hätte er den Weg der innern Wahrnehmung ⟨und des erleuchteten Glaubens⟩ durch den Geist der Kritik, mittelst einer, wie im Gebiete der Erfahrung ⟨den gegebnen Tatsachen derselben, so auch hier dem Lichte der Offenbarung⟩ dienenden Vernunft zur wissenschaftlichen Bahn geebnet, so hätte er dadurch, wie er es wollte, was Baco für die Physik, dasselbe für die Philosophie werden können, um sie statt der eitlen Wortstreitigkeiten zu einer sichern, lebendigen Erfahrungswissenschaft zu erheben, oder, vielmehr wiederherzustellen.

Allein für ihn gab es keine innere Wahrnehmung, überhaupt nichts Übersinnliches, als den leeren Raum der von allem Stoff entkleideten Vernunftbegriffe. In diesem toten und verkehrten Denken war er ganz befangen und verwickelt, und so blieb ihm denn nichts als jener gezwungene Ausweg eines erkünstelten Glaubens; weil er zwischen seinem eignen Ich und der äußern Sinnenwelt ewig schwankend, zu keiner Wahl und Entscheidung kommen konnte. Seine Nachfolger waren kühner, entweder alles aus dem eignen Ich herleitend, oder eben so entschieden die äußere Welt (und unendliche Naturkraft) ergreifend. Die angebliche reine Vernunfterkenntnis, welche Kant hatte zerstören wollen, erstand also unter einer doppelten Gestalt wieder auf, als Kunstwerk der Ichheit, und als unbedingte Weltwissenschaft. Ganz natürlich erfolgte dies, da Kant nicht nur die Quelle aller höhern Wahrheit unberührt gelassen, sondern auch in der Aufdeckung des innern Widerstreits, der innern Leerheit der von ihm in ihrer anmaßlichen Alleinherrschaft bekämpften Vernunft, nicht auf den letzten Grund und bis zu dem ersten Ursprung des Übels gekommen war. ⟨Wenn sich Jacobi nun gegen den leeren Vernunftglauben eben so entschieden erklärte, als gegen die absolute Naturvergötterung, welche jedoch den bessern Naturphilosophen mit Recht nicht beigemessen werden darf, so muß man ihm darin vollkommen beistimmen. Indessen aber bleibt seine innere Offenbarung des Gewissens oder des sittlichen Gefühls ohne festen und klaren Glauben, da er nie zu dem göttlichen Positiven des Christentums hat durchdringen können oder wollen, eben so ungenügend; und es bildet dieser skeptische Zustand des individuellen Gefühls, des schwankenden Willens und an sich selbst ungewissen Gewissens nur den Gegensatz und die andere Hälfte zu Kants skeptischer Verstandesansicht, ohne eine bessere Auflösung zu gewähren. Diese beiden Theorien des Zweifels und Nichtwissens bilden zusammen mit dem System der ideellen Vernunft von Fichte und des dynamischen Spiels mit dem absoluten Sein, oder dem wissenschaftlichen Fantasieren der gewöhnlichen, nicht durch christliche Offenbarung erleuchteten Naturphilosophie, einen vollständigen Zyklus jenes vierfachen Scheins, welcher je nach den vier Elementarkräften desselben, aus dem toten, abstrakten Bewußtsein hervorgeht, und sich nach Zeit und Umständen in den mannichfachsten Formen immer neu und anders gestaltet, obwohl im Wesentlichen und Innern der Ansicht, der Irrtum immer der nämliche und der alte bleibt.⟩

Alle diese Hauptformen des Irrtums, welche aus der

Kantischen Philosophie hervorgingen, hier noch weiter zu verfolgen, und die gegenwärtige Entwicklung der deutschen Philosophie ausführlich darzustellen, liegt außer den Grenzen dieses Entwurfes. Lebende Dichter, wo eine Reihe von vollendeten Werken ihre ganze Laufbahn uns vor Augen stellt, können eher mit aufgenommen werden in das geschichtliche Gemälde der neuesten Zeit. Nicht so die Philosophen, deren Denkart sich stets anders entwickelt, deren System noch im Werden begriffen ist. Ich will hier also nur die allgemeine Bemerkung hinzufügen, daß bei einem so tiefen Forschen, als seit Kant in Deutschland rege geworden, bei einer solchen Kenntnis der ältern Philosophie, wozu wir wenigstens die Hülfsmittel und Vorarbeiten vollständiger und besser als andre Nationen besitzen, von jedem Irrtum der Übergänge zur Rückkehr und Wahrheit, viele gegeben sind; dies findet bei spekulativen Irrtümern um so leichter statt, je mehr dieselben entschieden und vollendet auftreten. (Nachdem nun das ganze System der wesentlichen Irrtümer, nach allen vier Seiten des falschen und zersplitterten Bewußtseins durch die genannten großen Talente vollständig und erschöpfend ausgeführt da stand, und in gegenseitiger Zerstörung über sich selbst das Gericht ergehen ließ; so war wenigstens freier Raum gewonnen und wohl in der langen, alten Irrung selbst ein hinreichender Anlaß zum Anfang eines andern und lebendigen Denkens, um Gott und die göttlichen Dinge im Geist und in der Wahrheit zu erkennen.) Eine solche Rückkehr aus den durch Kant veranlaßten Irrtümern hat in mehreren Fällen schon ganz entschieden stattgefunden. Sollte ich ein Beispiel anführen, was statt vieler gelten kann, so würde ich meinen verewigten Freund (Hardenberg oder) Novalis nennen; nicht als ob er einen Weg der Rückkehr zur Wahrheit, zu Gott und zur rechten Erkenntnis zuerst betreten, und zur festen Bahn auch für andere geebnet hätte, sondern weil seine hinterlassenen Gedanken, Bruchstücke und Dichtungen des guten Samens so vielen enthalten, und verschwenderisch nach den verschiedensten Richtungen umherstreuen, die doch alle hinführen zu dem Einen Ziel der wahren Liebe und der wahren Erkenntnis. In einfacher Würde, und mit der schönsten Klarheit hat Stolberg die Herrlichkeit seines Glaubens entfaltet, die nicht bloß seinem Herzen Beruhigung, sondern auch seinem Geiste und seinem Talente eine höhere Entwicklung, und ganz neue Kräfte gegeben hat. ⟨Es sind noch manche ehrenwerte Männer von ausgezeichneten Talenten in gleicher Weise, als Verkündiger, Zeugen und Kämpfer der Wahrheit aufgetreten, wenn auch nicht jeder eine Geistesfülle auf dem Wege der Philosophie besitzt wie Hardenberg, oder eine solche Festigkeit und Klarheit des Glaubens auf dem Wege der Religion, mit dieser Gabe der würdevollen Darstellung, wie Stolberg.⟩ Schon werden Annäherungen zur Wahrheit fast überall gefunden, und es läßt sich mit Grund hoffen, die Rückkehr werde ganz allgemein stattfinden, und die deutsche Philosophie eine Gestalt gewinnen, wo man sie nicht mehr als eine Zerstörerin der Wahrheit wird zu fürchten haben, sondern sie als eine Verteidigerin und Dolmetscherin derselben wird betrachten dürfen. ⟨Es ist ein vergebliches Bemühen, die Sekte der Kantianer, in neuer Gestalt wieder hervor rufen zu wollen; die Zeit des leeren Formelwesens ist vorüber. Fichte und Jacobi haben immer nur einzelne Anhänger gezählt und konnten der Natur ihres Systems nach, nie eine eigentliche Sekte bilden; das eine oder das andre in erneuter Form noch festhalten zu wollen, würde eben so vergeblich sein. Als vorübergehende Irrtümer sind sie verschwunden oder haben den einzelnen Höherstrebenden nur als Stufe und Übergang in der Aufsuchung der Wahrheit gedient. Auch unter den Naturphilosophen geht jeder schon mehrenteils seine eignen Wege, so daß sie kaum noch als Sekte zählen können; das leere Formelspiel mit dem Absoluten verliert sich allmählich vor der Fülle des Positiven, so wie dieses aus den Geheimnissen der Natur und aus den Tiefen der Offenbarung immer lichter hervortritt. Die Anerkenntnis der letzteren und das Verständnis des Christentums wird immer allgemeiner vorherrschendes Bedürfnis, so daß es bei mehreren nur noch weniger Schritte bedarf, um alle trüben Beimischungen aus dem früheren System vollends abzuwerfen.) Man unterscheide ⟨nur jederzeit⟩ die Person von der Sache ⟨und die immer verworrene Menge von den einzelnen Höheren, und das Außenwerk des Systems von den einzelnen Lichtblicken im Geiste der letzteren⟩. Vor allen aber hüte man sich, wenn auch die deutsche Philosophie zum Teil noch in wesentlichen Irrtümern befangen sein sollte, deshalb auf die Philosophie überhaupt ein Mißtrauen oder einen Haß zu werfen. Die falsche Philosophie kann nur durch die wahre aufgehoben und ersetzt werden. Diese muß notwendig mitwirken zu der Wiederherstellung der Wahrheit, der großen Aufgabe des Zeitalters. ⟨Sie alle, welche sich dem Zeugnis der Wahrheit, sei es im katholischen Glauben, oder in der christlichen Philosophie oder in beiden, gewidmet haben, sind nur einzelne Atome einer höhern Zukunft. Aber wer könnte es noch länger verkennen wollen, daß die große Wiedervereinigung zuerst im Glauben selbst, und dann auch die andre nicht minder wichtige, des Wissens und des Glaubens, eben da stattfinden und vollzogen werden soll und wird, wo der Zwiespalt angefangen hat?⟩

Ich wende mich ⟨zurück⟩ zu den Dichtern, mich nur noch auf wenige Bemerkungen beschränkend. Erst in dem jetzigen ⟨spätern⟩ Zeitraume, wurden Goethes reifere Werke allgemeiner verbreitet und anerkannt; andre fallen auch ihrer Entstehung nach in diese Zeit. Die vorzüglichsten derselben werden jetzt an poetischer Kunst und schöner Sprache ziemlich allgemein als das vorzüglichste anerkannt, was wir in unsrer Sprache besitzen. Die genialische Kraft und Leichtigkeit, welche die zweite Generation überhaupt auszeichnet, besitzt dieser Dichter vor allen andern. In einem Stücke jedoch könnte sein Beispiel irre leitend werden, da er auch in der reifern Zeit so häufig seine Poesie unmittelbar an die Gegenwart zu knüpfen versucht, und nicht leicht ein andrer Dichter an solche ganz moderne Gegenstände so viel Kunst verschwendet hat. Desto eher kann man aber darüber urteilen, welche Wahl die glücklichere gewesen, wenn man diese künstlichen Werke moderner Darstel-

lung mit der Poesie seiner ältern Gedichte zusammen-
hält. Wie weit muß nicht die EUGENIE dem EGMONT
nachstehen, wenn wir beide Werke gegen einander halten, als eine poetische Darstellung, wie bürgerliche Un-
ruhen und Staatsrevolutionen unter dem Volke und in
dem Kabinett der Großen sich verbreiten! Oder ist es erlaubt Werke von verschiedener äußerer Art, bei ähnli-
chem Inhalt zusammenzustellen, so vergleiche man mit
der Darstellung von der Verwicklung der Leidenschaften in den höhern gesellschaftlichen Verhältnissen, die
WAHLVERWANDTSCHAFTEN mit dem TASSO. Oder sieht
man den letzten von der Seite an, daß darin der Künstler
in seinem Gegensatz zu der äußern Welt, wie im FAUST
der in seinen Ideen lebende Geist in seinem innern
Kampf dargestellt wird, und vergleicht damit den WIL-
HELM MEISTER, so wird die Gedankenfülle und der
kunstreiche Styl in dem letzten Werke allerdings einen
großen Vorzug zu behaupten scheinen. Sieht man aber
auf die Poesie allein, so glaube ich, daß die genannten
Werke, FAUST, IPHIGENIA, EGMONT, TASSO, bei der Nachwelt den Ruhm dieses großen Dichters als solchen am
meisten erhöhen werden, nebst den schönsten seiner
Lieder; denn in diesen finde ich ihn in allen Zeiten
gleich vortrefflich. (Willig folgen wir, so oft sein Lied
vom Orient oder vom Okzident her ertönt, dem magi-
schen Greis, unwiderstehlich fortgezogen in seine Zau-
bersphäre; während wir in seinen Prosa-Gedanken nur
den unbefriedigten Kampf einer nicht zum Ziel gelang-
ten großen Natur erblicken.)
Manche zweifeln, ob er an und für sich zum dramatischen Dichter eigentlich bestimmt und geboren sei; oder
ob nicht die Ruhe seiner malerischen Darstellung, selbst
in solchen Stücken, die wie EGMONT am meisten für die
Bühne geeignet sind, mehr zum Epischen sich neige.
Die Versuche in dieser Gattung selbst, oder in solchen,
die sich ihr nähern, sprechen nicht ganz dafür. Denn fast
scheint es, daß er weder einen wahrhaft epischen Stoff,
der ihm als solcher ganz Genüge leistete, noch eine
Form wie sie die rechte gewesen wäre, dafür habe finden können. Sein Gefühl zog ihn jederzeit mehr zum

Romantischen als zu dem eigentlich Heroischen hin; und es dürfte auch wohl dieses Romantische, in dem weitesten Sinne des Wortes, welches die Spiele der Fantasie und des Witzes mit den Gefühlen und Anschauungen, wie das Leben sie gibt, und in einem reich begabten Gemüte hervorruft, in allen Abstufungen und Mischungen verbindet, die eigentliche Sphäre dieses Dichters sein.

Zwiefach war die Wirkung, die er auf sein Zeitalter hatte, und zwiefach erscheint uns auch seine Natur. In Rücksicht auf die Kunst hat er vielen mit Recht als ein Shakespeare unsers Zeitalters gegolten; unsers Zeitalters, d. h. eines solchen, welches mehr zum Ideenreichtum und einer mannigfaltigen Bildung sich hinneigt, als zur höchsten Kunstvollendung und gründlichen Ausführung in einer einzelnen Richtung und Gattung der Poesie, die also auch hier von unserm Dichter nicht in dem gleichen Grade erwartet werden darf, wie von dem alten dramatischen Meister. In Rücksicht auf die Denkart aber, wie sie sich auf das Leben bezieht und das Leben bestimmt, könnte unser Dichter auch wohl ein deutscher Voltaire genannt werden; ein deutscher allerdings, wie überall so auch hierin, da selbst der poetische Übermut und die Ironie bei dem Deutschen erstlich poetischer, und dann gutmütiger sich kund gibt, redlicher und ernstlicher gemeint ist, als bei dem Franzosen, wo er seine Indifferenz und seinen Unglauben kund gibt, und Spott treibt mit dem eignen Unglauben. Indessen wird doch auch in unserm Dichter oft unter all der mannigfaltigen Bildung, der geistreichen Ironie und dem nach allen Direktionen hinströmenden Witz fühlbar, daß es dieser verschwenderischen Fülle des mit Gedanken spielenden Geistes an einem festen innern Mittelpunkte fehlt.

Das Mißverhältnis zwischen der Poesie und der Bühne in Deutschland zeigte sich fortdauernd darin, daß nach Klopstock nun auch Goethe manche dramatische Werke hervorbrachte, ohne alle Rücksicht auf die Bühne, oder die doch nicht dafür bestimmt waren, wenn sie auch später auf derselben erschienen sind.

Dasselbe war der Fall mit Schillers DON CARLOS, und seitdem er den verführerischen Vorteil des allgemeinen Beifalls, den seine ersten rohen Jugendwerke gefunden, seinem dauernden Ruhm zum Opfer brachte, ward es ihm schwer, für seine höhere Kunst die unmittelbare Wirkung so allgemein zu gewinnen wie früherhin. Bleibt aber auch zwischen seiner Poesie und unsrer Bühne noch einige Disharmonie, so ist er doch als der wahre Begründer unsrer Bühne zu betrachten, der die eigentliche Sphäre derselben, und die ihr angemessene Form ⟨und Weise bis jetzt noch⟩ am glücklichsten getroffen ⟨, sich ihr wenigstens am meisten genähert⟩ hat. ⟨Auf die dichterische Form unsrer höheren dramatischen Hervorbringungen hat besonders auch die poetische Übersetzung des Shakespeare und des Calderon, die A. W. Schlegel in anerkannt vollendeter Meisterschaft der Dichtersprache und der mannichfaltigsten Verskunst aufgestellt, zu zwei verschiedenen Epochen den entschiedensten Einfluß gehabt, wie auch für die höhere Poesie überhaupt dieses Urbild des Styls ein neuer Maßstab der künstlerischen Beurteilung geworden ist.⟩ Schiller seinerseits war ganz und gar dramatischer Dichter; selbst die leidenschaftliche Rhetorik, die er neben der Poesie besitzt, ist diesem wesentlich. Seine historischen und auch seine philosophischen Werke und Versuche, sind nur als Studien und Vorübungen seiner dramatischen Kunst zu betrachten. Doch sind die philosophischen auch von der Seite merkwürdig, daß sie uns am meisten darstellen, wie er in seinem Innern dachte, und wie wenig er in sich zur vollkommnen Harmonie gelangt war. Eine zweifelnde, skeptische und unbefriedigte Ansicht leuchtet aus allen jenen Versuchen, seinem forschenden Geist ein Genüge zu leisten, hervor. Er ist durchaus im Zweifel stehen geblieben, daher weht uns selbst aus seinen edelsten und lebendigsten Werken bisweilen der Hauch einer innern Kälte entgegen.

Einige sind der Meinung gewesen, das Studium der Philosophie sei ihm schädlich gewesen, auch für seine Kunst. Allein in Zweifeln befangen war er schon früher; und die innere Befriedigung eines solchen Geistes muß doch immer als das Erste gelten, und ist wichtiger als alle äußere Kunstübung. Und selbst für die Kunst dürften diese großen historischen und philosophischen Zurüstungen Schillers zu einigen Dramen eher zu loben als zu tadeln sein. Nicht durch eine noch so große Menge und schnelle Arbeiten vielschreibender Theaterdichter wird bei uns die Bühne aufblühen. Nur durch Gedankentiefe und historischen Gehalt ist dramatische Vortrefflichkeit, wie in Griechenland, England und Spanien, so insonderheit für uns erreichbar. Ist Schiller in einigen Werken seiner mittleren Periode nicht frei von einer verkehrten Anwendung philosophischer Begriffe über das Wesen der alten Tragödie, oder von historischer Einseitigkeit, so entspringen diese Mängel nicht daraus, daß er sich der Spekulation ergab, sondern nur daraus, daß diese Studien, so ernst er sie auch getrieben, und so gründlich er sie meinte, doch zu sehr an der Oberfläche stehen geblieben waren, um zu einem fruchtbringenden Ziele zu gelangen. (Noch mehr, als Schiller es schon getan, brachte Werner alle Mysterien des Gefühls und des Glaubens und alle Paradoxien eines furchtbaren Schicksals und eben so furchtbaren Seelenkampfs in seine dramatischen Weltgemälde, die wo eine glückliche Wahl des Gegenstandes das Werk begünstigte, wie im ATTILA oder in der MUTTER DER MACCABÄER, die lebendigste Wirkung mit umfassender Größe und wunderbarer Tiefe vereinigen; Darstellungen, welche sich nur durch die Fülle des Reichtums der Bühne entziehen, für welche sie sonst vortrefflich geeignet wären. Überall aber sieht man auch schon in den früheren Werken dieses Dichters den Kampf seines eignen Herzens mit dargestellt, wie es sich aus dem Gedränge des Lebens zu einer höhern geistigen Laufbahn durchzuarbeiten strebte.)

Auf dem gleichen ernsten Wege wie Schiller (und in edlem künstlerischen Wetteifer mit jenem Ersten deutschen Tragiker) strebte für Österreich unser Heinrich Collin sich in der tragischen Kunst immer höher zu bilden, zu der ihn seine edle patriotische Begeisterung zuerst hingeführt hatte, die alle seine dramatischen Werke so ganz beseelt, daß sie, wo auch die Gegenstände aus dem Altertum oder ganz fremdartig sind, doch immer durchaus national und wahrhaft vaterländisch bleiben. (Die neuesten tragischen Dichter, welche auf der Bühne mit glücklichem und wenigstens für den Augenblick glänzendem Erfolg gewirkt haben, sind fast alle wieder in den heidnischen Fatalismus geraten, und in eine sich selbst immer höher überbietende Steigerung des Gräßlichen, womit denn jene Karikatur von falscher Charaktergröße natürlich verbunden ist, zu der schon Schiller in seinen frühern Stücken, und hie und da neben so mancher vollendeten Darstellung der wahren Charaktergröße selbst in den reiferen Werken, wie nicht minder manche der Besten nach ihm, einigen Anlaß gegeben hatten. Auf solchem falschem Wege läßt sich daher, so glücklich auch die Talente sein mögen, wenig bleibende Frucht hoffen. In Theodor Körners Gedichten, in den lyrischen fast noch mehr als in den unreifen dramatischen, atmet ein jugendlich frischer Lebensgeist, der uns durch die Weihe seines frühen Todes um so rührender anspricht.)

Doch ich fühle wohl, daß ich nun an die Grenze der unternommenen Darstellung gekommen bin. Die Fülle der Gegenstände, welche sich in lebendiger Gegenwart um mich drängen, ist zu mannigfaltig, das Gemälde der Mitwelt zu reich verschlungen und vielfach beweglich, als daß ich es schon ganz als Vergangenheit betrachten und historisch in wenigen Zügen zusammen fassen könnte. (Was ich selbst seit beinah dreißig Jahren in der Philosophie zu erforschen gestrebt, oder in brüderlichem Verein mit A. W. Schlegel in der Poesie, Kunst und höheren Kritik, in der Literatur und dem Studium der Sprachen gewirkt oder zu bilden versucht, das mögen andre in die Charakteristik des Zeitalters eintragen.) Es war mir in diesen letzten Vorträgen überhaupt nicht mehr möglich, bei allen den Schriftstellern und Werken einzeln zu verweilen, die es ihrer innern Wichtigkeit nach wohl verdient hätten; weil ich sonst jene Übersicht des Ganzen, welche doch mein vornehmstes Ziel war, zu sehr aus den Augen verloren haben würde. Wollten wir die einzelnen Provinzen, in welche die weit umfassende deutsche Literatur nach der Natur ihrer verschiedenen Gegenstände zerfällt, wenigstens die vornehmsten derselben für sich durchgehen und untersuchen, was für die Philosophie und Erkenntnis der Religion, für historische Forschung und Kunst, (dann für die höhere Poesie oder auch) für Kritik und Theater bis jetzt gewirkt und gefördert worden und was etwa noch zu tun übrig bleibt, wie und auf welchem Wege; so würde dies eine in das einzelne eingehende Ausführlichkeit und für eine jede dieser Provinzen eine abgesonderte Betrachtung und Behandlung erfordern.

Was sich aus der Gegenwart an die Vergangenheit anschließt, läßt sich wohl noch historisch auffassen und schildern. Weniger aber das, was noch ganz im Werden, in noch unentschiednem äußern oder innern Kampf begriffen ist; man müßte denn mit übereilendem Urteil, wie es oft geschieht, der Zukunft vorgreifen wollen und Erscheinungen, die wirklich noch unbestimmt und unfertig sind, schon im voraus einen ganz bestimmten Charakter und Stempel leihen und aufdrücken wollen, wodurch das öffentliche Urteil nicht selten irre geleitet, ja die Entwicklung·der Talente und geistigen Kräfte selbst oft störend berührt und wesentlich gehemmt wird.

Deutlich sehe ich eine neue Generation entstehen und sich bilden und ohne Zweifel wird das neunzehnte Jahrhundert auch in unsrer Literatur sich ganz anders gestalten als das achtzehnte war. Aber noch ist der Geist und die Richtung dieser jüngern Generation nicht entwickelt genug, als daß man es wagen könnte, ihren Charakter zu bestimmen. Es wird viel von ihr gefordert werden, denn es ist ihr viel vorgearbeitet worden. Wenn von dem Ganzen der deutschen Literatur die Rede ist, so zweifle ich auch keinen Augenblick daran, daß sie noch alle die großen Erwartungen erfüllen wird, welche sie bisher mehr nur lebhaft angeregt hat, als vollständig zu befriedigen vermochte. Im einzelnen sehe ich noch vieles Störende und Mißfällige. In der Kunst und Poesie hat das falsche antikische Wesen, das handwerksmäßige Nachdrechseln der alten Kunst- und Sprachformen sich zu verlieren angefangen. Dagegen zeigt sich viel übertreibende Nachahmung der Vorgänger, ohne wahre Einsicht und Anerkennung des Rechten und ohne sonderliche eigne Kraft; ein eitles Scheinwesen und leichtfertiges Spielen mit allen jenen Tiefen der Vernunft und der Fantasie, welche die vorangehenden Meister und Männer des Zeitalters, doch in ganz andrer und ernster Gesinnung ans Licht gezogen hatten, um dem kämpfenden Geiste in seiner Entwicklung bewußt oder unbewußt zu dienen. Auch in der Philosophie haben die meisten von Schelling nur das schnelle Weltkonstruieren und ein dynamisches Spielen mit allerlei immer veränderten Natursystemen sich angeeignet; an der neuen (noch unentschiednen) Entwicklung und der schon früher veränderten Richtung (des Geistes) in seinem Innern, werden wohl nur wenige den wahren Anteil nehmen. Immer genügt ihnen die äußere Schale und Form und so lange nur das alte Gehäuse des ehemaligen Systems noch stehen bleibt, bemerken sie (gar) nicht, daß jetzt (vielleicht) ein ganz andrer Geist darin wohne.

Andre bemerkten wohl den großen Zwiespalt in der deutschen Philosophie und Literatur und glaubten dadurch, daß sie sich als versöhnende Friedensstifter in die Mitte stellten zwischen den entgegenstehenden Systemen, dem Übel mit leichter Mühe abhelfen zu können, und zugleich auch für sich selbst eine neue Stufe zu begründen; allein durch das bloße Verwerfen und Verneinen der streitenden Extreme, durch diese Stellung in die Mitte wird noch nichts Positives und wahrhaft Neues erzeugt: ja auch nicht einmal ein haltbarer Frieden hervorgebracht.

Vielleicht ist aber der Zeitpunkt überhaupt nicht mehr ferne, wo es weniger auf die einzelnen Schriftsteller ankommen wird, als auf die Entwicklung der ganzen Nation selbst; der Zeitpunkt, wo nicht sowohl die Schriftsteller sich ein Publikum bilden dürfen, wie bisher, sondern vielmehr die Nation nach ihrem geistigen Bedürfnis und innern Streben, sich selbst ihre Schriftsteller zuziehen und anbilden soll.

Es ist auch in dieser Hinsicht ein unverkennbarer Fortschritt sichtbar. So wie seit der Mitte des achtzehnten

Jahrhunderts die deutsche Literatur, wenn auch nicht an Zahl der kunstvollendeten Werke, die überall selten sind, so doch an umfassender Ausdehnung, an Ideenreichtum und innrer Energie in steter und starker Progression zugenommen hat; so ist ein gleicher Fortschritt auch in den Wirkungen, welche diese Literatur hervorbrachte und in der Teilnahme an diesen Wirkungen bemerkbar. Aus dem kleinen Häuflein einzelner Dilettanten, Beschützer und Freunde der vaterländischen Kunst und Sprache, mit denen unsre Literatur um jene Zeit begann, sammelte und bildete sich allmählich ein Publikum. Anfangs meistens nur Zuschauer der jetzt entstandenen Sekten und ihres Kampfes; immer größer aber ward der Kreis dieser Zuschauer und immer lebendiger und reger ihre Teilnahme, so daß es jetzt schon für keine Paradoxie mehr gelten kann, auch in Beziehung auf Literatur von einer deutschen Nation, ihrem Geist und Charakter, ihrem Streben und Bedürfnis zu reden.

Der Sektengeist selbst, so tief er auch eingewurzelt ist in Deutschland, hat offenbar abgenommen während der letzten Zeit. Unter denjenigen Sekten, welche seit der letzten Hälfte des verwichenen Jahrhunderts am meisten Einfluß gehabt haben in Deutschland, und dadurch wenigstens historisch bedeutend bleiben, sind die Aufklärer und Illuminaten dem äußern Anschein nach in den Hintergrund getreten, so wie die tiefere Philosophie herrschend wurde; die Kantianer sind bald selbst ihres toten Formelwesens eben so müde geworden, wie es die Welt schon früher war; auch unter den Naturphilosophen entwickelte sich bald jene große und glückliche Verschiedenheit, durch welche sie dem beengenden Sektengeist beinah schon entwachsen sind. Ich möchte darum nicht behaupten, daß der alte Sauerteig der falschen Aufklärung und jener im Scheinlichte des menschlichen Dünkelwissens das Zeitalter bearbeitenden Illuminaten schon ganz überwunden und gar nicht mehr vorhanden sei. Auch das Formelwesen der nun verschollnen Kantianer, ist unter neuen Namen mehrmals wieder zum Vorschein gekommen in den spätern philosophischen Sekten⟨, konnte aber doch nicht mehr bleibend Wurzel fassen⟩. Dieser Vorwurf trifft zum Teil selbst die ⟨gemeinere Klasse der gewöhnlichen⟩ Naturphilosophen, deren innere Uneinigkeit und Aberrationen hinreichend zeigen, wie wenig noch die Bahn des Rechten die allgemein anerkannte ist, und wie selten noch im Gebiete der innern Welt und des denkenden Geistes die kreisenden Wandelsterne der menschlichen Systeme und Wissenschaften sich fügen wollen in den notwendigen Liebes-Gehorsam und den vorgezeichneten Lauf um die ⟨unsichtbare⟩ Sonne der Wahrheit.

Indessen ist doch der Sektengeist milder geworden in der letzten Zeit, oder wenigstens lebendiger und aus den engen Schranken der Schulformen in die Welt hinaus tretend, gestaltet er sich nun größer zu einem Nationalkampf deutscher Geistesentwicklung. Man würde ungerecht sein, wenn man dies verkennen wollte.

Fortdauernd aber bis auf die neuesten Zeiten bleibt der auszeichnende Charakter der deutschen Literatur wie der Nation selbst, der Zustand des Kampfes, so oft auch die Personen und Parteien, die Gegenstände, und selbst der Grund und Boden, auf welchem gestritten ward, sich veränderten.

Es wird kaum nötig sein, daran zu erinnern, wie unsre neue Literatur schon seit ihrer ersten Epoche streitend hervorgetreten, und so zu sagen im Streit entstanden ist. Da war es zuerst der Streit zwischen den Schweizern, welche die Engländer und die Alten in der Poesie und Kritik ausschließend bewunderten und den Sachsen, welche sich ganz nach dem französischen Geschmack gebildet hatten; dann der Gegensatz zwischen den feierlich ernsten und den fröhlich galanten Dichtern, den Nachfolgern von Klopstock oder Wieland; und auf einem andern, der Philosophie näher verwandten Gebiet, der Streit zwischen den sogenannten Orthodoxen und den Neuerungssüchtigen und Aufklärern, der das deutsche Publikum beschäftigte und seine Teilnahme für oder wider eine jede dieser Parteien anregte. Einen bedeutenderen Charakter nahm der Streit an in der Epoche der Kantischen Philosophie, als Kampf zwischen den Idealisten und Empirikern, in dem allgemeinen Sinne, in welchem dieser Zwiespalt sich fast über alle Gebiete unsers gesamten geistigen Wirkens erstreckte. Beide Parteien haben in einem gewissen Sinne gesiegt; die Empirie hat ihre Rechte nicht bloß in der öffentlichen Wirkung auf die Menge, auch nicht bloß in der Geschichte und Kunst, sondern selbst in der Naturkunde und Wissenschaft behauptet. Versteht man jedoch unter der Denkart des Idealisten in jenem allgemeinen Sinne eine solche, die auf das Ideal gerichtet, und von Ideen ausgehend, weit über die sinnliche Erfahrung sich zu erheben behauptet, so ist eine solche idealische Ansicht der Dinge in allen Zweigen nicht bloß der Kunst, sondern auch der Wissenschaft so allgemein herrschend geworden, daß fast keiner mehr den Anspruch daran ganz zu verleugnen wagt; so sehr übrigens auch diese verschiedenen Ansichten nach der Idee, unter einander oder auch mit sich selbst in Streit sein mögen. Denn vorzüglich auch dadurch hat sich dieser merkwürdige Kampf aufgelöst, daß die Idealisten oder diejenigen, welche gegen die Empirie für die Ideen kämpften, unter sich selbst uneins wurden, und die Bessern es deutlich fühlten, daß es nicht mehr gegen die bloße Gemeinheit zu kämpfen gelte, sondern gegen eine allerdings intellektuelle Kraft und einen im Übeln rastlos wirksamen Geist, ein eigentliches Genie des Bösen. Der ungleich höhere Kampf, welcher dadurch ⟨nicht bloß in der politischen sondern auch in der intellektuellen Welt⟩ hätte herbeigeführt werden sollen, ist gleichwohl noch nicht entwickelt hervorgetreten. ⟨In dem engern Gebiete der esoterischen Wissenschaft hat der Streit zwischen der Idee und der Empirie eine ganz neue Wendung bekommen, seitdem die immer klarer hervortretende Entdeckung der psychischen Welt die vollständigste Anerkenntnis des Spiritualismus durch so erstaunungswürdige Facta herbeigeführt hat, wogegen alle bloße Ideenahndung weit zurückbleiben muß. Dadurch ist denn der Streit zwischen der Idee und der Wirklichkeit, auch von dieser Seite, wenigstens für die Wissenden völlig aufgelöst, und wird in der Folge einen andern Gegenstand suchen oder doch eine ganz andre Gestalt annehmen müssen. –) In dem exoterischen Gebiet der allgemeinen Literatur hat jener alte Streit zwischen dem Vorhandnen und dem Geforderten, zwischen dem Gegebnen und Gedachten späterhin wieder einen kleinlichern Charakter angenommen und ist zum Teil in eine leere Spiegelfechterei ausgeartet. Von dieser Art ist der eingebildete Gegensatz zwischen dem goldnen Zeitalter und einer sogenannten neuen Schule. So wenig es, wie ich schon früher bemerkte, in der deutschen Literatur ein goldnes Zeitalter gegeben hat; eben so wenig kann ich auch irgendwo etwas finden, was die Benennung einer neuen Schule rechtfertigen könnte. Eigentlich versteht man darunter meistens wohl nur die Übertreibungen einiger Nachahmer und von den Ideen andrer Überwältigter, deren Verirrungen man denen, welche solche Ideen zuerst aufgestellt haben, um sie desto leichter verunglimpfen zu können, unbilliger Weise aufbürdet und mit anrechnet. Von dem aber, was nach dem sonst üblichen Sinn bei den griechischen Philosophen oder italiänischen Malern eine Schule genannt ward, wegen der gründlichen Nachfolge und der dauerhaften Fortbildung auf einem bestimmten Wege der Kunst oder der höhern Wissenschaft, sehe ich in unserm geistigen Wirken noch wenig Spur, ja selbst der Schüler dürften nicht viele gefunden werden, von denen man erwarten kann, daß sie einst Meister sein werden. Ohnehin sucht fast jeder der Ausgezeichneten sich seine eignen Wege zu bahnen und es vereinzelt sich alles mehr und mehr.

Ein eben so gehaltleerer Gegensatz war auch der vor einiger Zeit zwischen der norddeutschen und süddeutschen Literatur und Geistesart aufgestellte, wobei noch die gehässigsten Leidenschaften aller alten Provinzial-Abneigungen und Einbildungen angeregt wurden. Es handelt sich aber um etwas viel Größeres in diesem mannichfaltigen Zwiespalt des deutschen Geistes, als um eine vorübergehende literarische Modestreitigkeit der wechselnden Parteien.

Betrachten wir überhaupt den merkwürdigen Kampf in

dem gesamten geistigen Wirken des achtzehnten Jahrhunderts im ganzen und nicht bloß wie wir ihn in Deutschland sich entwickeln gesehen, sondern wie er auch in England, in Frankreich und im übrigen Europa sich gestaltet hat, und fragen wir nun nach der welthistorischen Bedeutung dieses großen Phänomens, so dürfte folgendes vielleicht die erklärende Deutung desselben sein. Nicht bloß im Äußern und einzelnen, wo er sich zunächst kund gegeben, hat dieser Streit seinen Sitz; sondern es liegt ihm als allgemeine Ursache eine große Bewegung im Innern des Menschengeistes zum Grunde.

Die wilden Verirrungen der von allen Banden losgelassenen Vernunft und Denkkraft, und dann das Wiedererwachen der unter dem Druck eines leeren Scheinwissens und eben so bedeutungsleerer Lebensformen erstorbenen Fantasie sind zugleich der innere Grund und das große Resultat dieser mannichfaltigen Erscheinungen und Bewegungen. Wie in Frankreich die alles beherrschende und alles auflösende, jedem Glauben und jedem Bande der Liebe entsagende Vernunft ihre zerstörenden Wirkungen nach außen hin gewandt und das gesamte Leben der Nation zum furchtbaren Schauspiel für die Mitwelt und Nachwelt ergriffen hat; so nahm in Deutschland, dem Charakter der Nation gemäß, bei der äußern Gebundenheit der edelsten Kräfte, die absolute Vernunft ihre Richtung ganz nach Innen, statt der bürgerlichen Revolutionen, in metaphysischem Kampfe Systeme erzeugend und wieder zerstörend. Von dem zweiten Phänomen des Zeitalters, dem Wiedererwachen der erstorbenen Fantasie⟨, die fast erloschen und vergessen in der übervernünftig gewordenen Welt, eben mitten in derselben gleichsam zum zweitenmale und von neuem entdeckt ward,⟩ finden sich wohl auch in andern Ländern einzelne Spuren, in der ohne eigentlichen äußern Anlaß sich von neuem wieder regenden Liebe zur alten Sage und zur romantischen Dichtung. In dem Umfange und in der Tiefe aber, wie in Deutschland die wieder erwachte Fantasie nicht bloß in mannichfaltigen Hervorbringungen sich kund gibt, sondern auch unter allen noch so verschiedenen Gestalten der Vorzeit verstanden und anerkannt wird, dürfte dieses Phänomen wohl bei keiner andern Nation gefunden werden.

Wie die unbedingt herrschende und wirkende, ganz denkfreie Vernunft nun in ihrer Richtung nach Innen, in einer kraftvollen Männerseele sich in sich selbst zerarbeitet, täuscht, zerstört und immer sich neue Gedankengebäude aus dem Nichts hervorbildet, davon möchte ich unter allen deutschen Philosophen keinen so sehr als Beispiel anführen, als Fichte; nicht bloß wegen der Erfindungskraft und Meisterschaft in allen Künsten des Denkens, die ihm in so hohem Grade eigen sind, sondern auch weil er den Stoff zu seinem Denken ganz aus sich selbst nehmen wollen, die Natur verschmähend und auf die Vorgänger wenig achtend. Unter den Dichtern aber, die von einem gleichen Streben beseelt sind, wüßte ich keinen zu nennen, der um die Wiedererweckung der Fantasie in Deutschland ein so großes und allgemeines Verdienst hätte, als Tieck; der alle ihre Tiefen und auch ihre Verirrungen so vollkommen kennt, und ihrer wundervollen Erscheinungen und Geheimnisse so ganz Meister ist.

Bis an dieses äußerste Ziel, was Vernunft und Fantasie betrifft, ist das Jahrhundert gekommen; weiter im ganzen bis jetzt noch nicht. Vergessen wir aber wenigstens nicht, daß wir noch weiter fortschreiten müssen, wenn wir nicht ganz wieder zurücksinken wollen, und daß zu diesen Tiefen der Vernunft, die wir durchforscht haben, und zu dieser Fülle und Herrlichkeit der Fantasie, die uns wieder geworden ist, nun auch noch der feste Wille hinzukommen muß, der den Anfang und ersten Samen alles Guten enthält und allein im Stande ist, die Entartung von uns abzuhalten; und dann der klare Verstand und die rechte Einsicht, zu deren vollständigen Begründung und harmonischen Ausbildung jene Tiefe der Vernunft und Fülle der Fantasie nur die einzelnen Elemente bilden, die für sich allein nie zum Ziele führen. Der wahre Verstand aber beruht in allen Dingen auf der Übersicht und Anschauung des Ganzen, und dann auf dem Urteil, oder der Unterscheidung dessen, was das Rechte ist.

Auf diesen Zusammenhang überall hinzudeuten, und eben dadurch das Ganze darzustellen, und eine wahre Idee von der Literatur und unserm gesamten geistigen Wirken zu geben, war ich in diesen Vorträgen bemüht; zugleich aber, wie in allen meinen früheren Versuchen, ging auch in dem gegenwärtigen mein Bestreben dahin, zu einer vollkommnen Scheidung und rechten Erkenntnis des Guten und Bösen auch in der Literatur, so viel an mir ist, ohne rednerische Kunst kräftig mitzuwirken.

(Eine neue Epoche hat einen neuen Kampf herbeigeführt; durch den großen Umschwung der moralischen Welt, welcher die letzten Jahre bezeichnet, ist auch die intellektuelle Aufgabe des Zeitalters in ein neues Licht getreten, und hat eine andere schon viel bestimmtere Gestalt angenommen. Zwar möchte, daß nun auch die Parteien des Auslandes in ihrem politischen Zwiespalt, in die deutsche Literatur eingetreten, zunächst nicht als ein sonderlicher Gewinn erscheinen. So wurden wir einige Jahre überschwemmt mit einer Flut von liberalen Flug- und Zeitschriften, kleinen Büchern und Zetteln, fliegenden Blättern aller Art und in jeglicher Form, die allen grünen und allen dürren Boden bedeckten, wie ein verderbliches Heuschreckenheer, so daß kaum mehr Raum übrig zu bleiben schien, für ein gediegeneres Werk der ernsten Literatur. Wenn nun aus der ganzen Masse dieser politischen Zeitschriftstellerei, die viel geringere Anzahl der Oppositionsstimmen gegen das vorherrschende System aller großen und kleinen liberalen Wünsche mit eingerechnet, nur Ein Görres als Nationalschriftsteller und bewährter deutscher Charakter in bleibendem Werte für die Zukunft hervorgetreten ist, so kann dieser Eine Mann für viele gelten, als ein hinreichender Gewinn und Ersatz für alle übrigen, die der Vergessenheit anheim fallen müssen, und dürfen wir es wenig bedauern, wenn der ganze Insektenschwarm, der sich einige Jahre hindurch so emsig bewegte, und alles mit seinem Summen erfüllte, so wie eine kältere Temperatur in der obern Weltregion eingetreten, ziemlich bald wieder in den leeren Raum, aus welchem er hergekommen war, entflogen und zergangen ist. Das ganze Übel ist vielleicht nicht von so ernsthafter Art, wenigstens nicht von Dauer gewesen; viel tiefer schädlich aber würde es sein, wenn die Verteidiger der guten Sache, der legitimen Gerechtigkeit und der christlichen Wahrheit, durch den Streit und während desselben, selbst in das Absolute und in die Blendungen einer leidenschaftlichen Übertreibung und in jenen Ton gerieten, der die Ultraschriftsteller des Auslandes bezeichnet; denn solche Ultraschriftsteller sind dem deutschen Geiste einmal nicht angemessen, wo alle unfriedliche Herbigkeit in der Meinung selbst, oder in der Äußerungsform dem guten Eindruck nur schaden kann. Jede Verschiedenheit der Meinung in Deutschland, sie sei philosophisch oder politisch, berührt früher oder später unsre alte Wunde, den bei uns entstandenen, und seit drei Jahrhunderten einheimisch gewordenen Glaubens-Zwiespalt. Wer fühlt aber nicht, daß dieser, daß das innere religiöse Gefühl eines jeden Individuums, als eine Gewissenssache und etwas Heiliges, nur mit der tiefsten Schonung berührt werden darf und behandelt sein will? Daß diese Mäßigung, die nicht aus der Halbheit, sondern aus der Gewissenhaftigkeit der Gesinnung hervorgeht, mit der größten Entschiedenheit derselben vereinar ist, wird leicht einem jeden einleuchten, ja sie wird um so mehr vorwalten, je mehr der Glaube an die Wahrheit sich selbst klar geworden, und zur höchsten Gewißheit gediehen ist.)

(Überlassen wir daher alles Ultrawesen in Religion und Politik dem Auslande, da selbst der Haß gegen das Christentum, die eigentlich antichristliche Gesinnung, durch welche sich die niedrigste Stufe der liberalen Partei hie und da auch in Deutschland, so höchst verwerflich charakterisiert, durch die Erwiderung des Hasses nicht vertilgt oder besiegt werden, vielmehr die reine Sache der christlichen Wahrheit und Gerechtigkeit dabei selbst nur einen Flecken durch die unedle Beimischung erhalten würde. Was aber die politische Zeitschriftstellerei betrifft, die wir nicht umhin konnten zu erwähnen, so darf doch dabei nicht verkannt werden, daß diese neue dem deutschen Geiste in solch überwiegendem Maße auf die Länge gewiß nicht angemessene, und ihm von Natur gar nicht zusagende politische Richtung aller intellektuellen und literarischen Tätigkeit für die vaterländische Historie auch in der neuesten Zeit viele gute Frucht getragen hat, zunächst in der Hervorbringung so mancher gediegenen Werke historischer Forschung und Darstellung, besonders aber auch durch die Gründung eines würdigen deutschen Vereins zu diesem vaterländischen Zwecke. Nun ist die Überzeugung unter den Gutgesinnten aller Parteien wohl schon ziemlich allgemein, und den meisten klar und gewiß geworden, daß der feste Anhaltspunkt in dem Streit der Meinungen und der Interessen nur in dem Positiven gefunden werden, und nur dieses den chaotischen Zustand enden, und ein organisch geordnetes Dasein von neuem wieder begründen kann. Vergebens aber würde man für das Leben und den Staat, wie in der Wissenschaft hoffen, diesen sichern Grund und Stützpunkt in einem bloß irdisch Positiven zu finden, es sei welcher Art es wolle, so lange nicht das göttlich Positive hinzukommt, als Träger und zusammenhaltende Lebenskraft des Ganzen. Wo sollen wir aber dieses göttlich Positive anders suchen als da, wo es uns schon lange gegeben ist, sobald wir es nur finden wollen: in der Religion, in der göttlichen Offenbarung, und in der christlichen Philosophie, als einem treuen Abdruck derselben in wissenschaftlicher Form zu allgemeiner praktischen Anwendung? – Alles was zu diesem Ziele bewußt oder unbewußt hinwirkt, was irgend in diesem Sinn und Geist geschieht von der einen oder von der andern Seite, das ist gut und löblich und heilsam. Wenn daher auch in dieser neuesten Zeit höchst ehrenwerte Protestanten wie Planck, Neander, Kanne, Daub, die Göttlichkeit der Bibel, und die Gottheit Christi auf durchaus eigenem, und in diesem Sinne auch neuem Wege laut bekennen und darlegen, so ist dies nur ein Zeugnis mehr für die Sache der Wahrheit, und eine neue Gewährleistung des Sieges, der ihr verbürgt ist. Freilich aber führt uns jene ganze Frage von dem göttlichen Positiven und die Überzeugung, daß nur in ihm, in dem Christentume nämlich, der intellektuelle und damit auch der moralische Frieden für die Welt gefunden werden kann, auch wieder zurück auf den alten Zwiespalt des deutschen Glaubens. Hier ist der Punkt, von welchem die Heilung ausgehen muß, denn von da hat das Übel seinen Ursprung genommen. Jene so lange gewünschte und so oft vergeblich gesuchte Wiedervereinigung des Glaubens, kann aber freilich auf dem gemeinen Wege menschlicher Ausmittlung nicht gefunden werden; nicht durch ein bloßes gegenseitiges, wenn auch noch so gut gemeintes Nachgeben, und nicht durch eine diplomatische Verhandlung; überhaupt ist es kein Menschenwerk, sondern es muß von Gott kommen, der seine Werkzeuge schon dazu finden, und diejenigen, welche von ihm ausersehen sind, mit der Kraft des heiligen Geistes erfüllen wird. Menschlicher Weise läßt sich nur das dazu beitragen, und nur dadurch der hohen Absicht entgegen kommen, daß wir jene unentschloßne Halbheit der Gesinnung von uns abtun, welche uns so oft zurückhält, den letzten Schritt in der Anerkennung der Wahrheit getrost dran zu setzen. Wohl ist es in manchen Anzeichen sichtbar, und kann der Bemerkung nicht entgehen, wie die Epoche jener Wiedervereinigung in der großen Weltbahn der Vorsehung zu unsrer Zeit schon um vieles näher heranrückt, und darum kann es auch nicht länger verschwiegen noch umgangen werden, dieses zur Sprache zu bringen. Auch ist hier der Ort davon zu reden, wo wir das intellektuelle Leben in seiner Entwicklung durch alle Zeiten hindurch betrachtet und begleitet haben; denn was wäre wohl dem deutschen Geiste Not, als nur alle die rege gewordenen aber noch gärenden Kräfte aus der chaotischen Zerstreuung zu konzentrieren, und dadurch eine wahrhafte deutsche Schule, als Inbegriff aller intellektuellen Bildung zu begründen, und wie könnte für diese die ihr immer und überall noch fehlende Einheit und Harmonie wohl gefunden und erreicht werden, als in jenem höhern religiösen Frieden?)

〈Ich habe in diesem Werke überhaupt die Literatur, mit Inbegriff der Philosophie, nicht etwa nur aus dem gewöhnlichen kritischen, bloß philologischen oder auch künstlerischen Gesichtspunkte betrachten wollen; sondern es war meine Absicht, das gesamte intellektuelle Leben in seiner Entwicklung und seinem Fortgange bei den vornehmsten Nationen des Altertums und des neuern Europa durch alle Zeitalter fortzuführen und dadurch einen lebendig vollen und geschichtlich vollständigen Begriff hervorzubringen von jener großen intellektuellen Macht, welche die ganze höhere Geistesbildung des Menschen, oder alle Wissenschaft und Darstellung, Erkenntnis, Forschung und Kunst, in sich faßt, die in der Rede oder durch das Wort wirken; welche geistige Macht in ihrem Gegensatz gegen Staat und Kirche, und in ihrem mannichfachen Verhältnis zu beiden, wie es auch in diesem Werke oft berührt ward, wir unter dem Namen der Schule zusammen fassen.)

⟨Diesen Standpunkt wollen wir jetzt zum Schluß noch einmal besonders herausheben, indem wir einen Rückblick auf die ganze Entwicklungsreihe dieser Betrachtungen werfen, damit das Resultat des Ganzen für die jetzige Epoche desto klarer hervortrete. Vier Gewalten sind es vorzüglich, welche die menschliche Gesellschaft zusammenhalten und bewegen, und welche eben dadurch nach der verschiedenen Beschaffenheit der innerhalb einer jeden Sphäre lenkenden und entscheidenden Kraft und des ihr besonders vorgesteckten, und das Ganze vereinenden Zieles, auch eine vierfach verschiedene Art und Form jeglichen menschlichen Vereines begründen. Diese sind, um mit der niedersten Stufe anzufangen, zuerst die Macht des Geldes und des Handels, welche durch alle Staaten hindurch über die ganze zivilisierte Welt sich erstreckt, und die entferntesten Teile derselben in eine mannichfache, auch für die intellektuelle Bildung oft sehr wichtige und folgenreiche Berührung setzt. Diese Verbindung nennen wir in einem weitern weltgeschichtlichen Sinne die Gilde. Sie geht uns hier weniger an; die nächste und mächtigste von allen ist dann die Gewalt des Schwertes, oder der Staat; dieses Schwert der Gerechtigkeit aber soll nicht den Krieg selbst zum Zweck haben, sondern auch im Kriege nur auf die Erhaltung des äußern und des bürgerlichen Fricdens gerichtet sein, welches Ziel nie erreichbar ist, wenn nicht auch der innere, moralische und intellektuelle Frieden durch Religion, gute Lehre und rechte Geistesbildung gesichert und befestiget ist. Die dritte unter diesen vier großen Gewalten ist die Gnadenkraft der göttlichen Weihe, auf welcher alle Art von Priestertum und jeder kirchliche Religions-Verein beruht, der allein den innern Frieden herbeiführt und auch dem äußern die höhere Sanktion gibt. Was würde uns auch das ganze materielle Leben frommen, dem der Staat seinen rechtlichen Bestand sichert, und welches jene äußere Kultur, die aus dem Kunstfleiß und Gewerbe hervorgeht, und die in ihrem letzten Grunde auf dem Handel beruht, so reichlich ausschmückt, wenn es nicht der Träger eines andern und höhern intellektuellen Lebens wäre? Dieses höhere intellektuelle Leben aber wird zunächst in der Religion, und als ein gemeinsames der ganzen Menschheit zuständiges Eigentum, in der Kirche genährt und entfaltet, deren geheiligtes, weltumfassendes Band die im Staatsverhältnis getrennten Nationen wieder verbindet, und in der Zeit die spätern Generationen an die früheren anknüpft. Zugleich aber wird es auch durch die Schule erregt und entwickelt und von einem Zeitalter auf das andre fortgepflanzt; welcher intellektuelle Verein als die vierte Art und Form von jenen vier bezeichneten Hauptvereinen der menschlichen Gesellschaft mit dem Staat und der Kirche im mannichfaltigsten und innigsten Verhältnis steht; indem die Schule mit der letzten in manchen Zeitaltern, wo alle weltliche Kunst und Wissenschaft mit der göttlichen eins ist, näher verknüpft, oder völlig vereinigt, in andern Zeitaltern aber wieder weiter von ihr abgesondert, und schärfer getrennt erscheint, wie in den letzten drei Jahrhunderten, wo dann der Staat sich ihrer Lenkung bemächtigt, oder falls dieses auf die rechte Weise zu tun vernachlässigt wird, auch sie wie jedes andre freie Gewerbe, in die Abhängigkeit vom Publikum und der herrschenden Modeneigung und eben dadurch von mancherlei Privatwillkür und schließlich von irgend einem Geldinteresse gerät, an das die Sicherung der äußern Existenz geknüpft wird.

Die verschiedenen Wirkungen dieses dreifachen Abhängigkeitsverhältnisses für die Schule, und besonders auch die nachteiligen Folgen des letzteren, sind im Laufe dieses Werkes oft genug berührt worden, und bedürfen wenigstens für diesen Zweck, hier keiner weitern Auseinandersetzung. Die eigentliche bewegende Kraft in diesem unsichtbaren Reiche der Gedanken und intellektuellen Verein, der durch alle Zeitalter fortströmt, und auch von einer Nation zur andern, obwohl in langsamer Verpflanzung sich hinüber streckt, ist die Macht des Wortes, wie solches dem Geiste des Menschen, als seine wesentliche Idee von Grund aus eingeboren, sich in aller Poesie und Erkenntnis mannichfaltig ausbreitet und ans Licht tritt. Daß aber das Wort der Kunst, der Geschichte und der Wissenschaft, nur eine weitere Entfaltung, Erklärung, bildliche Umhüllung, oder Anwendung ist, von dem unvergänglichen Worte der göttlichen Offenbarung, als ihrer ursprünglichen Quelle und der ersten Wurzel, aus welcher alle jene verschiedenen Zweige hervorgehen, darauf hat uns diese Geschichte der Geistesbildung aller Nationen, oft genug und eigentlich überall hingewiesen. Betrachten wir nun den gesamten Baum der Kunst und Erkenntnis und wissenschaftlichen Überlieferung, wie er sich in seiner ersten Abstammung und nach seiner ganzen Verzweigung, durch alle Zeiten und Sprachen, durch alle Stufen der Bildung und der Religion ausbreitet, so haben wir die mannichfachen Äste und Zweige desselben vorzüglich bei zehn Nationen verfolgen und nachweisen können. Wir führten den betrachtenden Blick zuerst auf die grünenden Fluren und reichbewachsnen Gefilde der griechischen Sage und Kunst, als den klaren Anfang aller geistigen Bildung. Die Erforschung des tiefern Ursprungs aber führte uns weiter zurück in den Orient, wo wir zunächst die erstaunenswerten indischen Erzeugnisse erblicken, die noch wie Riesentrümmer und Felsenstücke der Urwelt aus den Schöpfungsfluten hervorragen. Im Mittelpunkte dieser untergegangenen, ältesten Vorzeit aber legte Moses auf dem festesten jener Urfelsen den Grund zu dem Tempel der hebräischen Weissagung, dessen Lichtgebäude die älteste persische, dichterische und heilige Sage, mit einem noch verwandten Schimmer und Abglanz umstrahlt, so weit sich diese noch aus dem falschen arabischen Glauben rein ausscheiden läßt. Beide Elemente der Geistesbildung, sowohl das griechische als das orientalische, nehmen ihren Durchgang durch die ernste Römerwelt hinüber in die christlichen Zeiten, wo auf die altnordische Wurzel ein neuer Stamm veredelter Geistesbildung lebendig eingepflanzt wird, der sich bei den vier gebildetsten Nationen des Abendlandes, bei den Italiänern und Franzosen, den Spaniern und Engländern, in der Poesie und Kritik, und in mancherlei Kunst und echter oder unechter Geisteskultur und Philosophie auf das mannichfaltigste und glücklichste entfaltet hat. Den gemeinsamen und alles verknüpfenden Träger für die intellektuelle Bildung dieser vier Nationen romanischer Abstammung aber, bildet der deutsche Geist, dem es, so wie er die eine germanische Wurzel zu der ganzen Entwicklung des neuen christlichen Lebens hergegeben, und wie der große intellektuelle Bruch über Europa von ihm ausgegangen, nun auch sichtbar vorbehalten ist, den letzten Schlußstein des Ganzen zuerst zu Tage zu fördern; damit wie einst der Zwiespalt so auch jetzt das neue Licht von hier aus sich über die anderen Nationen verbreiten könne. Die Geisteskultur jener Nationen beruht noch auf den mehrmals erwähnten, und charakterisierten vier Elementarkräften des gewöhnlichen äußerlichen Bewußtseins; je nachdem Kunstsinn und Fantasie wie bei den Italiänern, Vernunft und Rhetorik, wie bei den Franzosen, der kritische Verstand und historische Darstellung wie bei den Engländern oder ein mächtiges Nationalgefühl und lebendige Poesie, wie bei den Spaniern, den vorherrschenden Mittelpunkt des Ganzen bilden; der deutsche Geist aber strebt tiefer in die verborgenen Prinzipien des innern Lebens, wo jene Elementarkräfte nicht mehr getrennt erscheinen, sondern aus der gemeinsamen Wurzel die vollständige Kraft des lebendigen Bewußtseins im Denken und Bilden hervorgeht. Zwar standen auch hier noch in der vorletzten Epoche jene Höhen und Tiefen der Vernunft und der Fantasie, bei denen wir die Betrachtung früherhin verließen, isoliert und getrennt gegen einander; aber schon ist in der psychischen Erkenntnis der große Wendepunkt erkennbar, in welchem beide Elemente zur lebendigen Durchdringung gelangen, und von wo aus sich ein faktisch begründeter und geschichtlich klarer Spiritualismus über alle Regionen des intellektuellen Lebens verbreiten muß, und darum wird diese neue Bahn in der Erkenntnis des Unsichtbaren wichtiger in ihren geistigen Folgen sein, als es vor drei Jahrhunderten die Entdeckung des neuen Erdteils, oder des wahren Weltsystems, oder irgend eine andre jemals gewesen. Die intellektuelle Aufgabe des Zeitalters aber, als die Idee, welche in der jetzigen Epoche nach der Bestimmung des deutschen Geistes herausgearbeitet werden soll, läßt sich wohl nicht anders bezeichnen, als daß es sei die vollständige Anerkenntnis, und durch alle Weltalter durchgeführte Auffassung, und eben dadurch zu Stande gebrachte Erneuerung und lebendige Wiedergeburt, des in der zeitlichen Wissenschaft und Kunst sich abspiegelnden und ausstrahlenden ewigen Worts; welche Idee ganz nahe zusammenhängt mit der vorhin erwähnten Wiedervereinigung des Glaubens selbst, so wie auch des Glaubens und des Wissens. Dieses wieder eins gewordene Wissen aber, welches wir noch nicht anders zu benennen vermögen, als mit dem Namen der christlichen Philosophie, läßt sich nicht machen wie ein System, oder stiften wie eine Sekte, sondern wie ein lebendiger Baum muß es hervorwachsen aus der Wurzel der als göttlich erkannten Offenbarung. Die Welthistorie und Mythologie, das Reich der Sprachen und die Naturwissenschaft, Poesie und Kunst bilden nur die einzelnen Strahlen für diese Eine Licht der höchsten Erkenntnis. Und so wie dieses voller heranbricht, so wird auch der in der welthistorischen Forschung, oder in der Naturphilosophie hie und da noch herumdämmernde Pantheismus vollends verschwinden, und in Schatten zurückweichen, vor der wiedererkannten Wahrheit und Kraft des göttlich Positiven, wie sich dasselbe in wachsender Vollkommenheit immer herrlicher entfaltet. Es werden dann auch die Denkenden aller Art den Fortgang der wahren Zeit, der von dem was die Welt den Zeitgeist nennt, so ganz verschieden ist, richtiger erkennen, und es werden nicht mehr so viele ausgezeichnete Geister, wie aus dem Traume fortreden, wo sie vor zwanzig Jahren stehen geblieben waren, als ob sie eine oder zwei Generationen der Welt versäumt und übersehen hätten. Auch über das Gebiet der Kunst mag sich dann wieder ein neuer Lebensodem verbreiten und statt der falschen Fantasmagorie unsrer verzerrten tragischen Gebilde, mag dann eine höhere geistige Poesie der Wahrheit hervortreten, welche nicht bloß die Sage irgend eines Zeitalters oder einzelnen Völkerstammes, in beschränktem Fantasiespiele nachbildet, sondern in der irdischen Hülle, zugleich auch die Sage von Ewigkeit, das Wort der Seele, im sinnbildlichen Gewande der Geisterwelt abspiegelt. Überhaupt aber ist jenes Eine Licht nicht auf die Grenzen eines einzelnen Geistes oder nur auf eine Form und besondere Region der gesamten Geistesbildung eng beschränkt; sondern die mannichfaltigsten Gaben und Talente müssen zur Förderung jener Wiedergeburt, und zum Wachstum, und zur vollständigen Entfaltung jenes Baumes der guten und heilsamen Erkenntnis des Lebens beitragen. Denn so wie in dem großen Schöpfungsreiche in verschiedener Wesenstufe bloß dienende und mitwirkende, oder auch kindlich spielende Naturen, dann suchende und liebende, oder endlich auch höhere und leuchtende Naturen, in der mannichfachsten Weise zur Verherrlichung des Schöpfers zusammenstimmen; so ist es auch in der kleinen Menschenwelt, als dem Nachbilde des Ganzen beschaffen, und so wird auch in ihrem geistigen Mittelpunkt, dem Gebiete des intellektuellen Lebens und Wirkens, jene vierfache Art von geringeren und höheren Naturen deutlich wahrgenommen und leicht unterschieden. Darin liegt auch die Erklärung, warum wir in dieser historischen Darstellung neben dem Größeren auch das Kleinere nicht unbemerkt gelassen, sondern überall geschichtlich treu zu bezeichnen gesucht haben, insofern solches zum Wachstum und zur mannichfachen Entfaltung des Ganzen mit beiträgt; und es kann dieser

Begriff von den verschiedenen Stufen der geistigen Naturen zugleich den Maßstab abgeben, der jedem einzelnen, was in diesem Werke mit erwähnt und charakterisiert ist, dem Niedern wie dem Hohen, dem Guten wie dem Übeln, seine rechte Stellung und Geltung, und damit auch seine wahre Bedeutung anweist.)

Zeittafel

10. März 1772	Geburt Friedrich Schlegels in Hannover als Sohn des Pfarrers Johann Adolf Schlegel (1721–1793)
1789–1794	Studium der Rechtswissenschaft, später auch der Philosophie und klassischen Philologie in Göttingen und Leipzig, das 1793 abgebrochen wird
1794	Übersiedlung nach Dresden. Studien zum klassischen Altertum
1796	Aufenthalt in Jena, scharfe Kritik an Schiller, die 1797 zum Bruch führt
1797	Übersiedlung nach Berlin. Gesellschaftlicher Verkehr in den Salons der Henriette Herz, Rahel Levin und Dorothea Veit, die sich 1798 von ihrem Mann trennt, um mit Schlegel zusammen zu leben. Aufsätze über Georg Forster und Lessing, erste Sammlung „Kritische Fragmente"
1798	Die „Geschichte der Poesie der Griechen und Römer" erscheint als Fragment. Friedrich und August Wilhelm geben die Zeitschrift „Athenäum" heraus, wo neben Fragmenten die „Wilhelm Meister"-Rezension erscheint
1799	Der Roman „Lucinde" wird veröffentlicht. Schlegel geht nach Jena
1800	Frühromantischer Freundeskreis zerfällt. Promotion und Zulassung als Dozent in Jena. „Gespräch über die Poesie"
1801	Erscheinen der „Charakteristiken und Kritiken"
1802	Nach kurzem Aufenthalt in Dresden geht Schlegel nach Paris, wo er philosophische Vorlesungen hält. Das Drama „Alarcos" erscheint. 1803 gibt Schlegel die Zeitschrift „Europa" heraus
1804	Ehe mit Dorothea, Übersiedlung nach Köln (bis 1808)
1808	Übertritt zur katholischen Kirche. „Über die Sprache und Weisheit der Indier" erscheint. Schlegel geht an den Wiener Hof
1809	Sekretär der kaiserlichen Hof- und Staatskanzlei. Teilnahme am Feldzug gegen Napoleon. Redaktion der „Österreichischen Zeitung"

1810	Vorlesungen „Über die neuere Geschichte"
1812	Vorlesungen über „Geschichte der alten und neuen Literatur". Herausgabe der Zeitschrift „Deutsches Museum" (bis 1813)
1815	Teilnahme am Wiener Kongreß und in der österreichischen Gesandtschaft am Deutschen Bundestag in Frankfurt
1820	Herausgabe der Zeitschrift „Concordia" (bis 1823) mit dem zentralen Aufsatz „Signatur des Zeitalters"
1822	Erste Gesamtausgabe in 10 Bänden bis 1825
1827	Vorlesungen über die „Philosophie des Lebens"
1828	Vorlesungen über die „Philosophie der Geschichte" und über die „Philosophie der Sprache und des Wortes"
12. Januar 1829	Schlegel stirbt am Schlagfluß in Dresden

Quellennachweis

Kritische Friedrich-Schlegel-Ausgabe, herausgegeben von Ernst Behler unter Mitwirkung von Jean-Jacques Anstett und Hans Eichner. Paderborn, München, Wien: Verlag Ferdinand Schöningh, Thomas-Verlag Zürich. Bd. 1, Bd. 2, Bd. 3, Bd. 6. 1961–1979.

Inhalt

Diego de Landa
BERICHT AUS YUCATÁN

Reclam Leipzig

Diego de Landa
BERICHT AUS YUCATÁN

Aus dem Spanischen übertragen von U. Kunzmann. Herausgegeben und mit einem Nachwort von C. Rincón. Mit einem Aufsatz „Die moderne Erfindung der alten Maya" von L. Schele und M. E. Miller. Mit 16 farbigen sowie zahlreichen Schwarzweißabbildungen und einer Karte. 242 Seiten. Band 1347 (Sonderreihe). 9,– DM

Der Franziskanermönch Diego de Landa (1524–1579) lebte etwa 30 Jahre auf der mexikanischen Halbinsel Yucatán. In seiner „Chronik" (1566) beschreibt er die damals untergehende Kultur und Lebensweise der Mayas, der Ureinwohner Mexikos, ihre Sitten und Bräuche, Religion, Schrift und Zeitrechnung, Geschichte und Kulturdenkmäler. Die hier erstmalig in deutscher Sprache vorgelegte Schrift ist „die einzige uns überlieferte zuverlässige Quelle über die Mayas" (Eric Thompson). Sie bietet die Möglichkeit, „andere Welten zu erkunden, wenn die bloße Möglichkeit des Exotischen in unserer eigenen Welt endgültig verschwunden ist" (Carlos Rincón).

OPTION FÜR DIE ARMEN

Theologie der Befreiung und kirchliche Basisgemeinden in Lateinamerika

368 Seiten. Band 1350.
6,– DM

OSKAR SCHLEMMER
Idealist der Form
Briefe · Tagebücher · Schriften   RECLAM

Oskar Schlemmer
IDEALIST DER FORM

Briefe · Tagebücher · Schriften
1912–1943

Herausgegeben und mit einem Nachwort von A. Hüneke. Mit 32 farbigen und 62 Schwarzweißabbildungen. 432 Seiten. Band 1312 (Sonderreihe). 10,– DM

Oskar Schlemmer (1888–1943) leitete von 1920 bis 1929 die Bühnenwerkstatt im Bauhaus in Weimar und Dessau. Sein Programm: die

Figur im Raum, „Abwandlung des Themas Mensch in Kunstformen. Linear, flächig, reliefmäßig, farbig, metallisch usw." Seine Briefe und Aufzeichnungen geben Auskunft über Leben und Werk, über Erfolge und Konflikte im Bauhaus, über Wegsuche und Krisen und über die existentiellen Nöte eines großen Künstlers, der von den Nazis verfemt war und überleben wollte.

AISTHESIS

Wahrnehmung heute oder Perspektiven einer anderen Ästhetik
Essais

Mit 13 Künstlersprüchen. 480 Seiten. Band 1352 (Sonderreihe). 7,50 DM

Karl Rosenkranz
ÄSTHETIK DES HÄSSLICHEN

448 Seiten. Band 1341. 7,50 DM